CLIMATE CHANGE and NUCLEAR POWER PLANT

미·EU·중·러의

기후변화와 원전

부록 – 한국증시의 탄소효율지수 구성기업

홍인기 저

前 카이스트 경영대학 초빙교수
前 대우조선해양 초대사장
前 한국증권거래소(KRX)이사장

박영사

서문

🕯 네가 기후변화와 원전에 대하여 뭘 안다고?

1. 나와 중국금융시장과의 인연

사람은 흔히 자기의 장래에 대한 계획을 가지고 설계도 해 보지만, 나는 변변히 계획해 보지도 않던 길을 택해, 지난 20여 년을 중국금융시장에 대하여 학자도 아닌 주제에 대학교와 대학원에서 강의하면서 시간을 보냈다. 내가 중국에 대해 관심을 갖기 시작한 것은 1990년 한국증권거래소 이사장으로 가서 부터이다. 그때는 중국이 사회주의에서 개혁과 개방을 표방하고 흑묘백묘(黑猫白猫)론을 들고 시장경제를 제창한 등소평 옹이 1990년에 상하이에, 1991년에 심천에 증권시장을 개설하기 위해, 수백 명의 중국 전국의 증권맨들을 뽑아 한국에 10여 일씩 증권시장 시찰을 보낼 때이었다. 수백 명의 잠바 차림에 운동화에, 검은 비닐 백(비싸지 않은)을 든 중국 증권맨들에 우리 거래소시장을 안내하다가, 중국의 폐쇄되었던 금융시장(은행은 오직 중앙은행에서 4대 상업은행을 떼어 내어, 중국 금융시장이 4대 상업은행이 생기게 되고 상하이와 심천에 2개의 증권거래소가 생기며, 또 위안화의 국제통화로서 그 비중이 급부상하던 것을 보며)을 주제(主題)로 하여, 증권거래소를 그만두고 중국금융시장에 대한 책도 써 보고(이때 2003년 10월에 '중국의 사회주의 시장경제'라는 책을, 그리고 2006년 10월에 '중국의 금융시장론'을 출간하면서 그를 기초로), 몇 개 대학에서 '중국의 사회주의 시장경제'와 '중국금융시장론'으로 강의도 하며, 총 17년을 정식 교수도 아니면서 대학과 대학원에서 시간을 보내게 되었다.

그러는 도중에, 홍릉에 있는 카이스트 경영대학의 금융전문대학원에 초빙교수로 와서 영어로 중국금융시장을 강의해 보라는 이규성 전 재무부장관님의 소개로 카이스트에 가서 2007년 3월부터 2016년 말까지 9년간, 중국금융시장을 강의하면서, 만년을 카이스트 경영대학원에서 초빙교수로 보낼 수 있었다.

2. '중국과 러시아(미국 포함)의 에너지 시장과 에너지(화석연료) 국제정 치'에의 관심

'에너지 국제정치' 운운하더니, 어떻게 문외한인 네가 '에너지 국제정치'에 대한 책을 쓴다고 만용을 부리게 되었나? 더욱이 자네는 물리, 화학 같은 자연 계열에는 고교시절부터, 서툴고 별로 재능도 따라서 흥미도 없지 않았나? 하는 자조 섞인 회의도 생기게 되었다.

그러나 카이스트 경영대학에서 중국금융시장에 대하여 강의하면서, 설립된 지 몇 년 안 되는 카이스트 그린대학원에서 그동안 터득한 중국과 러시아의 방 대한 석유가스의 교류관계, 특히 러시아 북극지방에 미국 정부가 미국 석유사의 석유개발에 Sanction을 걸어 놓은 까닭에, 러시아가 중국과의 방대한 시베리아 송유관(ESPO, East Siberian Pacific Ocean) 건설투자를 달러화 아닌, 위안화로 중국 에서 차입 건설하고, 후일 석유와 가스로 러시아에 상환하는 방식을 포함한 중·러 양국 수뇌들의 에너지 국제정치를 보았다. 중국과 러시아의 에너지를 둘러싼 강 의를 준비하는 가운데, 방대한 중국의 에너지 수요를 알게 되었다. 또 러시아가 중국에 석유와 가스를 공급하는 제1대 석유·가스 공급국이 되는 중·러 관계를 보며, 중국과 러시아의 석유와 가스 등 에너지 관련 국제정치에 관한 자료를 모 아 공부하며 강의하다가, 카이스트 경영대학 초빙교수를 끝내고 '미·중·러· OPEC 간의 에너지 국제정치'라는 책을 발간하였다(미국과 러시아와 중국 등의 에너지에 더욱 관심을 끌게 된 데에는, 러시아가 북극의 가스 개발에 성공하면서, 그리고 러시아가 내가 초대(初代) CEO로서 7년간 종사한 바 있는 대우조선해양에 북극항로용 LNG 운반선 16척 건조를 시리즈로 주문 하는 것을 보며, 모스코바 기술대학원(MIPT)의 러시아 국유기업의 중견기술자 엘리트들이 카이스트를 통해, 한국 단기 연수를 왔던 국유기업 중견기술자를 대우옥포조선소에 10여 차례 안내하면서, 중국에 러시아의 석유, 가스 등의 에너지 문제에 그리고 국제정치적, 경제적 문제에 더욱 관심을 갖게 되었다).

3. 화석연료에서 배출되는 이산화탄소가 지구 온난화와 기후변화를 가져오 는 주원인이라는 사실 터득에 지구기후변화대책으로서 '가스배출 억제'라는 국제 적 움직임에 대한 대형국가의 책무를 인식하는 국제적 운동과 이에 관한 소개의 책무감에서 기후변화 과정과 이와 관련한 기후변화 소개서의 집필을 하여야 한 다는 조그마하게 주신 사명감에서, '미국, EU, 중국 및 러시아의 기후변화대책'

을 둘러싼 기후정책과 그중에서도 예민하면서 중대한 4강(미·EU·중·러)의 원전대책을 정리하고 싶은 욕심을 갖게 되었다. 에너지 중 원전은 특히 미국과 러·중의 새로운 국가적 성취목표로서 미국과 새로운 각축이 예상되는 분야로, 우리에게도 민감한 분야이기에 특별히 미국, 중국, 러시아의 3대국의 원전 플랜트의 설립과 대외수출문제를 다루어 보았다. 전기자동차와 수소 경제에 대하여는 후일의 책 발행 가능 여부를 모르는 채, 뒤로 미루었다.

4. 많은 분들의 음으로 양으로 도움을 받으면서 무엇인가 나름대로 보람을 찾는다고 하면서, 책 집필을 시작한 이때의 나는 석탄, 석유, 가스 등의 에너지에 대하여, 용어는 물론 이에 대한 개념도 기초도 전연 없었다. 기후정책이라는 관점에서, 마침 미국의 셰일석유와 가스 붐이 성공하는 과정을 기초부터 상식의 범주로 공부해 가며, '미·중·러시아의 에너지 국제정치'라는 졸고를 쓰고 나니, 에너지 특히 석탄, 석유, 가스 등의 소위 화석연료(fossil fuel)에서 배출되는 이산화탄소(CO_2)가 전 인류가 고통받는 "지구의 온난화'와 '온실가스(GHG) 배출'을 일으켜, 지구의 기후변화를 가져오게 하고 이것이 다시 극심한 기후재앙을 가져온다'는 얕은 지식을 얻게 되었다. 이에, 그럴 바에야 미국, 중국, 러시아와 유럽을 커버하는 기후변화 국제정치에 대한 자료를 모아, 책 쓰기의 마지막일지 모르는 '기후변화 국제정치'로서 화석에너지의 지구에의 탄소 배출로 인한 온난화에, 기왕이면 미국, 중국, 러시아의 각축하는 무탄소 에너지인 원전(原電)까지 공부하면서, 다뤄 보자는 욕심이 생기게 되었다. 여기에 특히 나를 자극한 것은 '한국이 왜 탈(脫)원전을 하느냐'는 의구심을 풀 길이 없어 더욱 원전을 지구 기후변화 측면에서 자료를 모아 다뤄 보자는 욕심이 생기게 되어 책을 쓰게 되었다.

따라서 500여 쪽에 달하는 이 책의 내용을 내가 창안했거나 발견한 원리는 하나도 없고 모든 자료와 그래프와 그림은 다른 사람의 것을 인용하였거나 국내외 신문을 인용한 것이다. 그래서 모든 도표와 자료는 그 근거와 필자를 가능한 대로 기록하였다.

미안하지만 이 책에 순수 내 것은 100% 없다. 그간 끊임없이 자료를 공급해 주신 연영소 상무님께, 그리고 여러 금융기관 등의 도와주신 분들께 감사할 뿐이다. 자료 처리의 수고를 해 준 장기혁 군과 외손녀인 정지윤, 김지효의 수고에 감사한다. 도처에 영문을 그대로 인용한 것은 읽는 분들께 확신을 드리게 하기 위함이니 양해해 주시기 바란다. 교과서나 대중을 위한 신문의 원리를 따르느니 독자에게 신빙감을 드리기 위함과 또 나의 편의를 위하여 영문을 많이 인용하였다. 또 그간 30여 년간 꾸준히 한 번도 마다하지 않고 졸저를 발간케 해 주신 박영사 안종만 회장님과 조성호 이사님, 이번 책에 수고해 주신 윤혜경 사원께 거듭 감사를 드린다.

다음 장에 나의 그간의 발행 책 4권의 '주제의 팽이 같은 회전'의 배경을 요약한다.

　　하나님 아버지! 부족한 저에게 지혜를 주시고 여기까지 이끌어 주시어, 오늘의 이 책이 발간될 수 있게 해 주심에 감사와 또한 감사를 드립니다. 거듭 감사합니다.

아멘!

(유첨) 홍인기의 저서별 주제와 책 내용 및 쓰게 된 배경

책 제목 및 내용	발행일	종사, 강의하던 대학	발간 동기, 배경 및 책 내용	비고
중국의 사회의 시장경제 (600여 쪽)	2003. 1. 30.	한국증권거래소 이사장 (1992~1998년)	중국의 증권관계자 중국 시장경제 대비 한국증권시장 시찰, 견학(1,000여 명) 안내	
최신 중국의 금융시장론 (750여 쪽)	2006. 2. 1.	서강대학교 대학원, 중앙대학교 경영대학, 한양대학교 경영대학	중국의 시장경제화 과정과 금융시장, 증권시장, 위안화 외환시장 변화과정, 몇 개 대학 강의 대비	
미·중·러· OPEC 간의 에너지 국제정치 (460쪽)	2018. 12. 18.	Kaist 경영대학 금융전문대학원, 그린대학원	중국의 에너지수급의 중요성과 러시아와 에너지수급 관계 확대 및 에너지국제관계 돈독화 과정(미·중 양국 수뇌의 에너지 정치)	에너지 거래와 결제통화의 제한속 거래관계 확대 및 공고화
미·EU·중· 러의 기후변화 국제정치와 원전(原電) (500여 쪽)	2021. 1.	Kaist 경영대학 은퇴 후	화석에너지의 지구기후변화의 주인(主因)을 터득 후, 이의 소개, 강대국 간의 기후변화대책 소개 및 탈공해, 에너지 정책 및 무탄소배출의 원전의 중요성 (특히 미국과 러시아와 중국의 원전 미래 소개)	에너지 국제정치 집필자로서, 기후변화 주인이 화석연료인 점에서 이에 대한 국제정치적 대책 소개라는 책무감(?)에서 집필의 만용을 부림

CONTENTS

차례

CHAPTER

부록

세계의 기후청정대책과
원전에너지 산업

－원전에 대체할 재생에너지 산업의 한계성

세계의 기후청정대책과 원전에너지 산업[1]
– 원전에 대체할 재생에너지 산업의 한계성

1 에너지 혁명은 반드시 원자력(Nuclear)이어야 한다.[2]
- The Energy Revolution Must Be Nuclear
- Oxford 대학의 W. Allison 교수의 2019년 Project Syndicate에서
- 원전의 안정성과 세계적인 3대 원전사고의 전말

　에너지 원천이 되려면, 연료는 보다 강력한 원천인 소스에 의하여 충전되어야 한다. 마치 태양광선은 태양에 의하여 충전되듯이, 화석연료는 수백년간 생물광 합성(photosynthesis)이 되는 것이다. 같은 물리(Physics)에서는 에너지의 집중도가 에너지혁명 이전의 1,000배가 되고, 원자력은 5백만 배의 크기가 되는 것과 같다.

---

1 2019년 5월, iea 'Nuclear Power in a clean Energy in a Clean Energy System'; 2020년, iea Statiscal report 'Renewables Information(Overview) 및 2020년 3월, CSIS Jane Nakano 'The Changing Geopolitics of Nuclear Energy' 참조.

2 2019년, Project Syndicate 'The Energy Revolution Must Be Nuclear' Wade Allison(Professor of Oxford. & Honorary Secretary of [SONE] Surpporters of Nuclear Energy), '산업혁명 이전, 산업혁명, 원력혁명기의 에너지, 에너지 density, 해와 이익 비교표' 인용.

표 1.1

	산업화 이전시대 (재생 가능 연료)	산업화 혁명 후 시대 (화학제품/탄소)	원자력 혁명시대
연료 (Fuel)	물, 바람, 태양, 식물(vegetation)	석탄, 석유, 가스	우라늄, 토리움(thorium)
에너지밀도 (Energy density) (kWh per kg)	0.0003	1 − 7	20백만
이익 (advantages)	친숙, 받아짐	24/7 이용 가능, 생활 기준에 표준화	24/7 이용 가능, 상승, 안전, 자연에 무해독
해독 (disadvantages)	간헐적(intermittent) 자연 회손	탄소 배출, 안전성 낮음	공포 확산, 일반교육에서 제외

1kg의 원자력 연료가 인간 1명이 일생동안 필요한 전 생애에 필요한 에너지를 생산하며, 여기에는 1,800톤의 탄소를 배출하는 것이나, 수력댐에서 10 백만톤의 물을 방출하는 것과 같다.

(1) 2011년, 일본의 후쿠시마 원전사고 진상[3]
─원전사고 아닌 지진과 해일(海溢) 피해

(i) 2011년, 일본 동해안 후쿠시마에 밀어닥친 50m를 넘는 쓰나미(해일)는 후쿠시마 다이찌 원전(Onagawa 발전플랜트)의 20피트의 방벽을 넘어, 후쿠시마 일대의 주택과 모든 것을 쓸어 앗아 갔다. 이때의 피난민들은 가장 안전한 곳이라 할 수 있는 원전 발전소로 대피하여, 3일간을 담요와 음식으로 버틸 수 있었다.

이때의 오나가와 원전에는 3개의 원자로가 있었는데, 이것들은 1980년산과 1990년대산으로서 그 생산 규모는 2GW 전력이었다(이는 스웨덴의 Ringals 원전사의 1/2 규모이었음).

---

3 JOSHUA S, GOLDSTEIN 'A Bright Future' p.87. Chapter 7 Safest Energy Ever 참고 인용; 2011년3월 30일, 'Associated Press' Onagawa Jaapanese Town Where Nuclear Power Plant is the Safest Place, Guardian, March 30. 2011 참조.

2011년 공포의 날에 후쿠시마 원전에는 해일을 막기 위한 46-foot 높이의 해벽을 넘는 방벽이 있었다. 문제는 여러 번의 지진이 야기되어, 원전 건물에 금이 생기고, 그래서 원전은 가동을 중단하고 셧다운하였다. 그러나 이로 인하여 직접적인 인명 피해 사고도 없었고, 방사선 누출도 없었고, 다친 사람도 없었다.

(ii) 후쿠시마 사고 때의 사상자 발생의 원인

가동 중단된 후쿠시마 오나가와 원전의 원자로의 냉각수 공급의 원활을 위해, 여러 개의 디젤 제네레터(Diesel Generator)가 있었는데, 엄청난 해일로, 이 모든 제네레터가 발전소의 20피트 높이의 해안 방호벽을 넘어 들어온 해일로 물 속에 잠겨 버렸다.

즉, 이때의 사고는 원전 자체의 디자인의 오류에서 발생한 것이 아니라, 6개의 예비적인 디젤 제네레터를 포함한 모든 백업(Back up) 제네레터를 일시에, '20피트에 지나지 않는 낮은 방호벽의 내부 위치로 옮겨 놓은 조치가 잘못된 것'이라고 규정하여야 하겠다.[4]

(iii) 이렇게 해일사고 기간 중 원자로 중 하나가 과열되어 방사능이 유출되고 수소 가스가 폭발하면서, 이미 누출된 방사능을 재수집하는 조치에 실패하자, 주변의 수십만의 주민(162,000명)에게 '불필요할 수 있는 피난'을 가게 하는 사건도 발생케 하여 나쁜 수난과정을 겪게 된 것이다. 또 이때에 일본은 54개의 원자로를 폐쇄하고, 일반 화석연료 발전으로 대체하였다(독일은 이때 일본보다 8기가 많은 62기의 원전을 폐쇄함). 이때의 폐쇄는 6년 이상 지속되었다.

(iv) 그 후 이번 사건에 대하여 많은 논란이 있었지만, 세계적으로 가장 공정한 판단을 할 수 있다고 볼 수 있는 **UN기구인 WHO**(세계보건기구)**가 판단하기로는 후쿠시마의 경우, 방사선 방출로 암(癌)이 악화되어 사망하거나, 그것이 원인이 되어 죽게 되는 경우는 '거의 제로에 속한다'고 증명**하고 있다.

---

4 상 동. pp.87-88, Chapter 7 'Safest Energy Ever' 참조.

(ⅴ) 후쿠시마 주민으로서 장기적으로 1,600명이 사망하였는데, 이는 그 사망 요인이 원전사고로 사망한 것이 아닌, 당뇨환자, 흡연자 등으로 판단된다는 것이다. 아울러 '당시 일본의 18,000명의 사망자는 지진(일본의 당시까지의 가장 심한 지진으로 세계 3대 지진에 속함)과 쓰나미(Tsunami)로 죽은 것이지, 원전의 사고로 사망한 것이 아니다'라는 결론이다. 또 일부는 대체된 석탄발전과 여기에서 유발한 미세먼지 등으로 사망의 유고가 발생한 것이지, 원전에서의 직접적인 원인은 없었다는 결론이다. 이런 일을 겪으면서, 일본은 현재 원전 가동 재개와 원전 신설을 계획하고 실시하고 있다(지난 6년간 사망자 중 10,000명 이상이 이 부류에 속할 것임).[5]

(2) 1979년의 미국의 Three Miles Islands 원전사고[6]
-The Energy Revolution Must Be Nuclear

(ⅰ) 1979년 미국에서 발생한 쓰리 마일즈 아일랜드 원전사고는 미국 역사상 가장 심각한 원전사고로서, 원자로 중 하나가 오버히트되어 원자로가 녹아 내렸음에도, 압축 장치에서 방사능이 주변을 파괴하는 것을 막아 낸 사고를 말한다. 이 사고로 재산상의 손실은 막대하였으나, 인명피해는 없었다.

　이 사고는 우연하게도 미국의 제인 Fonda가 주연을 맡은 'China Syndrome' 영화가 관객들을 사로잡았을 때 발생하여서, '원전사고는 늘 일어날 수 있는, 대기하고 있는 재앙'이라고 생각하게 되었다. 즉, 수축 장치가 방사능 유출을 억제할 수 있는 장치라는 것은 이 사건 이후에 특히 무시되었다.

(ⅱ) 사람들은 비행기 여행 시의 위험이나, 흡연자가 1년에 미국에서만 40만 명이 사망한다는 것은 잊은 채, 또한 원전이 역사상 가장 안전한 연료인 것을, 그리고 '석탄연료로 사망자나 가스 발전에서 배출되는 유해탄소나 석유가 연소 때 배출되는 탄소가 기후변화를 야기시켜 수많은 사람을 사망케 한다'는 사실은 이를 잊고 있다.

　이는 비행기 여행이 위험하지만, 다른 교통수단보다 안전하다는 사실을 모르

---

5 상 동. pp.89-90 참조 및 인용.
6 JOSHUA S, GOLDSTEIN 'A Bright Future' p.87 Chapter 7 Safest Energy Ever 및 p.104의 'Risk and Fears' and regulating Risk 인용.

고 있다는 것과 같다. 원전산업은 계속하여 안전한 디자인을 개발하고 당국은 법규를 강화하며 노력하지만, 아무도 위험(Risk)을 제로로 만들 수는 없다. 리스크가 제로인 것은 비용이 엄청 든다는 것이다.

| 참고 |

Bright Future의 저자는 또 다른 예로 안전한 자동차 브랜드인 스웨덴의 Volvo사의 예를 든다. 지금은 세계 공통의 규칙이 된 3단의 시트벨트 원칙 이전에는 1년에 1,000명씩 교통사고로 사망했는데, '시트 벨트를 정부에서 규정화한 지금은 1년에 260명으로 그 사망자가 줄어들었다'는 것이다. 그러나 모든 방법과 규정을 총동원하였어도 <u>260명으로 사망자가 줄어들었어도, 이는 제로는 아닌 것이다.</u> 스웨덴 당국은 '단순히 사상자를 도로 탓으로만 돌릴 수 없다'는 것과 같다. 원전이 탄소배출제로라는 것이고 가장 안전하다는 것이지만, <u>원전은 완전한 의미에서 인명사고가 제로라는 것과는 다르다는 것이다.</u> 그래서 세계의 과학자들은 <u>무탄소 에너지로서 재생에너지 발전으로, 원전, 수력 발전과 태양광 발전과 풍력 발전을 들고 있는 것이다.</u>
　그래도 원전은 가장 안전한 에너지로서 원전산업체에서는 가격 경쟁력 있는 디자인 개발에 연구하고 있고, 한국의 원전산업의 경쟁력과 기술의 우위성을 인정하고 있는 것이다.

그림 1.1 유럽의 전력생산에 따른 탄소배출과 사망율[7]

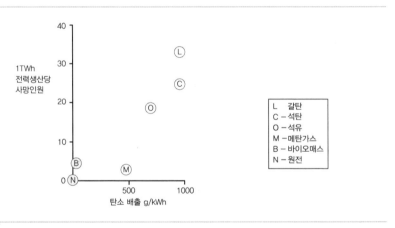

주석1; 갈탄, 석탄, 석유 순으로 전력생산당 사망인원 순위가 높고, 같은 순으로 단위당 배출순위가 높으나, 원전은 어느 것에서나 가장 낮은 에너지임.
주석2; 본서 5장의 p.278의 그림 5.6과 유사해 보이나 가로, 세로의 기준이 상이함.

───────────────

7 JOSHUA S, GOLDSTEIN 'A Bright Future' p.87 Chapter 7 Safest Energy Ever 및 p.104의 'Risk and Fears' and regulating Risk 인용.

2 세계의 민영 원전산업의 현황과 전망[8]

-에너지별 전력생산 순위: 재생에너지, 가스, 원자력, 석탄 순

그림 1.2

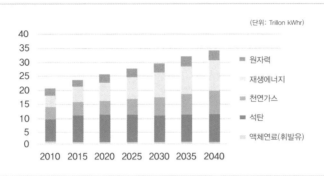

(단위: Trillon kWhr)

■ 원자력
□ 재생에너지
■ 천연가스
■ 석탄
□ 액체연료(휘발유)

출처; the Future of Nuclear Energy in a Carbon-Constrained World (An interdiscipinary MIT Study) p. 3.

(1) 2010~2040년까지의 각 에너지별 전력생산 예상 전망[9]

(ⅰ) 세계 원전의 현황과 전기 생산

(a) 2018년

세계의 원전의 전기 생산량은 1960년대 초의 모든 에너지에 의한 총 전력생산량과 맞먹는다. 즉, 현재 32개국의 민영원전에서의 전력생산은 세계 전체의 에너지의 11%의 비중으로서, 당시의 이미 설치된 원전의 전력생산량은 392(GWe) gigawatts이다.[10]

2018년 세계에서는 55개의 원자로가 건설되고 있으며, 이는 현존하는 원전

---

8 The Future of Nuclear Energy in a Carbon-Constrianed World.. An Interdiaciplinary MIT study. Chapter 1. Opportunities for Nuclear Energy. 1.1 Current Status and Outlook for Nuclear Energy 참조.

9 The Future of Nuclear Energy in a Carbon-Constraianed World.. An Interdiaciplinary MIT study. Chapter 1. Opportunities for Nuclear Energy p.3. Figure 1.2. Current and Projected World net electricity generation by energy source, 2010-2040(trillion kilowatt hours) 인용.

10 상 동. p.3 'International Status and Outlook for Nuclear Energy 참조.

전력생산의 16%에 해당한다(International Atomic Energy Agency의 2018년 보고서 인용).

다만 우크라이나와 슬로바키아에서는 원전건설이 지연되고 있으며, 미국에서는 두 개의 원전 건설이 진행되고 있다.

(b) 세계의 원전에서의 전력생산 규모

세계의 원전의 전력생산 규모는 2012년 2.3조kWh에서 2020년에는 2.7조kWh로 증가에 그쳤으나. IAEA의 전망으로는 2040년에는 3.7조kWh로 확대될 전망이다. 에너지 안보의 측면으로서 이 계획의 특징은 원전의 증가가 대부분 비OECD 국가, 그중에서도 중국과 인도 같은 국가에서 2020~2040년간 엄청난 규모의 원전 증설이 이루어질 것이라는 점이다. 여기에는 원전과 더불어 탄소배출이 낮거나 거의 없는 재생에너지의 비중이 높아지는 것과 그 꽤를 같이한다.

(c) 그러나 감축되는 세계원전의 규모에는 후술하는 미국의 원전 중 몇 개가, 가스 발전에 비한 원전의 전력생산 가격 경쟁력의 취약성(특히 미국의 셰일혁명의 성공으로 가스 발전 단가의 하락 등)으로 원전 발전소의 경영수지가 악화되어, 원자로의 가동허가 기간의 상존하였음에도 불구하고, 원전사들이 앞당겨 원자로 가동을 자진 폐쇄하는 여러 개의 미국의 원전 규모 축소 가능성을 감안하지 않은 것이다(미국 원전의 자진 폐쇄조치나 폐쇄 예고한 원전에 대하여는 본서 제5장 '미국의 원전'을 참조).

(d) 한편 비OECD 국가의 원전의 규모 증설은 이보다 낮으나, 그러나 몇 개국의 경우에는 특히 주의하여 볼 필요가 있는데, 그중에서도 IAEA(International Atomic Energy Agency)와 협의하에 '한국의 원전 컨소시엄'(Korean electirc power consortium으로부터 한국형 원전 디사인의 총 5.6GW 규모의 Barakah 원전을 도입·설치하는 아랍에미리트(United Arab Emirates, 이하 UAE라 함)의 경우를 볼 수 있다. 동 프로젝트는 2018년에 온라인으로 시작할 것으로 기대되고 있다(본장 후술).

또한 유럽의 OECD 국가에서는 원전의 설비능력이 30% 정도 감축되어 6GWe가 될 것으로 전망되며, 2040년의 일본의 원전규모는 후쿠시마 사고 당시보다도 그 규모가 훨씬 작을 것으로 전망된다.

(e) 기후변화와 탄소배출 감소에 대처하는 전기에너지 자동차 사용 등 무탄소 전력에너지 생산의 증가에 박차를 가하는 세계 전기 생산량 확대

일본의 후쿠시마의 원전사고 이래, OECD 국가의 원전에 의한 전력생산은 정체되어 있는 동안에 2012년에서 2040년에는 원전 발전소는 6GWs가 감소할 것이라는 전망이다. 여기에는 다음 장에서 볼 미국의 원자로의 허가 기간의 상존에도 불구하고, 경영상의 경쟁력의 이유로 미리 원자로 폐쇄를 예고한 4개 원전 발전소의 폐쇄 예고는 포함이 안 된 것이다.

(f) 이런 모든 것들의 원전의 확대 여부가, 지구가 당면한 탄소배출감소 목표로서의, '2050년까지의 지구 온난화 방지를 위한 2℃ 이하로의 목표 달성'이 어려워질 것이라는 국제기후 관계기관들의 전망이다. 특히 탄소배출 감소(decarbonizing)를 위한 모든 조치 중, 발전소 건설 비용 면에서 원전이 에너지 중 가장 저렴하다는 근거에서도 원전의 세계 전망에서 원전의 동향이 중요하다.[11]

(2) 미국의 세계 원전시장에서의 후퇴와 러시아와 중국의 원전 플랜트 수출 가능성 증대와 미국의 이에 대한 전략적 대응

(i) 미국 연방정부의 에너지부(Dept.of Energy)는 금후 10년간의 세계 민간 원전시장은 5,000~7,400억$ 규모로 예상됨에도, 미국의 원전에 관한 현재의 기술 수준으로서는 미국은 중국과 러시아에 밀려, 중국과 러시아의 그들 나름대로 개발한 소형 원자로 기술(SMR)과 상당한 규모의 신규 원전 플랜트 건설비의 저렴한 원자력 발전소의 신설 비용과 러시아와 중국 양국의 국유 은행들의 외국에의 원전건설에의 장기금융 지원에 힘을 얻어, 중국과 러시아가 원전 수출국(주로 개발국으로 특히 국제정치적 상호 관계)으로 몰리면서, 막대한 원전 플랜트 건설을 특히 러시아와 중국이 국내외에 원전을 건설하거나 수출할 수 있을 것(특히 러시아)으로 전망하게 되었다.

---

11 상 동. p.4. Decarbonizing the Electrical Energy Sector 참조.

그림 1.3 중국, 인도 및 미국 등의 수출금융잔고 비교(2017)[12]

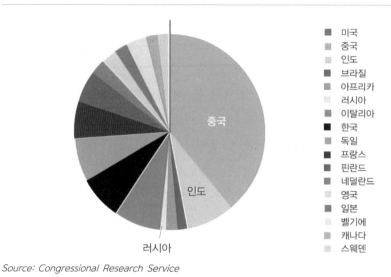

범례:
■ 미국
■ 중국
▨ 인도
■ 브라질
■ 아프리카
▨ 러시아
■ 이탈리아
■ 한국
■ 독일
■ 프랑스
■ 핀란드
■ 네덜란드
▨ 영국
■ 일본
▨ 벨기에
■ 캐나다
▨ 스웨덴

Source: Congressional Research Service

출처; reconsidering us nuclear cooperation agreements p.22.

즉 원전산업의 플랜트 수출에 있어, 미국이 러시아와 중국에게 밀릴 것으로 예상하게 되었다.

(ii) 이렇게 러시아와 중국의 원전수출의 급증 가능성은, IAEA가 2010년 중반 이래, 모든 면에서 부족한 개발도상국의 원전 설치에 대한 조건이 결여되어 있는 상태에서, 'Consideration to Launch Nuclear Power Programm'을 작성 (2007)하고, 이를 통하여 개도국에 대하여 원전설비를 구비함에 있어 전적인 지원이 뒤따르게 한 결과이다. IAEA는 원전 공급자의 컨소시엄을 구성하는 일까지, 그리고 원전을 신설하려는 개도국에의 소위 'milestone approach'로서의 역할까지 수행하여, 2030년까지 20여 개국이 원전 신설을 고려하게 만들었다.

---

12 Considering US nuclear cooperation agreements' p.22 Figure 1. Export financing by selected Export Credit Agencies in 2017 인용.

(iii) 러시아와 중국의 원전시장에서의 급부상과 세계 원전시장의 리더십을 잃은 미국의 지정학적, 세계안보에 대한 고심의 깊어짐

표 1.2 러시아가 원전 프로젝트 수출 상담을 끝냈거나, 진행 중인 국가(2019)[13]

요르단	이집트	투니지아	알제리아	모로코
나이지리아	가나	에티오피아	수단	잠비아
카자크스탄	베네수엘라	볼리비아	파라과이	미얀마
인도네시아	베트남	라오스	캄보디아	필리핀
쿠바	우즈베키스탄	르완다	아제르바이잔	콩고

표 1.3 중국이 원전프로젝트 수출 상담을 끝냈거나, 진행 중인 국가(2019)[14]

수단	케냐	태국
우간다	캄보디아	

이때의 IAEA가 세워, 원전 신흥국에 제시하여 시행한 소위 마일스톤은, 1980년대 미국 국제원전시장에서의 리더십의 회복을 위한 기술적 우위성으로 '복귀할 수 있는 전력에너지 안보'(Electric Energy Security)의 필요성을 강조하고 있다는 점이다.

---

13 2019년 3월, WORLD NUCLEAR ASSOCIATION 'Emerging Nuclear Energy Countries' p.2. State-owned nuclear companies in Russia and China have taken the lead in offering nuclear power plants to emerging countries 인용.

14 2020년 6월, Columbia/SIPA Center on Global Energy Policy 'Why the US should remain engaged on nuclear power: climate change and air pollution' by MATT BOWEN Figure2. World energy consumption by fuel in 2018 인용.

그림 1.4 원전대국들의 원전산업 변화 그래프의 움직임 전망(2016~2030)[15]

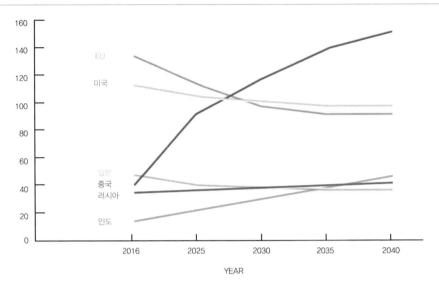

Sourse : Figure created from data in International Energy Agency. World Energy Outlook 2017. Selected Country Annexes, New Policies Scenario.

출처: us nuclear-power leadership and the chinese and russian challenge p.7.
주석; 중국, 러시아, 인도 3개국만 상승. 미국, EU, 일본은 하강으로서 축소지향을 나타냄.

표 1.4 2020~2030년까지의 주요국의 원자로 공급 수(수출 및 내수)[16]

중국	러시아	인도	한국	프랑스	미국
43	29	10	8	4	3

위의 표에서 우리가 간과하지 말아야 할 부분은 2030년까지 한국의 세계시장에 한국 내외에 공급할 원자로의 수가 중국, 러시아, 인도 다음의 순으로 프랑스나 미국보다 많다는 점이다.

이 점에 관하여는 2020년 발행한 미국 에너지부(DOE)의 '원전 세계시장에서의 리더십의 회복 전략'에서도 미국 정부가 인정하고 있고, 현재도 건설 중인 미국 조지아주의 Vogtle 원전 3기도 한국의 두산중공업이 그 기술을 미국 정부로부터 인정(AP 1400)받아 제작 중에 있는 것임을 강조하고 있다.

---

15 iea. 'World Energy Outlook, New Policies Scenario 2017, Figure 1. Installed Nuclear Reactor' 인용
16 상 동.

그림 1.5 한국의 두산중공업이 현재 건설 중인 미국 조지아주의 버크카운티(Burkcounty)에 있는 Vogtle 원자로 3, 4호기 건설 현장[17]

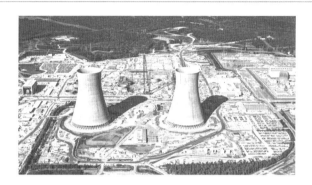

　여기에서 한국의 기술 분야와 고도의 산업에서의 원전이야말로, 한국의 반도체 등 몇몇 분야를 제외하고 원전만큼 기술 분야에서 앞선 곳이 있을까? 하는 의문과 더불어 왜 한국정부는 탈(脫)원전을 고집하는가에 대한 의아를 제기케 한다.

---

17 https://www.connectsavannah.com/savannah/nuclear-boondoggle/Content?oid=4465661

3 미국의 전력시스템에 있어, 특히 무탄소 발전(發電)과 원자력 발전에 있어서의 비용 요인의 중요성 문제점과 그 해결책[18]
—미국 MIT, 2018년 'Future of Naclear in a Carbon-Constrained World' 에서

(1) 미국의 원전 건설과 같은 Nuclear Megaprojects의 건설상 문제점과 한국의 원전 건설사의 효율성[19]

MIT가 제시하는 원전 프로젝트 건설의 다섯 가지 문제점(Challenges)[20]
- Technical Challenge
- Pychological Factors
- Commercial Incentives
- Political Factors
- Organizational Challanges

위의 다섯 가지 문제점 중 특히 원전건설과 같은 메가 프로젝트에는 건설예산의 견적과 실적 및 건설공기의 준수가 가장 중요한 애로사항이 된다.

---

18 2018년, 'The Future of Nuclear Energy in a Carbon—Constrained World' An interdisciplinary MIT Study p.243 .Appendix L. Delivering Nuclear Megaprojects On Time and On Budget: Challenges and Potential Solution 참조.

19 2020년 6월, Columbia/Sipa(Center on Global Energy Policy. 'Why the United States should remain engaged on Nuclear Power: Climate Change and Air Pollution. p.12. Conclusion and The Future of Nuclear Energy in a Carbon—Constrained World(2018); p.243 Appendix L: Delivering Nuclear Megaprojects On Time and On Budget: Challenges and Potential Theoological Solution 인용.

20 MIT 중간 보고서 p.243. Appendix L. Delivering Nuclear Megaprojects On Time and On Budget: Challenges and Potential Solution 인용.

(ⅰ) 미국과 유럽의 메가 프로젝트인 원전 발전소 건설상의 애로(Challenges)
－건설 예산초과(Bugetary overruns and schedule delays)와 스케줄의 지연

(a) MIT의 분석과 한국원전 건설산업계에 대한 평가: 영어전문

"The Koreans nuclear is one of few exceptions to the general trend.

The standard Korean 1－gigawatt has been consistantly <u>on budget and</u> <u>and within reasonable schedule</u>(five to six years). and the existing fleet of Koreans reactors has had good in operational performance.

<u>The Koreans established 'supply chains for construction to deliveries a</u> <u>series of plants based on replicating a standardized reactor design rather</u> <u>than building in individually designed plants.</u>

In mega－projects, especially in the nuclear energy industry, key <u>strategy for achieving good performance</u>(where performance measured by adherence to budget and schedule), <u>appears by standardization both by both</u> <u>the projects supply chains</u>(i.e. the same stakeholders involved in delivering a project that is replicable multiple times,)(in this case the same power plants design duplicated again and again)(choi. 2009).

<u>Small Modular Reactors(SMRs) naturally lend themserves to both supply</u> <u>chain and product standardization. thus one of the technologies and product</u> <u>standardization.</u>

This is one of advantages of the technologies, is improvement is the potential advantages, that could improve the project management in performance in the nuclear sector. SMRs of face a number of deployment challenges, from lisencing to maturity of the supply chain to chain of financing of early projects(Sainiti, Localti, and Brokers. 2015). however the potential reward greater.

(b) 에너지 중 원전이 무탄소화(decarbonizing)에 있어, 에너지 생산 비용이 가장 저렴하다.

그러나 세계적으로 기후변화에 대처하는 대응조치가 금세기 중에 'deep decarbonizing'이 요구되어, 이는 특히 전력생산 분야에서 '온실가스(GHG)의 감축'이 이루어져야 하는데, 즉 그런 의미에서는 CO_2 감축이 기술적으로 이루어져야 할 것인 바, 더욱이 2050년까지 2℃ 이하로의 감축에는 여러 갈래의 감축방안이 있을 것이다.

현재까지 에너지 효율과 에너지보존의 수단으로서, 전력생산방법의 개선이 비용 면에서 가장 효율적인 방법은 '전력생산의 방법의 전환'이 될 것인 바, 이는 교통의 방법 전환이나 운송용 차량 연료의 효율화와 산업화과정에서의 저탄소화로 전환하는 것은 훨씬 비용이 비싸질 것이라는 점이 연구결과로 나타났다.

이 점을 MIT의 연구팀은 전력생산 과정에서 탈탄소화(decarbonizing)의 결과를 발견하였는데, 이의 실례로서 2010년의 미국의 킬로와트/시간당(gCO₂/kWh)에는 전력생산의 500gr의 탄소가 배출되었는데, 이를 2050년까지 연장하였을 때에는 전력생산의 전환이 다른 에너지, 예컨대 교통 분야나 산업화 과정에서의 탄소 저감을 꾀하는 것이 비용도 더 들고, 그 달성도 어렵다는 것을 발견하였다.

즉, 2010년의 전력생산에서의 CO_2 배출의 킬로와트/시간당 탄소배출의 500gr에서 2050년의 탄소배출의 안정권에의 달성에는 97% 이상의 탄소저감이 필요한 바, 즉 전력믹스에서의 탄소 강도는 $500gCO_2$에서 $15gCO_2$/kW대로 낮아져야 한다는 뜻이다.

MIT의 연구 결과(The Future of Nuclear Energy in a Carbon-Constrianed World, An Interdisciplinary MIT Study(2018)에서, 2050년까지 탄소배출 감소를 효율적으로 이루는 길은 무엇보다 '전력생산을 함에 있어, 다른 에너지로의 전환보다 '원전으로의 전환'이 가장 저렴하고 효율적인 것이고, 에너지의 변환이 아닌, 예컨대 교통상의 에너지나 다른 산업 분야의 에너지 전환보다 탄소감소의 효과가 더 크다'는 것을 알 수 있다.

표 1.5 주요국의 2017년 전력생산 과정상 CO_2 배출과, 2050년 2℃ 때의 CO_2 배출 비용 수준 비교(MIT 전망)[21]

나라	2017 CO_2 Emissions from Electricity	2050 IEA Energy Technology Perspectives 2℃ Scenario	MIT Joint Program Outlook[f]
미국	$- 470gCO_2/kWh^b$	$11gCO_2/kWh^e$	$- 1gCO_2eq/kWh$
중국	$- 680gCO_2/kWh^c$	$24gCO_2/kWh^e$	$- 1gCO_2eq/kWh$
영국	$- 350gCO_2/kWh^d$	$11gCO_2/kWh(for\ EU)^e$	$- 1gCO_2eq/kWh$
프랑스	$- 90gCO_2/kWh^d$	$11gCO_2/kWh(for\ EU)^e$	$- 1gCO_2eq/kWh$

출처; the future of nuclear energy in a carbon constrained world p.5.
주석; 2017년 미국 전력에서의 탄소배출 비용은 470gCO$_2$/kWh가 2050년에는 11grCO$_2$/kWh로 하락할 것에 대하여, 중국은 680gCO$_2$/kWh가 2050년에는 24grCO$_2$/kWh 하락에 끝인다는 전망임.

(2) 미국의 세계 원전 프로젝트의 해외 수출 리더십을 위협하는 러시아와 중국의 원전산업과, 뒤늦게 실추된 원전산업 수출의 리더십을 되찾으려는 미국
　－막대한 원전프로젝트 해외수출에 미국의 국영금융기구의 장기연불 수출금융에 대처하는 러시아와 중국

(i) 러시아와 중국의 원전 프로젝트 산업 능력의 증가와 원전수출 능력의 급성장

　미국, EU 및 일본의 원전은 2040년으로 가면서 현저히 감소하는 데 비해, 중국의 원전은 큰 성장을 하고 있어, 러시아와 인도가 그 뒤를 쫓고 있는 원전과는 양 그룹 간에 큰 대조를 이룬다.

---

21 The Future of Nuclear Energy in a Carbon－Constrianed World(2018). An Interdisciplinary MIT Study.(2018) p.1.

(ⅱ) 세계의 기후변화와 탄소배출 증가추세에 대처가 급박하게 된 지구와 에너지 소비 구조의 변화가 필요하게 된 지구

(a) 2016년의 세계의 탄소배출의 분야별 비중의 의미

그림 1.6 전 세계의 배출되는 온실가스의 원천별 비중(2016)[22]

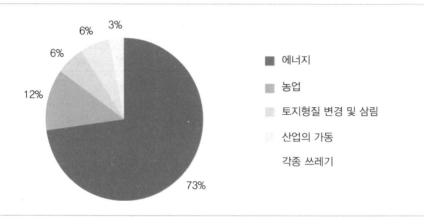

출처; why the us should remain engaged on nuclear power p.3-1.

(b) 세계의 연료로 사용된 에너지의 종류별 구성비(2018)[23]

사용된 에너지는 석유가 34%로 압도적으로 높고, 그 다음 천연가스가 24%의 비중이고, 석탄은 아직도 27%의 비중으로 얼마나 빨리 석탄을 감소시키느냐가 과제로 남아 있다. 원자력에너지는 4%의 비중으로 수력 발전의 7%보다 낮다.

---

22 Columbia/SIPA. Center on Global Enegy Policy p.3-1 'Why US should remain engaged on Nuclear Power: Climate Change and Air Pollution' Figure 1. Global sources of greenhouse emissions in 2016 by sectors 인용.

23 2020년 6월, Columbia/Sipa, Center on Global Energy Policy. 'Why the United States should remain engaged on Nuclear Power: Climate Change and Air Pollution', p.10 Table 1. Selected advanced reactor coolants power outputs and nominal output temperatures 인용.

4 개도국의 원자로 건설은 최근 미국 등 선진국 및 러시아와 중국에서 발명된 소형화된 모듈(Modular, SMR)로 전환되는 추세

(1) 세계 에너지의 종류별 소비 추세

그림 1.7 세계 에너지 소비의 에너지별 비중(2018)[24]

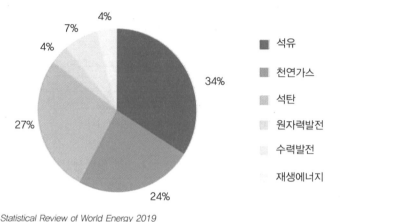

SOURCE: BP Statistical Review of World Energy 2019

---

24 2019년, BP 세계에너지 통계 인용.

(2) 미국의 발명회사별 발명된 원자로 냉각수의 전력생산고와 소형으로 모듈화된 전력생산고의 비교

표 1.6 선택된 첨단 원자로 냉각제, 출력 오퍼트 및 공칭 출력 온도

회사	Coolant	Coolant temperature	Module electrical output
NuScale Power	Water	300℃	60MWe
Terra Power	Liquid sodium	500℃	300MWe+
Terra Power	Molten chloride salt	650℃	300MWe+
X-energy	Helium	565℃	75MWe
Kairos Power	Molten fluoried salt	585℃	140MWe

출처; NuScale Power, TerraPower, X-energy, and Kairos Power
출처2; why the us should remain engaged on nuclear power p.10.

위의 신규 원전사별 발명 원자로의 냉각수별 전력생산고, 냉각온도는 실시 중에 있어, 금후 세계 원전시장의 선도적 역할을 기대하게 되었거니와 <u>이중 NuScale Power의 SMR은 그 개발도 최첨단으로 가고 있으며 한국의 두산중공업도 프랑스의 원전사와 더불어 3개국 3사의 공동의 작품으로서 다시 세계 원전시장과 미국 내 원전시장을 석권하려는 움직임에서 기대해 볼 만한 원자로의 발명이라고 높은 평가를 받고 있다</u>(후술하는 미국의 원전에서 상술).

| 참고 |

2020년 9월, 미국 원자력감독위원회(Nuclear Requlation Committee)는 NuScale Power사의 SMR 디자인을 정식승인하였다.

(3) 미국, EU, 일본, 한국의 원전에 의한 탄소배출감축 효과 추이[25]

그림 1.8 주요국의 원전에 의한 누적 이산화탄소 배출의 감축효과

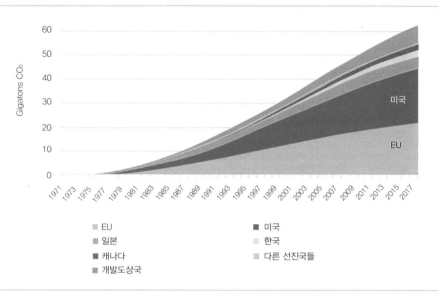

출처: why the us should remain engaged on nuclear power p.7.
주석; 미국과 EU의 선진국들이 자국의 원전산업을 확대하고, 그 전력생산으로 경제성장을 지원하면서, 한편으로는
　　탄소배출의 감소를 도모한 실적을 나타냄.

특히 EU 국가 중에서는 스웨덴이 4대강에서의 수력댐을 건설하는 대신 8기의 원자로를 건설하여, 전력을 생산하면서도 탄소배출을 거의 제로로 만드는 데에 성공하였다. 여타국에서 원전으로 탄소배출에 성공·기여한 국가는 일본, 캐나다, 한국이 꼽힌다.

(4) 주요국의 발전량 중 원전의 의존도 비교

(i) 2018년 현재, 한국과 미국은 소요 전력의 1/5를 원전으로 충당하고 있어, OECD 국가 중에서도 한국은 열 손가락 안에 드는 원전국가이었다. 특히 일본

25　2020년 6월, Columbia/SIPA Center on Global Energy Policy 'Why the US should remain engaged on nuclear power: climate change and air pollution' by MATT BOWEN Figure 4. Cumulative CO_2 emissions avoided by global nuclear power in selected country 인용.

전력수요의 원전으로의 충당이 5%인 것과 좋은 대비가 된다. 이는 2011년 후쿠시마 다이이찌 원전사고 이전의 30% 비중에서 급감한 것을 반영하고 있다.

(a) 그림 1.9는 2018년 선진국과 개도국을 합하여 총 32개국의 452개의 원자로에서의 400gigawatts의 전력생산을 하고 있는 현황으로서, 그중 제일 높은 원전의존도를 갖는 프랑스는 사용 전력의 50% 이상을 원전으로 충당하고 있다.

그림 1.9 세계의 국가별 전력 중, 원전에 의한 전력생산 비중 비교(2018)[26]

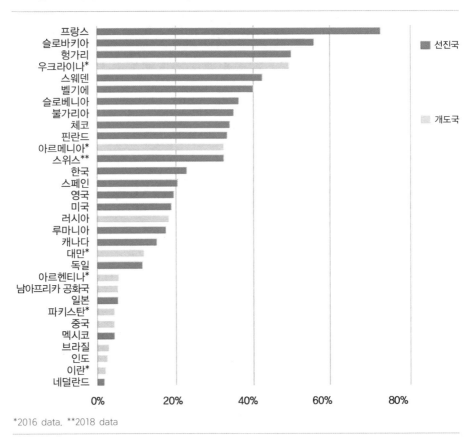

26 2019년 5월, iea Nuclear Power in a Clean Energy System' p.7. Figure 1. Share of nuclear in total electricity generation by country, 2018 인용.

그 뒤를 슬로바키아와 헝가리가 이어 가고 있고, 전반적으로 EU 국가들이 높은 비중을 차지하고 있다. 그리하여 <u>EU는 총체적으로 생산전력 중 원전 비중이 높아, 전체적으로 전력공급의 25%를 원전으로 충당하고 있다.</u> 2018년까지 한국의 원전비율은 러시아, 스페인, 독일보다 높았었다.

(b) 다음은 원전의 특성 중 하나인 저탄소 배출전력(Low Carbon electricity)인 원전을 포함한 2018년의 선진국의 투입되는 저탄소배출의 재생에너지별 전력생산 현황을 보면, 원전이 약 2,000TWh로서 제일 높은 비중이며, 다음이 수력, 풍력, 태양광 순이다. 이 중 풍력과 태양광 발전은 비중이 상승하고 있고, 원전은 감소추세에 있다.

저탄소배출 전력생산의 재생에너지별 동향을 1971년부터 2018년까지 소급하여 보아도, 당시까지 원전과 수력 발전의 비중은 풍력과 태양광 발전이 성행하기 이전으로 생산규모는 훨씬 작았으나, 비중의 순서는 같은 특징을 나타낸다.

(c) 선진국의 전력생산의 저탄소 배출의 에너지별 비중과 전력생산 규모(2018)[27]

그림 1.10 선진국에서의 저탄소 전력생산(2018)

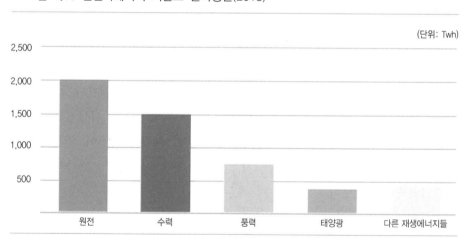

출처; nuclear power in a clean energy system f2.

---

27 2019년 5월, iea Nuclear Power in a Clean Energy System' p.8. Figure 2, Low-carbon electricity in advanced economies by source 2018 인용.

탄소배출 에너지 중, 배출 저감의 No.1 에너지는 2018년 당시, 원전, 다음이 수력 발전이다. 풍력 발전과 태양광은 훨씬 낮았다.

그림 1.11 선진국의 종류별 저탄소 배출 에너지 투입의 전력생산 추이(1971~2018)[28]

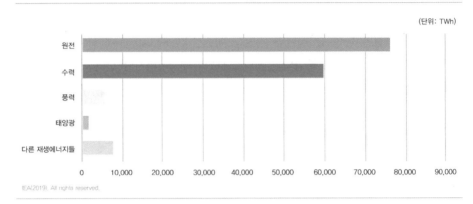

출처; nuclear power in a clean energy system
주석; 그림 1.9와 그림 1.10에서 2018년까지의 투입 저공해 에너지 종류별 순위는 1. 원전, 2.수력, 3.풍력, 4. 태양광 순이다.

(d) 미국, EU 등 선진국의 원전의 원자로는 가동을 시작한 지 오래된 것이다. 선진국에서의 원전 플랜트의 신설은 1980년대에 들어 일본과 한국을 제외하고 급격히 감소하였는데, 이는 특히 1990년대에 들어 더 현저히 원전비율이 감소한 반면, 이때 원전의 신설과 원전의 비중은 중국과 인도 및 러시아에서만 늘어났다. 그리하여 중국에서의 11기의 원전이, 인도에서의 7기의 원전이, 러시아 연방에 7기가 신설되었고, UAE에서는 Bakkati에서 4기의 원전이 신설(한국에서 공급)되었다. 다만 예외적으로 OECD 국가 중 한국에서는 4기의 원전이, 일본의 2기, 슬로바키아 공화국에서 2기, 미국 2기, 그리고 핀란드, 프랑스, 터키와 영국이 각각 1기씩 건설되었다.

---

28 상 동. p.8. Figure 3. Cumulative low–carbon electricity generation in advanced economies by source 인용.

(e) 개도국에서의 원자로 건설은 최근 선진국 및 러시아와 중국에서 발명된 소형화된 모듈'(Modular, SMR)로 전환되는 추세이다.

이 같이 최근의 원전건설 추세는 개도국에서 새롭게 시작하여, 여기에서의 특징은 '원자로의 소형화' 추세로, 건설비가 감축되고, 건설이 용이하고 단기간 내에 완공이 가능하여 새로운 모델에 의한 원자로 건설이 개도국에서 활발해지면서, 2018년에 세계의 원전 비중은 에너지 중 6%로까지 확대되었다.

그리하여 2019년 5월의 세계 원전의 가동 중인 총 원자로 422기 중, 선진국에 가동 중인 원자로는 312기이며, 중국, 러시아, 인도 등 개도국의 원자로는 110기와 대비되는 정도로 총 원자로의 3/4이 선진국(한국 포함)에서 가동 중이다.

표 1.7 선진국과 개도국의 가동 중인 원전규모(GW)와 건설 중인 원전규모(GW) 비교(2019. 5.)[29]

국가	가동 중인 총 원전 규모(GW)	건설 중인 총 원전 규모(GW)
선진국	312	18
캐나다	6	0
프랑스	66	2
독일	10	0
일본	39	3
한국	25	6
스페인	7	0
스웨덴	9	0
영국	10	2
미국	105	2.5
개도국	110	41
중국	46	12
인도	7	5
러시아	30	5
기타 개도국	27	19
세계 총계	422	59

---

29 2019년 5월, iea Nuclear Power in a Clean Energy System' p.10. Table 1. Nuclear power generating gross capacity by country 인용.

개도국의 경우, 가동 중인 원자로 110기에 대하여, 건설 중인 원자로는 총 59기 중 41기가 개도국 분이며, 선진국은 59기 중 18기에 지나지 않는다. 개도국의 원전건설이 선진국 보다 2.5배 많다고 할 수 있다(선진국 중 한국은 가동 중 25기, 건설 중 6기임).

(f) 건설 중인 원전의 국유기업과 감독받는 사영기업과 순 사영원전기업[30]

개도국에서의 국가소유 국영원전기업이 절대적이다(54개 중 40개가 개도국). 원전산업은 그 특수성과 공익성 및 높은 위험도에 비추어, 최근 개도국에서 신규건설이 증가함에 따라 사유보다 국유 원전기업이 압도적으로 많다. 그리하여 60개의 건설 중인 원전 중, 개도국의 국유기업이 40개, 선진국이 14개이며, 사영이나 공익기관으로서 규제받는 곳이 6개로서 전반적으로 원전은 공익사업이다.

(g) 미국 및 유럽에서 가동되는 원자로는 대부분 오래된 것이다.

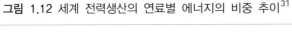

그림 1.12 세계 전력생산의 연료별 에너지의 비중 추이[31]

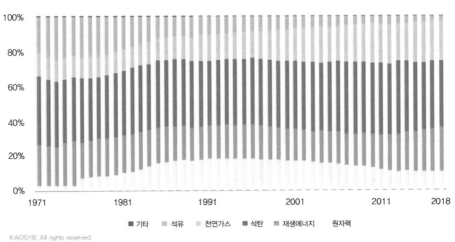

출처; nuclear power in a clean energy system f7.
주석; 원전과 석탄, 석유는 감소, 가스와 재생에너지는 확대 중임.

---

30 상 동. p.20. Table 3. Nuclear power plants plants under construction by ownership and region 인용.
31 iea p.7. Figure 7. Share of energy sources in global electricity generation 인용.

(h) 세계적으로 선진국의 전력소비 둔화 추세와 개도국의 전력소비 증가[32]

그림 1.13 청정에너지 중 원전의 선진국과 개도국의 생산 추이(2008~2018)

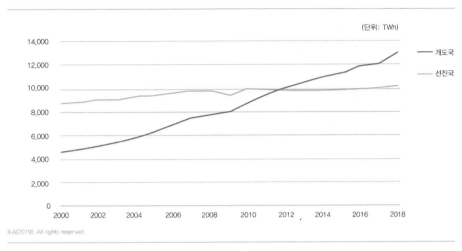

출처; nuclear power in a clean energy system f13.

그림 1.14 연도별 청정에너지로서의 세계 원전생산추이

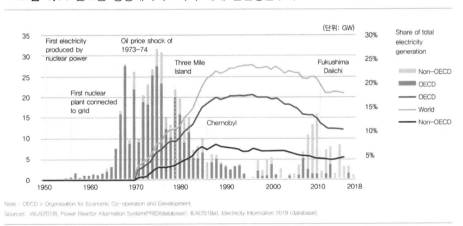

출처; iea. nuclear power in a clean energy system f5.

---

32 상 동. p.31. Electricity consmption in advanced and developing economies 인용.

그림 1.15 주요국의 청정에너지 중 원전의 전력생산 설치 기간별 구성비중 비교

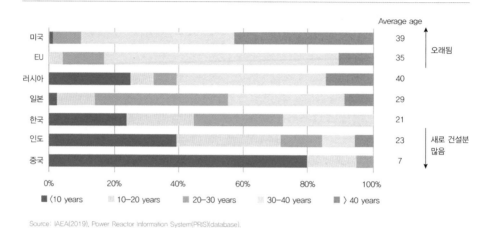

Source: IAEA(2019), Power Reactor Information System(PRIS)(database).

출처; nuclear power in a clean energy system f6.
주석; 왼쪽일수록 설치 연대가 짧고, 오른쪽일수록 노령화된 것임.
주석2; 미국의 원전이 제일 노령화되었고, 다음 EU에는 원전가동 30~40년대가 많다. 러시아의 원전의 역사는 비교적 오래된 것으로, 인도, 중국과 대비됨.

표 1.8 원자로 건설 시작과 총 전력생산 중 원전사의 국유, 사영 비중 추이[33]

Economy type	Number of plants	State–owned operator	Private operator– regulated environment*	Private operator– wholesale market
Advanced economies	14	7	6	1
Developing economies	40	40	0	0
World	54	47	6	1

출처; nuclear power in a clean energy system t3.

　　한국의 원전은 각 10년대에 원전설치 시기가 골고루 퍼져 있다. 또 <u>최근 중국 원전의 시발이 가장 늦게 착수한 것을 알 수 있다.</u> 그럼으로써 EU와 캐나다에서의 원전의 감소를 여타 재생에너지의 운영 확대를 통해 거의 상계시키는 효과를 거두고 있다.

---

33 2019년 5월, iea 'Nuclear Power in a Clean Energy System' p.10. Figure 5. Reactor construction starts and share of nuclear power in total electricity generation 인용.

또 다른 특성으로 최근 들어 에너지 비중에 있어, 전 세계적으로 원전은 그 비중이 감소하고, 재생에너지의 비중이 급증하는 것을 볼 수 있다.

그러나 미국(NRC, Nuclear Regulatory Commission)은 원전의 가동 허가시간을 60년에서 80년으로 연장하여 주었다. 유럽에서는 체코, 핀란드, 헝가리, 벨기에에서 원자로의 가동시한을 10년씩 연장 허가하였다. 프랑스에서는 EDF가 운영하는 원자로의 안정화된 운영상황을 감안하여 10년 연장하였다. 스웨덴에서는 5년 연장을, 그리고 캐나다도 전국의 원자로의 운영기한을 연장하였다. 원전의 기동시한 연장조치는 세계 공통적인 현상이다(한국 원전과 대비됨. 과연 올바른 방향일까?).

<u>5</u> 세계의 전력수요의 감소 성향과 원전의 미래 비중 전망

(1) 선진국 경제의 침체와 전력수요의 고착과 재생에너지 육성이 원전산업에 미치는 영향[34]

선진국의 빠른 재생에너지산업의 성장이 전력시장의 침체를 불러오면서, 특히 미국 등의 전력 도매시장의 침체를 불러오고, 재생에너지의 성장으로 선진국의 원전의 가격경쟁력을 상실하여, 선진국의 원전은 사양화가 촉진되었다. 풍력, 태양력에 의한 전력생산목표는 2018년의 2,870TWh에서 2023년에는 3,550TWh로 급격한 성장을 이루었다.

(ⅰ) 최근 선진국의 빠른 재생에너지산업의 성장이 세계, 특히 전력도매시장의 침체를 가져왔다.

2018년까지 세계 전력시장의 수요 침체에도 불구하고, 선진된 전력시장에는 투자가 계속되었다. 이는 풍력이나 태양광 같은 재생에너지에의 투자가 이루어

---

34 2019년 5월, iea. 'Nuclear Power in a Clean Energy system' p.32. 'Rapid renewables growth shrinking the market and depressing wholesale prices 참조.

졌기 때문인데, 여기에는 선진 각국의 정부의 재생에너지산업에 대한 정책적 지원이 이를 더욱 촉진시켰다. 이로 인해, 재생에너지 분야의 전력생산 가동 비용은 거의 제로 수준에 머물러 있게 되었다.

(ii) 2018년 IEA의 보고서에 의하면, 특히 이러한 재생에너지에 대한 정부의 지원은 EU의 국가들과 일본, 한국, 미국의 몇몇 주(州)정부의 경우에 특히 강력하였다.

이러한 선진 국가들(한국 포함)의 재생에너지 육성은, 재생에너지에 의한 전력생산을 2018년의 2,870TWh에서 2023년에는 3,55KWh로 육성하는 것으로 동 기간 중의 증대 목표는 680TWh이었다. <u>이러한 5년간의 전력생산 증대 목표는 평균 전력증산 목표의 2배에 해당한다.</u> 이러한 <u>공급 증대</u>는 전력도매가의 하락을 수반하게 되고, 재생에너지의 <u>전력도매시장에의 낮은 전력공급</u>은 원전시장으로서는 그 경쟁력을 상실하게 되어 원전시장은 원자로 가동허가기간의 잔존에도 불구하고 자진 폐업하는 원전이 증가하게 된 것이다. 특히 이것이 2018년 이래, 미국 원전의 사양화가 촉진된 배경이 된 것이다(미국 원전의 자진 폐업 증가의 배경에 대하여는 본서 제5장 미국의 원전을 참조할 것).

(2) 원전사업 투자 규모의 방대성과 장기 위험 투자

'제3세대의 원전'(The Generation III)은 그 투자 소요 자본투자가 <u>거대한 LNG 프로젝트에 버금가게 그 투자 규모가 크다.</u> 큰 규모의 소요자본투자는 곧 장기적 측면에서 <u>그만큼 투자 리스크가 크다</u>는 것을 뜻한다.

이는 과거 미국의 Westinghouse의 디자인 AP 1000이나, 유럽의 경우, 프랑스의 EDF가 개발한 EPR(European Pressured Reactor)이나, Framatone의 디자인이나 독일 Siemens의 디자인으로서, 그 용량은 1GW를 초과하는 것으로, 여기에는 수년간 수십억 \$가 투자되어야 한다. 예컨대 EDF가 프랑스의 Framanville에 설치한 1,63GW의 발전소는 120억\$를 초과하는 투자 규모이었다(이때 호주의 Gorgon LNG 프로젝트는 5백만\$의 투자규모일 정도로 원전보다 경쟁력이 컸음).[35]

---

35 2019년 5월, iea 'Nuclear Power in a Clean Energy System' p.18 'Huge capital needs and long

결국 이러한 원전의 장기투자자금 소요는 그 리스크가 LNG 발전사업보다 훨씬 커서, 구미에서의 '제3세대의 원전'은 전반적으로 사양화되었고, 반대로 LNG 발전사업은 특히 미국의 셰일혁명이 성공하면서, 가스 값이 급락하여, 결국 가스 발전단가의 전력공급가격이 낮아지고 원전은 반대로 가격경쟁력을 잃게 되면서, 전력도매시장에서의 전력납품 입찰경쟁에서 원전은 번번히 실패하였다.

그림 1.16 LNG 발전사업에 투자한 국제오일메이저와 대형 전력회사의 기업이익 규모 비교 (2017)[36]

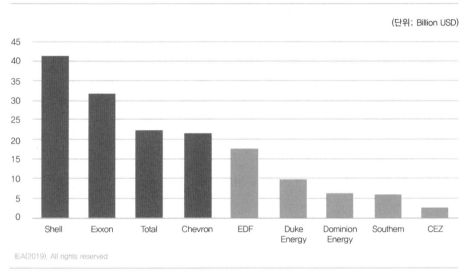

(단위; Billion USD)

출처; nuclear power in a clean energy system p.19.
주석; 검은색은 세계적인 역사가 있는 석유 메이저이고 파란색은 최근에 가동되고 있는 원전 등 재생에너지로써 시장을 개척하고 있는 기업임.

그리고 원전은 그로부터 사양화가 촉진되어 미국의 원자로 원전산업은 발전소의 원자로 가동 허가기간의 잔존에도 불구하고, 원전사업자의 원전 폐쇄가 확대되었다.

그래서 주로 거대한 국제 Shell, Exxon, Total 등 국제오일메이저가 투자한 LNG

---

time horizons increase projects risk 참조.
36 2019년 5월, iea 'Nuclear Power in a Clean Energy System' p.19 Financial performance of selected major oil companies and large utilities involved in nuclear power 2017 인용.

발전 사업은 수익성이 좋은 반면, EDF, Duke Energy, Dominion Energy사 등 원전 위주의 발전사들은 그 수익성이 현저히 떨어지는 상태가 되었다.

6 세계의 원전의 사양화 과정(Nuclear Fade Case)과 그에 대처하는 새로운 정책(New Policies Scenario) 실현의 비교[37]

(1) 뉴 정책 시나리오에 '원전감축 시나리오'를 적용할 때의 양상

원전의 감축 적용 시나리오 적용 시 원전은 2018년 수준의 50% 감축으로, 2040년에는 선진국의 원전의 전력생산은 370GW로 2018년 대비 240GW의 감소가 예상되는데, 이는 Nuclear Fade Case보다 70%가 더 감소하는 것이다. 그러나 신 정책 시나리오로서, 중국(2030년에는 원전생산 세계 제1위국 예상), 러시아 및 인도 등 개발국에서는 미국의 원전 생산 능력을 추월하게 되어, 2040년이 되면 중·러·인도의 개발도상국 3국이 주축이 되어 미국 원전을 훨씬 추월하게 될 전망이다.

이에 후술하는 미국의 신원전의 영광 회복을 위한, 원전의 옛날 미국의 원전의 세계 리더십의 환원을 위한 '원전 기술 발명촉진 조치' 등을 취하게 된 배경이 된다(제5장. '미국의 원전'에서 상술).

중국과 러시아와 인도에 쫓기는 미국의 원전은 현재 가동 중인 원전의 원자로의 가동 수명기간이 연장된다(원전의 신설은 거액 자본투자소요, 원전의 타발전 에너지에 비한 낮은 경쟁력으로 신규 원전건설 기대는 무망, 따라서 현재 가동 중인 원전의 가동기간 연장 불가피, 이에 현재의 60년 가동 만기를 80년으로 20년 연장 조치, 허가 시작).

---

37 2019년 5월, iea 'Nuclear Power in a Clean Energy System' 및 2020년, iea 'Statisics report Renewables Information Overview' 참조.

(2) 가동 중인 원전의 기한연장 외에 가스, 풍력, 태양광 발전 등 재생에 너지 정책에서의 대체계획 수립 실시

(ⅰ) 선진국의 원전감축 케이스에 대비하는 신에너지정책에서의 재생에너지 성 장률 비교[38]

석탄, 가스 발전이 증가하고 풍력과 태양광 발전이 조금씩 증가하는 전제로 재생에너지부문이 원전을 대체하는 예상 전망이 되고 있다.

그림 1.17 Sustainable Development Scenario와 Nuclear Fade Case의 발전용 에너지별 전력생산규모의 비교(2040)[39]

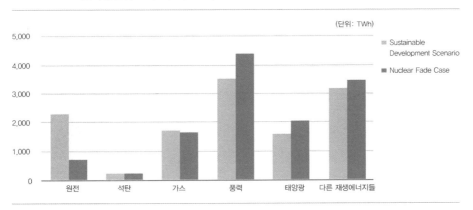

출처; nuclear power in a clean energy system f30.

(ⅱ) 그림 1.17에서 2040년까지 원전이 감소하는 비율만큼 특히 풍력 발전, 태양 광 발전의 원전 대체 성장이 커야 될 것을 예상하고 있는 것이 특징이라 하겠다.
IEA의 전망으로는 2040년에 이들 풍력과 태양광의 재생에너지부문의 성장이 지난 10년간의 성장률의 3배나 커야 하는 바, 이는 전력생산에 있어 풍력과 태

---

38 2019년 5월, iea Nuclear Power in a Clean Energy System. p.54. Figure 23. Electricity generation by source in advanced economies in the New Policies Scenario and Nuclear Fade Case 2040 인용.

39 상 동, p.62 Figure 26. Electricity generation by source in advanced economies in Sustainable Development Scenario and Nuclear Fade Case 2040 인용.

양광의 발전량이 6배나 성장하게끔 되어 있어 그만큼 확대되어야 할 재생에너지의 리스크도 크다는 것을 지적하고 있다. 작년부터 미국 당국의 원전의 보전을 위한 최대한의 정책적 고려를 하고 있는 정책의 배경과 원전을 통한 에너지안보에 중점을 두었음을 알 수 있다.

(iii) 이는 또한 '태양광과 풍력 발전이 2018년에서 2040년까지 40배나 증가하여야 한다'는 전망은, 그 재생에너지만으로의 '대체 실현의 불가능성'에서 선진국은 물론 중국, 인도 등 개도국마저 '원전의 전기생산의 지원을 위한 각종 정책과 제도의 지속'에도 역주하는 배경을 이해할 수 있겠다.

그림 1.18 세계 에너지 공급의 종류별 비중(2018)[40]

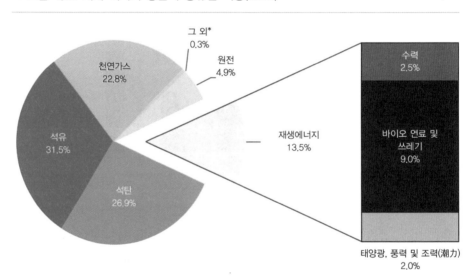

*Other includes non-renewable wastes and other sources not included elsewhere such as fuel cells.

출처; IEA renewables information p.3.
주석; 석유: 31.5%, 석탄: 26.9%, 천연가스: 22.6% 재생에너지 13.5%, 원전: 4.9%

---

40 2020년 iea. Statistic report 'Renewables Information' Overview. p.3. 2018. fuel shares in a world total energy supply 인용.

즉, <u>2018년의 경우에, 수력 발전과 태양광 및 풍력 발전 등 3분야의 재생에너지의 연료성 에너지공급이 모두 계획대로 생산되어도 그 비중이 13.5%임에 대하여 원전이 단독으로 그 비중이 4.9%임을 보면, 전력생산을 위한 '원전의 중요성'을 볼 수 있다.</u>

<u>7</u> 원전이 세계를 구할 수 있다.[41]

- 오늘 당장 재생에너지만으로 화석에너지를 대체하기에는 부족
- <u>Nuclear power can save the world</u>
- Joshua S. Goldstein, Staffan A. Qvist, Steven Pinker 공동 집필(NYT)

'A Bright Future'라는 지구의 기후변화와 원전의 유리성에 대해 쓴 명작을 내놓은 미국 아메리카 대학의 Goldstein 교수와 스웨덴의 에너지 엔지니어인 Qvist 박사는, Pinker라는 하버드 대학의 심리학 교수와 같이, 2019년 4월 10일 3인의 NYT 기고에서 '원전이 세계를 구할 수 있다'라는 제하에 흥미로운 글을 쓰고 있다. 그들의 요지는 다음과 같다.

2050년까지 화석연료를 사용하여 교통, 산업, 난방용으로 연소시켜 전기를 생산할 때에, 여기에서 배출되는 탄소를 최소화하기 위한 에너지로서 화석연료를 대체할 수 있는 에너지의 수요 증가를 충당할 수 있는 클린 전력(Clean Energy)을 찾아야 한다. 특히 이러한 전력의 필요성은 빈한한 국가들의 수십억 명의 주민들에게 전력이 충분치 않은 국가를 위해 더욱 커진다. 특히 지구 온난화의 방지를 위해 금세기 중반까지 지구의 온난화의 원인이 되는 공기 중의 초과 탄소를 대폭 감축시켜야 하는 명제를 달성하기 위하여 원전과 같은 이런 청정에너지(Carbon free energy) 생산의 필요성은 확대되어야 한다.

이러한 전 인류의 방대한 그러면서도 저렴한 청정전력(에너지) 수요는 어떻게 <u>마련할 것인가?라는 의문의 답은, 흔히 저렴한 태양광과 풍력 발전 등 재생에너</u>

---

41 2019년 4월 10일, NYT Opinion. Joshua S. Goldstein, Staffan. A. Qvist의 기고, Steven Pinker. 'Nuclear power can save the world' 인용.

지(renewables)를 들고 있으나, 이들의 약점은 이 전력생산은 하루 종일 24시간 가동이 가능치 못하며, '비올 때와 햇빛의 명암에 영향을 크게 받는다'는 약점이 있다. '배터리에 전력을 저장한다'라고 하나, 저장을 완전하게 할 수 있기까지에는 앞으로도 장시간이 소요될 것이다. 결국 '오늘 당장 재생에너지만으로 화석에너지를 대체'하기에는 부족하다.

(1) 비용이 작게 원전건설이 가능한 국가는 현재로서는 중국과 한국 뿐

모든 대체 에너지를 전적으로 태양광과 풍력 발전의 재생에너지로 대체키로 한 독일은 결국 이산화 탄소배출 저감 효과에서, 그 규모면(GDP 대비 탄소배출효과 비중)에서 결국 성공치 못하여, 쓰고 있던 원전을 아직 완전히 폐쇄치 못하고 있다. 독일은 꾀하려던 탈 원전을 아직 성공치 못하고 곤란한 지경에 처하여 있다. 전 세계적으로 탈 원전 후, 청정에너지 발전만으로 견딜 수 있는 축복받은 국가는 노르웨이와 뉴질랜드가 있는데 이들 국가에서는 수력 발전만으로 충분한 전력생산이 가능하기 때문이다.

그들 외에 높은 경제성장을 하면서도 빠른 공기청정(decarbonizing) 전력생산(grid)을 하고 있는 국가로는 스웨덴과 프랑스를 예로 든다. 프랑스는 모든 화석연료 발전소를 단 15년 만에 전체적으로 원전으로 대체하였으며, 스웨덴은 20여 년이 걸려 모든 전력생산을 원전으로 교체하였다.

즉, 빠르게 청정에너지 전력생산이 가능케 되는 국가들은 원전으로 화석연료 전력생산을 교체(대체)하는 국가가 이에 속한다. 즉, 원전은 인간의 가장 커다란 문제를 해결하는 현실화된 해결책이다(This is realistic solution to humanistie's greatest problem).

프랑스 같이 미국에서는 30년 전에 원자력 발전소를 지어 싸고 청결한 전력을 생산하고 있으며, 한국에서는 원전이 제일 싼 전력이 되었다(Nuclear Power is the cheapest source in South Korea). 미국의 98개의 원전의 원자로가 미국전력생산의 20%를 담당하고 있다. 왜 미국과 타국은 원전의 생산용량을 확대하지 않고 있을까? 이는 '경제적 이유와 공포'(economics and fear) 때문일 것이다.

(2) 원전을 표준화하고 반복생산하여 원전의 실비 건설이 가능케 하는 방법

- 제4세대 소형 원전을 싸게 건설하여 보급하게 하는 길이 첩경임.
- 이런 안전 원자로의 개발연구가 가능케 하는 길은 <u>오직 국가가 나서야!</u>
- 2019년 미국은 'Nuclear Energy Innovation and Modernization Act' 법 제정 시행 중인데 왜 그런가?

신규 원전 발전소를 미국에서 건설하는 것은 엄청나게 비싼 투자비가 소요된다. 그러기 때문에 미국에서 원전의 신설이 민간 투자자에게서는 잘 일어나지 않았다.

이에 대하여 의견을 낸 3인의 저자들이 보기에는 "<u>원전을 표준화하고 원자로를 복사 생산(repetition)하면, 설비투자 비용을 감내할 수 있게 될 것이다</u>"라고 보고 있다.[42]

어느 공장이나 첫 번째 공장의 설치는 그 투자비용이 크나(이들 전문가 추산: 예컨대 I phone 공장 첫 번째 150백만$, 그러나 공장을 여러 개 지으면, 비용이 급격하게 감소하듯이), 현재에는 미국이나 유럽에서 복잡한 원자로로서 안전하고 발전된 기능의 원자로 개발이 이루어져, <u>원전의 신 건설이 용이하게 되었다.</u> 이런 비용이라는 경제적 문제는 <u>중국과 한국에서만이 종전의 미국에서의 건설 비용의 1/6의 비용으로 건설이 가능하다는 것이 입증되었으나</u>, 중국에서는 석탄발전을 신규 개발된 원자로로 대체 건설하면서, <u>경제성장에 지장을 주지 않고도, 원전으로 대체하여 탄소배출을 10% 정도 감축할 수 있다</u>는 결론하에 대대적인 원전의 국내건설과 원전의 대외수출(주로 개도국 대상)을 진행시키고 있다(중국의 원전 건설과 대외수출 추진은 본서 제3장, 제6장을 참조할 것).

(3) 소형 4세대 원전발명으로 원자로 대외수출을 모색할 수 있게 된 미국

- Nuclear Energy innovation and Modernization Act 제정, 시행

한편 미국에서는 화석연료 발전보다 저렴하게 원전 발전이 가능케 된 바, 이는 <u>미국의 스타트 업(start up) 기업들이 4세대 원자로(4th generation reactors)를 발</u>

---

42 다음 장에서 최근 미국이 개발한 모듈화한 예로 NuScale Powers module(SMR)에 대하여는 상술함.

명하여 정부감독기관, 환경운동가, 정치인들의 용인을 받음으로써 앞으로 원전 플랜트를 대외 수출할 수도 있게 되었다. 물론 여기에서 좋은 일자리도 많이 생기게 되었다. 이는 또한 의회에서 민주, 공화 양당의 지원도 받게 되어, 이에 'Nuclear Energy Innovation and Modernization Act'라는 법제정(이 법은 트럼프 대통령의 서명을 받고 2019년 중 공포·시행되고 있음. 후술)이 이루어졌고, 양당의 의원들은 여야를 막론하고 대다수 의원들이 원전정책과 원전의 대외수출 드라이브에 동조하여, 각종 원전지원책이 연방정부는 물론 지방 주정부에서도 실시되고 있다.

이와 관련하여 MIT의 Richard Lester 교수(MIT 부학장, Japan Steel Industry Prof)[43]가 지적하는 대로, 한 개의 원자로의 디자인 개발 연구에 한 개의 기업이 수십억 \$를 투입하는 것은, 'all or nothing' 같은 리스크가 큰 투자에 아무런 보장 없이 투입하는 무모한 짓으로, 정부가 '청정에너지 개발 유도'라는 원대한 목표하에 이런 신세대 원자로 연구 같은 개별 연구는 정부부담으로 이루어져야 하고, 결국 생산자나 소비자에게 탄소배출 위험에서 안전을 도모하는 목적에도 부합되며, 정부차원에서의 정부의 부담하에 '4세대 원자로'(4th Generation Reactor)[44] 개발의 리서치를 강조하고 있다.

(4) 원전은 다른 어떤 것보다 안전한 것임

(i) 일부 환경 운동가들의 원전의 위험하다는 생각은 '비이성적인 행보'(Irrational Tread)이다. 실제로 1979년의 미국의 Three Miles Ireland의 원전사고에서는 아무런 사망자가 나오지 않았다. 또한 2011년 일본의 후쿠시마 원전 사고 시에는

---

43 MIT의 Richard Lester 교수는 MIT의 Associate Professor이자 일본철강협회기금(Japan Steel Indusry Professor) 교수로서, 2017년 MIT의 'The Future of Nuclear Energy in a Carbon-Constrained World(An interdisplinary MIT Study)"의 Study Group 멤버로서 활동한 바 크며, 특히 원자로의 SMR(Small Modular Reactor)의 NuScale의 상업화에 참여한 바 있다.

44 원자로의 종종 4세대로 구분된다. 1세대 시스템은 1950년-1960년대에 상업용 원자로를 지칭한다. 2세대 시스템은 상업적 원자로를 포함하는 것으로서 1970년-1990년간에 설치된 시스템을 의미한다. 제3세대 원자로시스템은 법인들의 2세대 시스템에서 한 발 앞서 발전된 원전디자인을 의미한다. 제4세대(Generation IV)시스템은 비냉각수(non-water coolants)를 사용하는 발전된 원자로시스템으로서, 현재 개발 중에 있는 시스템이다(MIT, 'The Future of Nuclear Energy in a Carbon-Constrained World' p.xii 참조).

원전으로 인한 사망자는 없고, 공장 근처의 허둥대던 종업원의 쓰나미 파도에 밀렸거나 공장에 공장 근처에 갇혀 사망한 것이다. 또 1986년의 소련의 Chernobyl 원전사고는 소련의 아주 서투른 행동의 결과로 인한 사고로 31명이 사망한 것이다.

(ⅱ) 암(癌)으로 인해 수만 명이 사망하는 것이나, 매일 석탄 화력에서 배출되는 탄소로 인해 매일 같은 수의 사망자가 나는 것을 생각하면, 원전으로 인한 사망자 수는 석탄으로 인해 1개월 중에 사망하는 사람 수에 지나지 않는다(Even if we accepted recent claims that Soviet and international authorities covered up tens of thousands of Chernobyl deaths, the death toll from 60 years of nuclear power would still equal about one month of coal related deaths).[45]

(5) 원전과 관련된 여러 가지 주의 깊은 안전 관리의 필요성

(ⅰ) 원전 발전소는 원자탄 같이 폭발할 수 없는 것으로, 따라서 국제적 규제 측면에서 핵의 비확산금지조약의 대상이 아니다. 현재 세계의 24개국에 원전이 있으나 여기에는 원자핵 무기는 없으며, 오직 이스라엘과 북한만이 핵무기는 있으나, 반대로 원전은 없다.

또한 원전의 사용 후 쓰레기(Waste)는 아주 압축되어 Walmart 같이 60년 동안 콘크리트로 된 지하밀실에 보관하여 방사능의 유출을 철저히 방지하고 있으며, 어떠한 기후변화 현상 사고에도 대처하고 있다.

(ⅱ) 원전의 안전성에 대한 심리적 압박요인
　　－이 부분은 Harvard 대학의 심리학 교수인 Steven Pinker 교수가 쓴 것으로 추정됨

첫째, 원전에 대한 안전성의 강조에도 불구하고, 각자 자기의 입장(anecdote)에서 원전사고가 홍보된 것에 따른 사고 폭발에 대한 위험을 추측하여 상상하고 있다.

---

45 Joshua S. Goldstein, Staffan A. Qvist, 'Bright Future' p.94

둘째, 방사능의 유출에 대한 혐오감의 마음가짐에서, 무엇을 만지던지 방사능의 오염물질이 있을 것이라는 공포를 갖고 있다(실은 우리는 자연의 방사능의 안에서 살고 있다(despite the reality that we all live in a soup of natural radiation)).

셋째, 사람들은 흔히 전반적인 모든 장해요인을 총체적으로 최소화하기보다는, 오히려 개별적인, 조그마한 리스크를 완전히 제거하는 데에 더 노력하면서 안전하다는 것을 선호한다(Third, people feel better about eliminating a single tiny risk entirely than minimizing risk from all hazards combined).

이러한 이유에서 사람들은 '화석연료 발전은 참을 수 있다'고 하면서, '원전은 무서워한다'(For all reasons, nuclear power is dreaded, while fossil fuels are tolerated). "이러한 인간의 사고는 마치 자동차 여행이 더 위험함에도, '비행기 여행은 위험하니, 자동차로 가자'는 이야기와 같다"라고 NYT에 기고자는 비유하고 있다.

(iii) 그래서 그간 1970년 이래, 미국에서 그린 환경운동가(Green movement, Environmentalist)들도, 그린 운동의 정치인들도 '원전을 운위하는 것은 환경운동에 불충하거나, 환경운동에 반역을 하는 것'으로 취급되어 왔다(미국에서 원전에 대해 환경운동가들이 1970년대 이래 전통적으로 원전에 반대해 왔던 것에 관하여는 본서 5장 '미국 원전'을 참고).

3인의 교수들은 이제 미국에서 원전은 오히려 최근 '탈탄소 환경운동'(Decarbonization, Green Movement)의 일환으로, '기후변화대책의 핵심 아이템의 일환'으로 취급되고 있다. 이제 원전에 대하여 '근거 없는 위험론'(unfounded fears)에서 탈피하여, 우리 후손들에게 가장 어려운 기후변화의 불안에서 탈피할 수 있고, 풍부한 에너지(Carbon-free, and Radiation free)를 남겨줄 수 있도록, 우리들이 믿게 된 자신 있는 예언을 실현하도록 하자.'라고 끝을 맺고 있다(본서의 제목 유래).

---

(6) NYT에 3인의 원전 찬성론자의 글이 게재된 후 Green으로서의 원전 강조

NYT에 이상의 글이 게재되자, 원전 증설에 찬반 의견이 답지하는 중에 가장 결정적인 원전 필요성을 옹호하는 의견은 세계적인 톱 클라스 기후관계 과학자인 Dr. James Hansen(NASA의 권위 있는 세계적인 과학자), Dr. Tom Wigley, Dr. Kerry Emanuel의 3명이 공동으로 성명서를 발표하여, 세계는 '재생에너지만으로는 세계 경제를 결코 decarbonizing 할 수 없다. 재생에너지와 원전이 합하여져야 지구 온난화를 방지하고, 탄소 저감을 이룰 수 있다'라고 하고, 또한 미국의 'Union of Concerned Scientists'(미국 과학자 협회)는 '지구 온난화 방지를 위해서는 원전이 필요하다'라는 성명서를 발표하였다.

(7) 미국 민주당 의원 중심의 'Green New Deal'에서의 Green 강조

또한 최근의 민주당 의원중심의 'Green New Deal'에서도 Roosebelt 대통령 시대의 '뉴딜'(1930년대의 대공황시절의 사회적인 경제적 평등, 일자리 복지 등)보다, '그린'에 치중하여, 뉴 그린 운동의 주동자인 Ocasio – Cortez 의원은 10년 내에 '카본 중립'(Carbon – neutral)으로 가자면, 화석연료(휘발유, 디젤)를 쓰는 교통에 사용하는 것을 전기자동차로 바꾸어야 하는 조치도 필요하다'라고 하고 있다.

| 참고 1 |

탄소감축이 있었던 해는 세계적인 불황이나 소련의 패망 같은 경제의 타격이 있은 해이다.

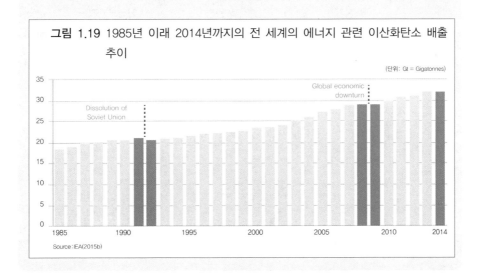

그림 1.19 1985년 이래 2014년까지의 전 세계의 에너지 관련 이산화탄소 배출 추이

- 2050년의 경우, 개발될 전력생산 기술에 의한 에너지별 구성비 전망
- 석탄 화력의 완전 감퇴와 탄소배출의 구조 변화 예상
- 그 과정에서 2050년 2DS 경우, 원전 비중역할, 재생에너지와 더불어 확대

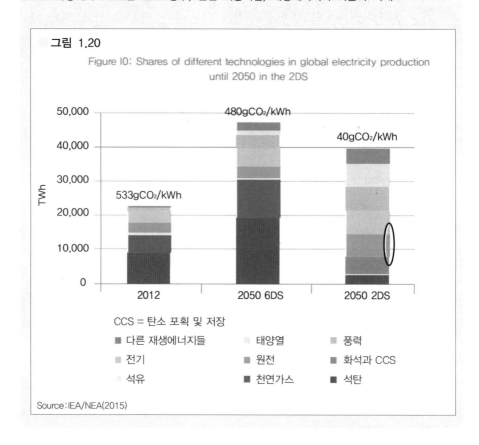

그림 1.20

Figure l0: Shares of different technologies in global electricity production until 2050 in the 2DS

CCS = 탄소 포획 및 저장

- 다른 재생에너지들
- 태양열
- 풍력
- 전기
- 원전
- 화석과 CCS
- 석유
- 천연가스
- 석탄

Source : IEA/NEA(2015)

지구 온난화 방지책으로 2050년까지 지구 기온을 산업혁명 전 수준보다 6℃ 높아짐에서 2℃로 낮추고자 할 때, 전력생산에서 탄소배출감소에, 에너지별 기여도와 그 구성비 전망[46]
– 원전이 15%로서, 풍력: 15%, 태양광: 14%와 수력 6% 기여와 比肩

그림 1.21 (단위: Gt CO₂)

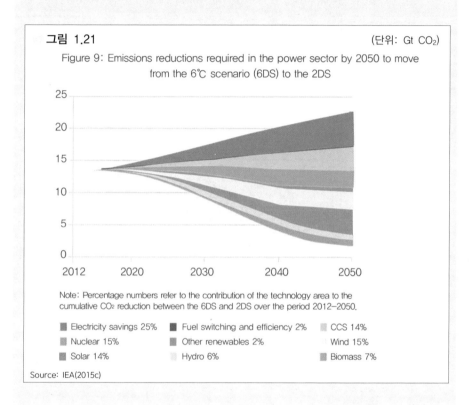

Figure 9: Emissions reductions required in the power sector by 2050 to move from the 6℃ scenario (6DS) to the 2DS

Note: Percentage numbers refer to the contribution of the technology area to the cumulative CO₂ reduction between the 6DS and 2DS over the period 2012–2050.

■ Electricity savings 25% ■ Fuel switching and efficiency 2% ■ CCS 14%
■ Nuclear 15% ■ Other renewables 2% Wind 15%
■ Solar 14% Hydro 6% ■ Biomass 7%

Source: IEA(2015c)

참고 2, 3에서 우리의 주의를 끄는 것은

- 원전 15% 예상, 풍력: 15%, 태양광: 14%, 수력;6%, → 결국 화력 발전 감퇴 시, 대체 에너지로서 원전 비중 증가 불가피함.
- 2050년: 전력생산에서의 탄소배출 감소에 원전 기여: 기여율 15% 비중.
- 2050년 풍력: 15%, 태양광: 14%, 수력: 6%, 원전: 15%로 탄소배출 감소 기여도 전망으로서, 2050년에도 타 재생에너지 발전과 비견하는 원전의 비중을 들 수 있다.

---

46 EIA Nuclear Power in clean energy Figure. 4. 'Cumulative CO₂ emission avoided by nuclear

- 지구상에 원전이 없었더라면, 지난 반세기 간 20%의 CO_2 배출이 많았을 것
- 특히 그간 EU와 미국의 CO_2 감축에 크게 기여
- 한국도 원전 덕에 2018년까지도 탄소 감축에 기여(캐나다보다 감축액 큼)

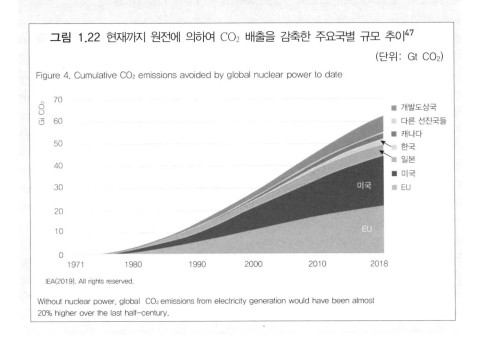

그림 1.22 현재까지 원전에 의하여 CO_2 배출을 감축한 주요국별 규모 추이[47]

(단위: Gt CO_2)

Figure 4. Cumulative CO_2 emissions avoided by global nuclear power to date

Without nuclear power, global CO_2 emissions from electricity generation would have been almost 20% higher over the last half-century.

---

power to date' 인용.

47 2019년 5월, iea 'Nuclear Power in a Clean Energy System. p.9. Figure 4. Cumulative CO_2 emissions avoided global nuclear power to date 인용.

8 지구의 '기후변화가 멈추기를 원한다'면, 원전과 다시 사랑에 빠져야!![48]

그림 1.23 2011년 3월 14일, 일본 후다바의 Fukushima Daichi Nuclear Power Plant의 인공위성에서의 사진

출처; Want to Stop Climate Change - NewYork Times 사진 인용(2011년 Digital Globe의 사진).

정확하게 8년 전, 일본 동쪽의 후쿠시마 지방의 대지진이 함께한 거대한 쓰나미로 인해, 후쿠시마 다이찌 원자력 발전소는 파멸의 과정을 거치게 되었다. 높은 파도는 발전소의 발전소 원자로의 냉각시스템 담장을 넘어 그 쓰나미는 냉각시스템을 치면서, 그로부터 4일간 원자로의 냉각시스템이 작동하지 않아, 원자로가 녹아 내리는 것을 위협하게 되었다. 이 사고는 전 세계에서 원전 사고로서 소련의 Chernobyl 사고 이후 최대의 원전의 재난이 되었다.

이로 인해 독일과 스위스와 몇몇 국가에서는 에너지 원으로서 원전을 포기하는 조치가 이루어지는 계기가 되었다.

---

48 Want to Stop Climate Change? Then It's Time to Fall Back in Love With Nuclear Energy. 2019년 3월 11일자 TIME지, Hans Blicks 기고.

9 왜 '세계의 원전'을 보면서 오직 미국, 중국, 러시아 3개국의 원전만 보는가?[49]

(1) 기존의 원전 선진국으로서의 경쟁력을 제고시켜야 할, 미국 국내외 원전 리더십 회복에 대한 압력 상승

(ⅰ) 러시아, 중국 등 국가 주도국들의 원전산업으로부터의 미국 원전산업의 경쟁력 제고 압력 증가

(a) 현재 세계에서는 전력생산의 11%를 450개의 원자로에서 생산하고 있으며, 60개의 원전의 원자로가 건설되고 있다. 또한 WNA(World Nuclear Association)는 '33개국의 상업적 전력생산을 위한 17,000 누적년도 원전생산에서 오직 3건의 원전사고가 있음을 강조하면서도 지난 60년간 원전은 가장 안전한 전력생산방법이었음을 지적하고 있다.[50]

(b) 원전 선진국의 원전산업은 세계의 새로운 원전산업의 지형이 바뀌는 과정에서 원전산업의 성장 기회가 온 시기를 맞아, 경쟁력을 확보하여야 한다는 새로운 압력을 맞고 있다.

특히 이런 압력은 원전 선진국의 원전산업의 원자로가 설치된 지 오래된 것으로, 원전건설의 건설기간의 장기 소요와 투자비의 과다 및 건설 후의 신규원전의 발전단가 면에서, 신규원전 건설에 있어 러시아와 중국 등과 신규 원전건설이나, 원전의 대외수출에 있어 국내 원전생산에 있어서의 가격 경쟁력 면에서, '경쟁력을 상실하고 있다'는 문제에서 미국은 그 심각성을 깨닫기 시작하였다.

(c) 이는 개발도상국들은 인구는 증가하는 가운데 에너지 수요가 늘고 있지만, 재

---

49 2020년 7월 20일, CSIS(Center for Strategies & International Studies) Jane Naakano의 'The Changing Geopolitics of Nuclear Energy'(A Look at the United States, Russia, and China)의 p.1의 Introduction 참조.
50 2019년 9월 15일, edition.cnn.com./2019/13./business/china-nuclear-climate-int'l/hnk/index 인용.

원 부족과 경제 구조상 신규 원전 확대라는 방향으로 나아갈 수밖에 없다.

여기에서, 경제개발에 필수적인 새로운 에너지 공급원으로서 원전 발전소의 도입 건설과 원전 기술의 도입이라는 정책 방향으로 갈 수밖에 없는 가운데, 진작부터 원전기술 개발에 성공한 러시아의 국내외적인 원전건설이 활발하여지는 결과를 나타내기 시작하였다. 한편 중국은 해외원전 기술도입으로 국내에 20여 개의 장소에 신규 원전을 지으며, 아울러 일대일로정책(RBI)으로 아시아, 중동, 아프리카에 원전 플랜트의 진출을 추진하는 중국도 이에 가세하여 중국의 원전 플랜트의 해외 진출이 본격화되기 시작하였다.

(d) 이러하여 종래의 수년간, 전통적인 원전 기술과 원전산업의 국제시장에서 앞장서 왔던 미국, 유럽의 원전 선진국 및 일본(특히 후쿠시마의 원전 발전소의 지진으로 인한 지하예비시설의 침수로 인한 정전사태)은 원전산업의 노후화와 원전산업의 전력가격 경쟁력이 감소하고 시장경제의 각국에서의 원전의 경쟁력이 하락하면서, 미국은 원전산업에서 세계적인 리더십을 상실하기 시작하였다.

(e) 미국의 원전에서의 국제시장의 리더십을 상실하고 국내에서는 원전이 경쟁력이 감소하는 그 기간에 마침, 러시아는 원전뿐 아니라 석유와 가스라는 에너지 면에서 부상하고, 이때에 러시아의 원전 플랜트의 대외수출은 왕성하게 일어나기 시작하였다. 이것은 푸틴 대통령의 에너지 국제정치가 크게 주효한 것과 맞물린다.

(f) 이 동안에 중국은 해외 원전 플랜트 기술을 도입하여 신규 국내 원전건설을 일부 마무리짓고, 건설을 지속하며 원전대외수출 시도를 추진하여, 아르헨티나와 영국의 Hinkley Plant의 주식일부를 인수받으면서, 원전건설의 해외 수주를 시작하였다.

(g) 원전의 해외수출은 단순히 신규 원전 플랜트의 원자로 건설뿐 아니라, 수출자 및 수입자의 지속적인 관계를 맺어 연료의 공급과 원자로의 유지, 보수 등의 상호친밀한 상호관계를 지속한다. 이런 양자 관계는 상업적 및 외교관계의 지속이라는 여러 단계의 지정학적 관계 유지가 가능하고, 에너지의 원천의 공급관계가 성립되게 되는 것이다.

(h) 특히 미, 러, 중의 3국의 원전산업과 관련한 중요 포인트는 첫째, 원전의 전력생산은 상업적 관계뿐 아니라 다각적인 상호관계의 지속관계가 필요하다는 면에서, 특히 미국의 경우에는 순수한 사적인 상업적 관계만으로는 원전의 대외수출이 어렵다. 또한 원전의 수출은 그만큼 관계국 정부의 지속적 지원이 필요한 것이 특징이다.

둘째, 그러나 반대로 사회주의국가의 원전 플랜트의 대외수출은 그런 정치적 특성으로 인해, 원전에 관한 안정성과 책임성에 있어 금후의 원전의 안전성과 비확산성(Nonproliferation)에 대한 보장성이 약하다. 이는 사회주의 국가에서의 원전의 수출은 여러 가지 복합요인이 작용하는 관계로 차관의 상환능력은 물론 '규범의 준수'라는 측면에서도 그리고 경쟁관계에서 규범의 준수 등은 2순위로 밀릴 수도 있기 때문이다. 또 그간의 미국의 원전산업의 대외 수출의 경우에는 미국정부의 지원도 있었지만, 도입국가의 상환 능력 면에서 상환 가능성을 무시하는 경우도 허다하였기 때문이다.

셋째, 미국의 원전에서의 후퇴는 국가가 원전산업을 주도하는 사회주의 국가(특히 미국이 국제정치적으로 경쟁국으로 보는 국가에서는, 원전의 세대적 교체를 포함하여 원자로의 수출을 국가안보적 측면에서 고려하고 추진할 가능성도 있음). 즉, 순수한 자유주의적 민주주의적 관점에서만이 아닌 '복잡한 국제정치적인 각도에서의 조치일 수도 있다'는 뜻이다.

넷째, 그리하여 원전 거래는 수년간 원전 플랜트 수출국과 도입국 간의 수년에 걸친 장기적인 지정학적 외교관계를 갖게 되는 지렛대 역할을 하게 되는 요인이 된다. 특히 원전의 원자로 기술과 그의 건설 프로젝트의 수출은 그 이전 단계로서의 상호 신뢰관계의 확립에서부터 시작되므로, 이런 원전으로 맺은 상호관계는 중요한 계기가 된다. 그런 의미에서 최근의 미, 중, 러시아 3국의 원전 관련 대표적 지표와 그 규모를 보기로 하자(미국, 중국, 러시아의 원전생산 상황과 플랜트 수출과 원전 기술수준에 대하여는 본서 제5장, 미국의 원전의 배경과 최근의 조치를 통한 옛날 리더십의 되찾기 노력과 제6장, 중국원전 그리고 제7장, 러시아 원전과 러시아의 북극지방 원전에 대하여 볼 것임).

다음으로 2017년의 주요국의 원전산업연구에 투입한 연구지원 투자를 본다. 일본, 미국, 프랑스 순위로 영국과 독일을 훨씬 앞선다. 흥미있는 것은 그때까지 한국도 12대 순위(실제 8위) 안에 있었다는 점이다. 그만큼 원전에 관한 한, 한국은

세계 10위 안에 들 정도로 반도체산업과 더불어 앞서 있다는 점이다. 2020년대에
는 한국의 전기차, 수소차와 배터리 산업이 높은 랭킹 안에 있을 것이다.

표 1.9 미국, 중국, 러시아 3국의 원전에 관한 기본 지표의 분석·비교[51]

국가	국내 원전 수 (가동 중)	국내 원전 수 (건설 중)	생산 용량	국내 발전량중 원전 비중 (2018)	금후 증설계획 중, 용량	원전사의 성격	상담 중인 수출 프로젝트	수출 프로트 금융제도
미국	96	2	98GW	19.32%	92GW	다수의 사기업		융자
러시아	38	4	28GW	17.82%	44GW	국유기업, 산하		융자, 출자
중국	46	11	45GW	4.22%	120~159 GW	국유 기업		융자, 출자

표 1.10 IEA의 추산, 미국 및 주요국의 원전에너지와 원전연구의 지출 예산규모(2018)[52]

국가	2017년 원전 연구비(R&D) 지출규모
일본	$1,151M
미국	$913M
프랑스	$818M
독일	$289M
영국	$232M
이탈리아	$129M
캐나다	$108M
벨기에	$95M
한국	$90M
폴란드	$67M
스위스	$44M
핀란드	$41M

출처; Strengthening Nuclear Energy Cooperation between the US and its Ally p.37.

---

51 2020년 7월 20일, CSIS(Center for Strategies & International Studies) Jane Naakano의 'The Changing Geopolitics of Nuclear Energy'(A Look at the United States, Russia, and China)의 p.3. Table. 1: Civilian Nuclear Power Sector Comparison: The United States, Russia, China 인용.
52 IEA, http://www.oecd−ilibrary.org/energy/data/iea−energy−technology−and−statistics_enetech−data.

그림 1.24는 원전의 퇴출과 함께 세계의 모든 국가가 그에 대체되는 풍력과 태양광 발전을 확대하여야 할 것인 바, 현재의 풍력 발전이나 태양광 발전이 전 재생에너지 중 10% 이내의 비중이지만, 2040년이 되면 EU, 미국의 풍력 발전은 40% 이상, 태양광 발전은 20% 이상의 시장 공유를 갖고 있어야 함을 뜻한다.[53]

특히 이 과정에서 과거의 원전은 발전소 건설과정에서 토지의 점거나 소유함에 있어 큰 무리를 범하지 아니해도 가능하였으나, 평균 2GW를 생산하여야 할 태양광이나 풍력 발전에 있어서는 양 재생발전설비는 수백 hectares의 발전소의 대지를 요구한다는 점에서 원전의 단순성과 커다란 차이를 나타낸다. 따라서 원전 축소에 가름하는 태양광이나 풍력 발전의 재생에너지의 발전으로 전환하는 과정에서 큰 애로상황으로 나타난다.[54]

그림 1.24 2040년 주요국의 태양광 발전(종축), 풍력 발전(횡축) 산업의 위치 전망[55]

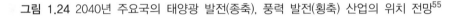

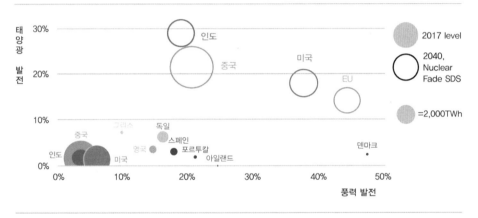

출처; iea Nuclear Power in Nuclear power in a clean energy system f33 p.67.
출처2; 4. Achieving sustainability with less nuclear power. Figure 33 Share of wind and solar in selected electricity system today and in 2040 인용.

53 2019년 5월, iea 'Nuclear Power in a Clean Systems' p.67 Achieving sustainable with less nuclear power 및 Figure 33. Share of wind and solar in selected electricity systems today and 2040 인용.

54 상 동. 이와 관련하여, 2020년 7−8월의 대홍수시기에 한국에서 탈원전으로 대체하는 태양광설비를 경사진 산등성이에 마구 건설하여 수백 개의 태양광발전설비가 토사에 밀려, 발전설비는 물론 주변 주민에게도 막대한 피해를 입혀, 커다란 분규와 물의가 예상되는 시점이라서, 재생에너지 발전설비의 방대한 대지가 불가피한 요점이라는 점에서 이를 음미할 필요가 있다 하겠다.

55 2019년 5월, iea 'Nuclear Power in a Clean System' p. Figure 33. Share of selected Countries Wind and Solar in related electricity system 인용.

미국의 태양광 발전 전문가는 평균 2GW의 태양광을 설치하려는 발전업체는 평균 아주 작은 태양광 설치부지만을 소유하는 영세기업이라 이것이 하나의 애로점이라는 것을 지적한다. 특히 적도(Equator) 근처의 태양광 설비는 100ha가 요구되는데, 이는 원전 원자로의 적립을 위하여는 1/4의 전력을 적립(저장)할 대지가 필요하여, 주변 토지는 '연간 생산량의 크기의 40배의 토지'가 필요하게 된다. 원전은 그 생산 시의 온도로 인해 40배 이상의 토지가 필요하다(이점 풍력 발전의 대지는 발전소 완공 후, 원목적대로의 대지 활용이 가능하나, 태양광은 발전설비 주변의 광대한 토지가 필요하여, 주택이나 건물의 옥상에 짓는 이유가 된다는 것임).[56]

(g) 이런 재생에너지의 생산시설의 설립에 관계하여, 미국과 서방 유럽과 일본에서는 태양광이 주변 경관의 수려함을 해한다든가, 풍력 발전의 소음과 바람이 새(鳥類)의 번식을 막는다 하여 반대도 많다. 즉, 이것이 원전 이외의 재생에너지의 확대에 지장을 주는 경우가 많다.

다만 미국의 경우, 노드 다코타에서 텍사스주까지의 'Wind Corridor'로 불리는 지역으로서, 이 지역의 풍력방전의 규모는 세계 평균의 2배에 속한다.

(h) 태양광의 막대한 송전은 전환 시설투자가 필요하다. 태양광 발전의 경우에는 발전설비를 만드는 일과 송전시설에 대한 투자의 방대성에서 계약이 발생한다.

---

56 2019년 5월 iea 'Nuclear Power in a Clean Systems' p.67 Achieving sustainable with less nuclear power

<u>10</u> 50년 만에 미국 '민주당 정강정책'에서 채택된 '원전에너지'의 인정[57]

(1) 미국의 민주당이 50년 만에 드디어 정강정책에 원전에너지를 정식 인정

(i) 50년 만에 원전에 대한 정강정책을 바꾼 미국 민주당

(a) 수력 발전, 발전된 원전 및 탄소 채취기술 및 탄소저장기술 등 '완전탄소중립 기술'(all zero-carbon technologies) 같은 일련의 기후변화에 대응하는 최신 기술을 미국 민주당의 정강정책에 반영하면서, <u>민주당은 48년간 원전에 대해 부정적인 정강에서 2020년 8월, **원전 선호**(原電選好)쪽으로 돌아섰다.</u>

　이런 민주당의 원전선호로의 입장 선회는 기후변화에 대하여 지대한 관심을 갖는 미국의 원자력 에너지 분야의 국민과 기후변화에 대하여 관심이 높은 미국 국민의 오랜 숙원을 '민주당 당헌'에 반영한 결과라 하겠다.

　이로써 Richard Nixon 대통령 이래 처음으로 '공화, 민주 양당이 원자력에너지에 대해 <u>공히 지지하는 입장</u>을 취하게 되었다'는 의미에서 그 정책전환은 긍정적인 좋은 뉴스로 평가된다.

(b) 민주당은 10여 년 전부터 당의 입장이 원전에 대해 부정적(poll의 결과 42%만이 원전 찬성)이었다. 이는 공화당(poll의 결과: 65% 찬성)과는 반대되는 것으로서, 이러한 오랜 민주당의 원전에 대한 부정적인 입장이 그후의 미국의 원전의 성장에 저해요인으로 작용하였던 것에서, Joe Biden이 대통령후보로 출마하면서, 원전에 대한 지원방향으로 정책이 바뀐 것이다. 하지만 민주당도 1972년 이전에는 원전에 대하여 긍정적인 입장이었으나, 원전이 소위 핵 분열과 융합기술(fissionn & fusion technologies)이라 하면서 원전에 대하여 부정적 정강 정책에서, 최근 원전의 필요성을 인정하는 정책으로 바뀐 것이다.

---

57 2020년 8월 23일, Forbes.com. 'After 48 Years, Democrats Endorse Nuclear Energy In Platform' 및 2020년 9월 21일 'Oil Price' Nuclear Power Could Win Big In U.S. Elections 인용.

(c) 이렇게 바뀌게 된 배경으로는 '2016년, 기후변화는 미국경제에 심각한 위협 (a real & urgent threat)이 된다'고 하자, '미국의 경제와 국가의 안보와 우리 후손의 건강과 미래를 위해'(our national security and our children's health and futures)라고 하면서, 민주당의 정강정책을 '원전을 수용'하도록 바꾸고, 동 정강정책에 31번의 핵(Nuclear)을 언급하였는데, 여기에 '핵 확산(nuclear proliferation), 핵무기(nuclear weapon)와 핵 축소(nuclear annihilation)를 금지하였지만, 원전에너지에 대하여는 단 한 번도 그의 금지를 언급하지 아니하였었다.[58]

(ii) '2035년까지 100% 청정전력생산'으로 가야 한다며 원전에 대하여 부정적인 입장에 있던 미국의 민주당이 원전에 대하여 필요성을 인정하며 정강정책에 태양광 발전과 풍력 발전과 원전을 동시에 수용하는 바이든(J. Biden) 후보의 기후정책이 발표되었다.

(a) 이런 민주당의 입장 선회는, 과거 2005년 당시에 민주당의 기후환경정책 논의 시, 이를 주관하였던 당시의 300개가 넘는 환경론자그룹(Greenpeace, Sierra Club, Public Citizen 등)이 당시에 '우리는 원자력의 능력을 확대하거나 필요한 해결책으로 원전은 결코 지구 온난화의 해결책이 될 수 없다'고 선언하면서, '원전에 대한 투자의 증가는 분명히 반대한다'는 문구를 삽입한 것이 연유가 되어 '원자력 에너지에 대하여 명백히(unequivocally) 반대 한다'는 정강정책이 남아 있었던 것이다. 이에 이번에 정강정책을 개정하면서, 원전에 대한 민주당의 정강정책에 '원전 설치의 필요성'을 인정하게 되었다.

이로써 민주당의 정강정책 변경의 의미는 '과학과 기초수학(math)이 정치를 이긴 것이다'라는 해석이다. 그러면서 금반의 Joe Biden 후보의 '에너지 플랜'에는 원전이 크게 부각된 것이다(우리도 음미할 만하다).

(b) 이 같이 미국 민주당의 정책기획자들은 '앞으로 5년 내에 미국에는 5억 개의 태양광 발전 파넬(173,700megawatts 전력생산)이 8백만 개의 태양광 지붕(roof)과 더

---

58 2020년 8월 23일. Forbes. com. 'After 48 Years, Democrats Endorse Nuclear Energy In Platform' p.3/5 중간 부분 인용.

불어 설치되고 6만 개의 풍력 발전 터빈(104,000가 와트 전력생산)이 설치될 것'이라고 하면서, 여기에는 2,770억$의 투자가 소요되는 것으로, 이 같이 태양광과 풍력 발전은 원전과 더불어, 미국에 전력생산에 있어 '탈 탄소화'가 시급히 필요하다(There is an urgent need to decarbonize the power sector)라는 '미국의 기후변화에 대처하는 기후대책의 일환으로 태양광 및 풍력 발전의 확대 증설과 더불어 원전 설치도 확대되어야 된다'는 점을 강조하고 있다. 한편 포브(Fobes)사의 보도와 Wood McKenzie사의 분석에 의하면, 미국의 '완전 무탄소(decarbonize) 발전'을 위하여는 4.5조$의 투자가 필요한 바, 결국 미국에서도 기후변화대책으로 방대한 투자금의 동원 가능성이 문제가 되고 있다.

(c) 이러한 민주, 공화의 양당 체제하에서도 미국의 지난 2년간은, 'Nuclear Energy Innovation and Modernization Act'의 법률을 제정하면서 미국의 원전은 다시 전날의 원전의 국제원전 시장지배를 위한 안간힘을 쏟고 있음을 본다(미국의 원전에 대한 상술은 본장 외에도 본서 5장에서 상술).

(d) 민주당의 방대한 재생에너지 발전 확대와 원전 설치 확대를 포함하는 무공해 전력생산시설 확대는 특히 민주당 출신 주지사가 있는 주가 더욱 활발한 터이어서, 예컨대 캘리포니아, 뉴욕주, 뉴잉글랜드, 뉴저지, 펜실베이니아, 위스콘신주가 이에 해당된다.

(2) 2035년까지 '100% 청정전력생산'으로 가야 한다는 바이든 후보의 정책[59]

(i) 2020년 7월, J. Biden의 야심찬 기후변화대책 및 민주당의 백악관을 향한 정책으로의 전환

(a) 원래 전임 오바마 대통령 당시, 'Clean Power Plan'에 전기 생산으로 탄소 배출을 2030년까지 32% 감축할 것으로 정하였었다. 하지만 당시에는 석탄, 석

---

59 2020년 7월 30일, 'Washington Post' Biden calls for 100 percent clean electricity by 2035, Here's how far we have to go 참조.

유, 천연가스별 감축목표는 정하지 아니하였다. 2020년 초 당시의 민주당 대통령 출마 후보자이었던 Bernie Sanders 상원의원은 미국은 2030년까지 재생에너지만을 생산하고 이를 위해 16.3조$를 투자할 것을, 후보자 공약으로 제시하였다. 또 그때의 여러 다른 후보자들도 'Green New Deal'로서 대부분 2030년까지 무탄소 전력생산을 하고, 또 에너지 효율의 향상을 위해 건물이나 자동차용 에너지 개발을 위해 방대한 투자를 한다고 공약에 선언하였었다.

(b) 여기에 금반의 Biden 후보자의 야심찬 2035년까지의 100%의 전기생산 탄소배출 삭감계획은 2조$의 투자가 소요되는 계획으로서, 여기에는 풍력 발전, 태양광 발전뿐 아니라 원전, 수력 발전 및 기타 바이오매스(Biomass, 일단 배출되는 탄소를 다시 잡아 쓰는 에너지)까지 포함하는 광범위한 재생에너지가 포함된다. 그러나 여기에 포함되는 범위와 개별적인 기술상의 문제에는 비판도 없지 않다.

(c) 또 개별 주정부의 탄소억제 목표에 대한 주정부의 방향과 여러 계층이 있으며 목표 연도와 목표 수준도 각각이었지만, 분명한 것은 2020년의 특히 미국 캘리포니아를 중심으로 하는 서부의 대형 산불과 건조한 기후가 가져오는 대형 재난적 피해로 이제 미국에서의 기후변화는 커다란 쟁점이 되고 있는 가운데 원전의 중요성과 원전이 저탄소배출로 기후재난 감소에 크게 기여하고 있다는 점에서, 또 모든 미국 국민이 이를 인정하고 있다는 사실에서는 인식을 같이하고 있다는 것이다.
　이 점에 대해 한국에서도 원전에 관한 정책의 채택과 금후의 방향 설정에 있어 미국의 정책방향을 크게 참고하여야 할 것으로 본다.

11 [유첨] 김명식(Kim Myong-sik) 논설 위원의 논평 'Pandemic provides excuse for return to nuclear energy'
—Published Jui. 30. 2020. Korea Herald(Former Korea Overseas Information Service in the 2000s)

다음 영문 글은 필자가, 장로(은퇴)로서 섬기는 서울 강남의 한 교회의 은퇴하신 장로님과 권사님 들의 모임에서 '미, 중, 러시아와 한국의 원전정책'에 대하여 특강한 일이 있었는데, 그때 참석하신 장로님(김명식)께서, 월 1회, Korea Herald 라는 영자지에 정기적인 영문 논설을 기고하시는 기회에, 필자의 강의를 소개하시면서, 우리 국가도 미국과 같이 특히 '코로나 바이러스 이후에 나빠진 경제를 살리기 위해서 탈 원전정책을 끝내고 우리의 국제적으로 인정받는, 한국 원전의 높은 기술 수준을 되살리는 기회로 삼아야 할 때'라는 필자의 브리핑에 동조하여 쓰신 영문 논평이다. 필자의 이번 책에 대한 추천사로 알고, 김명식 장로님의 양해를 얻어 그 원문을 게재한다.

Former Korea Stock Exchange Chairman Hong In-Kie devoted his life after public service to research on international energy issues. While teaching at the Korea Advanced Institute of Science and Technology, Seoul Campus, he joined the crusade to save the nuclear energy industry in this country as the new government chose to depart from the promising sector in the stretch of its leftist ideology.

During the 2017 presidential election following the impeachment of President Park Geun-hye, liberal candidate Moon Jae-in proposed the phasing out of nuclear power generation as one of his major campaign pledges. No sooner had he been elected with 41 percent support in a three-horse race than he began taking steps to realize the rather preposterous ambition of turning South Korea into a nuclear-free zone in energy.

There was no open process of reviewing the national energy plan, which had been established and implemented by past administrations over nearly a half century since Korea's first Kori No. 1 nuclear power plant was built in the early 1970s. The new power holders, asserting that election victory meant people's approval of all their campaign promises, had a handful of environmental activists direct the 180−degree reversal.

Service lives of the existing 25 reactors shall not be extended, plans for new nuclear power plants have been scrapped and, most absurdly, the Sin Kori Nos. 5 and 6 projects — which were already 30 percent complete — will be dismantled. Strong objections from diverse civil quarters forced the government to continue construction of the two Sin Kori plants.

Over the past three years, people's fears have grown about discarding the cleanest and cheapest kind of energy, which has allowed them lavish consumption of power at home and at work. As was anticipated, the national power monopoly business showed huge deficits in 2019 for the first time after many years of profitable operations.

Despairing energy experts are giving lectures at public and private functions to let people know how foolish it is for their government to abandon an industrial area in which this country has secured a lucrative global market with advanced technology. They argue that, as COVID−19 tramples on the world economy, Korea should grab all opportunities to keep the economy going. One sure way is nuclear energy.

In a recent presentation for senior members of a Christian community in southern Seoul, Hong made the following points, quoting a variety of data from the World Nuclear Association and other sources:

−The US has extended the maximum operation period of its nuclear reactors from 60 years (already extended from 40 years) to 80 years and is trying to recover its global leadership in the nuclear energy industry. On the other hand, Korea is preparing to close down Wolseong 1 reactor in 2022 after operating for only 40 years. Six reactors in Korea, aged no more than 40 years, will be decommissioned by 2025.

- A total of 444 nuclear reactors are in operation across the world, 52 under construction, 111 on the drawing board for completion before 2030, and 330 more are under feasibility study by national governments. Russia's national nuclear reactor builder Rosatom alone has taken orders for 36 facilities in 12 countries with total contracts amounting to $133.5 billion for the next 10 years.

- In 2019, the Korea Hydro & Nuclear Power Co. was approved by the US Nuclear Regulatory Commission for its APR 1400 design for the next generation nuclear power plant, paving the way for partnerships with American firms. The OECD Nuclear Energy Agency has analyzed that Korea has a big price advantage over US and European firms in the area of nuclear plant renewal.

- Korea plans to reduce dependence on nuclear power from 25.9 percent of total energy needs in 2020 to 9.9 percent in 2034, when coal, liquefied natural gas and renewable energy are supposed to provide for the rest. A government working group, however, foresees that it would be hard even to pull the rate down by 3 percentage points to below 23 percent by the target year.

- President Moon would still push overseas sales of the Korean brand nuclear power plants on the strength of cost competitiveness and top-level technologies. But who will be willing to place orders on builders from a country that is dismantling its own reactors?

Hong, who once ran Daewoo Shipbuilding and Marine Engineering, says that no senior official he has met in the present government has confidently explained how the important decision was made to end nuclear energy in Korea. "Maybe it's true that the president was just so tremendously shocked by the 'Pandora' movie," he quipped. The 2016 film showed tragic scenes in the Busan-Ulsan area near Moon's hometown in a Korean version of the Fukushima disaster in Japan.

The government has arranged a special 1 trillion won ($836 million) loan to the Doosan Group, whose heavy machinery division is the main provider of components for nuclear power plants, to keep it from bankruptcy, but hundreds of its subcontractors and parts suppliers with world−class technologies are about to go under.

President Moon should accept that the future of nuclear energy in Korea is not a matter of choice by power holders but is something that requires national consensus formulated through exhaustive public debates. Many will praise his valor if he decides to review the current energy policy.

The review process should start with a debate on the pros and cons with interest groups and academic experts. The president should then propose a bill to the National Assembly to conduct a vote on a choice between a nuclear energy phase−out and a return to the original energy program. The result of the national vote, if held, should be reflected on the current (3rd) National Energy Basic Plan.

Before the national vote, the Board of Audit and Inspection has to report to the Assembly on any dereliction it found in Korea Hydro & Nuclear Power upon its 2018 decision to shut down the Wolseong No. 1 plant. The KHNP board is widely suspected of taking political action guided by the company's new CEO.

Hong concluded his narrative with emphasis that Korea needs first to exclude political influence in deciding what kind of energy its citizens and industry should use if it wants to keep its place in the advanced rank of the world community.

미국의 기후변화

−미국 정부의 지구 기후변화정책의 추진과정

미국의 기후변화

–미국 정부의 지구 기후변화정책의 추진과정

1 미국 정부의 지구 기후변화정책의 추진 과정

- 셰일혁명으로 석탄산업에 대체되는 가스산업
- 오바마의 '친중(親中) 기후정책'과 '트럼프의 반중(反中) 기후정책'
- 가동 중인 원전의 가동시한을 40년, 60년에서 다시 80년으로 연장

(1) 미국의 석탄산업의 우위성과 셰일혁명으로 사양화된 석탄산업

- 석유와 가스의 셰일혁명으로 석탄산업의 급격 사양화
- 원전도 메탄가스 발전에 경쟁력 상실로 20% 비중, 15년간 고정화

(i) 최근 미국에서 환경론자들이 석유 메이저(대기업)들을 상대로 지구 온난화를 가속화시키고, 기후변화를 초래하여 인류생활에 막대하게 손해를 끼친 것에 대한 배상책임을 거론하는 것도, 이런 화석연료의 CO_2 배출에 따른 기후변화에 대한 손해배상책임을 무르려는 움직임도 여기에서 비롯된다고 하겠다(후술).

(a) 특히 국가별로 보면 미국과 중국 및 인도 등 3개국이 CO_2를 가장 많이 배출

하는 국가로서, 이 3개국의 석탄 사용이 최근의 이상(異常) 기후변화를 일으킨 요인 중 가장 큰 비중이 되고 있다. 여기에서 우리는 수십년간 석탄을 사용하면서, 이의 92~94%(2005~2017)를 석탄발전(發電)을 통한 전기를 생산하여 산업과 가정에서 전기를 사용한 미국의 경우와 그로 인한 미국의 최근의 재앙적인 기후변화에 따른 일련의 이상(異常) 기후 징조와 그 엄청난 피해를 볼 수 있다.

(b) 이 과정에서, 미국과 중국은 천부적인 석탄의 매장량이 엄청나게 크고 경제 성장과정에서 석탄을 주 에너지로 활용하였는데, 이 중 미국은 1920년부터 1945년 (이 기간에 미국에서는 특히 석탄생산과 화력발전을 중심으로 석탄수요와 생산이 크게 확대되었고 1945년 이후 감소됨)까지 경제성장에 절대적으로 필요한 전력생산의 90% 이상을 석탄발전(火力發電)을 통하여, 산업혁명(Industrial Revolution)기에 영국을 제치는 경제성장을 이룩하는 것이 가능하였다. 그 이후 2017년까지도 미국은 석탄생산의 92%를 전력생산용으로 사용하였다.

| 참고 |

이러한 미국의 석탄용 화력발전을 주축으로 한 경제성장은 셰일에너지 혁명에 힘입어, 지난 10년간 석탄화력 발전을 92% 비중에서 40% 대로 축소시켰고, 결과적으로 2005~2017년 까지 석탄용 화력발전에 관련된 이산화탄소(CO_2) 배출의 75%에 해당하는 8억Mt의 이산화 탄소를 감축할 수 있었다.

(c) 이러한 미국의 최근의 이산화탄소 배출의 감소는 소위 셰일에너지혁명(Shale Energy Revolution)의 성공 덕분으로, 셰일가스 생산의 증가로 천연가스 가격이 저 렴하여졌고, 동시에 미국 정부의 풍력 발전과 태양력발전 기업(私企業)에 대한 보조금을 지급하면서, 독려한 재생에너지 장려정책에 따라 전력가격이 저렴하여졌기 때문이다. 또 석탄가격 하락에 따라 수익성이 하락하여, 자연적으로 석탄 생산도 감소(2005년: 1,131MT → 2017년: 774MT)하면서, 전력생산에의 투입 에너지 가격에 따라 결정하는 전력 구입량을 조절하게 되는 가격 중심의 시장원리에 입각하여 나타난 결과이었다.

이는 석탄가격에 비한 셰일가스가격의 급격한 하락(2005년의 $8.21/mil. Btu가 2017년에는 $3.39/mil. Btu가 됨)이 그 예이다. 석탄소비 중 전력생산 비중은 같더라도 생산액과 석탄소비가 2013년 이후 미국에서 크게 감소한 것에서, 전체적으로 화력발전에서 배출되는 아황산가스 배출 규모가 감소한 결과로 유추할 수 있다.[1]

표 2.1 미국의 석탄생산과 소비 추이(2005~2017)[2]

연도	석탄 생산 (백만톤)	국내생산+수출 비중(%)	생산 대비 수출 비중(%)	석탄 소비 (백만 숏톤)	석탄 소비 중 전력생산용 비중(%)	소비 중 산업용 비중 (%)
2005	1,131	4.6	4.4%	1,126	92.1	7.4
2009	1,175	5.5	5.5%	997	93.6	6.1
2011	1,096	8.3	9.8%	1,003	93.0	6.7
2013	985	8.8	11.9%	924	92.8	7.0
2015	897	7.3	8.2%	798	92.5	7.3
2017	774	9.4	12.5%	717	92.7	7.1

(d) 미국의 2010년경부터, 셰일오일과 셰일가스 생산이 급격히 증가하면서, 한편으로는 수요가 감퇴하고, 석탄생산 규모도 대폭 감소하였다. 또 석탄의 전력생산에의 투입 비중도 다음의 표 2.2에서 보는 바와 같이, 2005년의 49.6%에서 2017년에는 30%대로 하락하였고 반대로 가스의 전력생산에의 투입비율이 2005년의 에너지 믹스의 18.8%에서 2017년의 31.7%로 반전(反轉)한 데에서 비롯되었다. 또 이같이 미국의 CO_2 배출 비중이 급격하게 낮아지고 이에 따라 결과적으로 미국이 세계 CO_2 배출 순위의 종래의 1위의 위치를, 고속 경제성장과 더불어 석탄 수요가 오히려 증가하고 있는 중국으로 석탄 소비 1위국의 위치를 양도한 배경을 알 수 있다.

---

1 2019년 1월, BROOKINGS PAPER 6. Howard Greensphect 'THE U.S. COAL SECTOR' Recent and continuing challenges' ii. EXECUTIVE SUMMARY 참조.

2 Brookings 'THE U.S. COAL SECTOR(Howard Gruenspecht. p.2 Table 1. Overview of U.S. coal production and consumption)' 인용.

(ㄱ) 아래의 표에서 미국의 전력생산의 투입 에너지가 2005년의 석탄 비중이 근 50%에서 2017년에는 30%의 비중으로 하락하였고, 반대로 천연가스의 전력생산의 비중이 2005년의 18%의 비중에서 2017년에는 30%로 확대되어 발전용 에너지가 석탄의 감소, 가스 증가로 전환되면서, 온실가스 배출이 대폭 감소한 결과를 볼 수 있다.

이 기간 중 원전은 총 전력시장에서의 20%대에서 불변하였는데, 이는 원전이 가스 발전에 비해, 전력시장에서의 원전의 전력공급가격이 경쟁력이 상실되었음을 의미한다(후술 본서 제5장 미국의 원전시장 참고).

이 변동 요인은 미국의 전력산업은 사(私)기업으로서 철저하게 시장원리가 적용된 데에서 비롯된 것으로, 석탄과 셰일가스 가격 변동과 감소하는 석탄과 반대로 증가하는 천연가스의 소비 비중을 보면 이를 이해할 수 있다.

(ㄴ) 즉, 2005년의 석탄은 거의 50%에서 2017년에는 30%대로 감소한 반면, 바로 그 비중을 가스가 18.8% 비중에서, 31.7%로 급증하였고, 원전은 20%대로 정체되어 있는 양상에서 셰일혁명이 전력시장에서 석탄산업의 사양화 및 원전시장의 정체를 촉진시켰음을 볼 수 있다.

표 2.2 미국의 전력생산의 투입 에너지별 비중(%)과 전력 총 판매량[3]

연도	석탄(%)	천연가스	원자력	수력	재생 (非수력) 에너지	기타	총 판매량 (terawatt - hours)
2005	49.6	18.8	19.3	6.7	2.2	3.5	4,055
2009	44.4	23.3	20.2	6.9	3.7	1.4	3,950
2011	42.3	24.7	19.3	7.8	4.7	1.2	4,100
2013	38.9	27.7	19.4	6.6	6.2	1.2	4,066
2015	33.2	32.7	19.5	6.1	7.2	1.2	4,078
2017	30.1	31.7	20.0	7.5	9.6	1.0	4,014

출처; U.S. Energy Informational Administration 'Electric Power Monthly with Data for February 2018. Table 1.1.

---

3 Brookings 'THE U.S. COAL SECTOR(Howard Gruenspecht. p.2 Table 2. Generation share by fuel and total sales. 2005 – 2017), 인용.

(ㄷ) 그리하여 천연가스 가격이 2005년에는 석탄가의 3.7배이었으나, 그 후 셰일가스 생산의 급증에 따라 가스 가격이 급락(2005년: $8.21 → 2017년: $3.39)하여, 가스가격의 석탄가에 대한 비중이 3.7배에서 1.2배로 하락하였음은 그만큼 셰일가스 생산의 생산성이 향상되었고, 가스 생산이 증가하였음으로, 자연히 석탄발전에서 가스 발전으로 발전(發電) 연료의 주종이 전환되었음을 의미한다고 하겠다 (2005년까지 가스가격이 석탄가의 3.7배에서 2017년에는 1.2배로 가스 가격의 급격하락 현상을 볼 것).

표 2.3 미국의 전력생산에 투입된 석탄과 천연가스의 연도별 가격 추이 비교[4]

연도	석탄($)	천연가스($)	가스가격의 석탄가격비중 (Gas to coal price ratio)(%)
2005	1.54	8.21	373
2007	1.77	7.11	281
2009	2.21	4.74	150
2011	2.39	4.72	138
2013	2.34	4.33	130
2015	2.22	3.23	102
2017	2.08	3.39	120

출처; US Energy Information Administration 'Electric Power Monthly with Data for February 2018.

(ㄹ) 위의 표로서 미국의 전력생산의 석탄발전에서 셰일혁명의 성공으로 석유와 가스 생산이 확대되면서, 전력업체가 석탄발전은 줄이고 투입 에너지 가격의 경쟁력(값이 싼)이 있는 가스용 발전으로 옮겨 간 과정을 볼 수 있다. 전력업체에서는 자연스럽게 석탄 위주 발전에서 가스 발전으로 전환되면서, 전체적으로 미국의 전력생산에서의 탄소 배출도 감소할 수 있게 된 것이다. 위의 셰일 혁명의 성공으로 석유와 2008년에 시작된 세계적 경기 불황과

---

4 Brookings 'THE U.S. COAL SECTOR(Howard Gruenspecht. p.3 Table 3. Average delivered cost of fuels to Generations. 2005－2017(dollars per million Btu)) 인용. Generation share by fuel and total sales. 2005－2017.

셰일가스 공급 증가는 석탄과 같은 화석에너지의 수요 감소와 맞물려 천연가스의 가격하락을 촉진시켰고, 이에 따라 미국의 온실가스(GHG)배출 비중도 전반적으로 감소할 수 있었던 큰 요인 중 하나가 된 것이다.

(ⅱ) 미국의 석탄용 발전(發電)기업의 하락하는 위치
─미국의 석탄용 발전을 통한 전기생산 추이와 장기적 기후변화대책 준비[5]

(a) 오바마 대통령의 'Clean Power Policy'의 시행과 그 효과

(ㄱ) 2005년부터 2017년까지 미국에 생산된 석탄은 92% 이상이 발전용으로 사용되고, 초기에는 생산의 4~5%만 수출되다가, 2012년부터 생산액의 10% 이상을 수출하게 되었다.

이 같이 미국의 지난 100년간의 석탄 사용은 주로 화력발전의 연료로 사용되면서, 1929년대에는 피크를 이루다가, 1945년부터는 대폭 감소하였는데 특히 최근에는 셰일가스가 개발되고 이의 생산성이 급격히 높아지면서, 가스의 가격 경쟁력이 생기고, 미국 내에서도 석탄발전 대신 가스 발전으로의 전환이 확대되어 석탄 사용은 전반적으로 감소하고 있다. 더욱이 오바마 대통령 때에는 환경정화를 목적으로 하는 'Clean Power Plan' 정책을 실시하여, 낡고 오래된 화력발전은 석탄 대신 공해도가 낮은 재생에너지나 가스를 연료로 쓰도록 규정하여 석탄 화력공장에의 신규 투자는 정지되어 있었다.

(ㄴ) 그런 면에서 앞서 본 바, 중국의 경제성장과 산업화와 병행하여 석탄발전이 급증하는 추세와는 미국은 반대방향으로 가고 있어 결국 화석연료의 사용으로 인한 '온실가스 배출에 있어 미국은 장기적인 탄소 배출 1위국의 지위를 중국에 내주었다'고 하겠다. 미국의 석탄 발전이 감소하고 있는 또 다른 요인으로 미국 오바마 정부가 추진하는 보조금을 지급하는 방법 등으로 재생에너지 생산을 독려하였기 때문이다.

---

5 2019년 1월, BROOKINGS PAPER 6. Howard Greensphect 'THE U.S. COAL SECTOR' Recent and continuing challenges' ii. EXECUTIVE SUMMARY 참조.

(ㄷ) 또한 미국 연방정부의 에너지 규제위원회(FERC, Federal Energy Regulatory Commission, 후술)의 환경규제법규인 Federal Power Act와 Defence Production Act(DPA, 후술)에 의한 발전소(사영기업)별 발전 기준 강화와 발전용 석탄 매입에 대한 규제 강화에서 비롯되었다. 이런 방향의 규제는 장래의 온실가스 감축방향에 대한 대비책이었다고 하겠다. 미국 연방정부(EPA)의 정책방향은 에너지 효율 제고와 경제적 대처 및 15~20년을 바라본 기후변화 대비책으로서 장기적 목표 하에 실시하고 있었다고 해석된다.

(ㄹ) 이리하여 <u>미국 전력회사의 석탄 사용 비중은 2008년에는 발전용 사용 총에너지의 48%의 비중에서 2019년 초에는 24%로 절반 이상으로 감소하였고</u> 이 과정에서 석탄기업과 석탄용 전력기업은 여러 가지 경영상의 어려움을 겪고 있었다. 이는 특히 이미 실시 중에 있는 저탄소 차량(Light duty vehicle)에서의 탄소배출비중보다 높은 수준에 있다. 또한 석탄의 해외수출도 2017년 중에는 크게 증가하였다. 그러나 이는 2011~2014년의 수준보다 낮다. 미국의 석탄에 대한 대외수요는 중국, 인도네시아 등의 석탄의 생산 감소와 해외의 철강 산업의 동향에 따라 크게 영향을 받는다.

(iii) 셰일혁명이 미국에 미친 효과

(a) 미국의 셰일 혁명의 의미

(ㄱ) 단일국가로서 미국의 셰일혁명(Shale Revolution)이 성공하였던, 2014년 이전까지 누적적 온실가스의 제1의 배출국이었던 미국은 이러한 온실가스 배출이 기후변화와 그 결과로 미국 내에 지역적, 정치적으로 미치는 영향도 또한 다양하였다.

예컨대 캘리포니아와 그 남서쪽 지역은 점점 건조해져서, 물 부족과 산불이 자주 일어난다. 그래서 1984년 이래 이 지역의 농업은 물 부족으로 큰 곤란을 겪었으며, 증가하는 가뭄 현상과 동 지역의 뜨거워지는 열기는 막대한 재산피해와 주민의 건강을 해쳤다. 2012년의 미국 동부지역의 허리케인 샌디(Sandy)는 500억$의 재산피해를 냈으며, 230명의 인명을 앗아 갔고, 2017년의 휴스턴 지역의 허리케인 하비(Harvey)는 1,250억$의 재산 피해와 30,000명의 텍사스주 휴스턴 지역의 이재민을 낳았다(기후변화로 인한 재해와 보험산업의 리스크를 상상해 보자).

(ㄴ) 앞으로도 미국 동부와 동남쪽의 멕시코만(灣) 부근의 걸프(Gulf)지역에는 기후변화로 인한 보다 강력한 태풍과 해수면이 크게 상승할 것이라고 예고되고 있다 (실제 2018년과 2019년 초에도 여러 차례 허리케인과 해안의 재난과 캘리포니아 지역의 산불이 자주 일어나서 매년 막대한 피해를 보고 있다. 또한 2019년 8월 30일에서 9월 초에 걸쳐 플로리다주를 향해 발생한 허리케인 Dorian은 카테고리 5급 태풍의 위력을 가지고 막대한 피해를 플로리다주와 Bahama섬에 입혔음).

2 지구 기후대책에 대한 오바마 대통령과 시진핑 주석의 공동추진합의
－최근 미국 대통령 중 가장 과감히 기후대책을 세워 실시한 오바마 대통령

(1) 2014년 11월 14일의 미·중 양국 정상의 베이징 회담과 그 의미
－2015년 11월의 파리기후협약을 운전석에 앉아 이끌어 낸 기초 터닦기

(i) 오바마 대통령과 시진핑(習近平) 중국 주석의 미·중(양국의 세계 탄소배출은 44% 비중) 양국 정상은 2014년 11월 14일에 중국 베이징 천안문 광장에 있는 인민대회장에서 만나, 중국이 먼저 열(熱)을 수반하는 '일산화탄소(Carbon Dioxide, 이하 CO_2라 한다) 배출의 피크타임을 2030년'으로 보고, '가능한 한 2030년보다 빠른 시일 내에 탄소감축의 조기 달성을 위해 최선을 다할 것'을 다짐하며, 이를 위해 중국의 에너지 구성(energy mix)에 있어, 주요 에너지로 '비화석 에너지'(nonfossil fuels) 소비를 총 에너지의 20%의 비중이 되도록 극대화할 것을 다짐하였다.

한편 당시의 오바마 대통령은 '미국은 온실가스(GHG, Greenhouse)의 배출을 2025년까지, 2014년보다 20~25% 낮게 되도록 그때까지 탄소배출을 28%를 감축하는 데에 최선을 다할 것'을 서로 다짐하였다. 이때의 미·중 간에는 긴장관계(㉑ Cybersecurity, 중국의 하이택 기업정책과 HNTE(High and new technology enterprise) 정책 등)에 있던 양국(CO_2 배출 세계 1, 2위국, 양국의 가스배출 비중: 세계 전체의 배출의 44% 차지, 중국: 30%, 미국: 14%[6])의 사안들, 즉 그간 UN 교토(Kyoto) 기후 국제회의 등에

---

6 산업혁명(Industrial Revolution)이 일어난 당시인 1850년대에는 미국의 가스배출이 세계 전체의 27% 비중이었고, 중국은 11% 수준이었다가 그 후에 바뀌었음.

서의 미묘한 교착상태를 이루었던 미·중 기후 관련 정치관계가 이때의 양국정상의 합의 발표로서 화해되었다. 이로써 글로벌 기후변화대책에 미·중 양국이 서로 탄소감축에 대한 자발적 계획을 발표하고, '양국이 힘을 합쳐 기후관련 국제회의를 주도적(운전석에 앉아)으로 역할을 담당할 것에 양국 정상이 합의하리라'고는 어느 누구도 예견치 못하였던 대이변이 일어난 셈이다.[7] 여기에 앞서 2012년 12월, 시진핑 주석이 미국을 방문하여 국제문제에 있어 책임을 공유하며 글로벌 이슈로서 기후변화, 반 테러리즘 대책, 사이버 안보(Cyber security), 우주안보, 에너지와 자원의 협조, 공중보건 문제, 이민문제 등에 있어 미국과 중국이 파트너십을 갖고 상호협조하자고 제안한 바 있다. 이때 오바마 대통령은 특히 백악관의 비서실장으로 있던 John Rodest에게 기후문제를 전담시키면서, 2013년 당시 미 국무장관이었던 John Kerry가 중국 측 파트너인 Xie Zhenhua(解振貨) 장관과 긴밀히 협조하면서, 미국 내 'US−China Climate Working Group'을 결성하였다. 이때 미국 측을 대표하여 기후과학자인 Todd Stern 기후 대사를 지명하였다. 그리하여 기후과학자 John Holden을 그 팀에 합류케 하여 Kerry 장관과 중국 측의 Yang Jiechi 국무위원 간에 2014년 11월에는 양국 수뇌가 '기후협약에 관한 합의안'에 사인하도록 합의하였다. 이때 후술하는 온실가스 배출에 대한 각국의 자발적인 감축한도를 설정하는 INDC(Intended Nationally Determined Contribution)라던가, 중국의 'Peaking Targets' 그리고 BAU(Business as Usual) 등에 관하여 합의한 바 있다. 이때 중국은 '탄소인텐시티(탄소 원단위(Carbon Intensity))를 2030년까지 2005년도보다 60~65% 낮추겠다'는 계획도 제시한 바 있다.[8]

---

7 Titans of Climate 'Explaing Policy Process in the US and China'. Kelly Sims Gallagher and Xiauei Xuan'. p.1. 1. Introduction 참조.
8 Titans of Climate 'Explaing Policy Process in the US and China'. Kelly Sims Gallagher and Xiauei Xuan. pp.3−5, 86−89 참조.

(ⅱ) 그때까지의 미·중 양국에서의 기후변화정책의 우선순위와 미·중 양국 공
　　동성명의 깜짝 의외성

(a) 미·중 양국 수뇌의 기후변화대책 합의 발표의 의미

(ㄱ) 특히 기후변화정책은 당시까지에는 미·중 양국 공히 외교정책상 그리 높은 우선순위에 있지 아니하였다. 또 양국의 각각의 입장에서도 오랫동안 이 문제에는 첨예한 대립(경제선진국인 미국, 개도국의 대표국인 중국 간의 역사적으로 경제 산업 발전과정에서 탄소배출의 원인 제공자와 중국, 인도 등 개발도상국의 상대적으로 탄소배출이 낮았던 점에 대한 시각차)상태에 있어 왔던 터라, 이날의 양국 정상의 기후변화정책에 대한 공동발표는 더욱 의외의 쇼킹한 이벤트로 받아졌다. 이는 미국은 2014년까지 지난 20년간 산업화 과정에서 탄소배출 1위국이면서, 1인당 탄소배출량에 있어서는 중국의 3배 규모로 많은 배출을 하고 있었던 터라, 항상 기후관계 국제회의에서는 미·중 간에 기후변화의 주(主) 책임국 여부를 놓고 서로를 지목하였었기 때문에, 이 양국 정상의 당시의 기후관계 정책에의 합의는 더욱 그 의미가 크다고 하겠다.

　　이에 후술하는 바로 1년 뒤에 있을 'UN 파리기후협약'을 체결함에 있어, 양국이 '운전석'에 앉아 기타 회원국을 독려하는 역할을 담당하는 것에 대하여, 양국이 합의에 이르렀다는 점에서 매우 뜻깊은 의미가 있다.

(ㄴ) 이렇게 2013년에는 양국이 기후변화대책에 긍정적으로 적극적으로 전환하면서, 양국은 2013년 4월에 존 케리(John Kerry) 미국 국무장관이 주동이 되어, '미·중기후변화 워킹그룹'(US - China Climate Change Working Group)까지 만들어, 지구의 기후변화대책에 관한 양국협조체제를 강화할 정도로 양국 모두 적극적이었다. 이로써 중국의 시진핑 주석과 세계 기후변화정책에 대해 양 대국이 주도하여 '이듬해에 있을 파리기후협약 체결에 앞장서게 되었다'라고 하겠다.

(ㄷ) 또한 이때 미·중 양국은 '파리기후협정'을 이끌어 갈 탄소감축목표(mitigating target)를 설정하는 방향으로써 2015년 12월 파리기후협약의 순조로운 체결이 가능케 하기 위하여, UN 회원국이 기후협약의 체결을 위한 방법으로 소위 INDC(Intended Nationally Determined Contribution) 방식을 활용한다는 문제를 포함한 기타 상호협조를 위한 양국의 공동성명을 2014년 12월 발표할 경지에 이

르렀다. 이때에 양국이 CBDR(Common but differentiated responsibilities)제를 논의하여 산업화 국가와 개도국 간의 탄소 감축과정에 있어서의 차등화 문제에 대한 해결책을 논의하였다. 그리하여 이것이 기반이 되어, 2015년 12월 UN의 195개 회원국의 비준을 얻어, '파리기후국제협약'이 UN회원국 간 비준이 되면서, 파리기후협약이 그 빛을 보게 된 것이다(이때 중국의 시진핑 주석은 2017년 중에 '국가적 Cap and trade program'을 중국 내에 설치, 실시하였음).

(b) 이로써 2014년 12월, 앞서 본 바와 같이 중국의 시진핑 주석과 오바마 대통령의 베이징 면담에서 '파리기후협약을 위하여 양국이 선도하여 1년 후에 예정되어 있는 파리기후협약'이 UN 회원국들의 협조로써 성사되도록 합의하였고 결국 이듬해 파리기후협약은 195개국이 참여하여 동 협약이 성립되었다는 것을 발표한 바 있다.[9]

여기까지 오기 전까지, 유럽이 가장 먼저 지구 온난화에 대한 대책을 수립하여 실시하고자 노력한 것을 간과할 수 없다. 한편 유럽은 소위 '탄소감축 국제협약'의 전신인 교토 프로토콜(Kyoto Protocol)을 UNFCCC(UN Framework Convention on Climate Change)에 전환시키면서, 2008~2012년까지 온실가스를 7% 감축시킨다는 목표를 제시하였으나, 이는 미국상원에서 '중국, 인도 등이 참여를 안 한다'는 이유로 비준이 안 될 것이라는 전망하에 클린턴 대통령은 아예 교토 프로토콜의 비준신청을 하지 않아, 결국 미국에서는 교토 프로토콜이 발효되지 아니하였다.[10] 2014년까지 이미 1990년대 수준까지 감축시킨다는 목표하에 지구의 탄소배출을 27%까지 낮춘 실적이 있다(이때 중국은 감축 책임이 없는 개도국이었기 때문에 중국은 감축협약에 기여하지 않았음).

---

9 Titans of Climate 'Explaining Policy Process in the US and China'. Kelly Sims Gallagher and Xiauei Xuan. p.8. Defying exceptions Together 참조 인용.
10 상 동. p.89 참조.

그림 2.1 195개 UN 회원국이 참가한 파리기후협약상 지구 온난화 방지목표(2014)[11]

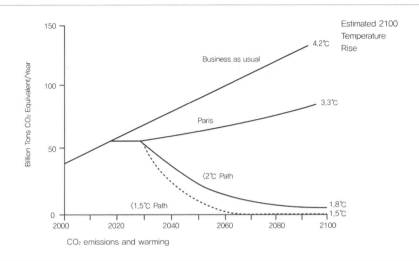

주석1; 그냥 방치 시: 2100년에 4.2℃ 상승, 파리기후협정의 체결대로 이행 시: 3.3℃ 상승 수준에서 억제(불충분).

주석2; 2℃ 하락 노력 시, 1.5℃ 하락 노력 시, 지구 기후안정, 탄소 배출 감소(1.8℃와 1.5℃에서 억제).

(iii) 미국의 국제기후변화대책과 글로벌 탄소감축대책 논의와 그 성과

(a) 기후대책에 소극적이었던 텍사스 출신의 G. W. 부시 대통령

(ㄱ) 원래 미국은 기후변화대책에 있어 EU와 달리 전적으로 '올인'하는 국가가 아니었다. 예컨데 G. W. 부시(Bush) 행정부 때만 하여도, 매사추세츠 주가 11개의 주와 3개의 시(市)를 대표하여, 미국연방정부의 EPA(환경보호청)가 'Clean Air Act' (淸淨空氣法)에서 요구하는 CO_2의 규제에 실패하였으므로, '공중의 건강과 안녕을 해(害)쳤다'고 법원에 제소하였고, 2007년 미국 대법원은 대법관이 5:4로 매사추세츠주 11개의 기타 주(州)정부의 주장을 인정하여, 지방 주정부의 손을 들어주면서 동법은 그 실행이 안 된 상태에 있었다.[12]

(ㄴ) 또한 앞에서 본 바 '교토 프로토콜'에 대하여서도 국제협약의 비준을 결정하는 미

---

11 2018년 FT의 그림으로, '파리기후협의 없이 진행된다면, 지구는 2100년에는 기온이 4.2℃까지 상승할 것으로 이를 파리협정으로 3.3℃로 하락시켜야 한다'는 뜻이다.

12 Titans of Climate 'Explaining Policy Process in the US and China'. Kelly Sims Gallagher and Xiauei Xuan. p.111 'Obama Administration' 참조.

국 상원은, '대형 탄소배출국인 중국과 인도가 탄소 감축 의무를 지지 않음으로, 선진 국들과 균형이 맞지 않는다'는 이유로 '교토 프로토콜'의 비준을 해 주지 않음으로 인하여, 교토 프로토콜은 미국에서 국제협약으로서 그 효력이 빛을 보지 못하였던 것이다.

즉, 오바마 대통령의 전임자인 공화당의 텍사스 출신의 G. W. 부시 대통령은 심지어 'Carbon dioxide는 결코 공해가 아니므로, 건강을 해치지 않기 때문에 EPA(Environmental Protection Agency)는 CO_2 배출에 대하여, 특히 이에 대한 규제를 할 필요가 없다'는 입장을 취하였고, 따라서 EPA는 기후대책의 탄소규제의 주무부처이면서도 그간 기후변화대책에 소홀하는 정책을 취하였었다.

(b) 한편 오바마 대통령은 2008년 대통령으로 당선되면서, 미국 대통령으로서는 거의 최초로 그의 기후대책과 정책을 우선순위가 높은 위치에 두고, 기후정책을 추진하여, 그의 1차 임기 중인 2008~2012년 중에는 본격적으로 기후변화정책에 더 큰 우선순위를 두면서, 신규 자동차의 배출가스를 규제하는 등 탄소배출을 규제하기 시작하였다. 또 그는 2009년에는 코펜하겐(Copenhagen) UNFCCC 기후회의에 직접 참석하여, '미국은 2020년까지 온실가스 배출을 2005년보다 17% 감축하겠다'고 선언하기도 하였다.

| 참고 |

오바마 대통령 이전의 미국의 역대 대통령은 기후변화에 대하여 별로 심각하게 생각하지 않았으나, 그리하여 실질적으로는 오바마 대통령만이 기후변화대책에 대하여 크게 역점을 둔 최초의 대통령이라고 불리어진다.[13]

(c) 그 후 오바마 대통령 시기에, 대법원에서 'CO_2 배출 규제는 EPA의 규제의 책임과 권한이다'라고 결정하면서부터, 행정부인 EPA에는 대법원의 결정으로 국민건강과 재산에 큰 피해를 주는 탄소배출을 규제할 수 있는 근거가 마련된 셈이 된다(즉, 입법에 의한 권한과 책임부여가 아닌 EPA의 탄소배출 규제는 그 근거를 대법원의 판결로, CO_2의 규제는 EPA의 권한이면서도 동시에 규제를 하여야 하는 의무가 된 것임).

---

13 상 동. p.111 'Obama Administration' 참조 인용.

(ⅳ) 2019년도 중 미국의 기후 관련 재난

2019년 미국의 10억달러 이상의 기후변화로 인한 재앙 사례

source: vox.com, Feb 7,2020, "The next president can force the financial sector to take climate change seriously"

지구 온난화로 2019년중 미국에 일어난 10억$ 이상의 재난 내역[14]

- 2월 23일~2월 25일: 오하이오주 북동부 심한 기후
- 3월 14일~3월 18일: 미주리주 중북부 홍수
- 3월 22일~3월 24일: 텍사스주 우박풍
- 3월 19일~5월 13일: 미주리강 범람
- 4월 13일~4월 14일: 남부 및 미시시피강 동부 극심한 토네이도 악천후
- 5월 16일~5월 31일: 중부 극심한 악천후
- 5월 20일~6월 14일: 아칸소강 홍수로 범람
- 5월 26일~5월 29일: 록키산맥, 중부 및 북동 토네이도 악천후
- 7월 4일~7월 5일: 콜로라도주 Hail 폭풍
- 19년 여름~가을: 캘리포니아와 알래스카 대화재(Wildfires)
- 8월 28일~9월 6일: 허리케인 도란(Doran)
- 9월 11일~9월 21일: 열대성 태풍: Imelda
- 10월 20일: 텍사스주 토마도스 및 중부지방 악천후

---

14 2020년 2월 7일, Vox.com. 'Next President can force the financial sector to take climate

(ⅴ) 오바마 대통령 때부터 본격화된 미국의 기후변화대책

(a) 기후대책에서 적극적으로 활동한 오바마 대통령

(ㄱ) 따라서 미국의 기후변화정책은 오바마 대통령 때에서야 UN과 관계하여 비로소 본격적으로 수립되었다. 또 2014년에는 셰일혁명에 힘입어 미국의 온실가스 배출이 실질적으로 감소(셰일가스의 출현으로 가격원리 등 시장원리가 적용되어, 석탄에서 천연가스로 전환되면서, 미국 내의 가스 배출이 감소하는 결과 초래)하자, 미국이 타국과 탄소 감축 문제를 적극적으로 논의할 수 있는 도덕적 지반이 생기게 되었다.

(ㄴ) 최근 미국에서 환경론자들이 석유 대기업(오일 메이저)을 상대로 지구 온난화를 가속화시키고 기후변화를 초래하여 인류생활에 막대하게 손해를 끼친 것에 대한 배상책임을 거론하는 것도, 이런 화석연료의 CO_2 배출에 따른 기후변화에 대한 손해배상 책임을 물으려는 움직임도 여기에서 비롯되었다고 하겠다(후술).

　특히 이를 국가별로 보면 미국과 중국 및 인도 등 3국이 CO_2를 가장 많이 배출하는 국가로서 이 3개국의 석탄 사용이 최근의 이상 기후변화를 일으킨 요인 중, 가장 큰 비중이 되고 있다. 여기에서 우리는 수십년간 석탄을 사용하면서 이의 92~94%(2005~2017)를 석탄발전을 통한 전기를 생산하여 산업과 가정에 전기를 사용한 미국의 경우와 그로 인한 미국의 최근의 재앙적인 기후변화로 인한 일련의 이상(異常) 기후 징조와 그에 따르는 엄청난 피해를 볼 수 있다(앞의 2019년 10억$ 이상 재난지역의 장소, 재난 내용 참조할 것).

---

change seriously' 인용.

(vi) 오바마 대통령의 탄소감축정책과 미국 석탄산업과 석탄발전(發電)
　－Clean Air Act와 Clean Power Plan의 실천으로 탄소감축정책을 밀고 나간 오바마 대통령

(a) 2006~2017년의 미국 석탄 생산과 국내소비와 수출

그림 2.2 2030년까지 톤당 균일한 50$의 CO_2 가격 부과, 아래의 G20 CO_2 감축약속 국가 점유율[15]

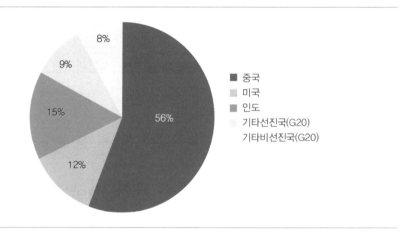

주석; 중국: 56%, 미국: 12%, 인도: 15%, 기타: 17% 탄소배출 감축약속

　　2005년부터 2017년까지 미국에 생산된 석탄은 생산의 92% 이상이 발전용으로 사용되고, 초기에는 생산의 4~5%만 수출되다가 2012년부터 석탄 생산액의 10% 이상을 수출하게 되었다. 이 같이 미국의 지난 100년간의 석탄 사용은 주로 국내 화력발전의 연료로 사용되면서, 1929년에는 석탄 화전이 피크를 이루다가, 1945년부터는 대폭 감소하였다. 특히 최근에는 셰일가스가 개발되고, 셰일혁명에 의한 셰일가스의 생산성이 급격히 높아지면서, 천연가스의 가격 경쟁력이 생기고, 미국 내에서도 석탄발전 대신 가스 발전(發電)으로의 전환이 확대되면서 석탄 사용은 전반적으로 감소하고 있다.

---

15 IMF 스태프 계산.

(b) 더욱이 오바마 대통령 때에는 기후 관련 환경정화를 목적으로 하는 'Clean Power Plan'을 실시하여, 낡고 오래된 화력발전은 석탄 대신 공해도가 낮은 재생에너지나 천연가스를 연료로 쓰게 규정하였으므로, 석탄 화력발전소에의 신규 투자는 거의 정지되어 있었다. 그런 면에서 중국의 경제성장과 중국의 산업화와 병행하여 석탄발전(發電)이 급증하는 추세에 대하여, 미국은 그 반대방향으로 가고 있다고 할 수 있다. 이리하여 결국 화석연료의 사용으로 인한 온실가스 배출에 있어 미국은 장기간에 걸쳐 탄소 배출 1위국의 위치에 있었으나, 최근 그 1위의 배출국 지위를 중국에 내주었다고 할 수 있다.

(c) 미국의 석탄 발전이 감소하고 있는 또 다른 요인으로 미국 오바마 정부가 추진하는 보조금을 지급하는 방법 등으로 태양광 등 재생에너지 생산을 독려하고, 미국 연방정부의 에너지 규제위원회(FERC, Federal Energy Regulatory Commission, 후술)의 환경규제법규인 Federal Power Act와 Defence Production Act (DPA, 후술)에 의한 발전소(사영기업)별 발전 기준 강화와 발전용 석탄 매입에 대한 규제 강화에서 비롯되었다.

이런 방향의 규제는 장래의 온실가스 감축 방향에 대한 대비책이었다고 하겠다.

오바마 대통령 치하의 미국 연방정부(EPA)의 기후정책방향은 에너지 효율 제고와 경제적 대처 및 15~20년 후를 바라본 기후변화 대비책으로서 장기적 목표 하에 실시하고 있었다고 해석할 수 있다.

> | 참고 |
>
> 오바마 대통령이 2009년 탄소감축정책으로 채택한 정책 중 특별한 것은 크게 두 가지인데, 하나는 'Clean Air Act'로서, 이는 EPA와 고속도로 교통안전청(National Highway Traffic Safety Administration)으로 하여금, 경차의 에너지 효율제고를 위하여 2025년까지 갤런당 54.5mpg'(=마일당 CO_2 배출 163그램 이하)를 달성케 하는 것이고, 또 다른 하나의 정책은 전력부문에 관한 것으로 'Clean Power Plan인데, 여기서는 전력발전소는 2030년까지 탄소배출을 2005년 수준의 32%를 감축하여야 한다'는 지침을 제정한 바, 이에 대하여 발전소들은 즉각 대법원에 소송을 제기한 바 있다.

(d) 또한 오바마 대통령은 미국 국내부(DOI, Dep't of Interior)가 관장하는 국유지 위에 10GW의 태양광 발전 등 재생에너지를 생산할 수 있게 인정하여 재생에너지생산을 독려하고, 또 농업성(USDA)은 'Rural Energy for American Program'에 의해(국유농지 위에) 1만 개 이상의 재생에너지 생산 프로젝트를 승인한 바 있다.

(vii) 오바마 대통령의 기후대책과 석탄 산업에의 규제 강화

(a) 오바마 대통령의 기후대책과 그 효과

이렇게 기후대책에 적극적이던 오바마 대통령 당시의 기후대책의 정책과 그로 인한 2020년의 탄소감축 효과 추정은 아래와 같다.

표 2.4 탄소감축 장려책으로 시행한 정책수단과 감축효과 추정[16]

정책	시행, 제정년도	정책수단 형태	2020년까지 연간 CO_2절감 (MT CO_2 eq.)	비고
EPA의 오존 지역의 화학물질 제거 정책 SNAP(Significant New Alternative Policy) 프로그램	실시 중	규정	317	
경차(Light Vehicle)의 CO_2 배출기준	2005년 실시 중	규정	236	
전자제품의 에너지 효율기준 제고	실시 중	규정	216	
Clean Power Plan	최종안 2017년 수정	규정	69	2030년 CO_2 415,000kt 예상
Tax Credits for 재생에너지 생산을 위한 투자 장려	실시 중	재정	39~101	
Heavy duty Vehicle CO_2 Performance standards	실시 중	규정	38	

---

16 Titans of Climate 'Explaining Policy Process in the US and China'. Kelly Sims Gallagher and Xiauei Xuan. p.111 'Obama Administration' p.29. Federal Climate policies and their estimated mitigation impacts 인용.

(b) 미국 석탄기업의 줄도산과 석탄발전기업의 경영 어려움 가중

　　-전력사들의 전력에너지로 석탄사용비중(2008년: 48% → 2019년 초: 24% 가
　　스대체

　　석탄산업이 사양화 과정에서 미국의 석탄화력 전력회사는 문을 닫는 전력기
업이 속출하였고, 반대로 가스전력생산이나 재생에너지의 전력생산기업은 증가
하고 있었다. 이리하여 미국 전력회사(私設)의 석탄사용 비중은 2008년에는 48%
의 비중에서 2019년 초에는 24%로 절반 이상으로 감소하였고 이 과정에서 석탄
기업과 석탄용 전력기업은 여러 가지 경영상의 어려움을 겪고 있었고 폐쇄하는
발전소도 증가하고 있다. 그러면서 미국의 탄소가스 배출은 2005년부터 낮아지
기 시작하였다.

　　반대로 가스가격이 싼 미국의 동북부에서는 프랙킹(Fracking, 粉碎, 셰일가스) 가
스 생산이 증가하면서, 동 지역에서만 150개의 가스 발전소가 신설될 계획으로
있다.[17] 특히 Duke Energy 같은 에너지사는 신규 가스 발전소를 노스캐롤라이
나주와 사우스캐롤라이나주에 다수의 가스 발전소를 설립하였으며, 또 햇빛이
드문 시기를 대비하여 태양광 발전소를 설립하면서, 리튬 이온 배터리(Lithium-
ion Battery)공장도 설립하기로 하였다.

(c) 미국탄소배출이 초래한 기후변화로 인한 재난과 이재민 고통

　　-9.11 사태보다 더 클 수도 있는 재난 가능성에, 보험사들의 끝없는 보험금 확대
　　지급 가능성 우려

미국의 기후변화가 미친 영향의 지역적 특성 분석 평가[18]
- **북동부(Northeast): 잦은 홍수(Flood)**
  - 열(熱) 파도, 극심한 폭우, 해면의 상승은 인명피해의 증가로 나타남
  - 인프라, 농업과 어업의 피해, 생태계의 전적인 약화

---

17 2019년 6월 28일, NYT 'As coal fades in U.S. natural gas becomes climate battleground' 참조.
18 2019년 1월 28일, NASA's Jet Propulsion Labatory/California Inst. of Technology. and 3rd, 4th

- 동지역 내, 수많은 주(州)와 도시는 지역의 발전 계획 속에 기후변화에 대한 상호협조 체제 강화
- 북서부(Northwest): 거대한 산불의 자연발화(Wild Fire)
  - 하천 흐름의 계절변화로 인한 수요에 비한 물공급의 부족
  - 해면 상승, 바다의 침식(侵蝕), 범람 침수(Inundation), 인프라의 위험성 재고, 해수의 산성화(acidity) 증가 등 위험성 재고
  - 증가하는 산불(Wildfire), 벌레의 출현, 광범위한 나무 떼죽음
- 남동부(Southeast): 잦은 허리케인(Freequent Hurricane)
  - 해면 상승은 광범위화하고 경제와 환경에 지속적인 위협으로 나타남
  - 극심한 기온상승은 건강, 에너지, 농업 및 기타 광범위한 피해를 유발함
  - 급감하는 물 공급은 경제적 및 환경적 피해를 증대시킴.

특히 지구의 기후변화로 '물이 많은 행성인 지구의 수권(水圈)이 파괴된 데'에서 비롯되었다고 주장한다. 우리의 생태계는 물의 순환주기에 맞춰 영겁(永劫)에 걸쳐 진화해 왔는데, 지구의 온난화로 인해 1℃ 상승할 때마다 공기의 수분보유량은 약 7% 증가하게 되어 구름에 물이 많이 집중되어 극단적인 호우와 홍수현상이 일어난다는 것이다.[19]

그리하여 겨울의 극심한 한파와 초대형 폭설, 봄철의 파괴적인 홍수, 여름의 장기적인 가뭄과 끔찍한 산불, 치명적인 3, 4, 5급의 허리케인의 잦은 도래 등이 모두 물과 연관된 사건으로서, 막대한 인명과 재산상의 손실과 생태계 파괴가 그런 재난의 결과로 나타난다.

이 같이 재난을 겪고 나서야, 2018년의 총선의 결과로서 비로소 유권자의 요구에 따른 기후 변화에 대응한 대처방안이 수립되면서 미국의 기후대책이 실시된 것이다.

(viii) 심한 '스모그'로 고통받았던 LA, 깨끗한 공기 위해 연방정부와 싸움[20]

(a) 단일국가로서 미국의 셰일혁명(Shale Revolution)이 성공하기 시작한 2014년

National Climate Assessment Reports by US Global Change Research Program 인용.

19 Kevin E. Trenberth Changes in precipitation with Climate Cahnge 'Climate Change' 2011.

20 2019년 11월 18일, 중앙일보 '세계는 미세먼지전쟁 6. 미국 LA. 깨끗한 공기 위해 트럼프와도 싸운다' 인용.

직전까지, 누적적 온실가스의 제1의 배출국이었던, 미국은 이러한 온실가스 배출이 기후변화에 악영향을 미치고, 그 결과로 이것이 미국 내에 지역적, 정치적으로 미치는 재난적 영향도 다양하였고 그 규모도 매우 컸다. 한동안 캘리포니아는 미국 내에서 가장 공기가 좋지 않은 지역에 속하였다. 예컨대 캘리포니아와 그 남서쪽 지역은 점점 건조해져서, 물 부족과 산불이 자주 일어난다.

(b) 또 캘리포니아의 40백만 명 이상의 주민이 급증하는 승용차 사용에서 배출되는 배기가스는 견딜 수 없는 재해를 1943년 이래 겪은 캘리포니아주에서는, 1952년 당시의 주지사이었던 레이건 전 대통령(당시 캘리포니아 주지사)의 특별지시로 공기의 질을 관리하는 대기자원위원회(CARB, California Air Regulated Bureau, 자동차 같은 이동오염관리위원회)와 대기질 관리국(AQMD, Air Quality Management Departmennt, 공장 같은 공정오염원의 관리)이 만들어지고, 그 이래 캘리포니아주는 미국 내에서 자동차 매연가스 제한규정이 가장 까다로워진 배경이 되었고 이로써 초미세먼지(PM 2.5)를 대폭 줄이고 있다.

이렇게 미세먼지를 줄일 수 있었던 배경에는 1990년 '무공해 자동차'(Zero Emission Vehicle) 제도를 도입하여, 전기차(EV), 수소차 등의 판매 비중을 높여가고 있고, LA에서는 2018년 전기차 공유 서비스인 '블루 LA'를 도입해 공유 전기차 100여 대를 운행 중이다.

(c) 캘리포니아의 농민은 기후변화의 폐해를 톡톡히 맛보며 살고 있다[21]

또한 기후변화로 캘리포니아주는 1984년 이래, 농업이 물 부족으로 큰 곤란을 겪었으며, 증가하는 가뭄 현상과 동 지역의 뜨거워지는 열기는 막대한 재산 피해와 주민의 건강을 해쳤다. 또 자주 자연적으로 일어나는 산불은 막대한 인명피해와 지역주민의 막대한 재산상의 손실을 초래케 하였다.

지난 2019년 7월에는 세계에서 가장 농산물 생산이 손꼽히는 San Joaquim Valley 지역은 극심한 가뭄과 관개 농사에 쓰일 물 부족으로 큰 고통을 겪었으며, 15일간 계속된 °F 100도 이상의 고온은 세계 최고의 고온의 기록을 세웠다.

---

21 2019년 8월 12일, NYT 'Farmers live climate change' 및 동 2019년 10월 23일, NYT 'Winemakers try to adapt to warming world' 인용.

또 지각 표면의 물 부족은 땅이 발아래로 푹 파이는 현상도 나타났다(이런 고온현상은 2019년 7월의 ℉100도를 넘는 고온이 27일간 계속된 이래, 곧 다시 닥쳐 온 고온의 기록임).

(d) 이런 고온현상과 계속되는 가뭄은 농업에 막대한 피해와 방대한 연구비용 투입을 요구하게 되었고, 캘리포니아의 와인메이커들을 온난화의 지구변화에 적응하는 노력을 경주하게 하였다(와인생산 업체에게 주는 타격은 유럽의 영국, 덴마크, 벨기에, 캐나다의 British Columbia에도 같은 현상이 나타남).

(e) 2012년의 미국 동부지역의 허리케인 샌디(Sandy)는 500억$의 재산피해를 냈으며 230명의 인명을 앗아 갔고, 2017년의 휴스톤 지역의 허리케인 하비(Harvey)는 1,250억$의 재산 피해와 30,000명의 텍사스주 휴스톤 지역의 이재민을 낳았다.

앞으로도 미국 동부와 동남쪽의 멕시코만(灣) 부근의 걸프(Gulf)지역에는 기후변화로 인한 보다 강력한 태풍과 허리케인 등이 예상되며, 온난화로 해수면의 높이가 크게 상승할 것이라고 관계기관들은 예고하고 있다.

| 참고 |

실제 2018년과 2019년 초에도 여러 차례 허리케인과 해안의 재난과 캘리포니아 지역에 산불이 자주 일어나서 매년 막대한 피해를 본다. 또한 2019년 8월 30일에서 9월 초에 걸쳐 플로리다주를 향해 발생한 허리케인 Dorian은 카테고리 5급 태풍의 위력을 가지고, 바하마(Bahama) 도서 지역을 강타하여, 단 1주일 만에 44여 명(당시까지 발견된 인원 수)의 인명피해와 병원, 공항, 산업에의 타격으로 400억$ 규모의 막대한 피해를 플로리다주와 Bahama섬에 입히고 있다.[22]

(ix) 뉴욕주(州) 등의 2025년, 카본 프리(Carbon Free) 전력생산 독려

(a) 한편 뉴욕주 의회는 캘리포니아주와 뉴멕시코주와 나란히 2040년부터는 전적인 'Carbon−free 전력생산'만을 가능케 하는 규정의 주 입법을 통과시켰다. 이는 석탄화력 발전은 셰일가스의 출현으로, 비용 면에서의 점점 경쟁력이 없어

---

22 2019년 9월 10일, NYT 'Counting the storm's victims' 'A week later, bodies still uncollected in the Bahamas rubble' 참조.

져서 트럼프 대통령이 취임 후, 제정한 연방정부의 배출규제법(Federal Pollution Regulations)을 오바마 대통령 이전의 수준으로 '롤링 백'(rolling back, 후술)시키는 규정을 제정한 배경이 된 것이다

| 참고 |

트럼프 대통령의 'Rolling Back 정책'에 대하여는 후술할 것이나, 이 정책은 미국의 시장 경제하에서 석탄발전업체에게 별 도움이 되지 않고 따라서 석탄기업의 경영에 큰 효력이 별로 없어, 석탄발전업체가 기존 폐쇄 계획대로 석탄발전소를 폐쇄하기로 하면서, 결국 트럼프 대통령의 기후정책 중 총체적으로 실수하는 정책의 수효만 증가하는 모양새가 되었다.

(b) 또 이는 특히 이미 실시 중에 있는 저탄소 차량(Light duty vehicle)에서의 탄소배출비중보다 높은 수준에 있다. 또한 석탄의 국내 소비보다 해외수출도 2017년 중에는 크게 증가하였다. 그러나 2015년의 석탄 수출보다 낮다. 미국의 석탄에 대한 대외 수요는 중국, 인도네시아 등의 석탄의 생산 감소와 해외의 철강산업의 동향에 따라 크게 영향을 받는다. 이래저래 미국의 석탄기업과 석탄발전기업의 로비가 별로 효험이 없게 되는 양상이다.

(c) 이리하여 2018~2019년 8월까지 주정부로서 2040년까지 100% '카본 프리(Carbon-free)전력'을 생산키로 결정한 한 주(州)는, 위에서 본 뉴욕주, 뉴멕시코주, 캘리포니아주 외에도 메인주, 콜로라도주, 워싱턴주, 미네소타주 등이 참가한 바, 이들 주에서는 2040년까지 장기적으로는 가스 발전에서도 진일보하여 '완전 무탄소 발전'(carbon-free electricity)으로 간다는 방향을 의미한다.

(d) 한편 2017년에 Excel Energy라는 펜실베이니아주, 미네소타주와 콜로라도주 등 8개 주에 전력을 공급하는 에너지(민영)사는 '2050년까지 완전, 무 탄소발전의 전력을 공급하기 위하여 2030년까지 태양광, 풍력 발전소 설치와 현재 가동 중인 원자력 발전소 외에도, 전력공급의 원활화를 위해 미네소타주에 가스 발전소를 새로이 건설하면서, 또한 장기적으로는 전력공급의 원활화를 위해 가스 발전으로 생산된 전력을 지하에 저장할 수 있게 하였다. 그리하여 필요한 비상시에도 전력을 공급

할 수 있게 하기 위한, '전력을 저장하는 신기술'을 연구하고 있다'라고 장기 계획을 설명하고 있다. 결국 미국에서 화력발전에 대체하는 '가스 발전이 기후(무, 저공해)발전 시장의 기반(climate battle-ground)이 될 것'이라고 해석하고 있다(Excel사에 대한 원전과 가스 발전 사이에서 조기 원전폐쇄에 관하여는 본서 제5장 미국의 원전사에 대한 원전과 가스 발전에 관하여 상술하였음).[23]

(x) 급격한 기후변화로 크게 재난보상을 하게 될 보험업계와 재보험산업[24]

- 기후변화재난보상으로 보험료 수입을 훨씬 초과한 보험회사의 재난보상

(a) 이러한 기후변화로 인한 재난과 인명피해가 급증하고 그 피해규모가 커지면서, 또 하나의 큰 재난을 겪고 있는 산업이 보험 산업과 재보험산업이다. 원래 보험산업은 재난의 가능성과 인간의 수명과 상해에 관한 누적된 오랜 수리(數理)에 근거하여 산출된 수입보험료와 보상 보험금을 지급하는 시스템이다(위험분산을 위하여 재보험에 출재하는 사업을 포함).

(b) 그러나 최근의 보험금과 보험료 산정의 배경 근거가, 최근의 기후변화에 따른 재난의 규모와 인명의 피해규모의 방대성으로, 마치 '2001년 9월 11일 사태' (소위 9·11 사태, 뉴욕 Trade Center 쌍둥이빌딩 사고) 시의 재난의 규모와 인명피해가 장기간에 걸쳐 끝없이 확대되는 방대성을 연상케 할 정도로, 기후변화로 인한 재난의 규모와 인명피해의 장기성과 방대성이 보험업계에 커다란 문제를 안겨 주게 된다는 FT의 전문 분석가의 해설이 있다.

이 해설에 의하면, 2000년에서 2002년의 미국의 재산손해보험료(property catastrophe Premium) 66%가 상승하였으나, 2001년의 9·11 사태에 단 한 건의 자산손해보상(자산손실보상, 항공보험, 책임보험, 생명재보험, 비즈니스 손해 보상보험 등)으로, 이때의 수입보험료는 각종 보험에 대한 보상으로 다 소진되었고, 그 보험료 수입을 훨씬 초과하는 총 400억$가 보상금으로 지불되었다는 Munch Re(독일 뮤니

---

23 상 동. 참조 인용.

24 2019년 9월 10일, FT 'Patrick Jankins 'Climate change risk, like 9/11, may prove too costly for insurers' 참조 인용.

히 재보험)사의 추정이다.

(c) 한편 최근 2019년 8월 말에 발생하여 바하마(Bahama)섬을 거쳐 미국 동부 해안에서 시작된 허리케인 Dorian의 경우, 바하마섬에서의 인명피해가 지나간 직후에는 40명이라 하였으나, 그 후에 계속하여 희생자와 피해자, 상해자의 수가 끝도 없이 증가하고, 파괴된 병원, 공항 그리고 주민의 주택 등 재산상의 피해도 계속 증가하는 현실에서도 피해규모는 단기간 내에 확정되지 않고 계속 증가할 것(loss creep)으로 전망되었다. 이 같은 기후변화로 인한 재난 규모의 방대성의 예는 작년의 일본의 태풍 Jeb의 경우, 당초 재난 예상 규모 60억$에서 결국 150억$ 규모까지 확대된 것에서도 짐작할 수 있다.

(d) 그래서 특히 기후변화 관련 재난보험의 경우, 재보험 가입이 중요하며 보험료의 상승으로 보험업계와 재보험 사업이 크게 신장될 수 있는 기회이기도 하다는 전망이다. 그러나 리스크의 방대성에서, 보험산업의 요람인 영국의 중앙은행 (Bank of Engalnd)의 'Prudential Regulation Authority는 산하의 Stress‒testing insurers(스트레스 테스트 당국)에게, 세계 각국이 준수하지 못하고 있는 '탄소감축목표'에 대한 리스크를 예의 분석할 것을 지도하라'고 독려하면서 리스크와 관련하여 보험료, 재보험료도 재산출할 것을 유도하고 있다고 한다.[25]

---

25 2019년 9월 10일, FT Patrick Jankins 'Climate change risk, like 9/11, may prove too costly for insurers' 참조.

(2) 미국의 기후변화대처 방안인 'Green New Deal' 정책을 둘러싼 공화, 민주 양당의 기후 관련 국제정치[26]

  −트럼프 대통령의 대의회정치와 재선출마준비로써 기후환경 규정 완화[27]

  −오랜 기간 공화당과 민주당의 기후변화에 대한 정책 차이와 미국의 로비스트 정치

2017년, 아직도 화석연료가 에너지 소비의 대종을 점하고 있는 미국[28]
 - 석유: 37%, 천연가스: 29%, 석탄: 14%, 원자력: 9%
 - 재생에너지(태양광, 풍속 발전, 바이오 에너지, 수력 발전 등): 11%

(i) 2019년 2월 7일 미국 하원을 통과한 'Green New Deal' 정책

(a) 미국의 Great New Deal 정책과 기후변화대책

(ㄱ) 1930년대 세계적인 대불황시절(Great Depression), 당시의 루스벨트 대통령이 취한 '뉴 딜'(New Deal)정책이 80년이 지난 후, 미국에서 '필수적인 지구 온난화 억제를 위한 새로운 정책'으로 'Grean New Deal'이라는 명명하에 민주당을 중심으로 하여 기후변화대책을 위한 연구에 대해, 세제상, 금융상 지원을 하고 '모든 종류의 화석연료를 감축(2017년 에너지소비의 80% 해당)하고 무공해인 청정에너지를 발명하여 모든 운송(traffic) 에너지로 쓰자'는 방안으로서, 뉴욕 출신의 하원의원인 오사카시오 코르테즈(Alaxandria Osacasio – Cortez) 의원과 상원의 민주당 Ed Markey(매사추세츠 출신) 의원이 주동이 되어, 민주당이 우세한 하원에서는 일단 2019년 2월 17일 116차 하원이 결정(Recognizing the duty of Federal Government to create a Green New Deal)한 정책이 되었다.

---

26 (Adapt or Perich); 2020년 1월 1일, Foreignaffairs지 발췌.

27 2019년 6월 20일, FT 'Trump seeks to boost coal with new rules for power plants' 및 2019년 2월 7일, Ms Ocasio – Coretez submitted Resolution'에 대한 제116차 미 하원 결정 'Resolution recognizing the duty of federal Gov't to create a Green New Deal' 및 2019년 3월 27일, Guardian staff and Agencies 'Green New Deal: Senate defeats proposal as Democratic units in protest: Non – binding proposal spearheaded by progressives aims to reduce greenhouse gases and lesson sicial inequity' 참조.

28 2019년 2월 25일, Bloomberg Quicktake 'Why 'Green New Deal' Has Washington in Such a Lather' By Ari Natter의 그림: Fossil Fuels Still Rule(U.S. energy consumption by sourece 2017) 인용.

(ㄴ) 여기에서 'Green New Deal' 계획을 전담하는 특별위원회를 설치하기로 의결한 바, 이 한시적 특별위원회를 통하여 기후변화에 대응하기 위한 산업계획을 수립하고 10년 내에 경제 인프라에서 탄소를 제거할 것(화석연료에서 친환경에너지로 전환하는 방안)과 새로운 녹색경제에서 불이익을 당할 수백만의 근로자를 고용할 수 있는 새로운 사업기회를 창출하자는 것이었다.[29]

(ㄷ) 이때에 우파적인 공화당원 외에 보수적인 보수당원 중에서도 64%가 그리고 무당파에서도 그린 뉴 딜 정책에 대하여 지지의사를 밝힘으로써, 수백만의 미국 국민이 기후변화가 가져올 무서운 미래에 대한 두려움을 표시하였고, 2020년 대선에서도 환경변화의 무서운 경과와 앞으로 나타날 예고에 대하여 '미국의 기후변화에 대한 대응조치를 시급히 취하여야 한다'라는 의사표시를 하였다.

(ㄹ) 이때 이들의 주장에서 특이한 점은, '원전에 대하여 이를 저지하자'는 방향으로, 모든 원전공장을 파기(phase out)하자는 것으로서, 새로운 '원전 발전소를 건설하지 말자'는 것이 포함되어 있었다. 그러나 이러한 주장은 그 후 변경되어 '미래 에너지 원천'(future energy sources)으로서 청정, 재생, 제로 탄소에너지로서 원전을 포함시키고 있다. 즉, '탄소 감축을 위한 에너지'의 카테고리에 원전이 포함되어, 지구 온난화 방지에 '원전이 일조한다'는 점이 강조되었다(미국 원전의 역사적 배경에 대하여는 본서 제1장 및 제5장 참고).

(ㅁ) Green New Deal에 신규 원전 건설이 포함되기까지[30]

그리하여 원전이 기후대책에 절대 필요한 'Green' 요건이 된다는 운동에, 'Intergovernmental Panel on Climate Change, the International Energy Agency, the UN Sustainable Solutions Network and the Global Commission on the Economy and Climate argue for tripling of nuclear energy'와 같은 기후관계 환경개선 협의기구가 '원전이 필요하다'는 사회운동에 나서고 있다.

(ㅂ) 또 한편으로는, 세계적인 기후과학자인 Dr. James Hansen, Dr. Tom Wagley, Dr. Ken Calderia 및 Dr. Kerry Emanuel 같은 기후환경학계의 거물들

---

29 2020년 1월, 제러미 리프킨, 안진환 옮김 및 Global Green New Deal' pp.14-15 참조 인용.
30 2019년 5월 21일, James Conca. Contributor Energy '4668 views' Any Green Deal Is Dead Without Nuclear Power 참조 인용.

이 다같이 나서면서, "태양광과 풍력 발전 같은 재생에너지 발전만으로는 세계 경제를 무탄소화(decarbonizing)시킬 수 없다"고 하면서, 금세기 말까지 지구의 최악의 기후변화를 방지하기 위하여서는 재생에너지 외에 원전까지도 포함시켜야 하고, 그러기 위해서는 **원전 발전소를 3배 이상 증설하여야 할 것**으로 이를 위해 1,000개의 작은 원전 발전소(작은 SMR형은 10,000개)를 건설하여야 한다고 주장하였다. 이러한 원전정책을 포함한 Green New Deal 정책에 대한 상세한 내용은 이하에서 본다.

그림 2.3 미국이 개발한 소형 모듈식 원자로(NuScale Power)를 설치한 원전 발전소의 모형[31]

출처; 2019년 3월 21일, Forbes.

(ⅱ) 미국의 친환경 녹색성장 정책의 'Green New Deal' 목표[32]

(a) Great New Deal 정책은 30년대의 세계적인 불황기의 Roosebelt 대통령의 고용확대를 목표로 하는 뉴 딜 정책 중 사회복지 및 근로기회 확대 외에 청정 에너지를 확대하여, 기후변화에 대처하는 환경개선에 역점을 두는 것으로서, 이는 아래와 같이 요약된다.

---

31 상 동. p.2. 모형 사진, 'NuScale Power's Small modular reactor nuclear plant' 모형 인용.
32 2019년 5월 21일, James Conca(Energy 전문가)의 'Any Green New Deal Is Dead Is Dead Without Nuclear Power' 참조.

1. 향후 10년 이내에 '청정 재생 가능 자원'으로서, 국내수요 전기의 100%를 생산한다.

2. Green New Deal을 제창한 A. Ocasio-Cortez 하원의원은 특히 Green 활동에 역점을 두어, 재생에너지만으로 Carbon free energy를 충당할 수 없어, 저명한 기후과학자인 Dr. James Hansen 등과 같이 '청정에너지 생산 방법를 총동원하여 원전(미국이 개발한 소형 원자로 활용)과 수력 발전까지도 확대하여야 한다'는 것을 강조하고 있다.

3. 국내 에너지 전력생산(smart grid, 송전) 및 건축물, 교통 인프라를 업그레이드한다.

4. 에너지 효율을 증대한다.

5. 녹색 기술의 연구개발에 집중 투자한다.

6. 새로운 녹색경제에 걸맞는 직업훈련기회를 제공한다.

(b) 환경정책에 대한 '그린 뉴 딜'에서의 달성하고자 하는 기후 대책

그린 뉴 딜 정책에서 복지가 아닌 기후정책으로의 요점은 아래와 같다.

1. <u>원전 가동시한 40년에서 20년 더 연장하고, 다시 20년을 추가로 연장하여 총 80년까지 가동을 허용할 수 있음</u>.

2. Ocasio 의원의 Carbon-neutral 목표는 10년을 기한으로 하여 현존하는 빌딩의 냉난방 방법의 친환경적으로 수정함.

3. 탄소배출이 많이 되는 농사방법의 개선과 온실가스의 배출의 최소화를 도모함.

4. 전력생산을 64%의 화석연료로 생산하는 전기생산방식과 휘발유 위주의 교통체계로 인해 87%의 신규 화석연료(Fossil fuel) 공장의 건설을 금지함.

5. NRC(Nuclear Regulation Council)로부터 가동 연장 승인을 받은 현재의 가동 중인 안전성에 문제 없는 원전공장을 폐쇄하지 않도록 할 것(이는 <u>그간 원전을 폐쇄할 때마다 미국의 탄소배출지수가 상승한 점에 비추어, 더 이상 원전의 셧다운을 피할 것</u>).

(c) 이 점에서 미국연방정부는 원자로의 가동년수를 40년에서 20년 더 연장하고 2019년 말부터 추가적으로 20년씩 연장하여 총 80년으로 가동기간을 연장함으로써 화석연료 사용의 의존도를 개선한다(본서 제5장 후술). 그간 20년 동안에 석탄 발전소를 가스 발전소로 대체하여, 떨어뜨린 탄소 비중을 유지하기 위하여, 원자력 발전소를 가능한 한 많이 건설하고 신설 건물의 옥상에는 가급적 태양광 발전 시설을 세워야 한다고 선언하였다.

(d) 위에서 본 바 있는 '소형 원자로 발전소(NuScale 원자로 발전사의 SMR 같은)를 많이 건설하고 재생에너지 발전소를 건설하여, 지구 온난화 대책으로 대응하여야 한다'라고 기후관계 과학자들은 이구동성으로 주장하고 있다.

이런 원전과 재생에너지 외에 미국은 수력 발전 능력을 별도의 신규 댐 건설 없이 현재보다 2배 증가시키기로 하였다. 또 이와는 별도로 2040년까지 150백만 대의 전기자동차를 증산하고, 고속도로변에 10만 개의 전기충전소를 건설키로 하였다. 이와 아울러 하이볼티지 배터리 충전소도 건설키로 하였다.

이리하여 미국은 200개의 신규 원자로(혹은 2,000개의 소형 NuScale Power 원자로 발전소)발전소와 재생에너지를 생산하는 태양광과 풍력 발전소를 다수 짓기로 하였고 이를 뒷받침하는 보조금 및 세제를 편성하였다. 이로써 미국도 오랜 기간 에너지를 지배하던 '가스에서 기타 무공해 에너지로' 정책적 지원이 옮겨 가는 추세에 있다'고 하겠다.

(e) 이 'Green New Deal 방안'에 대하여 진보적인 민주당원 93%, 중도우파적인 민주당원 90%가 지지함으로 민주당에서는 총 92%가 이 방안에 대하여 지지 의사를 표시한 바 있다.

(iii) 2019년 3월 27일, 하원에서 통과된 'Green New Deal'의 공화당이 우세한 상원에서 부결

(a) 한편 곧이어 2019년 6월 열린 상원에서는 'Green New Deal' 안건에 대해 공화당 의원들의 의견이 일치·단결하여 'Non-binding proposal spearheaded

by progressives aims to reduce greenhouse gases and lesson social inequity'라
는 안건을 부결한 바 있다. 여기에서 당시의 '<u>미 하원 민주 우세, 상원 공화 우세</u>'
가 철저히 부각된 미국의 양원 의회 정치의 극치를 볼 수 있다. 더욱이 다수의
'Green New Deal'을 제창하는 3명의 민주당 주동의원들은 차기 민주당 대통령
출마 후보로 거론되는 진보적인 색채가 완연한 'Green New Deal' 운동의 대표
(여기에는 하원 민주당 원내 대표인 Mitch McConnell과 매사추세츠주 출신 상원 티 Maeket 의원과
뉴욕 출신 상원의원 Killsten Gillibrand 등이 있음)들이 제안자이기에 상원에서의 세력이
우세한 공화당 의원들이 이에 대항, 총 단결하여 결국 같은 '기후변화대책'(Great
New Deal, 2030년까지 미국은 온실가스를 배출하는 석유와 석탄을 배제하고 모든 건물도 이 법안에
의하면 에너지 효율화를 도모하자는 대책) 안건의 결정이 상원에서 부결되어, 상원과 하원
에서 엇갈리는 결정이 난 미국 의회의 독특한 정치현상을 볼 수 있다.

(b) 더욱이 민주당의 안대로라면 '기후세(稅)'(Climate Tax, Carbon Tax)를 대폭 인
상하여 탄소를 많이 배출하는 석탄산업과 석탄발전(發電)기업과 그리고 석유산업
도 그 부담이 크게 증가할 것을 우려하여, 이를 기피하기 위하여 집중적으로 의
회를 상대로 로비를 하여, 동 조치가 통과되면 미국 경제와 석탄, 석유산업에 큰
타격이므로 그 저지를 위해 로비하였다는 내용이다. 여기에 석탄산업을 지원하고
오바마 대통령의 탄소 저감 정책을 반대하는 핵심적인 역할로서 재선을 노리는 트
럼프 대통령이 있다(후술).

(c) 이런 현상은 특히 에너지(특히 석탄생산 및 석탄발전이 많은 지역) 생산이 많은 지역
출신(예 켄터키주 출신지역인 Chuck Schummer 상원 원내총무, 플로리다주 출신 상원의원 Macro
Rubio 등)의 영향이 트럼프 대통령은 물론, 같은 공화당의 다른 동료의원들에게도
크게 영향을 미친 결과'라 할 것이다.[33]

---

33 2019년 5월 27일, Guardian staff and agencies 'Green New Deal: Senate defeats proposal as
   Democrats unite in protest. — Non binding proposal spearheaded by progressive aims to
   redce greenhouse gases and lesson social inequity' 참조.

(iv) 2019년 6월, 'Green New Deal'의 상원 부결 후, 트럼프 대통령의 석탄발전(發電) 설비에 대한 '필요조건(정치적 목적)의 완화 조치'[34]

- 미국의 환경보호청 EPA(Environmental Protection Agency)의 규정을 통한 트럼프 대통령의 석탄산업 지원책의 일환으로, '석탄산업의 탄소배출 감축을 위한 필요 조치' 내용의 완화(EPA minimalist view of requirements to reduce carbon dioxide emissions)
- 트럼프 대통령의 석탄산업의 회생(回生)도모 책으로, 낡고 오래된 석탄 공장에 대해서까지 석탄용 발전 사업에의 신규 투자 허용(회생 대상 확대)
- 종래의 일률적 제한에서 오래된 공장에도 추가 투자 허용(Coal Back 정책)

(a) 트럼프 대통령은 민주당이 우세한 하원에서 통과된 'Green New Deal'이 2019년 6월 상원에서 부결되자, 즉각 EPA(Environment Protection Agency)를 통해, 동 환경보호청으로 하여금 'EPA Affordable Clean Energy Rule' 규정을 개정케 하여 화력발전업체가 전력생산 시에 배출되는 이산화탄소에 대하여 석탄화력 발전소에 대하여 신규, 구형발전소의 구분 없이 그간 규정상 요구되었던 'Clean Air Action'상 기준을 완화하여, 종래의 일반적이며 일률적인 석탄사용공장(coal fired plants)에 적용되던 탄소배출 기준을 '개별적인 기준 미달(dirty and old)의 석탄 사용공장'에만 제한하여, 적용키로 하되 이런 공장도 신규투자로 개선하면서 가동할 수 있도록 그 기준을 완화하는 동시에, 석탄산업 및 석탄발전에 대한 환경조건에 대한 정부의 간여를 최소화하는 조치를 아울러 취하였다.

이 조치는 트럼프 대통령의 '석탄산업의 coal back'을 의미하는 것으로, 미국의 석탄산업을 위시한 '광업의 전반적인 재생'(revival)을 꾀하자는 방안이다(후술).

(b) 트럼프 대통령의 이 방안은 'Clean Power Plan'으로서, 미국의 전력산업의 석탄발전에서 손을 떼고, 태양광, 풍력 등 재생에너지 발전과 가스 발전으로 유도하던 방향에서 '석탄발전을 전반적으로 소생시키고 다만 오래되고 낡은 화력발

---

34 2019년 1월 20일, FT 'Trump seeks to boost coal with new rules for power plants' EPA 'takes minimalist view of requirements to reduce carbon dioxide emissions' 참조.

전소에 대하여서도 새로운 투자'를 할 수 있게 함으로써, 오히려 이를 퇴출 대신 소생시키는 방향을 뜻한다.

그러면서 트럼프 대통령은 미국의 석탄 광업을 회생시키고, 과거의 48%의 석탄전력 부문의 비중에서 24%로의 비중으로 하락한 화력발전산업을 회생시키고자 하는 목적에서 취한 조치라고 설명하고 있다. 석탄 노동자를 일자리로 돌아오게 한다는 목표에서, 2019년 6월에만도 이미 52,800명이 석탄 광업으로 일자리를 찾아 신규 고용되었다고 공표하며, 이러한 성과를 그 후에 있을 대통령의 재선공약에 포함시키려는 의도로 보인다.

(c) 그러나 석탄가격은 계속 하락하고 경쟁력을 잃어 가면서, Peabody Energy 같은 일류 석탄기업도 Arch Coal과 합병(M&A)하는 등 석탄기업의 장래는 특히 CAP(Clean Air Act)같은 규정과 더불어, 기후변화에 대한 화석연료의 전반적인 제한 조치로 장기적으로는 동 산업의 회생이 그리 밝지만은 않다. '기후 변화와 관련, 석탄산업과 석탄용 화력발전에 관련된 미국 내 정치'(대통령 선거상 공약)의 한 단면이다(후술).

(d) 민주당 오바마 대통령 과거의 기후대책안(案)대로의 기후대책은 화석산업이 전부 반대

더욱이 민주당 안(案)대로라면, '기후세(稅)'를 대폭 인상하여, 탄소를 많이 배출하는 석탄산업과 석탄발전(發電)기업과 그리고 석유가스산업도 그 부담이 크게 증가할 것을 우려하고 있다. 석탄 관련 및 석탄발전기업들은 이를 회피하기 위하여 집중적으로 의회를 상대로 로비를 하여 동 조치가 통과되면 미국 경제와 석탄, 석유산업에 큰 타격이 될 것이므로 '그 저지를 위해 트럼프 대통령과 공화당 의원들에게 로비하였다'는 내용이다. 여기에 석탄산업을 지원하고 오바마 대통령의 탄소 저감 정책을 반대하는 핵심적인 역할은, 재선을 노리는 공화당의 트럼프 대통령이 있다(후술). 특히 에너지(특히 석탄생산 및 석탄발전이 많은 지역)생산이 많은 지역 출신(플로리다주 출신 상원의원 Macro Rubio 등)의 영향이 대통령은 물론 같은 공화당 다른 동료의원들에게도 크게 영향을 미친 결과라 할 것이다.[35]

---

35 2019년 5월 27일, Guardian staff and agencies 'Green New Deal: Senate defeats proposal as

(ⅴ) 트럼프 대통령 취임과 '오바마 대통령의 기후대책에 대한 '롤백'(Roll back, Undo) 정책의 선언'과 그 추진[36]

(a) 트럼프 대통령은 '기후변화 부정론자'(Denier)로서, 전임 오바마 대통령의 기후변화대책에 대하여 전반적인 완화정책을 추진하였다.

> 트럼프 대통령의 석탄산업의 부흥 등 '롤백 정책'에는,
> - 메탄가스 배출제한 완화
> - 노후(老朽) 화력발전소의 설비 개체 제한 완화
> - 자동차 배기가스의 하한을 정하는 효율화 규정의 완화
> - LED 등 전등 벌브의 제한 완화
> - 육상 및 해상 석유생산제한 완화
> - 알래스카 등지에서 석유생산 제한 규정의 완화
> - 국유지에서 자원 개발 규정 완화 등이 포함된다.

(b) 이리하여 민주당의 오바마 대통령의 8년 임기가 끝난 후, 공화당의 트럼프 대통령이 당선되면서, <u>오바마 대통령의 성공적이고 적극적이었던 일련의 기후변화대책을 전반적으로 부인하는 롤백 정책</u>으로 전환하였다.

| 참고 |

이런 성향의 도그마에 빠진 집단과 인사들을 'Climate – Change Denial Movement'(기후변화 부정(否定)주의자)라고 칭하는데, 여기에는 석탄대재벌인 Koch 형제 중 형인 David Koch(2019년 8월 사망)는 600억 달러의 재산 중 13억 달러를 반(反)기후 운동에 썼는데, 이는 ExxonMobil의 오일 메이저로써 Climate Denial 운동에 기부한 금액보다도 더 많은 정도의 기부를 한 정도이었다.[37]

Democrats unite in protest. ─ Non binding proposal spearheaded by progressive aims to redce greenhouse gases and lesson social inequity' 참조.

36 2019년 9월 4일, CNN 방송이 10인의 민주당 차기대통령 후보에게 제시한 트럼프 대통령이 취한 기후대책에 15개 항목(15 things a president can actually do to tackle the climate crisis) 참조 인용.

37 2019년 8월 29일, 'the Week' The terrifying legacy of David Koch 참조 및 Daniel Yelgin 저, 'The Quest' p.720 'A Great Revolution' 참조.

(vi) 트럼프 대통령의 'Energy Independence and Economic Growth' 지시 공문과 그 효과

(a) 트럼프 대통령은 당선되자 즉시 2017년 3월 28일, 'Presidential Executive Order on Promoting Energy Independence and Economic Growth'라는 지시 공문을 에너지 및 환경정책에 대한 포괄적인 전환을 지시하는 행정명령을 EPA 및 에너지부(DOE) 등 관계 장관에 지시하면서, 즉시 환경대책 강화를 시행한 오바마 대통령 이전 수준으로 완화하는 '롤백 정책변환'을 촉구하기에 이르렀다.

이를 계기로 전 EPA(장관: Scott Pruitt 및 Andrew Wheeler)와 DOE(장관: Ron Zinke 및 David Bernhardt) 등 기후변화 부정론자(Denier) 들을 포함하는 전 관계부처가 오바마 정부의 모든 기후환경정책을 완전히 '오바마 대통령보다 그 이전'으로 전환(Roll back)하는 정책을 쓰게 되었다.

(b) 84개의 환경·기후변화대책을 완전히 '오바마 이전 상태'로 롤백시킨 트럼프의 기후·에너지 정책

따라서 트럼프 대통령의 취임 후, 기후 및 환경에 대한 규제 완화(메탄의 배출기준 완화와 온실가스배출 규제 완화 등)와 에너지기업 활성화 목적의 조치로서, 총체적으로 2019년 8월까지 84개의 기후 및 환경관계 규정을 개정하여 오바마 이전 상태로 '환경에 관한 규정'상 돌아갔다. 이를 Roll back(Undo) 또는 Retreat로 표현한다.

| 참고 |

트럼프 대통령은 오바마 대통령의 강화한 기후대책은 '중국의 거짓말'(hoax)에서 비롯(cooked up)되었다는 것을 강조하고, Roll back 정책을 지시하면서도, G7 회의에서는 'I am an environmentalist'라고 말할 정도로 '반(反)환경주의자'인 점이 특색이다.

이에 CNN이 민주당 대선후보자 10인을 택하여 기후변화와 환경문제를 주제로 정견발표를 하게 할 정도로 공화당의 트럼프 대통령은 '반(反)기후주의자'(Environment deniar)라 할 수 있다.

(c) 오바마 대통령의 기후대책 노력과 그 정책방향과 그에 대비되는 트럼프 대통령의 롤백(Undo) 정책

(ㄱ) 전력생산부문에서의 오바마 대통령의 Clean Power Plan을 폐지

이 같이 전력생산부문에 있어서 오바마 대통령은 중요한 조치를 취하여, 'Clean Power Plan'을 수립하고, 이에 의거하여 화력발전소는 2030년까지 배출가스를 2005년 수준의 32%로 낮추도록 조치를 취하였었다.

과거 오바마 대통령은 한편으로는 재생에너지 발전을 권장하고, 2005년의 '에너지 정책', 즉 'The Loan Guarantee Program for Renewables'와 'Production tax credit for Renewables' 제도를 2015년까지 연장 실시하고, 시장(마켓)원리에 따르는 'cap－and－trade program'에 의한 'Carbon Tax System'(탄소세)을 도입하였다.

(ㄴ) 이 모든 면에 있어 미국 의회는 공화당과 민주당의 석탄산업 등 지역적 산업의 특성으로 기후변화대책이 확연히 구분되어 기후변화와 환경규제에 대한 법률의 제정(legistration)에는 인색하였으나, 양당 공히 기후변화와 환경개선에 대한 재정과 예산상의 지원에는 활발하게 적극적으로 지원한 바 있다. 그리하여 이러한 오바마 대통령의 신규 입법 이외의 기후 관련 산업 및 연구 등에 대한 재정지원 등 기후변화대책의 실시가 가능하였었다.

(d) 트럼프 대통령의 기후변화 Roll back(Undo)정책으로 근본적인 방향 틀기

(ㄱ) 그러나 이 같은 오바마 대통령이 취한 일련의 효율적인 기후변화대책 시리즈를 공화당의 트럼프 대통령이 당선되면서, 대선공약 중 기후대책은 통틀어 'Undo' 또는 'Roll back' 정책으로 표현하는데 이로써 '오바마 시대 이전 수준'으로 미국의 기후변화대책을 환원·후퇴하는 방향으로, 미국의 기후변화대책은 다시 약화되었고 Undo되었다. 이를 구체적으로 보자.

(ㄴ) 트럼프의 UN의 파리기후협정(COP21)에서의 미국 탈퇴 예고 선언

2017년 11월, 트럼프는 대통령에 당선되자, 미국은 파리기후협정에서 탈퇴하겠다고 선언한 것이다. 이때의 트럼프의 탈퇴의 변(辨)은 무엇보다 '미국의 오바마 대통령이 중국의 꾀임(hoax)에 빠졌기 때문'에, 미국이 동 협약을 체결한 것

으로 단정하고 있다. 즉, 2015년 12월 동 협정 체결 시 <u>미국은 탄소를 2025년까지 2005년 수준의 26%까지 감축한다는 약속</u>이었다. 이런 UN 파리기후협정에서의 트럼프의 탈퇴선언은 기후정책에 대한 그의 생각의 벤치마크라 할 수 있다(이에 대해 민주당 대통령 경쟁 후보인 J. Biden은 본인이 대통령에 당선되면, 취임식 익일 파리기후협약 탈퇴는 취소하고 재가입을 신청할 것임을 예고하고 있었음(2020년 10월 말)).

(ㄷ) 이에 대하여 동 협약에 의하면, 2020년까지 가입한 회원국은 탈퇴를 할 수 없게 되어 있다. 그러나 미국의 탈퇴는 그 영향이 세계 기후환경에 미치는 영향도 매우 커서, 심지어 프랜시스 교황도 이의 재고를 촉구할 정도이며, 미국 내 탈퇴에 대한 반대 여론도 만만치 않아 탈퇴 시, 세계 기후변화에 미치는 영향이 너무나 커 앞으로 그 귀추가 주목된다.

(ㄹ) 이와 관련, Bermie Sanders 같은 상원의원은 미국은 국경위기를 선언하여야 할 때가 아니라, 오히려 '기후 비상사태'를 선언할 때'라고, 그리고 여타 후보들도 재생에너지 생산에는 보다 적극적이어야 한다는 점을 강조하고 있다(또한 연방정부가 아닌 주정부나 기타 지방정부기관들과 NASA와 국방성 등은 기후변화대책에 더 적극적임).

(e) 화력발전소 가스배출 한도설정 완화와 발전소 폐쇄계획 수립 실시[38]
─New Source Performance Standards: 'Clean Power Plan'의 개정, 완화

오바마 대통령 시절(청정전력생산계획 및 노후시설대체 계획(Clean Power Plan))에 의한 실시 중이던 화력발전소의 가스배출 한도설정과 폐쇄계획과 트럼프의 환원(Roll back) 정책(쇠퇴하는 석탄발전소 회생도모)과 동 규제조치의 완화이며, 사양화하는 노후화된 비능률적인 화력전력 기업의 회생케 하는 것은 트럼프의 선거 공약이었다.

(ㄱ) <u>Obama 대통령은 'Clean Power Plan'에 의거하여, 화력발전소의 CO_2 배출은 2030년까지 2005년 수준의 32%를 감축하도록 조치를 취하였었다.</u> 이때부터 미국의 석탄업체와 화력발전기업은 탄소 배출기준의 강화에 대한 오바마 정책을 비판하면서, 천여 명의 로비스트를 동원하여 <u>석탄에서의 CO_2 배출감소 기준을</u>

---

38 2019년 9월 11일, 미국 EPA 발효: 'Keep eye for 7 highly anticipated rules' 참조 인용.

완화시켜 줄 것을 관계당국과 의회 요로에 로비하였고, 이것이 '트럼프의 당선 후, 석탄생산과 화력발전에 있어서의 기후대책이 전반적으로 '오바마 이전의 상태로 규제를 완화'하는 롤백'하는 방향으로 나타나게 된 배경인 것이다. 실제 EPA 는 이 기준을 2015년 8월에 제정하였다. 그러나 이 법의 규정은 법원에 제소되어, 그 효력 발생이 연기되고 있다.

미국의 탄소배출 주된 부문(배출의 40% 비중)은 교통(traffic)부문과 화력발전인데, 2005년부터 2013년에는 전력생산(석탄 사용)에서 23%의 가스배출이, 운송 분야에서는 8%의 배출이 있게 되었다.

(ㄴ) 한편 미국의 셰일가스[39]의 증산으로 가스가격이 아주 저렴하게 되자, 화력발전산업에 시장경제의 원리가 적용되어, 많은 석탄발전업체는 노후화된 석탄용 발전소를 폐쇄하고, 청정하고 저렴한 가스 발전으로 전환하였는데, 여기에는 그 촉진작용으로써 '오바마의 타이트한 연료경제원칙 기준'(tighter fuel economy standard)이 적용되기 때문이다.

이 결과로 미국 내에서 석탄소비가 2005년부터 2015년간에 21%가 감소하였음에 대하여, 동 기간 중에 가스 발전은 39%가 증가하게 되었다. 이에 연유하여 2005∼2015년간 미국의 GHG 배출은 15%가 감소할 수 있었다(후술).[40]

(vii) 대통령이 공기를 뒤죽박죽으로 만들고 있다
─'THE PRESIDENT MUDDLES THE AIR', 2019년 9월 20일자 뉴욕 타임즈의 사설

트럼프는 오바마 대통령의 기후대책 업적을 무산시키기 위해 캘리포니아, 자동차산업, Clean Air Act와 여론을 그 대가로 치룬다(To dismantle the Obama climate legacy, Mr. Trump is taking on California, the auto indutsry, the Clean Air and public opinion).

---

39 미국의 셰일석유와 셰일가스의 발전과정과 생산 및 생산특성에 관하여는 홍인기 저 '미, 중, 러, OPEC 간의 에너지 국제정치'를 참조할 것.

40 Titans of Climate 'Explaining Policy Process in the US and China'. Kelly Sims Gallagher and Xiauei Xuan. p.23 'Climate Policy Landscape in the United States' 참조 인용.

(a) 2019년 9월 25일 트럼프 대통령은 캘리포니아주의 오랜 기간의 공기오염기준을 제정하던 권한을 취소함으로써 'Clean Air Act'를 백지화하였고, 캘리포니아의 엄격하면서, 역사적인 실험실 같은 기후변화정책을 백지화시켰다.

(b) 또한 몇 개의 자동차산업의 희망을 백지화시켰으며, 미국 국민의 2/3의 기후변화에 대한 찬성 여론을 '깔아 뭉개는 결과'를 자초(自招)하였다. 이것은 기후변화 대처를 위한 UN총회를 바로 눈앞에 둔 시점(thumb in the eye)에, 아울러 '오바마 대통령이 취한 온실가스감축을 위한 정책'의 관에 못 하나를 더 박는 조치를 취한 것이었다.

(c) 따라서 역사적인 법률분쟁이 일어나게 된 것이 눈앞에 닥쳐 왔다. 즉, 캘리포니아의 자체 배기가스 기준설정은 동주의 높을 대로 높아진 스모그 때문에, 거슬러 올라가 1960년대에 시작한 것(당시의 D. Reagan 주지사(후일 대통령)의 지시)으로, 이때의 캘리포니아주 의회는 스모그 문제를 해결하기 위하여 주의 법률을 제정한 것이다. 이때 1970년의 연방의 기후정화방법인 'Clean Air Act'는 '주정부가 탄소배출기준을 연방정부의 기준보다 강화하여 높게 할 필요성이 인정되면 주정부에 특별한 권한을 갖게 하는 것'을 성문화(codifiy)하였다.

(d) 또 1977년 미 의회는 반복적으로 이 주의 권한을 재확인하였고 또 여타 주(13개 주)에서도 캘리포니아의 기준을 채택하면 다른 주의 기준을 인정하는 조치도 취하였다. 그 이후부터 캘리포니아의 자동차의 탄소배출기준은 수년 동안 '미국 전체의 탄소배출기준'으로 확대되어 인정되어 왔다. 그간 캘리포니아 정부는 2012년 탄소배출 외에 온실가스 배출도 자동차배출탄소 규제에 포함시켜 왔다. 그리고 이 조치는 7년 뒤 오바마의 연방정부에서 이를 승인하였다. 이런 과정을 거치면서, 스모그를 생산하는 스모그 감퇴에 성공하고, 이로써 배기 탄소제로(zero-emissin) 자동차라든가, 플러그 인 하이브리드(plug in hybrid) 차 같은 것이 개발될 수 있게 촉구되었다(이 같은 경지에 오기까지 미국 내에서 가장 큰 공기오염 요인은 자동차 배기 가스이었음).

(e) 문제는 이런 과정의 캘리포니아의 적극적인 자동차 배출가스 감축을 위한

기준설정과 그의 추진은 결국 미국 내 탄소배출기준을 이원화하는 결과를 초래하는 문제점으로 되는 요인이 되었다. 즉, 이는 '캘리포니아 기준과 이를 채택한 13개 주'와 '미국·연방 내 기타 주'로 '자동차 가스 배출 기준의 이원화'를 뜻한다.

(f) 그리하여 트럼프 대통령은 이의 롤백 정책의 일환으로, 2018년 8월, 연방정부의 배출기준을 2020년의 37mpg로 대폭 낮춘 바가 있다. 그럼에도 불구하고 캘리포니아와 4개의 자동차사 간의 자율협약은 트럼프 대통령에게 크게 쇼크를 주게 되면서, 교통부, EPA를 동원하고 법무성의 반독점법 위반 여부를 조사하게 하고 캘리포니아의 배출한도 설정의 특별권한을 취소시켜 버렸다.

(g) 그러나 이러한 조치들은 그 절차와 내용에 있어서 법률적, 과학적 근거를 찾는 것에서 엉망(mess)이다. 또한 설혹 트럼프는 즉각 조치의 효과가 날 것을 바라겠지만, 이런 것들이 대법원에 계류될 것이고 '미정의 상태에서 그의 1기 임기 내에는 판정이 나기 어렵다'는 점이 문제점이 되었다. 또 Clean Air Act에서 주어진 캘리포니아의 특별권한에 대하여 동법에는 취소조건이 없다. 특히 캘리포니아의 여러 가지 기후 관련 특별한 사정, 예컨대 해면 수위의 상승, 나쁜 공기의 사정, 산불이 자주 일어나는 정도의 물 부족(고갈)현상 등은 '캘리포니아주의 배기 가스 규제에 관한 특별권한의 정당성'을 인정케 된 것이다.

(h) 그리하여 비록 트럼프 대통령은 오바마 대통령이 취한 기후 관련 clean car standards를 취소하고 캘리포니아의 규제 특권을 빼앗고 싶겠지만, 양측의 입장이 완전 고도의 대립적인 입장이 너무 강하였기 때문에, 트럼프 대통령이 취한 다른 일련의 기후 관련 조치를 롤백 조치와 더불어 시급히 확대되는 '미국의 기후변화와의 전쟁'에서 트럼프 대통령의 위치를 더욱 약화시켰다고 할 것'이다.

(viii) 미국의 CO_2 이외의 가스의 감축 노력과 그 경과

(a) SNAP(Significant New Alternatives Policy)의 제정과 HFC(이산화 불화수소)의 배출 규제
  －경(light, 輕)자동차의 탄소배출한도 설정과 탄소배출한도 및 거래제 도입

(ㄱ) 미국의 탄소감축목표설정과 그 달성은 연방정부로써 행정부가 대통령실의 지휘하에 수행하고 있다. 특히 오바마 대통령이 취임하면서, 그동안 비준이 안 되었던 '교토 프로토콜'(Kyoto Protocol)에서 미국과 중국이 각각 탄소배출 한도설정과 목표 설정에 합의하고 나서부터, 본격적으로 기후대책이 유효하게 탄력을 받게 되었다.

(ㄴ) 이때 취하여진 미국의 국내적인 기후대책으로, 오바마 대통령이 주관한 정책(탄소배출의 감축정책을 주로 함)으로는 다음과 같다.

첫째, GHG의 주된 가스는 CO_2 이지만 그 이외의 배출되는 가스로서 이산화 불화수소(HFC)의 배출을 억제하고자, 오바마 대통령 당시의 EPA는 2015년 HFC의 종류 중 SNAP(Significant New Alternatives Policy)를 제정하여 HFC에 대용화학 물질로 대체할 수 있게 하는 강행규정을 제정함으로써, 2020년까지 메탄을 포함한 <u>온실가스 배출 규모를 연간 317MT CO_2 eq.만큼은 절감할 수 있게</u> 하였다.

둘째, 경(light) 자동차의 CO_2 배출한도기준(Light duty vehicle CO_2 Performance Standards)을 제정하여 2020년까지 236MT CO_2 eq.를 감축할 수 있게 하였다.

셋째, 앞서 본 바, Clean Power Plan의 제정으로서 2020년까지 69MT CO_2 eq.를 경감하도록 하였다. 이와 병행하여 주정부에는 37개 주정부에서는 재생에너지 생산의 2025년까지 일정 비율에 이르도록 RGGI(Regional Greenhouse Gas Initiative)를 제정하여 RGGI에 가입한 주에서는 탄소배출 감소를 도모하도록 이를 강행규정으로 제정하였다.

넷째, '탄소배출권의 거래와 한도(cap & trade program)제'를 실시함으로써 GHG를 2020년까지 2005년의 수준으로 낮추고, 그 후에는 2050년까지 온실가스 배출의 80%를 감축하자는 목표를 설정하고, 이의 실시를 위하여 오바마 대통령이 2009년에 의회에서 직접 특별담화를 행하기로 하였다.

그러나 특별법(Bill, Clean Energy and Security Act)이 상정되어 하원에서는 통과되었으나, 상원에서 부결되어 채택되지 못하였다(중국 및 인도 등의 개발도상국의 한도가 실시되지 않는다는 이유에서 비롯됨). 그런 상태로 오바마 대통령은 코펜하겐 기후회의에 참석하여, 2020년까지 2005년 온실가스배출 수준의 17%를 감축한다는 목표를 약속하였다(이 한도를 의회에 팬딩되어 있던, 'Waxman Markey Bill'로 칭하는 내용이, 후일(2015년 12월) 미국의 소위 UN에 제출한 미국의 INDC(Intended Nationally Determined Contribution)의 내용이 됨).

다섯째, 이 외에도 오바마 대통령이 재선되면서 새로운 연료한도(New fuel economy standard for automobiles)제와 DOE가 주관하는 Loan Guarantee Program과 Tax Credit System for Renewable Energy와 Energy Efficiency Standard 설정 등 제반조치를 취하였다.

여섯째, 여기에 더하여 '국내정책심의회'(Domestic Policy Council)와 '환경의 질(質) 수준 심의회'(CEQ, Council on Environmental Quality)가 백악관 내에 설치되어 상호협조하면서, '몬트리올 프로토콜'에서 회원국에 부과된 탄소배출 한도감축 방향에 대하여 상호 협조케 하였다.

(ix) 대심원 결정으로, 오바마 행정부에 의무화된 '배기 CO_2 감축을 위한 자동차 배기가스 규제에 관한 규정'의 제정과 그 경과

(a) 민주당이 우세한 미국 상원의 기후변화대책에 소극적 경향

미국의 상원은 역사적으로 그 의원의 구성이 각 주에서 2명씩 선출되어, 몇

몇 주에는 석탄생산과 화력발전소가 특히 많은 지역으로, 이로 인한 탄소배출이 많은 켄터키주(州) 등 출신 의원들이 결코 기후변화에 대한 탄소감축 대책을 법제화하지 못하게 하여 탄소감축에 관한 법규가 그리 많지 않다. 그리하여 클린턴 대통령 당시 위에서 본 바, UN의 기후변화대책으로 탄소감축 조치를 의회를 통과하여야 하는 입법 대신, 대통령의 자율적 결정(행정명령)으로 '인위적으로 발생시키는 가스 배출(anthropogenic emission)을 1999년 또는 2000년까지 옛날 수준으로 낮춘다'는 행정명령상 목표(법적 목표가 아닌)를 설정한 바 있다.

(b) 한편 오바마 대통령 때, 행정부가 탄소배출규제에 관하여 명백한 규정이 없어 손을 놓게 되자, 대심원의 판결로 '가스배출 규제 권한과 그 책임은 행정부에 있다'라고 하여 규제책임과 권한을 행정부가 떠안게 되었다. 이에 오바마 대통령은 2008년 당선되면서, '미국은 소위 '배출권 거래 및 한도 프로그램'(Cap and Trade program, ETS, 동 제도에 관하여는 후술)을 실시하여, 온실가스 배출을 2020년까지 1990년 수준으로 그리고 2050년까지는 80%를 감축시켜야 한다'라고, 2009년 의회에서의 특별연설을 한 바 있다.[41]

(c) 2012~2015년간의 자동차 판매 시의 가스배출 한도 설정

그때에 연방정부의 EPA는 자동차에서 배출되는 온실가스(자동차에서 배출되는 온실가스는 전체 가스의 20% 비중)의 감축을 위하여, 2012년부터 2016년간에 생산·판매되는 차량(輕, light)은 1차로, 그리고 2017년부터 2025년까지 생산 판매될 경자동차는 그 에너지 효율이 54.5mpg(mile per gallon, 휘발유 갤런 당 운행 거리(마일))으로 정한 바 있다.

이때 오바마 대통령은 코펜하겐에서의 UN기후회의에 직접 참여하여, '2020년까지 미국은 온실가스(GHG) 수준을 2005년 수준으로 낮추기 위하여 그 배출을 17% 감축하겠다'라고 선언하고, 위에서 본 자동차의 가스배출상한선(mpg)을 제정하여 실시하고 그 이외에도 재생에너지산업에 대한 tax credit의 실시, EPA를 통한 'Clean Power Plan'에 의한 화력발전소의 가스 배출한도의 설정(후술)과 각종 에너지 R&D를 실시하는 등 기후변화대책을 최우선 순위에 두고 다각적인 기후변화정

---

41 상 동(주 40). p. 90 참조.

책을 진행하였다(이 목표는 2009년 하원에서는 통과되었으나 상원에서 부결되어, 결국 법제화되지 못한 Waxman Marky Bill 타겟과 온실가스 감축목표가 같음).

(d) 그 후 2013년에는 오바마 대통령은 UN기후협약의 파리총회에 대비하여 시진핑 주석을 면담하는 등, INDC(Intended Nationally Determined Contribution) 제도를 신설하는 파리기후협약의 성사에 미국이 중국과 더불어 앞장섰다 함은 이미 본 바이다.

(x) 미국의 기후변화 정책의 특성(오바마 대통령에서 트럼프 대통령까지)

> －트럼프 대통령의 '롤백' 정책으로 오바마 대통령의 기후대책은 다 없던 것으로!
> －자동차 기업, 석탄발전소도 트럼프의 '롤백 마일리지' 정책과 탄소배출 기준 완화 조치에 불응[42]
> －트럼프 대통령이 제출한 40여 건의 제기한 쟁송 중 90% 이상이 법원에서 패소 당함

(a) 2016년 대선에서 당선된 공화당의 트럼프 대통령은 당선되자, 즉시 미국의 파리기후협약에서 미국만이 단독 탈퇴하고, 행정부(EPA와 DOE 및 국내부 및 DOT (Dep' of Transportation) 등)에 지시하여 'Presidential Executive Order on Promotion Energy Independence and Economic Growth'라는 지침을 하달하여 실시케 하였다.

(ㄱ) 행정부의 관계부처에 지시하여 '경제성장과 에너지산업에 대한 불필요한 규제완화'(Presidential Executive Order on Promotion Energy Independence and Economic Growth)라는 제하의 '지난 정부의 모든 기후, 환경정책과 에너지산업에 대한 규제완화'라는 명분으로 일제히 재검토(dismantle)하여 개혁하라는 대통령 행정명령'을 발한 바 있다.

(ㄴ) 이에 EPA 장관으로 새로 임명된 S. 푸르이트(Scott Pruitt) 오트라호마주의 전 법무장관(후에 스캔들로, 석탄산업의 로비스트이었던 Andrew Wheeler로 교체)을 임명하고 그에게 기후대책 문제를 총괄시키면서, 여러 가지 과거의 오바마 대통령 때에 수립·실시 중인 기후변화정책을 '기후변화에 강력한 정책을 시행한 오바마 대통령 이전'

---

42 2019년 7월 26일, LA Times 'Editorial 'Even car companies aren't going along with Trump's Roll back of mileage and emissions standards' 인용.

으로 환원(Roll back)케 하고, 규정내용의 완화와 개정 작업을 진행하면서, 국제 간은 물론 미국 내 중앙정부와 주정부 간 여러 가지 마찰과 충돌이 일어났다. 특히 트럼프 대통령은 오바마 대통령이 제정하여 실시 중이던 'Clean Power Plan'(CPP)의 내용을 약화시키거나 없는 것(undo)으로 하여 많은 분란을 야기시키고 있다.

(b) 트럼프 대통령의 선거기간 중에 공약과 오바마 대통령의 기후정책에 대하여, 그 이전으로 롤백할 것을 1차 선거기간 중 공약으로 선언
   −화석연료산업을 일으켜 경제성장을 도모한다. 트럼프 대통령의 Roll Back 명분
   −2017년 1월 중, 5일에 쟁송 1건씩 계속적으로 일으켜

트럼프 대통령은 선거기간 중에 공약과 오바마 대통령의 기후정책에 대한 '롤백 정책'으로 환원하고자, 그의 기후변화대책은 '롤백'을 주제로 하여 오바마 대통령이 취한 정책으로서, 환경, 기후대책은 파리기후협약에서의 탈퇴를 포함하여 탄소감축 한도와 그 수준을 대폭 완화하겠다는 방향(이는 오바마 대통령의 조치 이전으로 롤백함을 의미)을 제시하고, Clean Air Act법에 따라 자동차 배기가스에 대하여 오바마 대통령(캘리포니아 주법)의 2025년까지 적용할 상한(갤론당 주행거리 54.5mpg으로 하한을 상향)을 완화하는 등, 미국의 기후환경 정책은 커다란 소용돌이 속에 그 혼란이 가중되게 되었다.

| 참고 |

트럼프는 취임하자마자, 오바마 대통령 때 수립된 환경관계 규정은 이를 다 분쇄(dismantle)한다고 공언하였지만, 대부분이 법원에 계류되면서 소송에서 연방정부가 거의 대부분 패소하면서도 법규 관계 분쟁에서 승소한다고 하며, 특히 환경 및 기후관계 쟁송을 계속하고 있다. 그의 쟁송의 명분은 '화석연료산업을 진흥시키고 경제성장을 도모한다'는 명분으로 2017년 1월 중 '평균 5일에 1건의 쟁송'을 일으켰는데, 이는 부시 대통령 때, 클린턴 대통령 때, 그리고 특히 오바마 대통령 때까지의 3대 대통령의 기후 관련 결정을 전부 뒤집는 조치를 취하여 쟁송을 하고 있는 것이다. 그러나 그 결과는 트럼프 행정부가 제기한 41건의 쟁송 중 90%의 쟁송이 법원의 판결에서 트럼프 행정부가 패소하였다. 이리하여 기후와 환경보호에 관련하여 연방정부를 상대로 제기된 소송 건은 무려 150건에 이르고 이는 주정부의 법무장관들이 관련된다고 뉴욕대학 연구소는 발표하고 있다.[43]

---

43 2019년 5월 24일, 'FT BIG READ: US REGULATION: TRUMP. the environmental lobby'(The

(c) 예컨대 트럼프 대통령 측이 타격을 받은 판결은 오바마 정부 때 부결되었던 알래스카 해안의 석유개발로서, 트럼트 대통령의 국내부(Dep't of Interior)가 석유기업에 알래스카 석유개발을 승인한 건을 알래스카 법원이 그 판결에서 부결함으로써, 알래스카 해안 및 대서양 및 북극에서의 석유채취가 도로 불가능하게 된 사례이다.

(d) 이 같이 트럼프 대통령의 기후변화정책에 관련되어 도처에 법률관계 등으로 주정부, 기타 지방정부 등과의 쟁송에서 주정부나 지방정부가 주민의 건강과 안녕을 근거로 제기되는 무수한 기후 관련, 에너지 관련 쟁송에서 트럼프 대통령의 연방정부가 패소하는 경우가 속출하고 있었다.

(xi) 기후변화관계로 크게 몸살을 앓고 있는 미국과 전 지구의 2018년, 2019년[44]
  −2018년(주된 에너지 소비): 2.9% 증가. 이는 10년간 거의 2배로 확대된 것
  −에너지 수요 증가의 대부분은 천연가스 소비 증가에서 비롯됨
  −2018년: 미국의 탄소배출의 감소에서 탄소배출의 증가로 역전(逆轉)!
  −최근 7년간에 최고조에 달한 지구의 탄소배출
  −LNG 공급: 호주, 미국, 러시아 생산, 중국은 전 세계 가스 생산량의 절반 수입

그런 와중에 2018년, 2019년만큼 미국은 물론 전 지구가 기후변화에서 야기된 미경험의 고도의 더운 날씨, 잦은 허리케인(2019년 9월 1일, 플로리다주에 밀어 닥치는 135mph의 어마어마한 5급 허리케인 Dorion의 예, 동 허리케인이 Bahama를 쑥대밭으로 할퀴고 5명의 사망자를 냄. 플로리다주와 사우스 캐롤라이나 등에는 대피령이 발령됨)과 재난적 홍수, 길고 긴 물 가뭄의 지속과 물난리, 급격히 높아지는 해면 수위, 빠르게 닥쳐 오는 북극의 해빙(解氷), 빠르게 작아지는 빙하와 급팽창하는 북극, 가뭄과 고온으로 자연적으로 발생하는 대형 산간 화재, 극도로 악화된 농산물의 수확 등, 유독 2018년과 2019년은 기후와 관계된 기록적 재난 수위와 그 피해 규모가 기록적으로 높아졌다.

---

president make no secret of his plan to dismantle environmental laws) 참조.
44 BP 'Statiscal Review of World Energy 2019' '2018 at a glance' 참조.

(3) 트럼프의 자동차 배기가스 '롤백' 정책: 호응자 없어 결과적으로 실패
- 트럼프 대통령의 집권시기에 발생한 재난확대와 소극적 대응

(i) 발전배기가스 기준 완화 - 화력발전업계의 낮은 호응도에서 온 타격
- '스케일 백'(Scale Back)정책에 대한 자동차업계 및 석탄발전업체의 무반응

(a) Jaffrey Sachs 교수의 트럼프 대통령과 Rubio 상원의원 등에 대한 비판
- 기후변화에 대한 소극적 반응: 전 세계 일반시민 건강을 해치는 범죄를 짓는 것

(ㄱ) 이와 관련된 트럼프의 기후변화대책에 관하여, 최근의 기후변화로 야기된 커다란 재난을 인용하면서, 트럼프 대통령에게 기후 대책을 수립·실시하기에 실패하여, '인간성(humanity)에 대하여 취한 죄에 대한 전쟁인 환경대책을 촉구'하는 주장을, 2019년 8월 22일자로, CNN의 오피니언 란에 발표한, 콜롬비아 대학 교수이며 'The Age of Sustainable Development'라는 명저(반기문 전 UN사무총장의 추천)를 저술한 Jaffrey Sachs 교수의 논지를 인용한다.[45]

(ㄴ) 그는 '트럼프 대통령, Rick Scott 플로리다 주지사, 플로리다 출신 Macro Rubio 상원의원 등은 인간이 저지른 기후변화에 관한 소극적 태도로 인간성에 기후범죄를 저지르고 있는 것으로, 기후변화의 필요성에 대하여 발표하는 것을 거부하는 죄를 짓고 있다'고 일갈하면서, '이들은 트럼프 대통령이 전 세계의 일반시민에 대한 건강을 해치고 재산상 피해를 주는 죄악을 저지르는 것에 대하여 응징하는 조직적인 시스템에 대한 조치를 취하는 것에 반대하고 있다'라고 역설한다(우연하게도 2019년 8월 말~9월 초에 걸쳐, 어마어마한 규모(4급)의 허리케인 Dorion호가 플로리다주로 상륙하여 초긴장 상태에 있는 시점에 저자는 이 글을 쓰고 있음).

(b) 트럼프 대통령이 2017년 프에토리코(Puerto Rico)의 허리케인 Mario 때에 발생한 재해에 대한 대책 마련에 소홀하였음과 이에 대한 비난

트럼프 대통령이 2017년 프에토리코(Puerto Rico)의 허리케인 Mario 때에 발

---

45 2019년 8월 22일, CNN(Opinion) 'Trump's failure to fight climate change is a crime against humanity' 참조.

생한 재정적 지원과 대응에 소홀하였고, 그의 태도는 피해 현장에서의 고소해 하는 듯(gleefully)하게 페이퍼 타올을 던지는 사진에서 볼 수 있다. 2018년 9월 에 일어난 허리케인 플로랜스(Florence)는 당시와 그 후에 총 48명의 목숨을 앗 아 갔고, 그 직후 일어난 허리케인 Michael은 32명의 인명 피해와 1,000명 이상이 아직도 실종되었다. 정확한 사망자 수는 최종 결과보고가 나와 보아야 알 수 있다.

(c) 지구 온난화로 발생한 미국의 연속적 재난피해와 트럼프 대통령의 소극 적 대응

이러한 '지구의 온난화'(Earth's warms)는 석탄, 석유, 가스 등의 지속적인 연소 와 기후변화로 인한 재난으로서, 점점 집중적인 허리케인, 홍수, 가뭄(drought), 극 단의 엄청난 강수(precipitation)량, 삼림의 화재, 뜨거운 열 파도(heatwave)는 인 간의 생명과 재산을 앗아 간다. 이런 허리케인은 그 파괴력이 점점 커져 뜨거운 파도가 폭풍에 열을 가세시켜 더욱 뜨거워진다. 또 뜨거운 공기는 바다의 수위 를 높이면서, 더 큰 홍수로 변화된다.

그러나 트럼프 대통령과 소수의 추종자(이들은 공화당 재정적 후원자, Republican party campaign coffers)는 화석산업 보호를 위해 트럼프는 기후변화와의 전쟁을 할 '파 리기후협정'에서 탈퇴한다고 하면서, 기후변화대책을 정지시켜 놓고 있다.

이 같이 정치인은 극심한 냉소(cynicism)주의와 '욕심과 고의적인 과학적 무 식'(willful scientific ignorance)에 흘러, 인간의 목숨과 재산을 앗아 가게 한다는 것 이다.

(d) 기후변화로 인한 재난에 대한 정부의 사명과 이에 대한 비판

정부의 첫째 사명은 공중(public)을 보호하는 것이다. 진정한 보호는 여러 방 면에서의 기후대책이다. 첫째는 인간이 초래한(저지른) 기후변화의 엄청난 위험에 대하여 교육하는 일이다. 또한 법규와 규칙을 제정하여, 가정과 기업에 대하여 해독스러운 일에서 벗어날 수 있게 하는 일이다. 예컨대 홍수 벌을 건설하는 일 을 중단하는 것이다. 또 바닷물이 올라올 수 없도록, 지탱할 수 있는 인프라(방벽) 를 건설하는 것이다. 이는 과학적인 근거를 두고 시행하여야 하는 정책이다. 그런데 당시의 트럼프 대통령과 그의 기후그룹의 부하들이 취하는 방향은 이와는 정반대이었다.

그림 2.4 소나매(Sonama) 구역의 대형화재의 한 장면(상)[46]과 캘리포니아주의 무수한 산불 현장(하)

---

46 2019년 11월 4일, NewYork Times, California Blocked on Climate 사진 인용.

(e) 트럼프 대통령의 기후과학자들이 주장하는 기후변화리스크에 대한 무시
   하는 태도

   트럼프 대통령은 과학자들의 기후변화에 대한 연구와 앞으로의 이와 관련된
리스크에 대하여는 이를 무시하고, EPA의 대표 임명과 기타 에너지 및 기후 관
련 기관의 책임자의 임명에서부터 전혀 능력 밖의 인사(또는 석유관계 로비스트)들로
채우고 있었다. 특히 트럼프는 푸에르토리코(Puerto Rico)의 허리케인 Mania의
뒤처리를 소홀히 하여, 수천 명의 시민을 사망케 하는 실수를 저질렀다. 허리케
인의 전력 사고로 인해 전기부족, 식수부족, 건강서비스, 교통문제 등 큰 손실을
초래하였다(이러한 보고는 Mania 허리케인에 관한 Harvard 대학교와 George Washington 대
학교의 두 개의 기상연구소의 보고서에서도 처리의 오류에 대하여 같은 의견이다. 한편 허리케인
Florance와 허리케인 Michael에 대하여 만일 좀 더 과학적으로 대처하였더라면, 사망자의 감소와
300억$ 규모의 손실을 예방할 수 있었을 것이라는 주장이 있음).

(f) 미국 정부의 소극적 대처에 대한 과학자들과 환경행동가(Activist)들의
   정부에 대한 높아지는 비난

   최근의 과학자들의 분석에서도 이런 관계의 턱없이 부족한 사태를 지적하고
있다. 특히 세계적인 기상학 과학자인 James Hansen 교수는 '지구의 기후변화
는 그 허용범위를 넘어 10,000년간의 문명시기를 견딘 것을 초과하는 결과까지
왔다'고 지적하고 있으며 이를 J. Sachs 교수는 인용하고 있다.

(4) 트럼프 대통령의 '석탄화전의 스케일 백(Scale back)정책'과 그 반향

(i) 트럼프 대통령의 '석탄 발전에 대한 호의적 반응'과 오바마 대통령 때의
   규제의 대폭 완화

   전 세계의 발전량의 40%는 석탄발전이다. 미국의 석탄보유량은 전 세계 석
탄매장량의 25%를 보유하고 있다. 그리고 미국의 석탄발전(미국은 석탄발전은 1975년에
서 1990년간 2배로 확장)은 장기적인 비즈니스이다. 보통 미국에서의 석탄화전은 현
재로부터 1960~1970년은 더 가동될 수 있다. 그러한 미국에서 오바마 대통령

때, 기후변화대책으로 수립된 석탄발전기업의 배출탄소에 대한 규제가 강화된 기준에 따라 많은 석탄발전 기업들이 노후화된 석탄발전소의 폐쇄계획을 세우거나 또는 가스 발전이나 태양광 발전 등 재생에너지 발전으로 전환하는 계획을 세우고 있었다. 그런 시점에 트럼프 대통령이 '오바마 기후정책의 롤백 정책'으로 석탄발전 규제조건을 대폭 완화하였음에도 불구하고, 석탄발전 기업은 석탄발전소를 폐쇄하거나 다른 발전 연료로 전환하려던 계획의 변경 없이, 폐쇄 또는 전환계획을 그대로 지속하려는 발전업체의 동향(시장 원리에 따름)이 있다.[47]

이 제도에 석탄발전업체들이 폐쇄계획을 유지하려는 것은 시장원리에 따른 것인데, 요금이 대폭 인하된 가스 발전(석탄발전의 CO_2의 배출은 천연가스 발전의 2배 이상임)으로 전환하거나, 그렇게 하기 위한 계획으로 배출기준 완화에도 불구하고 당초의 석탄화력 발전소의 폐쇄 계획 그대로 폐쇄를 진행시키고 있다고 할 수 있다. 이는 인하된 가스로 석탄 활용 발전용 에너지로 대체하는 것이 연료 단가 면에서 석탄보다 가스가 훨씬 유리하다는 발전기업의 계산에 따른 것이다(Coal plant operators stick to closure plans despite Trump's changes to CO_2 rules).

(ii) 오바마 대통령의 'Clean Power Plan'을 약화시킨 트럼프 대통령의 'Affordable Clean Energy'(ACE) 석탄 탄소배출한도의 완화 조치

당초 오바마 대통령 때 수립된 석탄발전에서의 탄소(메탄)배출 감축을 강행하려는 계획을 실시코자, 2014년 당시의 EPA가 제정한 'Clean Power Plan'을 공표 직후, 발전소 측이 대법원에 제소하여 그 효력이 정지되고 있었다. 트럼프 대통령은 당선 직후, '석탄산업을 일으키겠다'는 선거공약(플로리다 같은 지역의 공화당 의원들의 압력과 화석연료 로비스트들의 역할)에 따라 EPA를 통해 'Affordable Clean Energy'(ACE)라는 정부의 시행령을 제정하여, 석탄발전업체의 탄소(메탄) 배출한도를 완화시키려 하였다.

그러나 많은 석탄발전업체는 Clean Power Plan에 따라, 이미 화력발전소의 폐쇄계획을 수립하였고 온실가스 감축정책의 감축 지시에 맞추도록 준비하고 있

---

47 2019년 7월 28일, Associated Press 'Coal plant operators stick to closure plans despite Trump's changes to CO_2 rules' 및 Daniel Yergin의 'The Quest' p.403 Coal and Carbon 참조.

었다. 특히 이러한 감축 계획을 수립할 수 있었던 배경에는, 마침 '미국의 셰일 가스혁명'으로 가스가 대량 생산되면서 가스가격이 대폭 저렴화되어 석탄발전을 가스 발전으로 전환(replace)하는 것이 가능하여졌고 오히려 석탄발전보다 가스 발전이 생산단가 면에서 유리하여졌기 때문이다. 이리하여 미국의 석탄발전소가 해체된 것은 2015년에는 15.1GW 규모의 해체가 진행되었고, 다음으로 크게 해체된 때는 13.5GW가 해제된 2018년으로, 2019년에는 9.7GW가 해체되기로 예정되는 계획대로 진행된다는 의미이다.

(iii) 트럼프의 규제완화정책에도 불구, 당초 각사의 계획대로 폐쇄키로 한 5개의 석탄발전소의 자진 폐쇄 조치

(a) 따라서 트럼프 대통령이 당선되면서, EPA는 대통령의 지시에 따라 새로운 규정(ACE)을 제정하여 석탄발전업체에 탄소(메탄)가스배출한도 감축규정을 완화하기로 한 규정이 2019년 6월 19일에 확정되었다. 그럼에도 불구하고, 많은 화력발전기업들은, 가스배출한도가 완화되는 새 규정을 따르지 않고, 이미 오바마 대통령 때에 세워져 진행 중에 있는 DTE Energy Co.,[48] First Energy Solutions Corp.[49] 등 <u>7개의 발전소는 석탄화전 폐쇄계획을 당초의 각사의 계획대로 진행하기로 한 것이다.</u> 이로써 이들 7개의 석탄화력 발전소는 이미 세워 둔 '가스 발전이나 태양광이나 풍력 발전 등 재생에너지 발전으로 대체하는 계획'대로 진행키로 하였다. 이런 원칙의 근거는 어디까지나 경제성(Rule of Economics)에 근거하고 있는 것이다(S&P Global Market Intelligence의 분석, 전망에 의함).

　여기에서 우리는 미국의 화전사업체이자 1,000MT 이상 되는 발전소로서 2024년까지 폐쇄(Retire)할 계획을 수립하고, 예정대로 폐쇄를 진행할 5개의 발전소의 리스트를 볼 수 있다.

---

48 2019년 7월 28일, AP의 해설에 의하면, DTE Energy Co.는 이미 'Michigan Public Service Commission'에 탄소배출의 감소계획을 보고하기를 '2030년까지 50%를, 2040년까지 80%를 감축한다'고 하여, 이로서 동사는 2030년까지 18개의 석탄발전소 중 14개를 폐쇄한다는 계획이라 한다.
49 Firtst Energy사는 화력발전을 계획대로 축소를 하지 않고 이미 수립된 Beaver에 있는 'Bruce Mansfield' 발전소는 닫기로 하였다고 발표하였다.

표 2.5 2024년까지 석탄발전소를 리타이어(폐쇄)하는 발전소의 계획[50]

발전소 위치	해체승인 관계	발전소 명(ISO)	해체되는 용(MW)
Nawajo	승인	Outside ISO/RTO	2,350
W.H. Sammis	승인	RIM Interconnection	2,210
R,M, Sammis	발표	Midcontinent Independent System Operator Inc.	1,526
Plassants	승인	RIM Interconnection LLC.	1,300
St, Clair	발표	Midcontinent Independent System Operator Inc.	1,017

그림 2.5 Utah주 소재 석탄용 화력 발전소[51]

출처; 2019년 7월 15일, FT 인용.

(b) 이 같이 '트럼프 에너지 플랜은 도전받는다'(Trump energy plan challenged)는 기사가 속출할 정도로 결과적으로 트럼프의 석탄산업을 위한 탄소배출기준 완화 방향과 자동차의 배출가스의 하한 마일리지 완화 계획은 그 실효가 없게 된 셈이다. 트럼프의 일관성 없는 즉흥적인 정책 중 우습게 된 기후변화정책으로 '오

---

50 2019년 7월 28일, Associated Press 'Coal plant operators stick to closure plans despite Trump's changes to CO2' p.4 'Largest planned coal retirements through 2024' 인용.

51 https://www.nytimes.com/2019/08/13/climate/states − lawsuit − clean − power − ace.html

바마의 정책은 무조건 무효화(undo)시킨다'는 무분별한 정책(특히 기후변화정책) 운영으로 미국에서는 기후환경정책의 권위가 크게 실추된 정책이 되어 가고 있었다.[52]

(iv) CNN의 민주당 대통령 후보 10인에게 기후정책에 대한 의견을, 발표케한 항목

2019년 9월 초, CNN은 강력한 기후대책의 중요성을 인정하고, 기후대책에 적극적인 민주당의 차기 대통령 후보로 10인을 선발하여, 선발된 10인의 후보들에게 15개 항목의 기후대책을 제시하여, 트럼프 대통령의 '롤백 기후대책'에 대한 의견을 청취하였다.

이는 오바마 대통령의 기후정책을 트럼프가 롤백 정책을 택한 바, 여기에서 기후변화정책을 15개 항목으로 정리하여, CNN TV사는 선정한 민주당 차기 대통령 후보 10인으로 하여금, 각 후보들이 15개 환경대책에 대한 인터뷰 시 후보자의 정책적 의견을 제시케 하였다. 이는 전통적으로 미국의 공화당의 상원의원과 주지사들이 석탄 등 화석에너지산업에 대한 지원과 그쪽(석탄생산이 특히 많은 플로리다 등) 출신지역으로 화석에너지산업 지원에 적극적인 반면, 반대로 민주당은 다수석인 하원과 주지사를 포함하여 보다 강력한 기후대책(탄소배출 감축정책)에 적극적인 성향이 현저함에서 '미국의 차기대선에서는 기후변화대책이 민주당의 당정책으로 부상할 것에 대비하는 행사'를 진행하고 있었음을 의미한다.

(ⅴ) 미국의 기후변화와 세계 기후변화 연관. 미래 기후 예측(요약)[53]

(a) 2019년 1월, '미국기후변화 Program 연구소(CSSR)의 '기후과학 특별보고서' CSSR(Climate Science Special Report)의 NCA3 보고서의 특징은 인류가 초래한 지구의 온난화가 계속되면서, 대기와 바다의 온도를 계속 상승시킨다는 점이다. NCA가 관측된 세계의 기온의 변화: 세계의 분명한 장기적 온난화 현상은 최근

---

52 2019년 8월 15일, NYT 'Trump energy plan challenged' 'Law suit determine the federal government's power to reduce pollution'
53 2019년 1월 18일, 'Climate Science Special Report' U.S Global Change Research Program 인용.

2014년이 최고로 덥더니, 2015년은 큰 차이로 더 더웠고, 2016년은 전년보다 훨씬 큰 차로 더웠다. 그래서 지난 17개년 중 16개년이 점점 더워진 해가 되었다 (이 중 1998년만이 예외이었음).

(b) 이 같은 미국의 기후변화는 세계의 기후변화와 깊은 관련성이 있다. 지구표면의 평균기온의 변화는 1901~2016년까지 과거 115년간 연간 1.0℃(1.8°F)씩 상승하였으며, 이 기간은 현대문명에 있어 지구가 가장 더운 시기에 속한다. 즉, 세계기온은 1986~2016년까지 1901~1960년에 비해 연간 평균 온도가 1.2°F(0.7℃)이상 상승하였다. 또한 최근 수년간은 기록적인 극단적인 기후 관련 일기를 나타낸 바, 특히 최근 3년간의 지구의 온도는 극단적으로 더웠는데 이런 추세는 지구의 기후변화로 인해 당분간 지속될 전망이다.

(c) 20세기 중반부터의 지구의 온난화(warming)의 현상과 특히 온실가스(Greenhouse Gas) 배출 증가는 인간의 활동에서 비롯된 것이다(이와 관련, BP는 동사의 2018년 기후변화보고서에서 인간이 에너지 사용(세계의 에너지 수요 증가는 연간 2.9%이며 가장 많은 수요국은 중국, 미국, 인도 순)으로 인한 탄소배출의 증가는 7년 중 가장 빠른 2.0%가 증가하였다고 보고하고 있음[54]). 지구 온난화뿐 아니라 기타 세계 기후변화의 주된 이유도 인간의 활동에서 비롯되었다.

(d) 이는 수천 명의 과학자들이 문서화한 지구표면과 환경과 해양의 온도의 변화와 빙하의 녹아내림(解氷), 점감하는 눈 덮인 지역, 바다의 떠 있는 얼음(海氷)규모의 감소, 상승하는 해수면, 해양의 산성화(acidification) 및 증가하는 대기 중의 수증기 정도에서 볼 수 있다. 예컨대 세계 해면의 높이는 1900년 이래 7~8인치가 상승하였는데, 이는 약 절반(약 3인치)에 속하는 수면 상승은, 1993년 이후에 이루어진 것이다. 또 인간의 활동으로 인한 기후변화는 1900년 이래 급격히 상승하였는데, 이는 지난 2800년간에 있어 어느 세기보다 빨리 변화하였다는 점이 특징이다. 또 세계 해면의 상승은 미국의 해안의 수위에 영향을 주어, 매일 미국 해면의 조수(tidal)의 홍수는 25개의 대서양의 도시와 걸프만의 어느 도시보다 미국의 해

---

54 2019년 6월, 'BP Statistical Review of World Energy 2019' Chief Economist analysis 인용.

면수위가 훨씬 높다. 그러면서도 세계의 해수의 높이는 계속 상승할 것으로 전망되는데, 앞으로 15년간, 즉 2100년까지 매년 1~4피트 상승할 전망이다. 또 2100년까지 8피트 정도 상승할 것을 배제할 수 없다. 그러면 지구의 평균 해면상승은 미국의 동부와 걸프만의 해수 높이보다 오히려 높아질 것이다.

(e) 지구의 극단적인 기후변화는 특히 인간의 안전(Safety)과 인프라와 농업과 '물의 질'과 '물의 수량'과 자연의 생태계에 중대한 영향을 끼칠 것이다. 미국의 '장대 비'(Heavy Rainfall)는 그 빈도와 그 규모에서 계속 확대될 것이며, 세계 전반적으로도 확대될 것이다. 미국에서의 기후변화의 폭은 특히 동북부가 크게 될 것이다. 뜨거운 파도는 미국에서 1960년부터 자주 일어났고, 반대로 차가운 파도와 추운 온도는 덜 일어났다. 더운 기후는 미국과 미국 근처에서 자주 일어난 것으로, 1901~2016년간 평균온도는 1.8°F(1.0℃)이었으나, 다음 수세기(2021~2050년) 동안은 미국에서는 2.5°F로 상승할 것이 과거의 실적과 연관하여 전망된다. 또한 빨라지는 봄철의 눈 녹음과 감소하는 눈덩어리 수는 서부 미국의 물 자원을 감소시키고 있는데 이런 현상도 계속될 것이다. 따라서 현재와 같은 물 자원 관리에 변화가 없으면, 금세기 말 이전에 '장기간 지속되는 커다란 재앙적인 물 부족사태'(chronic, long-duration hydrological drought)가 증가할 가능성이 높다.

그림 2.6 기후변화로 나타나는 재난: 빙하의 급속한 감소, 상승하는 해면의 높이[55]

source: Financial Times, 19.12.28

---

55 2019년 9월 21일, NYT G. Wagner 및 C. Samras의 'How long until climate disaster?'의 사진 인용.

1980년 이래 온난화의 기후변화로 미국에서 발생한 극단적인 손실은 1.1조$ 규모로써, 이런 재난적 사건이 보다 자주 극심한 규모로 발생되고 있다는 것을 이해할 수 있다.

| 참고 |

2019년 9월 초, 미국 걸프만에 발생한 '5급 카태고리의 허리케인 Dorian'은 바하마(Miami시의 근방)의 2개의 섬에서 20명의 사망자와 7만 명의 주민(상당 주민이 Miami에서 노동)이 구조를 필요하게 되었으며, 2개 섬의 주민 가옥의 절반이 파손되었다고 NYT지는 2019년 9월 6일자로 보도하고 있다. 마이애미 등지의 교회단체에서도 구원의 손길이 닿고 있다는 보도이다.
이런 과정에서 가장 손실을 볼 가능성이 있는 생·손해보험산업과 재보험업이 될 수 있다.

(f) 이 같은 다음 수세기에 걸친 기후변화의 규모는 온전히 세계의 온실가스(특히 이산화탄소) 배출 규모에 달려 있다. 결국 온실가스 배출 규모의 감축이 없이는 세계의 평균 온도의 상승은 산업혁명 이전의 온도보다 9°F(5℃)보다 높을 것으로, 세계의 연간 기온 상승은 평균 3°F(2℃) 상승보다 낮아져야 한다.

세계의 이산화탄소(CO_2)의 집중도는 4백만 파트(1백만 ppt당)로서 이는 과거 3백만년 전에 비하여 굉장히 높은 수준으로서, 이렇게 CO_2 방출이 지속된다면, 지구는 과거에 전혀 경험해 보지 못한, '되돌이킬 수 없고(irreversible), 예상할 수 없는 (unanticipated) '변화의 리스크'를 안게 될 것이다.

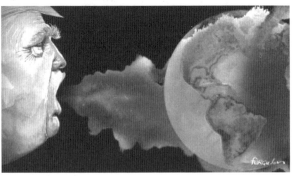

© James Ferguson

(g) 과거 15~20년간 탄소배출의 증가 과정은 높은 탄소 배출경로의 변화와 일치한다. 즉, 2014년과 2015년의 탄소배출 증가율은 각국의 경제 성장률이 낮아지면서, 탄소 집중도가 낮아진 것과 일치한다. 그러나 설혹 탄소배출 증가율이 낮아지는 현상이 계속된다 하더라도, <u>세계 평균 기온이 산업혁명 전(preindustrial level)의 기온보다 3.6°F(2℃)만큼 낮게 할 수는 없다. 즉, UN의 파리기후 협약에서 달성키로 한 세계 평균 온도의 억제목표를 달성할 수는 없다.</u>

(5) 미국이 기후변화에 적응(Adapt)하느냐? 망(Perish)하느냐?[56]
─기후변화에 대한 대응책으로 탄소배출의 감소

(i) 기후변화에 대한 정책 당국자나 일반인의 관심 및 공론의 초점

1. 온실가스(GHG)의 감축(mitigation), 탄소 배출(capture), 재생에너지로 전환(transtioning) 노력 → 살기 좋은 지구 만들기
2. 그러나 우리의 노력에 불구, 약간의 탄소는 지구의 대기 중에 남음
3. 이의 영향은 이미 미국의 경제, 국가 안보, 인류의 건강에 영향 끼침
4. 또한 여기에는 비용이 들며 이의 증가가 계속됨
5. 미국은 이를 위한 기본구조를 대폭 개선하였으며, 이에 관한 인프라, 기후관계데이터의 활용 강화, 기후변화대책자금 마련을 지속해 오고 있음

(ii) 이러한 대책 없었었더라면, 미국경제에 주는 타격은 더 컸었을 것

(a) 현재의 추세가 지속된다고 가정하면,

1. 해안지대의 손실: 전력생산비 상승
2. 기후 관련 질병으로 인한 생산성 저하: 연간 5,000억$ 손실 예상(출생한 1인이 퇴직할 때까지 계산)

---

56 foreignaffairs.com/articles/United States/2019-12-10/adapt-or perish 참조 인용 요약.

3. 미국의 1℃ 상승은 연간 GDP의 1.2%의 손실 예상. 결국 GDP의 절반 손실 결과 초래

4. 기후변화는 미국의 사회구조를 악화시킬 것. 특히 미국의 중서부 지역과 남부는 기후변화로 인한 피해가 더 심할 것임

(b) 기후변화는 미국의 사회구조를 취약하게 만듦
– 정치적, 지역적 불평등의 심화

(ㄱ) 미국의 국토에서 특히 남부 지역과 중서부 이하는 기후변화로 인한 피해가 특히 크며, 특히 빈한하거나 취약계층의 고통은 특히 심대하다. 특히 해안지대에 거주하는 주민은 '해안의 홍수'(Coastal flooding)로 집을 떠나야 하는 경우가 많이 발생한다. 이런 기후변화에 따른 피해는 기존의 정치적, 지역적 불평등을 심화시킬 것이다. 2100년까지 약 3.4백만 호의 가옥이 침수될 전망이며 이런 재난은 이미 그 전조가 나타난다.

(ㄴ) 미국의 대서양쪽과 멕시코만지역(Gulf coasts)의 허리케인과 서부의 산불(wildfire)은 더 자주 일어날 것이다. 과거 이론적으로만 가능시되었던 잦은 가뭄에도 불구하고, 잦은 홍수 현상과 열파도(heatwave) 현상은 미국 중서부지역의 농업에 막대한 피해를 줄 것이다. 그러나 이런 현상에 대한 구제조치는 온실가스배출을 감퇴시키고, 상승하는 온도를 잡아맴으로써 더 이상의 손실을 억제할 수 있다. 그 방지책의 하나가 2017년 트럼프 대통령이 당선되자 즉각 '탈퇴선언한 파리기후협정'(2019년 미국은 공식적 탈퇴절차를 밟았음)으로서, 미국은 이 협정을 준수하면서, 탄소배출 감축노력의 일환으로서, 동 협정에 재참가하면서 탄소배출 감축노력을 배가할 필요성이 커졌다.

(ㄷ) 이와 동시에 미국은 기후변화에 대한 미래의 대책을 스스로 준비할 필요가 있다. 즉, 산업계, 상업적, 군사적 인프라는 극한적인 기후변화현상에 대처하는 건설되어 있지만, 어느 시기엔가 기후변화의 결과는 새로운 기록을 세우면서 나타날 것인즉, 새로운 기록을 세우는 피해를 동반하면서 나타날 것임에 대비하여 미국도 자위적 조치로써 미리 대비할 필요가 있다.

(ㄹ) 미국 공군 레이더(Radar)기지인 카와자레인(Kwajalein) 산호(珊瑚, atoll)섬의
     기후변화 피해 예

　카와자레인 산호섬 미공군 레이더기지(우주상의 야구공도 찾아낼 수 있는 레이더기지)
는 10억$ 규모의 미공군 기지에 건설되었으며 기록상 홍수 피해나 파도의 피해
가 전혀 없다는 전망 분석하에 미 국방성이 동 산호초섬에 공군 레이더기지를
10억$를 투입하여 4년간 건설하였다. 기지 건설이 착공되어 거의 완공될 무렵,
또 다른 기지에 대한 연구는 기후변화로 인한 이 섬 부근의 해면 상승으로 야기
되는 홍수로 인하여, 동 섬 안에 거주하는 군인과 가족에게 공급하는 생수가 홍
수로 인하여 고갈될 것이며(2055년부터는 완전 고갈) 매년 홍수가 일어날 것이라는
연구가 나왔다. 그런데 이런 사고는 이 섬 하나에 그친 것이 아니라, 2019년 의
회 산하 심계원의 조사에 의하면, 미국의 국방 당국은 기지선택에 있어 기후변
화에 대한 조사 자체가 불량하다는 경고가 나타났다 한다.

(ㅁ) 2017년 중, 미국의 산불(Wildfire)과 3대 허리케인(Harvey, Irma, Maria)에
     대한 비상 구제기금 1,400억$ 마련[57]
　　－ 1$를 사전에 기후위험에 대비하면 6$를 절감할 수 있다!

　기후대책에 1.8조$를 방재기금으로 투입하면 7.1조$의 순이익을 얻을 것이
며, 미국 의회는 2017년 계속적인 산불 및 대형화재 발발과 허리케인(하비, 이르마,
마리아) 등의 발생으로 인한 막대한 손실에 대처하기 위하여 1,400억$ 규모의 비
상원조기금을 마련하였다. 기후변화에 따른 직접적 피행보상 차원이라 하겠다.

(ㅂ) 이는 국가차입으로 이루어진 것으로 국가부채가 그만큼 증가한 것이다. 기
후변화로 발생된 재난만큼 국가의 재정이 악화된 것이다. 그 후 점차적으로 기
후변화로 발생된 손실이 커지면서, 기금규모가 커진 것이다. 한편 전 세계적으로 극
한적인 기후변화에 대처하는 공공 및 사설기관(Global Commission on Adaptation)
에서는 '1$를 사전에 투입하면 6$를 절감할 수 있다'는 계산으로 동 위원회에서
는 '1.8조$ 규모의 예방조치를 취하면, 7.1조$의 순이익을 취할 수 있다'는 계산
을 하기도 한다.

---

57 2019년 10월, Reuters Stephan Lam. 2019년 12월 10일 Foreignaffairs.com. Adapt or Perish 인용.

(ㅅ) 국가가 제정한 '빌딩 코드' 없는 미국의 문제

　미국에는 국가가 제정한 단일 빌딩코드가 없고, 정부나 지방정부나 군당국은 국제코드협의회(Int'l Code Council)이나 국가소방협회(Nat'l Fire Protection Association) 규정을 채택하는가의 여부는 완전히 기관별로 선택의 문제로 되어 있다. 이런 배경으로 인하여 미국의 건물 신축에 관하여는 기후변화에 대한 대책은 고려되어 있지 않다 한다. 캘리포니아 주정부마저 삼림화재 발생 가능 지역에 대한 19,000채의 건축을 승인하였다.

(iii) 캘리포니아주의 'Tropical Forest Standard' 제정과 그 효과[58]
－2019년 9월 19일, 캘리포니아 California Air Resources Board(CARB) 제정

(a) 기후변화에 대해 가장 앞선 캘리포니아주의 '열대 삼림 기준' 제정 배경

(ㄱ) 기후변화로 야기되는 탄소배출의 억제에 가장 앞선 캘리포니아주의 CARB는 2019년 9월, 'Tropical Forest Standard'를 제정하여 수천 마일 떨어져 있는 브라질 아마존 열대림의 인조적(人造的) 방화를 진정시키고, 이로써 동 열대림의 방화에서 방출되는 탄소배출을 억제하기 위한 목적으로 동 지역의 주민에게 금전적 이익을 주기 위한 조치를 취하였다.

(ㄴ) 'Tropical Forest Standard'란 무엇인가?[59] 그 구조는 동 기준의 제정으로 아마존의 열대림의 방화(이때의 열대림에 저장되었던 탄소 배출량은 세계 탄소배출의 20%의 비중)로 인한 탈(脫)열대삼림을 방지하고 따라서 기후변화를 늦추고 강우량을 지속케 하는 것이다. 이 기준은 캘리포니아주의 효율적인 소위 '탄소의 캡 앤 트레이드(Cap and Trade) 시스템'을 활용하는 것으로, 열대림 국가에 탈삼림을 위한 방화를 연기함에서 발생하는 희생 대가를 보상하여 주는 제도이다.

(ㄷ) 이 제도가 브라질의 아마존 같은 열대림을 대상으로 하는 것은, <u>세계의 삼림에 저장된 탄소의 절반이 열대림에 있기 때문에</u> 특히 열대림에 집중하는 것이

---

58 2020년 1월 6일, Conservation.org/blog/what－is－tropical－forest－standard－an－expert－explains by Killy Price 참조.

59 상 동. p.6. CARB. Resolution 19－21. Identification of Attachments to the Board of Resolution. Attachment A, B, C, D 참조.

다. 따라서 열대삼림이 보호된다면, 기후변화에서 야기되는 탄소배출을 억제할 수 있어, 캘리포니아주는 <u>탄소한도제에서 생긴 자금지원을 열대삼림의 방화를 방지한다는 목적에서, 열대림의 재수목화(reforestation)라든지 서식지의 부활이라든지 재생에너지의 발전에 활용하는 계기를 마련할 수 있다는 취지가</u> 그 배경이 되는 것이다.

(ㄹ) 캘리포니아주는 동 기준 제정으로 이미 지난 10년간 탈열대삼림의 10% 규모를 방지한 실적이 있다. 동 기준은 소위 탄소의 캡 앤 트레이드로 마련된 자금을 탈삼림을 포기한 토지소유자(원주민)에게 지급하고 탈삼림을 행함으로써 토지소유자가 입는 손실을 캘리포니아주에서 채권발행으로 조성된 자금을 지원하는 제도로, '탈삼림을 포기한 원주민인 삼림의 지주에게 앞으로 10년간 약 10억$ 규모를 보상하여 줄 수 있다'는 구조라 한다.[60]

(ㅁ) 가장 앞선 CARB의 탈삼림 정책으로 탄소배출억제 정책

동 제도는 삼림지대에 거주하는 원주민을 위한, 원주민과의 협조를 얻어 탈삼림을 유예함으로써 전체적으로 '탈(脫)삼림에서 발생되는 장기적으로 저장되어 있는 <u>탄소배출을 억제하는 효과를 기하고자'</u> 하는, 아마존 열대림에서 7,000km <u>나 떨어진 미국의 캘리포니아주가 세계적으로 가장 앞서 나가는 탈탄소 움직임 정책의 일환으로, 2019년 10월 동주의 기준으로 유명한 'California Air Resources Boards' (CARB)가 기준을 제정(endorsement)하여 시행하는 제도이다.</u>

(ㅂ) 아마존 열대림의 원주민이나 기업인이 아마존 열대림을 태워 초지를 조성하여 소를 키우거나 대두 농장을 생산할 수 있는 농토를 조성하기 위해, 불태우고 있는 아마존 열대림의 방화를 막고 그 대신 타 기업이 발행한 탄소배출권을 판매하여 조성한 자금으로 원주민의 손실을 보상해 줌으로써, 열대림의 사막화와 저장된 탄소의 배출을 막을 수 있는 가장 효율적 억제책으로 지구기후변화의 재난을 기피할 수 있는 효과적 수단이 되었다.

(ㅅ) 'Tropical Forest Standard' 제정과 그 실시효과

이 제도의 실시로 실제 브라질의 아마존 열대림의 원주민 등의 방화로 일어

---

60 상 동.

나는 열대림 탈(脫)살림화와 그로 인한 세계 탄소의 1/10을 저장하고 있는 아마존 열대림의 방화로 인한 탄소의 대량 방출을 막기 위해 캘리포니아 주는 아마존 일대의 주정부에 'Tropical Foerest Standard'의 취지에 따라 방화를 연기하는 아마존의 원주민과 관계 기업인에게 '온실가스 배출권'으로 보상하기로 하였다.[61]

(ㅇ) 이로써 금후 아마존, 아시아의 보르네오(Borneo) 및 기타 열대림 일대의 목축 또는 대두 농사를 위한 열대림 방화를 막는 대신 그로 인한 손실을 보상해 줌으로써 열대림 방화를 막고, 그리고 장기적으로 '삼림을 재생'(refrostration)시킴으로써 탄소배출 감소효과를 거양할 수 있게 되었다.

| 참고 |

동 기준 제정으로 아마존 일대의 지역의 행정 당국은 방화하려는 지역 내 기업들에게 방화를 연기함으로써 포기하는 이익을 배상하게 하였고 결과적으로 탄소배출을 억제하는 효과를 기대하며 활동하게 만든다.

따라서 막 시작한 'California's Tropical Forest Standard'는 장기적으로 열대림의 탈삼림화를 막고 오히려 삼림의 재녹화사업으로 연결시키는 효과를 거양할 수 있게 되었다.

| 참고 |

2004년 브라질 정부는 아마존 열대림의 탈삼림화를 방지하기 위하여, 법적으로 방화를 금지하여, 2004~2012년까지 탈삼림화를 77%까지 감소시켰으나, 경제적 보상 없는 규제는 그 효과를 못보고 2012년부터 탈삼림화는 가속화되어 다시 1년간 29%가 증가하는 등 열대림 방화가 확대되었다. 여기에 시장경제 원리가 가미된 '미국 캘리포니아 정부의 열대림의 방화억제를 위한 경제적 보상제도가 브라질의 아마존 열대림에 도입'되면서 2020년 이후 그 효과가 아마존 열대림의 탈삼림화의 방화를 억제하고 그로써 삼림에 저장된 엄청난 양의 탄소배출을 억제시키는 효과를 보게 된 것이다.

---

[61] 2020년, NYT. Daniel Nepstad의 'How to help Brazilian farmers save the Amazon' 참조 인용.

● 그림 2.7 남미 9개국에 걸친 550km² 열대우림, 계속된 개발로 벌써 17% 파괴

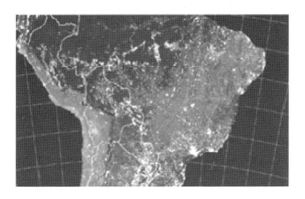

출처; 구글 어스.

(b) 미국경제의 화석 에너지 집중도(fossil energy intensity)의 약화

－화석연료의 비중 감퇴와 재생에너지로의 대체: 미국산업의 가스소비(Gas guzzling) 패턴이 개선된 것에 따른 것임

즉, 미국경제는 연간 30squads(1 quadrillion British thermal unit)의 에너지를 2030년까지 절약할 수 있다고 연구기관이 발표하였다. 또 이는 에너지 소비의 화석연료에서 재생에너지쪽으로 전환하면서 에너지소비의 11%까지 재생에너지로의 충당이 상승하였음을 뜻한다. 즉, 미국의 1980년에 미국의 81백만 가구의 1가구당 에너지 소비는 년간 9.3squad의 에너지를 사용하였는데, 재생에너지 사용이 1973년 에너지 사용의 1/3 비중으로 확대된 것을 의미한다. 아울러 전력생산의 17%를 재생에너지로 생산하게 된 것에서 비롯된다. 이리하여 현재 미국의 에너지 사용의 11%는 재생에너지로 충당되며, 전력생산의 17%는 재생에너지 생산으로 충당하고 있다(이렇게 재생에너지로 전력을 생산하는 비중이 확대된 것은 재생에너지의 생산가격이 저렴해 진 것에서 비롯됨. 이런 연고로 석탄화력 생산업체가 트럼프 대통령의 석탄화력 생산설비의 탄소배출기준을 완화조치 하였음에도 불구하고 재생에너지로 전력생산을 지속한 배경이 됨).

(c) 미국의 경제성장률의 하락으로 전반적 에너지 수요 감퇴
－현재 미국의 실질 GDP당 석유제품 수요 1973년 대비, 수요가 50% 감소

미국 경상 GDP상 제조업 비중은 줄어 12%의 비중이 되었고, 반대로 서비스 업종은 미국의 기술 발전 등의 확대로, 1992년에서 2012년까지 12배가 증가하여 고도의 서비스 경제화함으로써, 미국 경제는 총체적으로 에너지 수요가 획기적으로 감퇴하게 되었고 이는 바로 에너지 집중도가 서비스 분야가 취약한 개발도상국보다도 에너지 수요를 감퇴시킨 결과를 초래케 한 것이다. 여기에는 다음의 세 가지 요인이 있다.

첫째, 미국의 셰일 혁명으로 석유와 가스를 집중 생산하게 되어 <u>미국은 석유, 가스의 제1수출국</u>이 된 이상, 중동분쟁의 발발로 국제석유가가 급등하고 석유수입이 원활치 않더라도 석유수출기구인 미국에는 전혀 문제가 안 되는 점이다.

둘째, 미국의 산업이나 발전산업이나 가정에서 <u>화석연료 대신 상당한 에너지수요를 재생에너지로 대체</u>할 수 있을 만큼 재생에너지 분야가 발전된 점이다.

그리고 셋째로 미국경제의 고도화로 <u>제조업에서 고도의 서비스업으로 전환</u>되면서, 제조업 위주의 산업구조만큼의 화석연료의 수요가 급감한 점으로 요약할 수 있다. 그런 각도에서 미국의 화석연료 대량 사용에서 발생할 수 있는 탄소배출을 서비스업으로 변환된 만큼의 탄소배출을 감소시킬 수 있는 유리한 여건이 형성되었다 하겠다.

다만 그럼에도 불구하고 미국에서는 트럼프 대통령의 선거(재선 포함)라는 정치적 이유에서, 다수의 선거인(표)이 활동하는 '러스트 벨트'(Rust Belt)의 지역의 석탄 등 화석연료 과다 사용의 제조업에 대한 우선적 정책(UN의 파리기후협정에서, 미국 단독 탈퇴와 같은)과는 그 방향이 동일하지 않음을 고려하여야 한다.

그림 2.8 미국의 부문별 온실가스 배출량

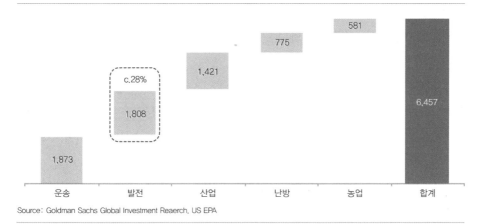

Source: Goldman Sachs Global Investment Reaerch, US EPA

출처; power gen us european renewable utilities p.15

표 2.6 현재 전기 부문 CO_2 배출량 목표 대비 2050년 배출량

Country	발전으로 발생(2017)하는 CO_2	2050 IEA Energy Technology Perspectives 2℃ Scenario	MIT Joint Program Outlookf
미국	$-470gCO_2/kWh^b$	$11\ gCO_2/kWh^e$	$-1gCO_2eq/kWh$
중국	$-680gCO_2/kWh^c$	$24\ gCO_2/kWh^e$	$-1gCO_2eq/kWh$
영국	$-350gCO_2/kWh^d$	$11\ gCO_2/kWh(for\ EU)^e$	$-1gCO_2eq/kWh$
프랑스	$-90gCO_2/kWh^d$	$11\ gCO_2/kWh(for\ EU)^e$	$-1gCO_2eq/kWh$

출처; the future of nuclear energy in a carbon constrained world p.5.

(d) 그러나 캘리포니아 주 등 수개의 주(State, 州)가 연방정부를 상대로 기후변화정책에 대한 법원에 무효소송을 제기하는 등 트럼프 대통령의 연방정부보다 더 강한 기후대책을 주(州, State) 단위로 취하고 있는 미국의 기후대책의 특성을 본다.

(ㄱ) 2017년 11월 Climate Action Tracker website에서 '총체적으로 **미국은 기후대책에 있어서는 충분하지 않고(insufficient) 가장 낮은 수준**'이라는 평가를 받고 있다.[62] 여기에서 미국의 최근 성공한 셰일혁명과 중국의 고속성장에서 석탄

---

62 'Climate Action Tracker 2017' 및 MRIDULA RAMESH 'Climate solution' 'Uneven Rewards

중심(65% 이상의 에너지 믹스 비중)의 에너지 사용과 중국의 최근 천연가스(LNG)수입 증가와 전국적인 정부와 당(黨)기구의 활용까지 동원하는 중국의 기후대책을 보겠거니와, 2030년부터는 중국보다 에너지수입을 더 하여야 하는 인도의 기후변화의 피해와 기후대책이 우리의 관심을 끈다.

(ㄴ) EU 전체를 한 경제단위로 보면, EU가 탄소배출에 있어 3위이지만, 28개국으로 EU를 국가별로 쪼개 보면, **인도가 단일국가로서 세계 탄소배출 3위국이 된다.**

그러나 에너지를 마련한다는 것은 특히 화석연료의 사용을 증가시켜, 지구의 기온의 상승에 지금보다 더 기여하게 된다는 어려움이 뒤따른다.[63] 미국, 중국 및 EU 등 개별국가 및 지역의 기후변화의 현황과 그 피해와 앞으로의 전망과 국가적 대책에 대하여는 별장에서 상술키로 한다.

Uneven Actions 'United States America' p.48 – 50 참조.

63 MridUla Ramesh 'CLIMATE SOLUTION'(India's Climate Change Crisis and What We Can Do About It. pp.5 – 6 참조.

3 트럼프 대통령의 기후 Roll back 정책과 연방 우선주의(주정부 권위 부인)

(1) 트럼프 행정부의 근 100개 환경관계 룰의 '오바마 대통령 이전' 환원 (Roll back)[64]

(i) 트럼프의 '오바마 대통령의 '친환경 제도와 환경 시스템'의 부인(否認)'과 오바마 대통령 이전으로의 롤백 정책
  - 70여 개의 오바마 대통령 시대의 환경 및 기후관계규정을 그 이전으로 폐지하거나 완화

(a) 트럼프 대통령의 4년 통치기간: 오바마 대통령의 친환경제도와 규정 완전해체와 롤백

트럼프 대통령는 4년 대통령으로 재임하면서, 오바마 대통령의 주요기후·환경정책과 청정공기, 물, 야생동물과 독극화학물질(toxic chemicals)에 관한 규제나 규정을 거의 전부 '오바마 정부의 이전 시절'의 규정으로 환원(롤백)시켰다.

이는 다른 행정부 때에는 규정의 폐기나 석탄, 석유, 가스산업에 대한 부담 증가를 고려하면서 제정하였음에 대하여 트럼프 대통령 때에는 기본적으로 다른 정부 때와는 기후환경정책의 수립에 있어서 기본목적과 그 '방향이 완전히 달랐다'는 것을 의미한다.

(b) 'One-two punch' 방식의 환경규제 규정, 오바마 대통령 이전 시대로 롤백

트럼프 대통령의 환경기후정책방향의 또 다른 특징은 '연방정부 규정의 우선권'(priority)을 부인하는 것이었다. 즉, 트럼프 대통령은 공화당이 우세한 의회에서 기본적으로 '환경에 관한 룰'이 '화석연료산업이나 기타 대형기업에게는 큰 부담이 되고 있다'는 사고에서 비롯된 것이다.[65]

---

64 2020년 10월 15일, www.nytimes.com/interactive/2020/climate/Trump-environment-rollbacks-list 참조.
65 2019년 6월 2일, seatletimes.com/84 environmental rules on the way out under Trump 참조.

그리하여 트럼프 대통령의 행정부(특히 EPA, 환경보호청)는 환경관계 규정을 공식적으로 개정하거나 옛날(오바마 정부 보다 그 이전 시대)로 롤백(roll back)하는 것이었다.

이런 트럼프 대통령의 기후환경관계 법규의 롤백과정을, 'one-two punch'라고 부르는데, 이는 우선 현행의 '못마땅한 규정의 실시를 일시적으로 정지케하고, 일정시간 경과 후, 이를 '옛날 규정'(오바마 대통령 시대로가 아닌 오바마 대통령 훨씬 이전시대 것)으로 복귀시키는 형식'을 뜻한다(First a delay rule to buy some time, and then a final substantive rule).

(c) 트럼프 대통령 시대의 이러한 일련의 기후환경관계 법규관계를, 하버드 대학교 법과대학, 콜롬비아 대학교 법과대학과 뉴욕타임즈의 3개 기관이 공동으로 연구·분석한 바에 의하면, 트럼프 대통령은 '70여 개의 환경관계 법규나 규정을 완전히 뒤바꾸거나, 폐지하였다. 이리하여 전체 99개의 환경과 기후관계규정을 '오바마 대통령 그 이전 시절'로 환경규정을 '롤백'(environmental rollback)하는 가운데, 그의 집권 4년간, 72개의 규정과 법규가 완전히 오바마 대통령 이전 상태로 롤백하였고, 26개는 롤백이 2020년 말경에도 진행 중에 있다. 이같이 그가 롤백한 규정을 부문별로 보면, 표 2.7과 같다.

표 2.7 트럼프 대통령의 '오바마 대통령 이전보다 이전'으로 롤백한 기후관계법규 부문별 현황[66]

롤백한 분야	롤백 완료된 것	진행 중	총 계
공해공기(탄소) 배출관계	21	5	26
석유 드릴링과 채굴	11	9	20
인프라와 계획	12	1	13
동 물 관 계	11	2	13
물 오염(Pollution)	6	3	9
독극물과 안전	6	2	8
기 타	5	5	10
롤백 총계	72	27	99

---

66 2020년 10월 15일, www.nytimes.com/interactive/2020/climate/Trump-environment p.2/29 Rule reversals, Complete, In prograss, Total 인용.

(d) 위의 롤백 정책은 대부분 EPA(환경보호처)가 수행한 바, 특히 여기에서는 발전 (發電)시의 지구 온난화의 주된 역할을 하는 '발전시의 발전소에서의 탄소배출의 제한'이라든가, 운송수단에서 배출되는 가스의 규모제한이라든가, 국토의 절반에 해당하는 습지(Wetland)의 축소 규모의 제한이라든가, 발전소에서 '발전 시에 생기는 수은(水銀)의 규모 제한에 관련된 규정 같은 것'이었다.

이런 트럼프 행정부의 롤백 정책은 특히 여러 주(州)정부의 반발을 불러일으켜, 트럼프 대통령의 기후정책은 적절히 합리화되지 못하였으며, 그의 정책으로 야기되는 각종 쟁송(ligitation)에서 결국 연방정부는 승소하는 경우가 희소할 수 밖에 없었다.

(ii) 트럼프 대통령의 'One-two punch' 방식으로 오바마 대통령 이전으로 롤백한 environmental rule 중 대표적 규정 예

공기 오염과 탄소배출
- 석유가스사의 매탄배출 보고의무: 취소
- 주요 독극성 메탄배출자의 클린턴 대통령 시대의 제한하는 룰의 완화 그 이전으로 복귀
- 2015년 제정, 에어컨 등에 수소불화탄소(hydroflourocarbons) 사용금지 철폐
- 오바마 대통령 시절 예고된 자동차 등의 배출가스 규제기준과 제한의 대폭 완화
- 특히 본 기준인, 캘리포니아 주정부(12개 주 공동)의 강력한 규제기준과의 마찰
- 신규 석탄발전소의 배출가스 집적회수(capture carbon dioxide emissions) 의무비율 배제 완화(그럼에도 불구, 개정된 기준을 신청하는 기업 희소)
- 미국의 UN 파리기후협약에서의 탈퇴 신청(통고 후 3년 후인 2020년 11월 3일 발효)
- 2020년 11월 현재 일단 발효, 바이든 당선자 취임 즉시 재가입 공언
- 오바마 대통령 시대의 석탄 발전소와 가스 발전소의 탄소배출기준을 강화하는 'Clean Power Plan'의 폐기와 EPA의 완화하는 행정명령 발효
- 2019년 4월, 오바마 대통령 시대의 탄소배출기준을 적용하고 있는 36개 주에 대한 배출기준 완화조치 제안 중
- 오바마 대통령 시절 석유 가스회사의 메탄 배출 상한을 규제하는 행정명령을 완화하는 EPA 기준 제안 중
- 드릴링과 석유채취 시, 국유지 등에서의 탄소배출 제한, 파이프라인 설치, 물의 오염방지를 규정하는 EPA 행정명령의 완화 추진
- 인프라 건설 시의 각종 환경보호와 재난방지를 위한 오바마 대통령 시대의 각종 제한을 완화하는 행정조치 진행
- 동물보호와 알래스카의 자연보호 및 독극물 사용억제를 위한 각종규제 조치의 완화를 위한 행정명령의 개정작업 진행 중임

그림 2.9 석탄산업가 및 트럼프 대통령 지지자들이 트럼프 대통령의 석탄산업지원을 찬양하는 모습[67]

(2) 트럼프 대통령 집권 4년간, 감소하지 않은 미국의 탄소배출과 그 의미[68]

(i) 트럼프 대통령 집권 4년에 결과적으로 미동(微動)에 그친 탄소배출 감소
 − 오바마 대통령 시대와 EU나 일본에 비하여, 트럼프 대통령 시대의 탄소배출 감소는 미미(微微)
 − 트럼프 대통령의 가장 심각한 유산(Profound Legacy)=기후변화로 입은 막대한 손실과 심각한 재해(災害)

(a) 트럼프 대통령의 친 화석연료산업과 반(反) 환경정책 수행가로서의 실적

(ㄱ) 공화당과 트럼프 대통령의 친 석탄산업 정책으로 인한 최저의 탄소배출 감소
 − 2020년 11월의 미국대통령선거의 이슈 중 하나는, 미국의 탄소배출이었음

대통령 선거유세 중 트럼프 대통령은 '우리는 지금 최저의 탄소배출을 기록하고 있다'고 하면서, 우리는 '현실적으로 가장 낮은 수준의 탄소배출이다'라고 역설하고 있었다. 그러나 과연 그럴까? 미국은 지난 4년 동안 탄소배출을 더 주

---

67 2020년 10월 6일, www.climatechange news.com 'Where are US emissions after four years of President Trump?' p.1 'Trump supporters have adopted the slogan' 'Trump digs coal' 사진 인용.
68 2020년 10월 6일, www.climatechange news.com 'Where are US emissions after four years of President Trump?' 참조.

릴 수는 없었을까?

즉, 트럼프 대통령의 탄소배출이 취임 초보다 감소하였다는 이 말은 맞는 말이기는 하지만, 그러나 이는 '결코 최선을 다한 것은 아니다'라는 이야기이다. 즉, 트럼프 대통령 시대의 탄소 감축은 그의 취임 시보다 낮아지긴 하였으나, 그러나 오바마 대통령의 백악관 시대보다 그 감축 속도가 훨씬 늦었으며, 따라서 트럼프 대통령 취임기간 중의 일본이나 EU의 탄소배출보다 훨씬 높은 것으로 나타났다.

그림 2.10 주요국의 누적적 탄소배출 비교(2018)[69]

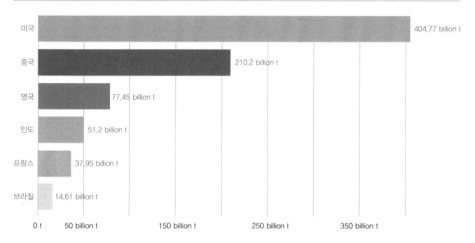

Source: Global Carbon Project (OCP), Carbon Dioxide Information Analysis Centre(CDIAC)
Credit: Our World in data

주석; 미국, 중국, 영국, 인도, 러시아 순임

---

69 2020년 10월 6일, www.climatechange news.com 'Where are US emissions after four years of President Trump?' p.3 그림. Cumulative CO2 emissions, 2018 인용.

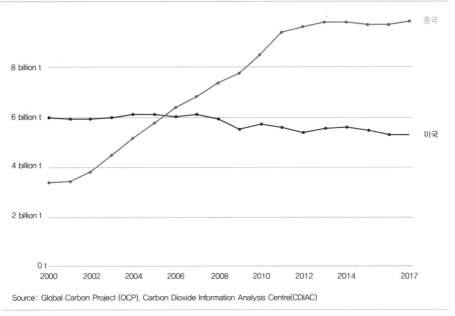

Source: Global Carbon Project (OCP), Carbon Dioxide Information Analysis Centre(CDIAC)

주석; 2005년까지 연간 탄소배출은 미국 1위, 그 후 중국 1위

(ㄴ) 오바마 대통령 집권 8년간의 탄소배출과 트럼프 대통령의 4년간, 탄소배출감소 완만성 비교[71]

| 참고 |

• 오바마 대통령 집권 8년: 화석연료 등 생산 감소로 인한 탄소배출 감소 11%
 − 석탄사용 감소: 38%, 재생에너지 생산 증가: 44%
• 트럼프 대통령 2019년까지 3년: 탄소배출이 감소는 했으나 0.5%에 불과
 − 석탄사용 감소: 3%, 재생에너지 생산 증가: 11%
• 이상과 같은 과정을 거쳐 2019년에는 배출이 늘고 2020년에는 배출감소가 예상되나, 이는 코로나 등 요인이 겹쳐 나타난 현상으로 보임

---

70 2020년 10월 6일, www.climatechange news.com 'Where are US emissions after four years of President Trump?' p.5. U.S & China's Annual CO2 emissions 인용.

71 상 동. p.7 인용.

그림 2.12 미국의 연간 탄소배출 배출 추이(2008~2016)[72]

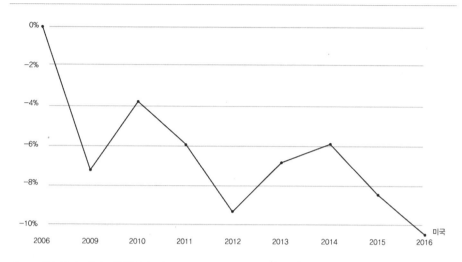

Source: Global Carbon Project (OCP), Carbon Dioxide Information Analysis Centre(CDIAC)
Annual % reductions in the US's CO2 emissions under Barack Obama

주석; 2014~2016년 급격히 감소(오바마 대통령 8년 활동기)

(ㄷ) 또 1인당 탄소배출국 규모에서도 미국은 탄소배출 감소 속도가 완만하여, 아직도 세계의 1인당 탄소배출의 열 번째 배출국으로서 호주, 캐나다와 매우 작은 국가들(주로 중동국가)의 바로 뒤로 가고 있다.

이는 오바마 대통령 집권 화석연료부문과 시멘트 생산에서 배출되는 탄소감소가 그의 집권 8년간 11%가 감소하였는데, 여기에서는 석탄사용이 38%나 감소하였고, 재생에너지는 무려 44%나 증가한 것에 비롯되는 것으로 주목하여 보아야 한다.

---

72 상 동. p.7 'Annual CO2 emissions' 인용.

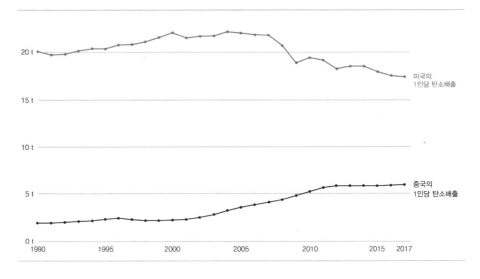

그림 2.13 미국과 중국의 1인당 탄소배출의 감축 추이(1990~2017)[73]

트럼프 대통령의 석탄 등 화석연료산업 선호 및 반(反) 환경롤백 정책은 반기후대책 시행으로 낙인받고 있다. 이는 4년 전 출마 이전의 공화당의 상원원내총무인 McCormick 등을 포함한 친석탄산업 정치인들과의 상존하는 정치적 성향에서도 잘 나타나고 있다.

(ⅱ) 트럼프 대통령이 남긴 가장 '심각한 유산'(Profound Legacy)
─기후변화로 입은 손실과 재해(災害)[74]

(a) 트럼프 대통령의 집권 4년이 남긴 심각한 기후변화 재난 피난, 처리

위에서 본 바, 트럼프 대통령의 기후, 환경의 롤백 정책은 심대한 재난적 리스크를 바이든에게 남겼다고 하겠다. 그는 근 100개의 공해관계 규칙과 규정을 완화하였고 공기, 물, 환경 등에 관한 규정을 개악시키고 산업에서 야기되는 재해와 가난한 소수민족들에게 발생되는 재해문제를 도외시하였다.

---

73 2020년 10월 6일, www.climatechange news.com. p.6/13 Per capita consumption─based CO2 emissions, 1990 to 2017 인용.
74 2020년 11월 9일, nytimes.com/climate/Trump legacy─climate change htm. 인용.

그가 완화하였거나 개악시킨 환경관계 규칙과 규정들은 탄소배출과 기후 온난화를 유발하였고, 이는 기후 온난화의 현상은, 추후 정책의 환원에도 불구하고 수십 년간 장기적으로 기후 악화로 남게 되었다(2020년 5월의 탄소배출 수준은 417파트/백만 단위로서 역사상 최고의 수준에 달하였다고 함).

그림 2.14 트럼프 대통령 재임 4년간의 미국의 1인당 가스(CO_2) 배출의 상대적 증가폭[75]

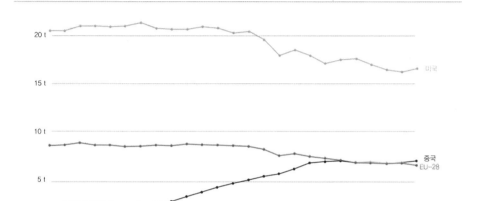

(b) 트럼프 대통령의 4년간의 기후정책은 환경의 집중적인 악영향을 미쳐, 해수면의 상승, 살인적인 태풍, 아주 높은 기온상승, 가뭄과 산불 등, 돌이킬 수 없는 재난을 불러왔다. 그런 면에서 트럼프 대통령 1기 이후의 대통령은 오바마 대통령 때보다 더 어려운 기후 변화대책 처리 여건에 처하였다고 하겠다.

(c) 앞으로의 미국의 환경정책의 추진의 어려운 여건은, 트럼프 대통령의 파리기후협약에서의 탈퇴선언으로 기후대책에서의 국제적 어려움의 가중과 미국 대심원의 보수적 대법관이 다수를 점하여 '행정명령에 대한 반대적 입장이 강하다'는 점과 의회의 공화당 우세의 위치에 처하여, 이 모든 여건이 앞으로의 미국의 기

---

75 2020년 10월 6일, www.climatechange news.com. where are us emissions after four years of president trump p.5.

후대책 처리에 걸림돌이 될 것이라는 전망이다.

(iii) 미국의 금융감독기관과 중앙은행이 관심 가져야 할 '기후변화에서 야기될 금융 리스크'(Climate-change related financial risk)와 'Green Swan(Black Swan에 대비)에 대한 적절한 규제의 필요성 제기
—새롭게 부각되는 그린스완 개념과 그에 대한 적절한 규제의 필요성 대두

(a) 미국의 새로운 기후변화 관련, 금융영역에서 '중앙은행과 금융감독당국이 기후변화와 기후변화 리스크를 고려하여야 한다'는 정책방향의 수립에서 대통령 당선자로 하여금, '기후변화 리스크를 공개법인은 공시하여야 한다'는 규정을 '행정명령으로 제정할 것'이라는 공약과 금후의 기후변화정책과 국제공조 및 기후변화의 금융안정 중시정책을 보게 한다. 그와 동시에 기후리스크와 관련, 그린스완의 개념이 크게 부각되면서, 그린스완(Green Swan)에 대한 대책방안이 동시에 쏟아지고 있다.

(b) 기후변화 리스크로 '블랙스완'과 등장한 '그린스완' 리스크[76]

표 2.8

	화이트스완	블랙스완	그린스완
예측 가능성 여부	정상적 배분	꼬리 리스크, 야기된 후에서야 합리적 설명 가능, 이견 다수	높은 야기 가능성, 야기 시기 및 손실 규모 불예견성, 사유: 복잡성, 완전한 이해 곤란한 점 허다
위기 설명 가능한 그룹	통계학자, 경제전문가	경제전문가, 금융분석가, 위기대처가들의 견해 불일치	과학자, 경제전문가 간의 금융분석에 관한 견해 불일치.
추천 가능한 정책	위험 모델	물질적 손실규모 거대, 위기 이후 구제 가능, 위험에 대한 접근방법의 정립 가능, 고통의 체험에서 의미 터득	직접적 인명피해 피해 막심, 회복 불가능 피해 즉각적 복구노력 필요, 불확실성속에서도 국제적 공조 필요

---

76 2020년 1월, BIS 'The Green swan central Ranking and financial stability in the age of Climate change. p.6/15 A typology of Swans' 인용.

블랙스완과 그린스완의 공통점

둘은 예기치 않게, 그 피해에 있어서는 규칙성이 없고, 그 파괴력에 있어서는 상승 작용을 하여 그 규모와 피해가 폭발적이며, 블랙스완과 그린스완은 그 생성의 배경이 다르며, <u>그린스완은 기후변화와 전염병 등의 야기에서 비롯된다는 점이</u> 통상의 금융위험의 블랙스완과는 다르다. 따라서 블랜스완은 세계 금융상의 위기 시(GFC, Global Financial Crisis)에 발생하는 것으로 설명되나 <u>그린스완은 과학자들의 설명으로 기후환경(질병 포함)과 그와 관련된 경제시스템에서 야기될 수 있다.</u> 그린스완은 보다 즉각적이고 각국의 공조로서 리스크를 회피할 수 있다. 따라서 <u>그린스완은 1개국 단독으로 문제를 해결할 수 없고, 보다 공조적인 협력하에서만 그로부터의 탈피가 가능하다.</u> 그리하여 '기후변화는 금융시스템과 물가안정'에 위협요인으로 작용한다.

따라서 기후위험과 관련된 그린스완은 중앙은행과 금융감독기관의 규제설정 등이 필수적인 요인으로 나타나며, 그런 면에서 증권시장에 상장된 공개법인의 기후관련지표는 일반에게 기후 관련 위험 지표를 공시하여야 한다(그런 면에서 한국의 KRX가 2020년 11월 중순부터 발표하고 있는 '탄소효율 그린뉴딜지수(Carbon Efficient Index, 후술하는 본서 부록 참조)는 매우 의미가 있음).

Climate change is a Threat to Financial and Price Stability(Climate change as severe threat to ecosystems, societies and economies)[77]

(c) 이 같이 '그린스완'은 배경과 야기되는 현상이 블랙스완보다 복잡하며 그 해결책은 세계적인 공조와 공동노력이 필요하며, 세계적인 문제해결을 위하여서는 더 많은 해결책의 강구와 행동이 필요하다. 또한 기후리스크 해소를 위한 그린스완에 대한 해결책을 추구하는 기관으로서는, 블랙스완보다 더 많은 관계기관 간의 공조가 필요한 바, 다수의 정부 간 공조가 필요하며, 다수의 다국적 개발은행(Multilateral Developments Banks) 간의 공조, 다수의 각국의 감독규제기관 간, <u>금융 분야에서의 상호 공조와 각종 기준의 제정 및 감독기관간의 상호 협조가 절대적으로 필요하다.</u>

---

77 2020년 1월, BIS 'The green swan; Central banking and financial stability in the age of climate change' p.37 'Overview of the stress test framework' Climate related risks, opportunities and financial impact 인용.

(4) 왜 미국, EU의 금융감독기구와 통화안정당국이 특히 공개상장법인의 재무제표에 기후 관련 위험과 관련, 그 리스크의 내용의 공시를 의무화하고 있는가?[78]

(i) '미국의 증시 상장법인의 기후 리스크와 상장 법인의 온실가스 배출정도의 재무제표상 공개의무의 강화방안'은 온실가스 상승으로 기후변화가 야기시킨 새로운 리스크(Climate Risk)로서, 소위 블랙스완(Black Swan)에 대치되는 모든 중앙은행과 금융감독기관이 관심을 가져야 할 사항으로, 금융상 타격을 받을 가능성 있는 상장 공개법인의 재무제표상 구조적 리스크를 의무적으로 공시케 하는 것을 뜻한다.

(ii) BIS의 TCFD(Task Force on Climate Financial Disclosures)

2020년 11월 8일의 뉴욕타임즈지는 '바이든 행정부의 환경에 관한 9개 항목의 긴급조치'(9 Things the Biden Administration Could Do Quickly on the Environment)에서도, 6번째 항목에 'Create new financial regulations'이라는 제목하에 그의 취임 제1일에 상장공개법인은 법인의 활동으로서 기후변화 관련 리스크(Climate Risk) 정도를 공개하여 하는 규정을 대통령 명령으로 최우선으로 제정할 것임을 명시하고 있다(상장 법인의 기후 리스크와 온실가스배출 정도를 공시할 의무에 관한 문제와 투자 관련 기관들의 화석연료 리스크와 공개법인의 기후변화 규제에 관하여는 후술).

---

78 2020년 1월, BIS 'The green swan; Central banking and financial stability in the age of climate change' pp.6/15－7/15 인용.

그림 2.15 BIS가 보는 상장법인의 스트레스 테스트(stress test)의 프레임[79]

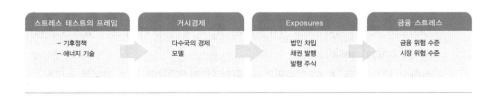

스트레스 테스트의 프레임	거시경제	Exposures	금융 스트레스
- 기후정책 - 에너지 기술	다수국의 경제 모델	법인 차입 채권 발행 발행 주식	금융 위험 수준 시장 위험 수준

그림 2.16 기후 관련 위험과 기회와 금융시장 임팩트(Financial Impact)[80]

리스크	전략적 계획	금융상 임팩트	수입명세서	자산과 부채
기회	리스크 관리	수입과 지출	현금 수지 바란 시트	자본과 부채차입

　기후변화에서의 탄소 감축과 적용과정에서 저탄소배출기술과 친환경정책은 기후리스크 평가방법에서, 지구상의 3만 개 이상의 법인이, 2.1조$ 규모의 이익을 창출하고 있다고, BIS는 추정하고 있다. 기후 관련, 기업경영에 관련해서는 연료, 에너지 집중도, 교통, 가옥과 금융 및 유틸리티에 따라서 관련된 기업의 기후변화 리스크가 결정되며, 그와 관련된 금융상 임팩트는 점점 커지고 있다.

---

79 2020년 1월, BIS 'The green swan; Central banking and financial stability in the age of climate change' p.37 Climate-related risks, opportunities and financial impact, Graph 13 인용.

80 상 동 BIS p.47 및 2020년 1월, BIS 'The green swan; Central banking and financial stability in the age of climate change' p.37 Climate-related risks, opportunities and financial impact, Graph 13 인용.

(iii) 미국 차기 행정부가 최우선적으로 다루어야 할 '환경 및 기후관계정책과
그 우선순위의 대폭 격상 내용'[81]
- Climate Risks=Systemic Financial Risk, Comprehensive assessment
of Financial Risk
- 높아진 연준(聯準)과 SEC(증권감독위원회)의 기후정책에 참여 가능성 높아짐

(a) 참고로 2020년 11월 8일자, NYT가 제시하는 신행정부가 즉각 최우선적으로 '환
경 및 기후변화문제'를 다룰 것으로 보이는 주제를 기후변화문제와 관련, 그 우선 순
위별로 나열해 본다.

---

1. 파리기후협약에 재가입(Rejoin)
2. 글로벌 리더들의 회동(convene)
3. 트럼프 대통령의 '에너지 롤백 정책'의 오바마 대통령 시대로의 환원(reverse)
4. 코로나 바이러스 구제를 기후대책의 일환으로 처리(Make climate part of coronavirus relief)
5. 탄소배출 감소를 위한 행정명령에의 재가, 탄소배출감소규정은 시간이 소요됨으로 또한
   대법원 구성이 공화당 컬러가 짙으므로, 석유와 가스채취에 메탄배출에의 한도설정을 행
   정부의 관계기관에 지시할 예정(행정명령 형식)
6. 증시 상장기업재무규칙을, 신정부는 행정명령으로 발하여, 상장공개법인의 '업무상 기후
   변화 관련 금융 리스크(financial risks)와 산업활동상 발생하는 온실가스배출에 대한
   금융재무 자료공개의 의무화 조치'를 규정하는 행정명령 발동
7. 화석연료의 생산에 있어서의 해상에너지 채취와 생산에 관한 2017년의 트럼프 대통령의
   행정명령을 취소하고, 트럼프 대통령이 완화한 석유, 가스송출 파이브라인 건설에 대한
   완화규정의 효력을 정지할 것임
8. 환경에 있어서의 정의(正義, Environmental Justice)의 우선화
   특히 환경문제에 있어 열악한 위치에 있는 저소득층이나 환경문제의 부당한 처지에 놓인
   계층에 대한 '환경적 정의'(Environmental Justice)를 회복시키는 데에 바이든 정부의
   행정력을 집중키 위하여, 'Environmental Justice Advisory Board'가 환경과 기후
   관계기관 문제를 조정하고 그 균열을 해소하는 역할을 강화케 할 것임
9. 자연환경의 훼손을 방지하고 회복시킴(Restore wildlife areas)
   특히 그간 트럼프 대통령이 훼손한 '미국의 national 자연 자산'의 원상회복에 노력하
   여야 할 것임[82]

---

81 2020년 10월 15일, www.nytimes.com/interactive/2020/climate/Trump – environment 인용.
82 2020년 11월 13일, https;//bloomberglaw. 'Biden SEC Likely to Push More Climate, Diversity

(b) 그리하여 미국의 차기 대통령은, 취임하면서, 제1일에 <u>2030년까지, '미국의</u> <u>30%에 해당하는 땅과 물을 현상태 대로 보존(conserve)할 것'을 명하는 행정명</u> <u>령을 내릴 것'</u>을 명제로 하고 있다.

그리고 이를 위해, 트럼프 대통령이 제1기 집권 중 훼손한 '미국 자연(여기에는 2017년 'Bears Ears and Grand-Staircase Escalante-National Monuments'와 북극의 자연공 원 피난처(Arctic National Wildlife Refugee 내에 석유 채취를 허가한 조치를 포함)에 대하여 30%까지 유지하여야 한다'는 정책을 시행할 것임을 약속한 것이다.

(c) 민주당 행정부의 <u>'기후변화 리스크'에 대한 공시내용 확대 요구와 월스트리</u> <u>트에서의 기후 리스크 관련된 감독을 강화하여 기후변화에 대한 영향관계의 공</u> <u>시를 의무화하면서, 사영 공시법인의 자본조달 기준도 기후변화와의 연계를 강</u> <u>화할 것</u>으로 전망하게 되었다.

(d) 미국 SEC의 상장법인의 ESG 공시 강화정책과 기후변화에 관한 공시기 준과 기후 관련 공시규정의 강화로의 환원 예정[83]

- Climate Risks=Systemic Financial Risk
- 미국 내 최대 자산관리사인 BlackRock의 CEO Larry Fink의 기후위험의 공시 (TCFD Reporting) 의무화 주장[84]
- 기후변화가 대형자산 운영기관의 운용자본 배정의 '구조적 변화'(tectonic shift)를 가져오는 제1요인이 됨

(ㄱ) SEC의 기후 관련 위험인 ESG에 대한 상장법인의 공시 강화

2020년 11월 5일, 미국 SEC의 Allen Herren Lee 감독원장은, 당시 개최된 제52차 증권감독원(Institute od Securities Regulation)의 연차 총회에서, <u>증시 상장</u>

Disclosure' 인용.

83 2020년 11월 13일, https;//bloomberglaw. 'Biden SEC likely to Push More Climate, Diversity Disclosures' 및 2020년 11월 5일, www.sec.gov./news/speech/lee‒playing‒long‒ game 인용.

84 2020년 11월 11일, Reuters com. 'BlackRock CEO backs mandatory climate reporting of corporate reporting, urges U.S. action' 인용.

법인의 ESG(Environmental, Social, Governance)에 대한 상장기업 내용을 보다 상세히 공시(disclosure)할 것을 요구하는 한편, 트럼프 대통령 1기 때에 완화·해이(解弛)된 탄소배출 기준과 후퇴된 기후 환경관련 규정을 원상으로 복귀(reversing)할 것임을 Lee 감독청장은 예고하고 있다.

(ㄴ) 또한 SEC는 증시 내의 부당한 투자자 거래에 대한 징계 기준을 강화하며, '기후 관련 위험'에 대하여 강화된 규정을 적용할 것이며, 이에 관련된 공시를 회피하는 자본의 공모 아닌 '사모(私募)'에 대하여는 그 적용기준도 강화키로 하였다'고 발표하였다. 또 SEC는 기후정책을 수립 집행하는 기관은 아니지만, '기후 리스크를 시스템적 금융리스크(Climate Risk=Systemic Financial Risk)로 보아, 금융규정상 상장법인의 기업내용 공시에 있어, 기후리스크에 속하는 'ESG에 대한 공시내용'의 철저화와 기후 관련 리스크의 공시의무를 강화하면서, 소위 TCFD(Task force for climate related Financial Disclosure)의 기준에 따라 금융기관의 공시 기준도 강화키로 하였다'고 밝히고 있다.

(ㄷ) 영국의 중앙은행과 영국 금융 감독청의 기후 위험 강화정책과 같은 방향의 미국
　　또한 많은 분석가들은 차기대통령으로 집권하는 사람은, SEC로 하여금 기후변화에 대한 상장법인의 공시내용을 강화하는 조치(SEC Likely More Climate, Diversity Disclosurs)를 취하여야 할 것을 예고하고 있다.[85]

　　미국은 이미 영국의 중앙은행의 영국 내 금융기관과 상장법인의 기후 관련 재무제표의 위험도의 공시를 의무화한 예를, 미국에도 조속히 적용키로 그 방향을 잡았다고 보고하고 있다. 이 점은 각종 펀드와 신용평가기관에서도 적용키로 하고 있다.

　　따라서 영국의 Financial Conduct Authority는 '2021년 1월부터 프리미엄 상장법인은 이 기준에 따른 공시의무가 있다'고 해설하고 있다.

　　결국 영국(2021년 11월 UN 국제기후회의가 영국 Glascow에서 개최키로 되어 있음)이나, 미국의 신정부나 증시에 상장된 법인은 당해법인의 '기후 관련 위험'(기회)의 정도를 재무제표에 명시함이 하나의 필수적 유행이 될 것임을 예고하고 있다.

---

85 2020년 11월 25일, 'news bloomberglaw/securities－law' 인용.

(ㄹ) 세계 제1의 자산운영사인 BlackRock의 래리 핑크(Larry Fink) 회장의 미국의
상장법인의 기후 리스크 관련 보고서 공시 의무강화 조치 강조[86]

한편 세계 제1대 규모의 자산운영사인 미국 내 BlackRock(2019. 12. 운영자산: 7.4조$)사의 CEO인 Larry Frank는 영국의 2025년부터 적용키로 한, BIS의 기후 위험에 관련된 공시의무에 관한 TCFD의 공시의무 내용을, '영국 재무장관의 증시상장기업의 기후 관련 위험을 재무제표에 명시할 것을 의무화시킨 조치를 미국에도 곧 적용·실시하여야 한다'라고 2020년 11월에 영국에서 개최된 'Green Horizon Summit'에서 역설하고 있다. 그는 이미 오래전부터 BlackRock의 방대한 기금자산운용에도 이 원칙, 즉 기후변화(탄소배출 위험도의 최소화) 위험의 최소화 원칙을 적용할 것은 선언함으로써, 이런 국제 기관투자가들의 펀드 자산운용방향에서 기후 관련 위험(수익)을 BlackRock의 기금자산 투자방향의 제1결정 요인으로 할 것임을 천명하고 있는 것이다. 이 뒤를 GoldmanSachs 등 세계적인 기관투자가들이 따르고 있다.

이리하여 BIS의 TCGD(Task Force for Financial Disclosure)에서 요구하는 기후 관련 리스크(프리미엄)는 이제 미국과, 영국의 중앙은행, 미국의 SEC나 영국의 Financial Conduct Authority 등은 2021년 1월부터 상장법인은 기업공시에 기후관련 위험(프리미엄)을 공시하게 될 것이다.

바이든 당선인은 기후환경리스크에 대한 '상장법인의 탄소배출리스크의 공시' 추진에 매우 적극적임을 공표한 바 있다.

---

86 2020년 11월 11일, Reuters 'BlackRock CEO backs mandatory climate reporting, urges U.S. action. 및 2020년 11월 28일, 중앙선데이 월스트리트 리더쉽 '미정부 급할 때마다 SOS−위기관리 탁월' 인용.

중국의 기후변화대책 추진과정 및 광대한 탄소배출과 그 대책

– 중국 경제의 산업화와 석탄 중심 에너지구조의
탄소 제1배출국으로 급속 성장과 탄소배출의
억제를 위한 'Win–Win' 정책의 채택

중국의 기후변화대책 추진과정 및 광대한 탄소배출과 그 대책
– 중국 경제의 산업화와 석탄 중심 에너지구조의 탄소 제1배출국으로 급속 성장과 탄소배출의 억제를 위한 'Win-Win' 정책의 채택

표 3.1 미국과 중국의 기후변화 규제관리 주무기관 비교[1]

Major Actors	
United States	China
President, Congress, Supreme Court	Party 党 National People's Congress 人大 People's Political Consultative Conference 政协 State Council 国务院
Federal, state, and local departments and agencies	Central, provincial, and local government ministries and bureaus
Democratic and Republican parties	Chinese Community Party
n/a	State-owned enterprises(SOEs)
Private Sector	Private Sector
Nongovernmental Organizations(NGOs)	Civil society organizations
Experts	Experts

---

1 Kelly Sims Gallangher and Shiawei 'TITANS OF THE CLIMATE' p.54. Table 3.5 Majors actors 인용.

1 중국경제 급속성장과 탄소배출 증가현상 및 탄소배출 억제 노력

- (특별첨부) 2020년 9월, "2060년까지 중국의 탄소배출 중립(Neutral)과 탄소배출제로(Carbon Zero)를 선언한 시진핑 주석"과 그 의미 해석
- 뜻밖의 2060년까지 '탄소배출 중립'을 선언한 시진핑 주석의 목표와 의미
- 2060년의 무탄소배출(탄소중립)을 달성하고자 하는 기후정책목표 달성

(1) 중국경제의 산업화와 석탄 중심 에너지구조의 탄소 제1배출국으로 성장

(ⅰ) 중국은 1960년 이래의 '개혁과 개방' 과정에서 산업화(공업화)를 위하여 막대한 석탄 매장량을 활용하여 급격한 경제성장을 이루었고, 미국이 견제하는 제2의 경제대국이 되었다. 그 과정에서 경제성장에 필수적인 석탄은 탄소배출이 가장 심한 에너지로서, 2019년 4월에 IEA(International Energy Agency)의 발표에 의하면, 2018년 중 세계 전체의 탄소배출은 연간 1.7%가 증가하여, 33.1Gt이 되었는데 이 중 석탄에서의 탄소배출은 10Gt이며, 이의 최대 배출국인 **중국, 미국, 인도 3개국이 지구 전체 탄소배출의 2018년 한해의 연간 배출규모 '순 증가 규모의 85%'를 차지하고 있다**고 발표하고 있다.[2]

(a) 이 3국 중, 중국은 오늘날 세계 제1의 온실가스 배출국인 14억 명 인구의 국가이다. 중국의 1990년대 초부터 고도경제 성장을 이룩한 과정에서, 탄소배출이 높을 수밖에 없었던 배경을 볼 필요가 있다.

1990년대 초 개혁과 개방을 제창하며, WTO에 가입한 중국은 과거의 농업 중심에서 제조산업 중심으로 전환시켜, 2006년에는 GDP의 약 50%가 제조산업 부문이었고, 농업은 감축 중이었으며 서비스부문은 40%의 비중이었다. 이러면서 중국 경제는 수출 주도형 산업으로 2006년의 경상수지는 GDP의 8%에 달하였다. 2005년의 GDP상 지출 면에서의 소비는 GDP의 38%의 비중으로, 투자는 42.6%에 달하였고 정부부문의 지출은 13.9%이었다. 이런 구조의 중국 경제는 1990~2004년 동안에 평균 GDP 성장률이 연 10.1%, 2004~2015년에는 연 평균 성장률이 7.3%에 달하는 초고속 경제성장을 달성하였다. 이런 성장률은 미국의 3.0%

---

2 2019년 5월 10일, energy reporters 'Book Review. Titans of the Climate Compares U.S.‒China Climate Politics' 참조.

와 2.9%에, 그리고 고속성장을 하고 있는 인도의 5.7%와 6.4%와도 대비된다.

(b) 여기에 앞서 2012년 12월, 시진핑 주석이 미국을 방문하여, 국제문제에 있어, 책임을 공유하며 글로벌 이슈로서 기후변화, 반(反)테러리즘 대책, 사이버 안보(Cyber security), 우주안보, 에너지와 자원의 협조, 공중보건문제, 이민문제 등 과제에 있어 미국과 중국이 파트너쉽을 갖고 상호협조하자고 제안한 바 있다. 이때 오바마 대통령은 특히 백악관의 비서실장으로 있던 John Rodest에게 기후문제를 전담시키면서, 2013년 당시 미국무장관이었던 J. Kerry가 중국 측 파트너인 Xie Zhenhua(解振貨) 장관과 긴밀히 협조하며, 미국 내 'US−China Climate Working Group'을 결성하였다. 이때 미국 측을 대표하여 기후전문가인 Todd Stern을 기후 대사로 지명하였다. 그리하여 기후과학자 John Holden을 그 팀에 합류케 하여 Kerry 장관과 중국 측의 Yang Jiechi 국무위원 간에 2014년 11월에 양국 수뇌가 '기후협약에 관한 합의안'에 사인하도록 합의하였다. 이때 후술하는 온실가스 배출애 대한 각국의 자발적인 감축한도를 설정하는 INDC

그림 3.1 중국의 연도별, 부문별 온실가스 배출 추이[3]

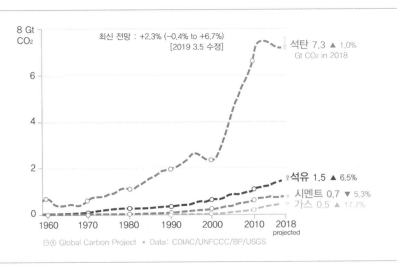

3 Columbia Sipa. Center on Global Policy 'Guide to Chinese Climate Policy 2019. p.19. Figure 1−8.China's CO$_2$ Emissions by Fuel Type 1960−2 인용.

(Intended Nationally Determined Contribution)라던가, 중국의 탄소배출의 상한을 정하는 'Peaking Targets' 그리고 BAU(Business as Usual) 등에 관하여 중국은 미측과 합의한 바 있다.

이때 중국은 '탄소 인텐시티(intensity)를 2030년까지 2005년도보다 60~65% 낮추겠다'는 계획을 제시한 바 있다.

(ii) 중국의 에너지별 공급실적, 연도별 에너지 믹스 비중 및 연평균 증가율[4]

중국의 연도별, 에너지별 공급실적					에너지 믹스 비중(%)			연평균 증가율(%)	
	1990	2004	2015	2030	2004	2015	2030	2004~2015	2004~2030
석탄	543	999	1,604	2,065	61	64	61	4.0	2.9
석유	116	319	497	758	20	30	22	4.1	3.4
가스	16	44	89	157	3	4	5	6.7	5.1
원자력	0	13	32	67	1	1	2	8.5	6.4
수력	11	30	56	81	2	9	7	5.7	3.8
바이오&쓰레기	200	221	222	239	0	0	1	0.1	0.3
기타 재생에너지	0	0	8	29	0	0	1	–	–

(a) 중국의 경제성장률은 세계 평균 3.4%와 4.0%보다도 훨씬 높았다. 또한 중국의 경제성장은 2015년까지 7%로, 그 후 2030년까지는 약 4.5%로 전망하고 있다.[5]

그런데 중국의 이러한 고속경제성장은 높은 에너지 집중도(Energy Intensity, GDP 단위에 대한 에너지 투입비율)에 직결되어 있다. 에너지 중 석유와 가스는 대외수

---

4 Titans of Climate 'Explaining Policy Process in the US and China, Kelly Sims Gallagher and Xiauei Xuan. p.3−5, 86−89 참조.

5 China's Energy Strategy(中海) By Gabriel Collins, A. Erickson. p.38. Table World GDP Growth(average growth rates) 인용.

입을 하여야 하는 중국으로서는 풍부한 매장량의 석탄에 의존도가 컸고 금후에
도 의존도가 높다. 에너지 중 석탄의 비중이 높으면 높을수록 탄소배출은 높을
수밖에 없다.

그림 3.2 아시아 국가들의 경제를 이끌어 간다는 일본의 자만(1980년대)

주석; 1980년대의 중국개혁개방 이전, 아시아의 경제발전에 일본의 맨 앞에서의 리드로, 다른 기러기는 여타 아시아
　　국(중국, 한국 포함)들의 경제개발을 이끌어 나간다는 일본경제 우위성을 강조하던 당시의 일본의 주장.

(b) 중국의 현재의 1인당 GDP는 미국의 25%(ppp 기준, mer기준: 15%)이나 2050년
까지는 미국 수준까지, 미국을 따라 잡을 것(catch up)이라는 중국경제와 한국
및 EU 및 일본경제 규모를 비교할 수 있다(2017년, PPP, MER 기준).[6]

　　중국경제는 이미 GDP상 총 투자가 감소하고 총 소비는 늘어나면서 저축은
감소추세에 돌입하고 있다.

　　다만 금후 10~15년간은 중국의 GDP상 투자는 40% 비중으로 지속될 것인
데, 이는 제조업 중심의 산업화와 도시화(urbanization)가 2030년대 중반까지 진
행되는 과정에 나타날 것이다. 2010년의 인구의 50%가 도시에 거주하던 비중
이, 2019년에는 이미 60%를 초과하고, 2030년에는 개발도상국의 일반적인 도시
의 인구비중인 75~80%에 도달하게 된다는 전망이다.

---

6 2019년 11월, Rocky Mountain Institute. Energy Institution. China 2050. A Fully Developed
　Rich Zero-Carbon Economy. p.13. Exhibit 2-1 Comaprison of GDP per capita across
　countries 인용.

● **그림 3.3** 중국의 무연탄 생산량 추이(1993~2017)

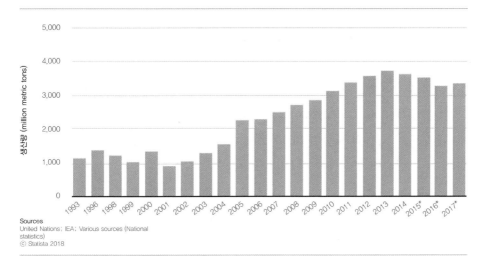

Sources
United Nations; IEA; Various sources (National statistics)
© Statista 2018

    그 후 도시화가 낮게 진행되면서 탄소배출을 증가시키는 철강산업과 시멘트 산업은 그 수요가 감소되어 중국경제의 장기적 구조조정이 일어났으며, 따라서 중국의 에너지 수요도 감소되어 탄소배출의 추세도 이에 따라서 감소될 수 있었다. 이에 탄소배출도 감소시킬 수 있다고 전망하여 위에서 본 바, <u>2015년에 UN 에 제출한 INDC로서, '탄소배출계획에서 2030년을 피크로 하고 그 후에는 에너 지 수요 감소와 더불어 탄소배출을 감소시킬 수 있다'고 약속한 것이다.</u>[7]

(2) 중국 경제발전과 석탄 등 주 에너지로 화석연료 사용과 탄소배출의 급증

(i) 중국은 1990년대에 WTO에 가입하면서, 경제의 개방과 개혁조치 후, 경제 발전이 초고속(두 자리수의 GDP 성장)으로 이루어지는 과정에서, 2007년에는 중국 의 탄소배출규모가 미국의 배출량을 능가하게 되면서, 중국과의 기후협정 체결 은 '자살 협정'(Suicide Pact)을 체결한다는 지탄을 받기까지 이르렀다.

---

7 2019년 11월, Rocky Mountain Institute. Energy Institution. China 2050. A Fully Developed Rich Zero-Carbon Economy. p.14. Chapter 2. China 2050. A fully Developed Industry 참조 인용.

| **참고** |

기후변화에 대한 가스배출 감축노력은 원래 유럽(EU)에서 시작되었다(후술).

(a) 이리하여 중국은 석탄소비에 있어 세계 제1의 국가로서, 2018년의 경우 중국은 세계 석탄 소비의 50.5%이 비중이며, 다음이 인도의 12%, 미국, 8.4%이며, EU 전체로서 5.9%의 비중인 바, 이로써 온실가스 배출이 높은 석탄사용으로 인한 중국의 탄소배출이 세계 제1위임을 알 수 있다.[8]

(ㄱ) 그간 중국에서는 1992~2014년까지 급속한 경제발전으로 탄소배출이 급증(280%)하여, 2007년에는 미국의 배출을 능가하게 되었다. 한편 중국은 고도성장 추구 경제정책을 전환하여 정상적인 경제성장을 도모하면서도, 에너지 효율 향상을 도모하고, 2015년에는 미세먼지가 최고조로 방출되면서, 3억 명이 휴

그림 3.4 중국의 석탄 소비 추이(2013~2018)[9]

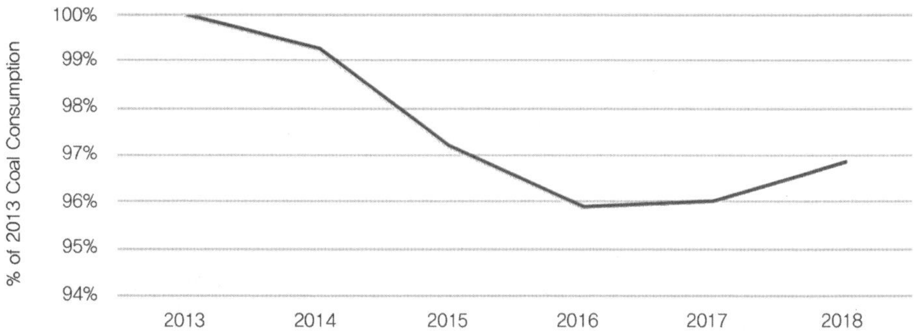

Source: BP Statistical Review of world Energy (June 2019)[10]
Guide to Chinese Climate Policy 2019 – David Sandalow

출처; Guide to Chinese Climate Policy 2019. David Sandalow p.59 Figure 8-2 Chinese Coal Consumption 2013-2018.

---

8 Guide to Chinese Climate Policy 2019. David Sandalow p.57. Figure 8–1; World Coal Consumption 2018 참조.

9 Figure 8–2 Chinese Coal Consumption 인용.

교하는 등의 사태가 발발하자, 중국은 경제·사회정책의 대전환을 도모하여 기후변화대책수립과 그 집행을 적극화하게 되었다.

(ㄴ) 이러한 중국의 산업화 과정에서의 탄소배출의 높은 비중과 그의 감소 위주 정책에 관하여는 UN의 교토 국제기후회의의 UNFCCC(UN Framework Climate Convention on Climate Change)에서 결의된 대로, 2012년에는 지구상의 탄소배출이 8%가 감소되어, 1990년의 수준으로 되었으나, 이때의 미국의 탄소배출 수준은 UN에 약속한 바보다 오히려 27%가 높았었다.

| 참고 |

이때까지 중국, 인도 등 개발도상국은 탄소 감축의무가 부과되지 아니하였고 이래서 미국의 의회에서도 이를 핑계로, 교토회의에서의 탄소감축 의무에 대한 국제협약을 비준하지 아니하였다.

(ㄷ) 다음은 중국은 석탄 등 기초 에너지의 국내생산에 박차를 가하고 있으나, 석유가 절대 필수적으로 에너지 중 큰 비중을 차지하고 있어, 이의 석유수입의 대외의존도가 매우 높다. 그리하여 중국에서의 총 에너지 중 60% 이상의 비중을 점하는 석탄은 2004년부터 2015년까지 연평균 4%씩 증가하였고, 따라서 중국의 막대한 양의 석탄소비에서 발생하는 이산화탄소와 미세먼지는 엄청난 규모의 기후변화를 야기하였다.

(b) 중국의 탄소배출의 역사적 전개 과정[10]

중국의 탄소배출은 증가는 지난 40년간에 급격히 팽창한 바, 이는 1980년의 개혁개방 이후의 고속경제 성장과정에서 현저하여진다.

즉, 경제성장과 석탄 소비를 보면, 1980년의 중국의 탄소배출은 1.5Gt로서, 당시의 1인당 탄소배출은 부탄(Bhutan)이나, 북한의 수준이었다.

---

10 Columbia/Sipa. Center on Global Energy Policy, Guide to Chnese Climate Policy. David Sandalow. p.17. II, Emissions Growth 참조.

1980~2000년간에는 CO_2 증가는 연 4%로서 이는 개혁과 개방과 그 괘를 같이한다. 2000~2012년에는 CO_2 방출은 연간 9.5%로 증가하였는데 이는 동 기간의 초고속적인 경제성장률을 반영하여, 그런 속도의 탄소배출 증가를 동반한 것이다. 이로써 동 12년의 기간 중에 3배가 증가하여 아직까지 역사적으로 어느 국가의 경우보다 탄소배출의 초고속 증가를 나타낸다.

2013~2016년간에는 CO2의 증가속도는 비교적 완만한 바, 이는 경제성장이 제조업 위주로 구조조정을 단행하였고, 어떤 산업에서는 에너지 원단위(집중도, intensity)를 낮추고, 석탄에서 가스로 상당히 높게 전환하였으며, 태양광 발전과 풍력 발전으로 대거 전환하였으며, 그간 강우량이 많아 수력 발전으로 상당히 전환하였다.

(c) 중국의 석탄소비의 약 절반은 전력생산을 위한 것이다.[11]

전력용 이외의 석탄사용은 난방, 화학용, 제조용으로, 2018년에는 특히 전력용 석탄이 많아 67%의 전력생산이 석탄에서 왔다. 2018년에는 1,000GW의 화력전력생산 능력을 갖고 있어, 이는 다양한 연료에 의한 전력생산의 미국의 능력에 버금간다. 2006년부터 2016년까지 중국의 석탄화력 전력생산능력은 평균 50~60GW씩 증가하여, 어느 기간에는 '매 1주일에 2개의 화력발전소'가 건설되었다고 할 정도로 확대되었으나, 어느 때는 완만한 속도로 확장되었다.

그리하여 석탄사용 용량은 2017년에 28~35GW, 2018년에는 28~33GW, 그리고 2019년 상반기에는 18GW까지 확대되었다. 그러다가, 2017~2018년간에는 탄소배출이 다시 증가하였는데, 2017년에는 1.5%, 2019년에는 2.5%로 증가한 것으로 추정된다. 이는 동 기간에는 이상 기온으로 매우 춥거나, 예외적으로 고온현상이 나타났기 때문이다.

---

11 David Sandalow. Guide to Chinese Climate Policy 2019. p.59. Coal Fired Power Plants. 인용.

그림 3.5 중국의 평균 온도의 상승과 하락 추이(1951~2017)[12]

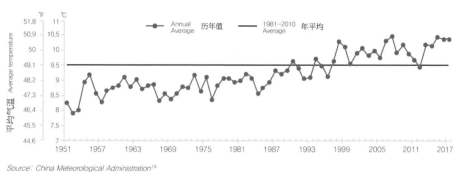

Source: China Meteorological Administration[19]

주석; 위 그림의 검은 선은 평균치임.

2 탄소배출 급증과 이의 억제를 위한 'win win' 정책의 채택[13]

(i) 2007년 중국의 탄소배출 규모는 미국의 배출규모를 능가하게 되었고, 만일 그런 추세로 규제 없이 흘러가면, 중국의 배출은 전체 OECD 국가의 탄소배출의 총 합계보다 많을 수 있다는 전망이 나올 정도로 급팽창하고 있었다. 여기에 중국에 대한 국제여론도 매우 비판적으로 흘러가고 있었다. 그리하여 이때에 채택한 중국 정부의 탄소배출 저감책으로 3가지 방향을 제시하였다.

첫째, 총량 면으로는 배출 규모가 미국 것보다 크지만, 1인당(per capita)으로 따지면 미국이나 유럽의 '몇 분의 1'에 지나지 않는다는 점이다.

둘째, 중국은 아직 상대적으로 개발도상의 빈곤국가로서 유럽과 미국(및 일본) 같은 국가 수준으로 전환되는 과정에 있어, 이런 국가 수준으로 생활 수준이 향상되는 데에는 아직 수년이 더 걸린다는 사실이다.

셋째, 이러한 과정에서 미국 및 EU 등의 경우 같은, 사치스러운 탄소배출이 아

---

12 Darid SANDALOW 'Guide to Chinese climate policy 2019' p.29 average annual temperature 인용.

13 Daniel Yergin 'The Quest'(Energy, Security, and Remaking of the Modern World p.513. 'Win – Win' 참조 인용.

닌, 탄소 집중도가 높은 산업에서의 제조되는 제품을 선진국에 수출(outsourcing)하기 위한 제조과정에서 배출되는 가스라는 점을 강조하고 있다.

그림 3.6 주요국의 연도별 화석탄소배출과 2018년 전망

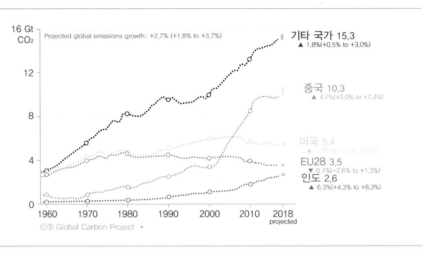

출처; Global Carbon Praject.

즉, 엄청난 규모의 중국의 탄소배출은 <u>선진국을 대신하는 에너지 다소비형 산업에서의 생산 과정에서 배출되는 것으로써 '선진국을 대신하는 산업의 높은 비중'</u>이라는 점을 강조하고 있다. 그러면서 중국의 국가발전위원회(CNDC)는 2007년 세계 환경의 날(World Environment Day)을 맞아, '<u>기후 변화를 위한 중국의 국가전략'</u>을 발표하고, 에너지의 보전과 효율을 강조하면서, '<u>전체 산업구조를 비효율적인 제조업에서 소비와 서비스 분야로 전환하는 것</u>'을 골자로 하는 거시경제정책을 채택키로 하였다. 이때부터 중국은 <u>세계적인 새로운 에너지 기술을 도입하고, 새로운 천연가스의 도입하는 LNG를 수입하고, 베이징과 상하이와 기타도시에서 석탄 연료 대신 LNG로 연료를 대체키로 결정하였다</u>(이런 LNG로의 전환은 UN의 IPCC의 자문과 코치에 따른 것임).

한편 화석연료에서 발생되는 기후변화와 탄소배출 억제를 위하여, <u>중국은 금후 3세기(30년간)에 걸친 원전(原電)에의 투자를 대대적으로 확대하기로 하였다.</u>

(ⅱ) 중국의 에너지의 재생에너지로 대체와 원전산업의 육성

그리하여 2013년 중국 국무원은 중국의 탄소배출은 2020년까지 2005년 수준의 40~45% 규모로 감축하고, 재생에너지는 2020년까지 총 주요(primary)에너지 소비의 15%의 비중을 점하도록 결정하였다. 이때 2013년, 이거창 총리는 '공해와의 전쟁'(War on Pollution)을 선언하였다.

또 2014년 11월에 중국은 2030년까지 총 주요에너지 소비의 20%는 비화석 에너지(non-fossil fuel energy, 재생에너지 및 원전, 수력 발전 등)로 충당하기로 하였다.

그림 3.7 중국, 미국의 전력생산능력 제고와 에너지(가스, 석탄, 재생에너지) 추이(2017)[14]

(ⅲ) 여기에서의 비화석에너지로 20%의 비중 목표는 중국의 제13차 5개년 계획의 목표치로서, 중국의 에너지 소비도 환경보호를 목표로 하는 '뉴 노멀'(new normal)기에 접어들었음을 의미한다. 이 전략 목표 중 하나는 원전(原電)의 비중 확대를 목표로 한다는 것으로, 이때에 원전이 전력생산의 8%~10%를 점하여

---

14 2019년 3월 18일, Carbon Bridge 'Climate pledge puts China on course to peak emissions as early as 2017'.

120~150GWe의 생산을 목표로 하게 되었다(중국 정부의 에너지 장기전략 목표로서, 이 중 원전에 대한 계획으로서는 2014~2020년까지 2020년에는 58GWe로 잡고 있어, 이는 30GWe를 신규원전으로 건설한다는 계획이다. 제7장 중국의 원전 참조).[15]

(iv) 또한 중국은 환경악화 방지를 위하여 수력 발전의 확대, 천연가스로의 에너지 대체방향을 설정하였으나, 전반적인 석탄의 난방과 발전용 수요는 계속 증가하게 되어 있었다.

그리하여 중국은 2030년까지 탄소 증가를 피크로 하되, 그 이후에는 이를 억제하는 방향으로 파리기후 협정 체결에 즈음하여, 미국과 더불어 양국이 UN 회원국들이 파리기후협정 체결(후술)이 될 수 있게, 앞장서는 역할을 하기로 결정하고, 이를 내용으로 하는 양국의 INDC(Intended Nationally Determined Contribution, 후술)를 UN에 제출한 바 있다.

그림 3.8 중국과 미국의 2007~2017년과 2018년의 전력생산과 연료별 기여도 비교

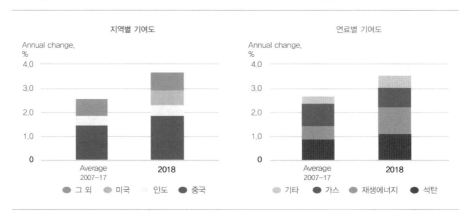

출처; BP의 2019년 통계 Review.

15 2019년 3월 19일, World Nuclear Association 'Nuclear Power in China'. Gov't long term target in 'Energy Development Strategy Action Plan 2014–2020' 내용 중 일부 인용.

(ⅴ) 중국의 INDC(Intended National Determined Contribution)의 UN에 제출(2015)

중국은 2015년 3월, INDC를 UN에 제출하며, 탄소배출을 2030년까지 2005년 수준의 60~65%를 감축하겠다는 약속(pledge)을 한 것으로, 여기에는 2027년까지 CO_2 배출을 피크로 하되, 그 이후에는 2030년부터는 필요 에너지의 20%를 저탄소 에너지로 대체할 것이라는 약속도 하였다.

3 고속성장에 따른 막대한 발전 수요의 충당과 탄소배출 1위국 중국

(ⅰ) 세계 제1의 탄소배출국이 되어야 하는 중국

(a) 이때 중국은 2030년까지는 중국의 경제구조상 탄소배출을 일단 피크로 가는 것이 불가피하나, 가급적 빠른 시일 내에 감축시킬 것이라는 조건하에, '파리 기후협약'에 참여함은 물론 다른 회원국의 파리기후협정에 가입을 선도할 것을 미국과 합의한 바 있다.

한편 이때 2018년의 중국 및 미국 등의 화석연료에서 배출되는 탄소(CO_2)의 배출의 세계 총 배출량 비중을 국가별로 보면, 중국 28%, 미국 15%, EU 10%, 인도 7%, 러시아 5%, 일본 3%, 기타 잔여 32%로 구분된다

(b) 중국의 에너지 다소비 산업의 치중의 경제발전전략

2002~2003년에 있어 중국경제 발전과정에서 또 다른 특성은 경제체질이 에너지가 많이 소요되는 산업, 즉 시멘트, 제철산업, 화학공업, 유리산업, 알루미늄 산업 등이 제조업 중에서도 경제성장을 주도함으로써, 이들 산업의 에너지 소요의 증가는 그 증가율에 있어, GDP 성장률을 훨씬 초과하는 높은 에너지 집중도(intensity)가 나타나게 되게 되었다. 문제는 이때에 급증하는 에너지 수요 증가에 있었다. 그러면서 중국의 전력수요는 2016년에 생산이 4.9% 증가하였는데 그때까지 비화석연료(non fossil fuel)의 전력생산이 72% 비중이면서, 이때 수력 발전 생산이 19.5%의 비중이었음에도 당시까지의 중국의 원전의 비중은 3.5%에 지나지

않았다. 이에 UN의 INDC의 결의에 앞서, 중국은 원전을 재생에너지와 더불어 금후 대폭 확대키로 한 결정(2018년의 중국의 건설 중인 원전의 원자로는 21개로서 당시 전 세계에 건설 중인 원자로 53개 중 40%의 비중을 점하고 있다. 후술[16])하는 배경이 되었다.

> | 참고 |
>
> 중국의 전력수요는 2010년까지 연증가율 14%에 달하였으나, New Normal 정책 실시로 에너 지 효율(Energy Efficiency)을 도모하면서 이후 전력수요는 GDP 증가의 10%로 낮아졌다.[17]

(c) 경제개발 초기의 중국의 제철산업과 시멘트산업과 화학공업은 전체 경제성 장률보다 높은 성장률을 기록하였으며, 이때 중국은 세계 시멘트 생산량의 2/5 를 소비하였고, 알루미늄은 세계 소비의 1/4을, 제철사업은 세계 제철의 1/5을

그림 3.9 중국의 에너지별 전력생산 능력과 전력생산 에너지 믹스 현황(2016)[18]

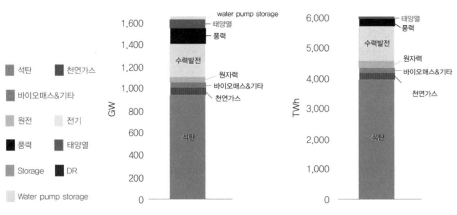

Source: China Statistical Yearbook

---

16 Joshua. S. Goldstein. Staffan A. Qvist 'A Bright Future' p.176. Figure 46 인용.

17 상 동. China Electricity Council 발표; Electricity demand has been slowing from over 14% pa in corresponding a 10% Growth in GDP 인용.

18 2019년 11월, Rocky Mountain Institute 'China 2050; A fully developed rich zero−carbon Economy' p.59. Exhibit 7−1; China's electricity generation and installed power generation capacity 및 China's electricity generation mix in 2016 인용.

소비하는 산업구조로서 이러한 '에너지 다(多)소비 산업체제'에서 이산화탄소의 배출이 많아, 미국과 전 세계의 1, 2위를 다투는 경제성장과 산업구조를 갖추게 되었다. 따라서 탄소배출 규모도 이에 따라 커져 갔던 것이다.[19]

(ⅱ) 중국의 탄소배출의 실정
─석탄발전 위주, 수력 발전 지원, 기타 미미한 비중

중국의 탄소는 주로 더러운 대형 석탄 공장과 석탄발전소에서 배출된다. 이는 각 도시 주변에 연무(煙霧, 미세먼지)를 유발시키고, 이때 배출된 공해는 매일 평균 4,000명을 죽음으로 몰아가고 있고, 그 비용은 중국 GDP의 6~9%에 해당된다고 한다. 이의 주인(主因)은 화석연료(주로 석탄)를 태우는 데(석탄화력발전 포함)에서 비롯되는 공기공해(pollution)를 유발하며, 그래서 중국 정부는 다수의 오래된 석탄 공장을 폐쇄하고 있다. 한편으로 중국은 태양광 발전을 2017년까지 100GW를 건설 대체하였다. 이외에도 중국정부는 다각적인 기후대책을 수립하고 있다(후술).

---

19 China's Energy Strategy(中海) By Gabriel Collins, A. Erickson. The past, present, and future of China's Energy Sector의 p.48 끝 부분 참조.

(iii) 중국의 막대한 전력수요와 그 충당을 위한 에너지 믹스현황

⬛ 그림 3.10 중국 및 주요국의 GDP의 MER 및 PPP상 1인당 탄소배출 비중 비교[20 · 21]

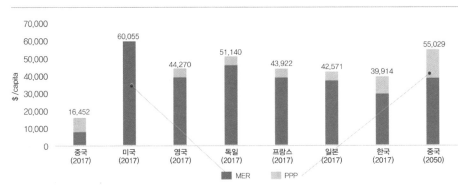

Source: IMF (2019), World Economic Outlook; UNESDA (2015), World Population Prospects; The 2015 Revision

주석1; 중국 2017년과 2050년의 변화 및 구성비 비교.
주석2; MER: Market Exchange Rate, PPP: Purchasing Power Parity.
주석3; 2017년까지도 전략생산 차이와 전력생산 에너지 믹스에서 석탄의 절대적 우위성.

(a) 세계 발전(전력생산)의 1위국 중국

2016년 당시 중국의 화력발전에 의한 전력생산은 70% 이상을 점하고 있었고, 여기에서 중국의 총 탄소배출의 40%가 화력발전에서 배출되었다. 그러나 이런 에너지 공급구조의 추세가 계속된다면, 중국의 탄소배출은 수요의 증가에 따라 2배 이상 증가할 것이라는 계산이다. 이에 중국 정부는 대대적인 전력수요에 전력생산을 충당하면서도 탄소배출을 저감시키기 위하여 재생에너지 중 태양광과 풍력 발전 및 원전(原電)과 수력 발전을 확대시켜 탄소배출 저감(decarbonization)에 대처하기로 하였다. 또한 동시에 전력수요 증가에 대처하는 전력의 저장장치와 융통성을 부여할 수 있는 방안을 수립하여야 한다.

따라서 위와 같은 목표를 달성하면서 동시에 중국의 경제성장에 최소한의 영향을 주자면, 중국은 그를 위한 투자를 확대하여야 할 것으로 실제투자가 이루어졌다.[22]

---

20 David Sandalow/Columbia/SIPA, 'Guide to Chinese Climate Policy 2019'
21 2019년 9월, DAVID SANDALOW. GUIDE TO CHINESE CLIMATE POLICY p.19. Figure 1－8. China's CO_2 Emissions by Fuel Type(1960－2018) 인용.
22 2019년 11월, Rocky Mountain Institute China 2050; 'A fully developed rich zero－carbon

(b) 중국의 아직도 낮은 전력생산구조(에너지 믹스)와 전력 소비 현황

중국은 세계 제1의 전력생산국이다. 중국의 전력생산은 2011년 이래 빠르게 확대되어 미국의 전력생산규모보다 크다.

그리하여 2016년의 중국의 전력은 중국의 에너지의 최종 수요의 17.2%를 차지하고 있다. 그러면서도 중국이 에너지의 '제로 탄소체제'로 가자면, 에너지의 최종 수요에서 전력의 비중을 60~70% 수준까지 확대하여야 한다. 그리고 그때의 전력은 온전히 '탄소제로(zero) 전력'이어야 한다. 중국의 2016년의 전력생산능력은 1,650GW이며 2018년에는 7,000 TWh이다. 이는 2016년의 전력생산의 72%의 비중으로서, 비화석연료(석탄을 사용한 전력분은 66%)를 사용하여 생산한 것이고, 수력 발전은 19%의 비중, 2016년 당시의 원전 비중은 3%이며 풍력과 태양광에서의 생산은 5%로서 전력생산 에너지의 대종은 역시 석탄이었다.

(c) 중국의 막대한 석탄사용과 석탄발전에 의존하는 경제: 세계 제1의 탄소배출

이 같이 중국은 막대한 탄소배출을 하고 있었을 뿐 아니라, 이로 인한 지구 온난화의 진행으로 중국 자체도 막대한 피해를 보고 있다.

그림 3.11 전 세계 통상 탄소배출

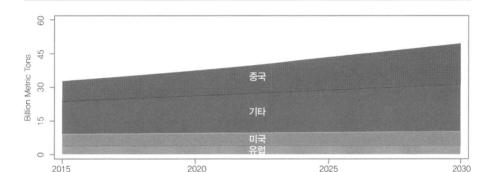

출처; BP. Statical Review of World Review of World Energy 2015. Chart by Carbon Brief 2019.3.9. Carbon Brief 'Climate pledge puts China ON COURSE to peak emissions as early as 2017. p.2. 인용.

Economy' p.59 참조.

(d) 세계 기후변화에 소극적이던, 높은 탄소배출국인 미국의 교토의정서 비준 거부와 중국의 태도

이리하여 2014년의 미국과 중국의 양국의 화석연료 중 특히 석탄 사용으로 인한 탄소배출은 전 세계 탄소배출의 45%를 차지하면서, 어느 다른 단일국가도 이런 수준에는 접근할 수 없는 양국 모두 높은 수준의 탄소배출국이 되었다.

그러나 미국 상원은 1997년 유럽이 주동이 되어 지구상의 탄소배출감소를 위해 제창한 '교토의정서'(Kyoto Protocol)에서 UNFCCC(UN Framework Convention Climate Change)에 제출한 '2012년까지 1990년의 탄소배출 규모의 8% 감축 제안'을 '중국과 인도 같은 막대한 탄소배출 개발도상국이 탄소배출 감소를 이행할 의무가 없다는 것은 부당하다'라는 이유에서 미국 상원은 교토협약의 비준을 거부함으로써, 교토 의정서는 그 실효를 거두지 못하고 있었다.

(e) 한편 교토의정서상 제안한 탄소배출한도를 2014년에 이미 한도의 27%를 초과한 중국은 '개발도상국으로서는 감축 의무가 없다'는 이유에서, 탄소배출 감축을 위한 EU를 중심으로 한 UN의 국제협약 가입에 소극적인 태도로 임하고 있었다. 이 같은 미국 및 중국의 탄소배출 1등, 2등 나라의 참여가 없어 지구의 탄소배출감축 노력은 세계적인 차원에서 그간 큰 진전이 없었다.

(f) 더욱이 오바마 대통령은 초기 당선 기간 중에는 경제침체기에 겹쳐, 그의 선거 공약인 'Affordable Care Act' 제정에 몰두하였고, 2010년 재선되면서 비로소 2009년 코펜하겐에서의 UNFCCC회의에 '미국은 2020년까지 온실가스를 2005년 수준의 15%를 감축한다'는 방침을 제안하고 나서게 되었고, 2014년부터 미국 내 실제 탄소배출이 감소되기 시작하였다. 이러한 탄소배출 감소의 배경에는 셰일혁명에 따라 저렴한 천연가스의 공급이 이루어져 전력생산업체의 석탄발전 위주에서 가스 발전으로 전환하는 등 시장 경제의 시그널이 미국에서 나타날 수 있었다.

(g) 이에 오바마 대통령은 실제 국제협약에서 탄소배출을 감축시킨다는 국제협약을 체결할 것을 결정하면서, 시장원리에 입각한 자동차연비(燃費)의 기준 강화,

미국 내 전력생산에서의 가스 발전(發電)(마침 셰일혁명의 성공으로 가스단가가 저렴해진 것을 계기로 삼음)으로 전환유도 및 태양광 등 재생에너지의 육성과 석탄 화력의 가스 발전으로의 대체 등의 정책을 수립하고 이를 추진하면서, 이후 미국의 탄소배출 규모는 감소하기 시작하였다.

(iv) 중국 경제저성장으로 석탄발전으로 회귀 및 재생에너지 감축[23]
　　－2017년, 시진핑 주석, '세계 기후변화운동의 운전석(driving seat)역할 쇠퇴
　　－중국은 세계 제1의 더티(dirty) 에너지 시장이면서, 제1의 클린 에너지 에너지 시장임(중국의 Paradox)

(a) 중국은 매년 세계의 석탄 연소의 절반을 차지하면서, 특히 2000년에서 2019년까지 석탄 사용량 증가에 따른 탄소배출량은 3배로 증가하며 지구의 탄소배출량의 30%의 비중을 차지하고 있었다. 이 같이 중국은 세계의 제1의 석탄 시장이다.

　그러면서도 중국은 재생에너지로서 태양광 발전의 발전판(cell) 생산과 풍력발전의 터빈 생산과 전기자동차(EV, 후술) 생산 면에서는 세계의 리더로서, 특히 태양광 판은 세계 물량의 2/3를 생산하고 있다. '세계 제1의 클린(청정) 에너지시장'이다(즉, 중국의 파라독스 중 하나는 중국은 세계 제1의 dirty energy 시장이면서 제1의 clean energy 시장임). 이러한 중국의 패러독스는 방대한 중국의 에너지 수요 때문이다.

(b) 문제는 최근의 중국 경제는 지난 25년간의 최저 수준인 6%대의 성장에 머물며, 따라서 이의 회생을 위해 중국 경제의 지주(backbone) 역할을 한 석탄산업과 기타 에너지산업과 철강 등 중공업에 대한 지원을 하면서, 태양광, 풍력 발전 및 EV 등에 지원하던 보조금(subsidy)정책을 축소하는 정책을 쓰는 한편, 그간 중단하였던 신규 석탄발전소를 건설하여 석탄발전량을 그 후 수년 내에 EU 전체의 발전량에 맞먹는 148gigawatts까지 확대한다는 방향으로 회귀한 것 같다'라고 미국 샌프란시스코의 Global Energy Monitor는 인공위성을 통해 확인하였다는 보도이다.

---

23 2019년 12월 2일, Fortune.com 'China coal plants－renewable－Energy－funds－funds. cop－25 참조.

(c) 이와 병행하여 2019년 상반기의 재생에너지부문에 투자는 전년 동기 대비 거의 40%가 감축되었다고 블룸버그통신의 New Energy Finance는 보도하고 있다. 중국의 태양광산업에 대한 보조금과 전기자동차에 대한 보조금(2019년부터 적용)의 삭감도 실시하게 되었다. 이와 관련하여 2019년 12월 초, 중국의 생태환경부 (Ministry of Ecology and Environment) 차관이 중국의 재생에너지부문이 에너지 믹스에서 이미 14.3%의 비중을 차지하고 있다고 발표하면서도 금후의 재생에너지부문의 확대에 대하여는 언급이 없었다.

(d) 중국은 위에서 본 바, 파리기후협약에 가입하고 시진핑 주석의 2017년의 중국의 '지구 기후변화 운전석에서 활동할 것'이라는 연설 후에, 2014년부터 2017년간의 탄소배출에 있어 미국, 한국, 독일 등과 나란히 탄소배출과 미세먼지를 감소시켰다.

(e) 또한 모든 기후 및 환경 관련 정책은 산업혁명 이전 수준의 지구온도를 1.5∼2℃ 이내에 억제하여야 한다는 UN의 파리기후협약에서 약속한 바에 따라, 석탄발전은 축소하고 신규 화력발전의 건설은 억제하되, 수력 발전과 원전(原電) 확대를 포함한 저탄소배출의 재생에너지 생산 확대를 도모한다는 정책을 시행하여 왔다.

(f) 그러나 2018년부터 중앙정부는 금지되었던 신규 화력발전소 건설을 지방정부에 승인권을 완화, 이양하면서 탄소배출의 주범인 석탄 사용과 석탄발전이 확대되고, 탄소배출이 많은 제철산업과 시멘트산업 등이 다시 확대되면서, 중국의 석탄 발전량은 EU의 총합계 수준까지 확대된 것으로 확인되었다.[24] 이리하여 2019년 상반기 중, 중국의 재생에너지생산에의 투자는 전년 동기 대비 40%가 감소하였고, 이때에 정부의 태양광 발전에 대한 육성보조금은 전액 삭감되었다.

(g) 이로써 2017년 시진핑 주석이 중국이 기후변화대책 추진에 있어, 중국의 국

---

24 2019년 12월 2일, Fortune.com 'China coal plants−renewable−Energy−funds−funds. p.2/6 참조.

제정치적 차원에서의 운전석(driving seat)에 앉아 있을 것이라는 약속은 흐지부지되는 추세가 될까 우려되게 되었다.

(ⅴ) 중국의 석탄사용, 석탄발전, 탄소배출 많은 중공업의 재가동으로 늘어나는 미세먼지는 언제쯤 조정되는가?[25]

(a) 탄소배출의 주범은 화석연료 중에서도 석탄의 연료 소각과 석탄발전이다. 이러한 석탄에너지의 사용이 미국은 현저히 감소하고, 중국도 기후대책(War on pollution) 발표 후인 2013~2016년과 2017년까지 일시 탄소배출이 감소하여 2.5마이크로pm인 미세먼지도 61.8마이크로gr에서 42마이크로gr으로 떨어졌다고 칭화대학연구소는 발표하고 있다(이 기간 중에 중국정부는 석탄발전건설의 중단뿐 아니라 기존의 화력발전소에도 스크러버(Scrubber, 연소기에 부착하는 탄소제거장치)를 부착하는 규정을 감행하였음).

(b) 그러나 중국의 경기침체대책으로 석탄과 관련 산업에 대한 규제가 풀리면서 산시(Shangxi)성을 중심(산시성은 동시에 태양광 발전과 풍력 발전의 중심지이기도 함)으로 하는, 인접 일대에서 특히 석탄산업(발전 포함)의 활성화의 고저에 따라 확대와 감소의 사이클을 타고 있다. 결국 중국의 탄소배출은 2017~2019년까지 높아지고 중국의 기후대책은 그 전망이 매우 흐리다(이 탄소배출로 인한 공기의 질은 UN의 세계보건기구(WHO)의 기준치보다 매우 높은 수준이다. 석탄화력 발전소는 3년 여에 걸쳐 건설하면, 그 후 최소 수십 년은 가동하여야 투자회수가 가능하므로 앞으로 수십 년이 걸려야 중국의 탄소배출은 파리기후협약에 가입 시 약속한 INDC 수준에 부합할 것임).

(c) 이리하여 2019년의 겨울부터 중국의 미세먼지는 확대될 것이고, 자연히 중국 발 미세먼지의 확대로 한국의 미세먼지의 농도도 나빠지게 되어 있었다.

---

25 상 동. pp.4/6-6/6 참조.

중국이 2016 ~ 2017년간 미세먼지 농도가 낮아지고 맑은 하늘(晴天)이 베이징에서 보기 가능하였다는 중국 생태환경부장관의 주장은 옳다. 그러나 2019년에 들어 다시 석탄 활용이 증가하면서 미세먼지 농도가 한국에서 높아지고 있는 영향은 당분간 지속될 것이라는 추측은 우리를 우울케 한다.[26] (중국 = 가해자, 한국 = 피해자의 위치가 당분간 개선 없이 지속될 전망)

(d) 또한 중국은 그간 세계 시장의 태양광 파넬의 제작과 풍력 발전의 터빈제작의 가격경쟁력에서 세계 시장을 석권하고 있다. 그러나 중국정부의 보조금 제도의 철수로 재생에너지부품의 가격이 상승할수록 그만큼 세계 재생에너지시장의 확대에 지장을 주는 또 다른 측면에서의 세계 기후변화대책에 악영향을 끼칠까 우려하는 목소리도 크다.

4 _ 2020년, 중국의 탄소배출 전망과 세계 탄소배출 감축 전망[27]

(i) 영국의 파이낸셜타임즈(FT)의 2019년 12월에 발행한 '2020년의 세계전망'(Forecast)에서, '세계의 탄소배출은 2020년 중 감소할 것인가?'라는 예측에서, 동지는 2019년 중, 화석연료에서 배출된 탄소는 2010년 이래 매년 평균 0.9%씩 증가하였고, 2020년에도 증가할 가능성이 크다고 보아, 탄소배출은 결코 감소하지는 않을 것임을 단정하고 있다.

---

26 2019년 11월 5일, 조선일보 '중국환경장관 자랑만 듣고 온 조명래장관, 및 동지 1 = 2019년 11월 6일 한삼희위원의 '드디어 중국이 미세먼지 책임' 인정한다는데' 참고.

27 2019년 12월 29일, FT의 Opinion의 Forecasting 2020 중 'Will global carbon emissions fall?' 참조.

그림 3.12 G20 국가의 CO_2 감축의 국가별 비중(2020)[28]

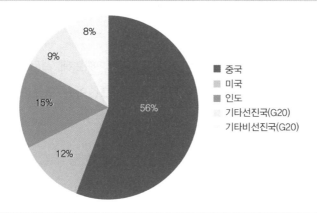

범례:
- 중국
- 미국
- 인도
- 기타선진국(G20)
- 기타비선진국(G20)

56%, 12%, 15%, 9%, 8%

(a) 즉, 세계가 경제성장을 추구하면서, 에너지 수요 확대에 대응하자면, 이는 자연히 화석연료를 많이 사용하여야 할 것으로, 고속경제 성장을 추구하는 국가로는 중국뿐 아니라 여타 국가(**예** 인도, 기타 개도국)에서도 화석연료, 그중에서도 비청정에너지인 석탄을 주로 사용하게 될 것인 바, 이들 국가가 배출하는 탄소는 미국과 EU의 탄소배출탄소 규모보다 크다는 것이다. 특히 중국이 '경제성장을 독려하기 위해 에너지 안보의 증진을 위해 석탄 활용을 할 수밖에 없다'는 점에서도 탄소배출의 감소를 기대하기가 어렵다는 해석이다.

파이낸셜타임지(FT)는 같은 날(19.12.29.) 'The World after tomorrow'라는 특집에서, 2020년의 세계적인 문제로서 아래와 같이 세 가지로 요약하였다.
1. 무섭게 쇠락하는 민주주의(Fearful Democratic decline)
2. 환경의 위기(Environmental Crisis)
3. 기술인(테크노)들의 '이상향'(Techno의 Dystopia 理想鄕)

(b) 중국, 미국, 인도 등의 2030년까지의 탄소 감축 비중(IMF 계산)

3대 문제 중 '지구 환경의 위기'를 '정치적 쇠락하는 민주주의' 다음으로 두

---

28 2019년 12월 29일, FT. 'The World after Tomorrow' 그림 인용.

번째의 이슈로 꼽고 있다는 점이다. 지구 환경문제가 IT 등 기술의 발전보다 우선적 과제로 꼽고 있는 점이 특징이라 하겠다.

(ii) 중국의 RBI(중국의 일대일로 정책)를 포함, 해외에 석탄화력발전소 건설 금융지원을 통한 탄소 저감을 위한 파리기후협약을 무력화, 협약 추진 약속에 역행(逆行)

한편 IEEFA라는 연구기관에 의하면, 2019년 현재 중국은 399Gigawatt의 석탄발전소를 중국 외 지역에서 개발 중에 있으며, 중국 금융기관은 이의 1/4의 파이낸싱을 약속하였다.

2017년에는 소위 RBI(Silk Road & Belt Initiative, 일대일로 정책)상 100개의 화력발전소 건설에 설비, 디자인, 건설과 파이낸싱에 관련되어 있다. 중국의 국내 및 해외의 개발국에서의 석탄발전소 건설은 탄소배출에 중국의 역할이 커다란 문제로 제기된다.

그림 3.13 중국의 주된 에너지 믹스와 연도별 탄소배출 추이(IEA)[29]

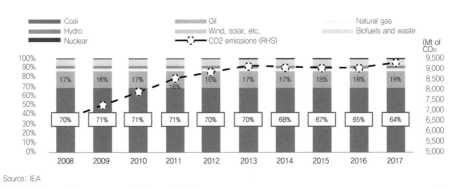

Exhibit 7: China's primary energy supply mix has seen a gradual exit from coal, which helped CO2 emissions remain steady in recent years
China's total primary energy supply mix
Coal
Hydro
Nuclear
Oil
Wind, solar, etc.
CO2 emissions (RHS)
Natural gas
Biofuels and waste
(Mt of CO2)
100%
90%
80%
70%
60%
50%
40%
30%
20%
10%
0%
9,500
9,000
8,500
8,000
7,500
7,000
6,500
6,000
5,500
5,000
17%
16%
17%
16%
16%
17%
17%
18%
18%
19%
70%
71%
71%
71%
70%
70%
68%
67%
65%
64%
2008
2009
2010
2011
2012
2013
2014
2015
2016
2017
Source: IEA

주석; 총 에너지의 70% 비중/2008년→64%/2017년으로 감소. 늦은 감소 속도임.

29 'Guide to Chinese Climate Policy 2019' p.133. Coal Power 참조 인용.

이에 관한 미국 Boston 대학의 연구소에 의하면, 중국개발은행과 중국수출입은행이 총 234억$ 규모의 RBI의 국가들에 석탄발전소 건설에 금융지원하고 있다는 보고이다.

- G2O개국의 CO_2 감축비중의 56%가 중국 비중(IMF 계산), 미국은 12% 비중
- 중국의 주된 에너지믹스에서, 점진적인 석탄 퇴출과 탄소배출 감소 지속

5 중국의 '탄소제로 재생에너지' 중 태양광, 풍력 발전 및 EV산업의 성장과 탄소배출감소 정책[30]

(1) 중국 정부의 에너지 지원 정책과 재생에너지

중국 정부의 재생에너지산업의 에너지 지원정책은 일찍이 9차 5개년계획(1996~2000년)으로 올라간다. 거기에서 2005년 '재생에너지법'(Renewables Energy Law)의 제정으로, 국가 재생에너지 생산목표가 주어지면서, 금융적 지원책이 수립되고, 전력사업자에게 재생에너지 프로젝트와 관련을 맺게 하였다.

(i) 그리하여 **2016년 12월 NDRC**에 의하여 발표된 '**재생에너지 발전계획**'[31]에서는, 기초에너지 소비에 있어 '비화석 에너지의 비율을 2020년까지 15%로 하되, 그러면서도 2030년까지는 불가피하게 20%로 한다'라고 규정하고 있다. 즉, 과도적으로 2030년까지는 20%까지 확대되겠지만, 그 후에는 탄소배출을 감축시켜, 15%의 한도를 준수하겠다고 하면서, 잠정적인 한도초과가 불가피하게 할 수밖에 없음을 양해할 것을 요구한다는 것이다. 이로써 중국은 2030년까지 현재 탄소배출의 50%를 삭감하게 되어 있다.

---

30 상 동. p.68. ALC Bloomberg New Energy Finance(2018), New Energy Outlook 2018 참조.
31 NDRC '13th Five-Year Plan for Renewable Energy' 및 NDRC IEA의 'Notice of First Batch 0f 2019 of non subsized, 참조.

그러면서, 동시에 여타 기후대책에 있어 아래와 같이 발표하고 있다.

- 재생 전력생산능력은 2020년까지 680GW로 한다.
- 해상 풍력 발전시설의 개발을 추진한다.
- 재생에너지의 유실을 감소케 한다.
- 태양광 생산의 배치를 확대한다.

그림 3.14 중국 등 주요국의 재생에너지 일자리 고용규모 지역별 상황(2018)[32]

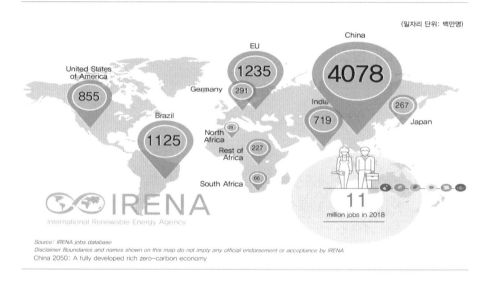

(ii) 중국의 재생에너지 분야의 급성장 확대의 배경(중국정부의 재생에너지 발전계획과 뒷받침 정책)[33]
　　－중국의 전력사의 재생에너지 20년 구매 약속

(a) 태양광 발전(發電)과 풍력 발전 비용의 감소와 리튬(Lithium)가격 하락으로 인한 전기 배터리 제작의 비용 하락과 전기분해 요법에 의한 수소제작 비용 하락으로 급

---

32 David Sandalow 'Guide to Chinese Climate Policy 2019' p.73. Figure 9－4. China's Solar Resource 인용.

33 상 동.

성장하는 중국의 재생에너지와 전기자동차(EV)산업과 배터리산업과 중국의 경쟁력 있는 수소차산업 성장을 도모하고, 재생에너지를 사용하여야 할 전력회사에 사용 의무량을 부과하고, 전력사는 전력청에서 부과하는 의무량의 재생에너지를 20년간 매입한다는 각서를 재생에너지 생산자에게 발급토록 하였다. 사회주의식이다.

(b) 세계 경제가 서비스 위주 경제로 움직임에도 불구하고 중국에서의 탄소배출은 2018년에는 주로 에너지부문과 산업 부문에서 배출되었다.

중국경제의 종전에 비한 서비스산업의 증가에도 불구, 중국의 탄소배출은 전력 생산 에너지와 과도한 제조산업 비중에서 비롯되고 있다(2008~2017년간[34]).

그림 3.15 중국의 CO_2 배출과 산업별 CAGR 추이(2008년과 2017년 비교)[35]

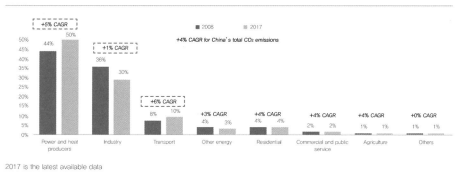

2017 is the latest available data
Source: IEA

출처; GoldmanSachs; Covid19 shifting the climate change debate' p9 ex10. PNG

(c) [그림 3.15]에서는 2008년과 2017년의 중국의 업종별 탄소배출 증가를 본 것인바, 전력과 열 생산으로 인한 비중이 50%나 되는 탄소배출이 연간 5%의 CAGR로 증가하였고, 제조업의 비중은 36%에서 30%로 감소되긴 하였으나, 아 직도 제철, 시멘트, 석유화학 등 탄소배출이 많은 제조업의 탄소배출 비중이 높

---

34 2020년 4월 15일, Goldman Sachs GS SUSTAIN 'COVID−19 Shifting the climate change debate' p.9 Exhibit 10. While the service−oriented industries have grown in terms of economic growths much of China's emissions are still dominated by energy and industry 인용.
35 Goldman Sachs 'Covid−19 shifting the climate change debate' p.9 Exhibit 10 인용.

다. 교통 분야는 확대되긴 하지만, 중국의 EV(전기자동차) 등의 비중 확대로 교통상(운송 분야)에서의 탄소배출은 더욱 작아질 것으로 전망된다.

● 그림 3.16 지역별, 국가별 탄소배출전망치(BAU) 증가폭 추이(2015~2030)

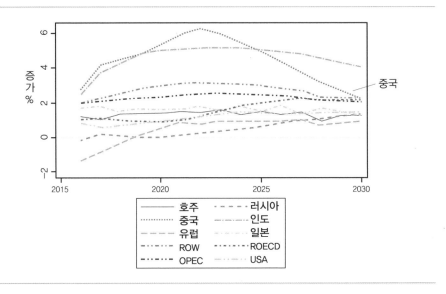

● 그림 3.17 주요국의 화석연료에서 배출되는 '1인당 탄소배출' 톤수 비교(2018)

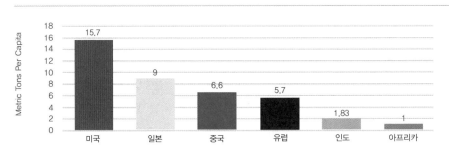

Source: BP Statistical Review of World Energy 2019 and UN Department of Economic and Social Affairs" (population data)[8]

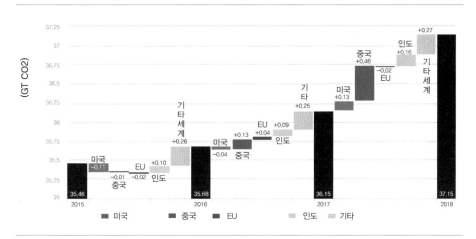

● 그림 3.18 주요국의 지구 온난화 관련 탄소 배출의 증감추이(2015~2018)

출처; 2018년 10월 21일; Global air bumper project corp.
주석; 중국의 CO_2 배출은 가속적으로 증가함.

(d) 2016년의 중국의 풍력 발전 용량은 147GW이며, 태양광 발전은 76GW, 수력 발전은 305GW, 바이오매스는 46GW로서 이는 전 세계 재생에너지 용량의 30%를 차지하고 있다. 이리하여 2018년 중국의 재생에너지 능력은 730GW로, 전년대비 10%가 확대된 상태이다.

(ㄱ) 이 같이 중국에서 태양광과 풍력 발전이 빠르게 성장할 수 있었던 배경은 태양광과 풍력 발전의 설치 비용이 저렴하고 경쟁력이 있었기 때문이다. 특히 세계적으로 태양광 발전과 풍력 발전의 비용이 하락하는 과정에서 중국의 양대 무공해발전이 성장할 수 있었던 배경에는 특히 태양광의 PV(Photovoltanic)생산 기술이 탁월하여 비용이 급격히 저렴하여졌기 때문이다.

(ㄴ) 또한 중국은 훌륭한 태양광 원천이 있는 바, 특히 서부 중국의 경우 태양광 발전이 성행하고 있으며, 20여 개의 태양광 발전소가 건설되고 있다.

이 같이 2010년 이래 중국의 태양광 발전의 표준(benchmark) 가격은 84%가 하락하였고, 해상풍력 발전은 49%가 하락한 것과 연관되어 있다. 이에 관한 Bloomberg New Energy Finance는, 육상의 풍력생산의 경제성 있는 비용은 2018년의 $56/MWh에서 2050년에는 $21/MWh로 약 60% 하락할 것으로 전망하였으며, 태양광 발전의 경우에는 2018년 현재의 $70/MWh에서 2050년에는

$21/MWh/2050년으로 70% 이상 하락할 것으로 보고 있다.

(ㄷ) 이러한 중국의 태양광과 풍력 발전의 비용 하락은 석탄 발전과 가스 발전보다 생산단가를 낮출 수 있는 결과를 초래하여, 중국에서 빠른 속도로 석탄발전과 가스 발전을 태양광과 풍력 발전으로 전환·대체케 할 수 있는 계기를 마련하여 준 것이다. 여기에 다시 에너지 백업 저장시스템 기술발전으로 시스템 건설 비용의 저렴화도 재생에너지로 전환하는 데 큰 몫을 차지하였다.

(ㄹ) 중국의 재생에너지산업 육성 정책[36]

중국은 5개년 계획기간 중, 태양광 발전으로 2020년까지 153.6GW의 생산능력을 목표로 하고 있다. 여기에는 하북성과 샨시성과 내몽고지방의 12GW의 생산을 포함하고 있다. 중국은 2011년부터 태양광에 'Feed in Tariffs'로 수입관세를 부과하여 태양광판 국내 생산업체를 보호하고 있다. 또 지방의 성은 항상 국내 생산업체의 것을 구입하도록, 국내입찰만 활용하도록 하고 있다.

(ㅁ) 이는 국내업체에게 부여하였던 보조금을 철폐하면서, 국내 지방성의 구매를 국산에 한정함으로써, 국내 생산업체를 보호하는 것이다. 중국은 이 제도를 2021년까지 활용할 계획으로 있으며, 또한 태양광산업의 지원으로 중국개발은행과 수출입은행의 지원으로 이를 태양광산업을 지원하고 있다. 이런 중국정부의 지원으로 중국의 재생에너지산업은 세계적인 톱기업으로 발전하여 고용 효과 면에서도 압도적인 상위를 마크하고 있다.

(ㅂ) 이런 과정에서 '배터리 제작에 필수품인 리튬(Lithium) 가격도 2010년에 비해 85%나 하락하여, 전기자동차(EV)용 배터리 가격 하락과 전기저장장치(GRID) 가격도 급격하게 하락시켜, 2030년까지 50%~60%까지, 그리고 2040년까지는 75%까지 하락할 수 있게 되었다. 이런 추세로 2050년까지는 더 하락할 수 있게 됨에 따라, 재생에너지에 의한 전력생산과 저장 설비와 전반적인 비용의 대대적인 하락은 태양광과 풍력 발전으로의 대체 전환이 급격하게 이루어 질 전망이다.

(ㅅ) 이러한 중국의 재생에너지의 비용 하락 추세에 더하여, 전기분해요법(electorsis)에 의한 산소(hydrogen) 생산을 간과할 수 없다. 이는 총체적인 산소제작의 규모

---

36 David Sandalow 'Guide to Chinese Climate Policy 2019' p.74 참조.

를 확대케 하고, 소비를 증가할 수 있게 한다. 소위 'Mission Possible'이다. 이는 세계 전체의 산소제작을 금세기 중반까지 60백만 톤에서 6억 톤으로 10배 이상 생산이 가능케 하고, 생산규모의 확대에 따른 전기분해 설비의 코스트를 대폭 인하시켜 여기에서 중국이 세계에서 이 분야에 앞장서는 위치에 있게 할 것이다.

(ㅇ) 최근 이에 관한 BNEF의 보고는 알칼리성 전기용해 설비제작은 중국에서 킬로와트당 200$인데, 이는 구라파의 1,200$대와 좋은 대조가 되며, 중국에서는 2030년에는 125$,, 2050년에는 90$까지 하락할 것이라고 전망하고 있다. 또한 메가와트당 PEM 시스템은 현재의 1,400$/kw가 20150년에는 50$ 수준까지 하락할 것이라는 전망이다.

(ㅈ) 이리하여 BNEF는 여러 가지 요인들을 종합하여 재생전기로 생산하는 수소는 2.5$~6.9$로 2019년 중 하락할 것이며, 2050년에 가면 킬로그램당 0.9$까지 하락할 것으로 전망하고 있다.

6 지구의 기후변화로 인해 중국이 겪은 피해와 재해[37]

(ⅰ) 지구의 온난화(기후 변화)로 중국에 나타난 재해의 정도

(a) 2017년 미국에 연달아 3개의 허리케인이 플로리다와 캘리포니아를 포함한 지역에 막대한 재해적 피해(재난)를 입힌 때에, 중국에는 남부 해안과 광조우와 상하이 같은 대도시에 홍수가 나서 막대한 인명, 재산 피해를 끼쳤다.

또 산업화의 중심이 되어 있는 북부 중국에는 가뭄으로 물이 매말라, 5억 명의 인구가 고통을 당하고 있었다. 또 지난 25년간, 중국에는 28,000개의 강과 하천이 사라지게 되었다. 이리하여 수십만의 인민군이 동원되어 인명구제에 나서기도 하였다. 이런 하천과 수로(水路) 부족을 해결키 위하여, 중국정부는 480억$의 투자를 물 공급과 홍수와 가뭄과 관계되는 인프라 건설에 투입하였다.

---

37 2018년 6월 14일, Foreign Affairs. 'Why Climate Change Matters More than anything else?' 참조.

(b) 이런 인프라 프로젝트 공사는 아직도 미완성되었으나, 이 공사는 베이징시의 50백만 명의 물 문제 해결(water security)을 위한 2015년 이래 진행되는 120억 $의 프로젝트로서 공사 중에 있다. 이를 중국에서는 '스펀지 도시(sponzi cities) 프로젝트'라고 명명하여 물 빼기 작전에 동원되는 투자를 뜻한다.

중국은 미국과 더불어 자체자금으로 관계되는 인프라 건설에 투자가 가능하나, 파키스탄 같은 빈약한 국가에서는 인더스강의 홍수범람으로 2,000명이 사망하고, 20백만 명이 이주하여야 하였다. 기타 캐리비안 해역과 태평양의 빈곤한 도서국가에서는 홍수와 해일 피해로 커다란 고통과 도서의 침수를 우려하고 있으나 도서국가들의 재정의 빈곤으로 커다란 위험을 보면서도 이를 구조하지 못하고, 큰 고통 속에 있다(2013년의 필리핀의 해이난 태풍 때에는 13,000명의 미군이 파견되어 구조행위를 지원하기도 함).

(ii) 지구의 기후변화 현상에 취약한 중국의 환경조건[38]
─지구의 기후변화로 나타난 중국에 나타난 자연재해현황
─2015년, 유수한 중국기후관계전문가 보고서: 해면상승, 기상재난 등 예고

(a) 2015년 11월, 중국의 '3차 기후변화평가 리포트(第3次氣候變化國家評價報告, China's Third National Assesment on Climate Change)에 의하면, 특히 중국인민 중 약 5억 5천만 명 이상의 중국 해안지방에 거주하는 중국인민이 기후변화로 야기되는, ① 해수면의 상승, ② 혹심한 기상의 재난, ③ 빙하의 녹아내림, ④ 고열을 수반한 가스발생으로 인한 기상적 위협에 직면하여 있다고 보고하고 있다.

동 보고서는 중국의 과학기술성(MOST), 기상청(China's Meteolorological Administration, CMA)와 중국과학아카데미(Chinese Academy of Sciences, CAS) 및 중국엔지리어링아카데미(CEA)와 유수한 대학의 과학자 500여 명이 제출한 900여 페이지의 보고서로서, 지난 세기에 <u>중국의 평균 기온은 0.9℃ - 1.5℃(1,6-2.7℉)가 상승하여 지구의 평균 기온상승보다 높았다고 보고하고 있다.</u>

---

38 Columbia Sipa. Center on Global Policy 'Guide to Chinese Climate Policy 2019' p.26. China's Vulnerability to climate change 인용.

(b) 기후변화로 인한 중국에 야기된 재난의 구체적 평가, 분석

동 보고서에서 이런 기후변화로 인한 발생되는 위협을 구체적으로 보면, 해수면 상승은 40~60cm(16~24인치)로 상승하였으며 금세기 말까지의 지구의 평균 해면수면 상승보다 중국의 상승 예상이 높다. 해수면 상승에 따라 해안선 길이도 감소하였는데, 1cm(0.4인치)의 해수면 상승은 중국 해변의 10m(33피트) 이상의 감소, 유실로 나타난다.

최근의 중국의 기후변화관계 보고서는, 중국이 열을 동반하는 가스(CO_2)배출을 큰 폭으로 감소시키지 않으면, 중국 해안에 더 큰 홍수와 태풍의 피해를 볼 위험성이 크다는 것을 예고하고 있다.[39]

(iii) 최근의 중국의 기후변화로 극한적인 기상악화 야기 사례(이벤트)

(a) 기후변화로 예외적인 기상악화 현상을 정리하면, 고온과 고열파도의 생성으로 2015년 7월 24일, 신장성 아이딩호수(女丁湖)의 기온이 50.3℃(122.5℉) 상승한 바, 이는 중국 전체에서 사상 초유의 최고의 기온 상승이 되었다. 2017년 7월 20일, 상하이의 온도가 40℃(105℉)까지 상승하여 기록을 세웠으며, 2013년에는 다수의 중국 남부와 동부의 성에서 140년 만에 최대의 고열(heat)파도를 만났다. 이때 중국정부는 '위기비상 기후사태경보 2'(Level 2 weather emergency, 평소에는 태풍이나 대홍수에만 발동)를 발하였고, 이때 기상협회는 인간의 활동으로 고열파도가 60배나 높게 상승한 것을 발견하였다.

(b) 또 한편으로는 폭우(heavy rain)가 자주 쏟아졌는데, 그 기록을 보면 2018년 8월과 9월에 걸쳐, 광둥지역의 폭우로 20만 명이 피난을 가야 했고, 약 26억 위안의 재산상 손실이 기록되었다. 2016년 중에는 폭우가 쏟아진 기간이 10%가 증가하여, 반대로 가볍게 내린 비는 1961년 이래 13%가 감소하였다는 보고서도 있다. 또 다른 보고서는 중국남부지방의 비(강우)는 1971~2000년에 비해, 2015년 중에는

---

39 Columbia Sipa. Center on Global Policy 'Guide to Chinese Climate Policy 2019' pp.27－28 China's Vulnerability to climate change 인용.

50%가 증가하였다는 기록도 있다. BBC 방송에서는 2012년 7월의 최대의 호우는 60년만의 중국 역사상 최대 폭우로 37명의 생명을 앗아갔다. 또한 2007년 7월에는 중킹 지역에는 중국의 115년 만에 가장 나쁜 태풍이 몰아쳐, 12명이 생명을 잃었고, 재산상의 손실을 보았다.[40]

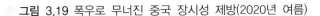
그림 3.19 폭우로 무너진 중국 장시성 제방(2020년 여름)

(c) 가뭄(drought)도 문제가 될 정도로 심각하다.

(d) 2007년에는 혹심한 가뭄은 남부 중국의 저수지를 바닥까지 매 마르게 하였고, 양자강의 일부분은 가뭄과 누수(withdrawal)로 19세기 이래 최대로 갈수(渴水) 현상을 겪었다. 2016년 중의 중국의 가뭄은 평균보다 37%나 길고 심각하였으며, 2017년 내몽고 지방은 기록적인 최악의 가뭄을 맞았다. <u>이러한 중국의 잦은 홍수와 극한적인 장기 가뭄현상은 지구의 온난화의 현상으로 나타나는 징후라고 세계의 기후학자들은 정의하고 있다.</u>[41]

---

40 2012년 7월, BBC 'Beijing chaos after record floods in China capital' 참조.
41 2018년 12월 18일, NYT 'John Schwartz More Floods and More Droughts Climate Change Delivers Both' 인용.

(e) 중국의 잦은 가뭄 도래로 타격을 입게 될 농업

또 잦은 가뭄과 폭우와 고열 파도는 중국의 농업에 미칠 피해는 다음과 같이 분류된다. 첫째, 물 부족으로 역사적으로 장기적으로 건조한 중국의 북부지역은 농업에 막대한 피해를 입고 있었고, 둘째, 북부지역과는 반대로 중국의 동남쪽의 도시들은 잦은 홍수와 태풍의 피해를 입고 있다. 뜨거운 해상의 파도는 도시 주민의 생활을 어렵게 하고, 이런 연유로 '중국의 빙하(氷河)는 2050년이면 중국에서 사라질 것'임을 예고하고 있다.

(f) 빙하수는 중국에서 특히 북쪽지역에서는 식수로 사용하고 있기 때문에, 이 '빙하수가 사라진다'는 것은 북쪽 주민의 일상 생활에는 특히 심각한 문제가 된다.[42] 이리하여 2018년의 500명의 과학자들이 참여하여 작성한 3차 국가기후변화보고서에서는, 특히 기후변화에서 발생하는 재난 중 중국의 취약성은 '서플라이 체인'(Supply Chain)에 나타나는 바, 중국의 강, 하천 이용, 서플라이 체인의 중요성에서, 강과 하천의 홍수는 서프라이 체인에 주는 타격이 심각하다는 점을 강조하고 있다. 하상(河上)운송의 차질은, 20년 안에 80%의 운송비 인상 요인이 된다.[43]

(g) 특히 최근의 고온화 현상은, 2015년 7월 24일, 신장성의 안딩 호수지역의 50.3℃(122.5℉)의 기록적인 최고온 현상이 중국의 기후관측상 고온의 기록을 깨트리고, 그 이래 2018년에는 특이한 고온현상이 중국에 계속 나타나, 2017년 7월 20일에는 상하이의 기온이 역사상 최고인 40.9℃(105℉)를 나타냈고, 2018년 7월에는 중국의 24개 기상관측소에 최고기록이 나타났다.

---

42 Ding T.W. and Z.Yan 'Changes in hot days and heat waves in China during 1961－2007' Int'l Journal of Chinatalogy, 2010 및 MRIDULA RAMESH 'CLIMATE SOLUTION' p.47 참조.

43 저자 주, 원래 중국에는 남수북조(南水北調)라 하여 물이 부족한 북부지역에는 역사적으로 오랜 기간에 걸쳐 남부에서 운하를 건설하는 등 여러 수단으로 북부로 물을 공급하고 있다.

7 중국·인도 등 개발도상국의 교토의정서에의 참여 의무 면제와 교토의정서의 실효성

(i) 한편 중국은 교토의정서에서 개발도상국에게의 감축 의무 부과 대상국이 아니면서도 1992년에서 2014년까지 탄소배출이 280%가 증가하여, 2007년의 미국의 배출수준을 능가하여 중국은 2011년에 세계 제1의 탄소배출국(국가 전체로는 1위이지만, 1인당 배출액은 1위가 아님)이 되었다.

(a) 그러나 중국은 교토의정서(Kyoto Protocol, 후술)상 탄소배출감축 의무가 없는 개발도상국이면서도 자진하여 UN기후협약에 참여키로 하였다. 그리하여 2014년 11월, 제1차단계로, 세계적으로 팽배한 기후행동주의(Climate Activism)에 맞추어 UN 파리국제협약 체결국이 되기로 결정하였다.

(b) 2014년 11월: 시진핑 주석과 오바마 대통령의 양국기후정상회담

이에 2014년 11월 시진핑 주석과 오바마 대통령과의 양국 정상 간 합의를 통해 UN기후협약(그 다음 해 파리국제기후협약) 체결의 물꼬를 트고, 이로서 2015년 12월 UN의 파리기후협약에 195개 회원국이 이에 참여하였고 비준을 얻는 계기가 마련되었다.[44]

(ii) 중국은 이를 계기로 청정산업 육성의 구조적 개선 도모, 전래적 공기 공해의 감소, 전략적인 재생에너지산업의 육성, 국제정치적 명성의 획득, 저탄소 기술(Low carbon technologies)의 획득이라는 소득을 얻게 되었다(후술).

(a) 물론 이 기간의 정책결정과 추진은 중국이 과거의 제조업 위주의 원자재와 에너지 과다 사용경제에서 '에너지 절감형 하이테크 서비스 위주의 경제로 전환

---

[44] 2017년 5월 22일, 'FOREIGN AFFAIRS Harvard Kennedy School of Gov't'의 Brian Deese의 'Paris isn't Burning' 참조.

하는 정책방향과 탄소감축 정책을 추진하는 방향 결정이 일치하였음을 그 배경으로 볼 수 있다.[45] 아울러 탄소배출 제1국인 미국과 제2대국인 중국의 양국 수뇌(당시의 미국의 오바마 대통령과 중국의 시진핑 주석 간에 세계 기후변화에 대한 대책으로서의 UN 기후협약상의 탄소감축방향 정책에 대한 합의는 195개국이 참여하는 국제협약(UN의 파리기후협약)체결의 상징적으로나 실질적 효과 면에서 그 의미가 크다.

(b) 미국은 직전까지 제1의 탄소배출 선진국으로서, 중국은 산업화하는 거대개발도상국으로서 탄소배출의 세계 1, 2위를 차지한다는 의미에서 당시의 오바마 대통령과 시진핑 주석의 양 정상의 합의는 그 상징성이 매우 컸다.

　　결국 2015년 1월의 파리기후협약체결에 195개국의 개별 회원국의 자진해 결정한 탄소배출 감축노력을 약속한 INDC(Induced Nationally Determined Contribution) 형태의 약속을 통해, UN의 국제협약으로 출범이 가능케 된 실마리를 푼 국제협약이 탄생케 되었다는 점에서 그 의미가 크다.

(iii) 2014년 11월 11일, 오바마 대통령과 시진핑 주석의 '세계기후변화에 대한 합의' 성명 발표[46]

(a) 2014년 11월 11일, 중국의 시진핑 주석과 미국의 오바마 대통령은 베이징 인민대회의당에서, 역사적인 기후변화에 대한 뜻밖의 공동성명을 발표하여, 전 세계를 놀라게 하였다. 이때 중국은 "열(heat, 熱)을 동반하는 탄소'(Carbon dioxide, CO_2)배출을 억제하되, <u>2030년을 피크로 하며, 이 피크도 가급적 2030년보다 빠른 시기로 한다.</u> 또한 중국은 비화석연료(nonfossil fuel)를 주(主)에너지로 전환하기로 하고 <u>2030년에는 이 비화석 에너지 비율을 총에너지의 20%가 되게 한다</u>"라고 발표하였다.

---

45 Kelly Suns Gallgher and Xiaowei Xuan, 'TITAN of the Climate'(Explaining Policy process in the U.S. and China) pp.2－7. Defying Expectation Together 참조.

46 Kelly Suns Gallgher and Xiaowei Xuan, 'TITAN of the Climate'(Explaining Policy process in the U.S. and China) p.1. Introduction 참조.

(b) 한편 미국은 "경제정책의 수행에 있어 온실가스(Greenhouse Gas, GHG) 배출을 감축하는 것을 목표로 하여, 탄소배출을 2025년까지 2005년의 수준보다 26~28% 낮추되, 가급적 이 중 28%로 낮추기로 최선을 다한다"라고 약속하였다. 이런 양국 정상의 발표는 전혀 전 세계가 예상할 수 없었던 것으로 미·중 양국의 관계를 격상시킨 의미 있는 큰 진전이라 하겠다. 특히 그때까지 '기후변화'(Climate Change)는 미·중 양국에서 결코 정책적 우선과제로 취급되지 않았었고, 따라서 지구의 기후변화문제는 수세기 동안 난관에 봉착되어 있으면서도 큰 진전이 없었다.

(c) 특히 2014년까지만 해도 세계의 제1의 탄화수소 배출국은 미국이었으며, 그때까지 미국의 1인당 탄소배출량은 중국의 3배에 달하고 있었다. 그러나 중국의 탄소배출은 기하급수적으로 증가하여 2007년에 들어 국가단위로 보면 미국의 탄소배출을 능가하게 되었다. 이쯤 되자 미·중 양국은 어느 나라도 상대방이 같은 규모의 탄소감축 약속이 없는 한, 이를 구실로 자국의 감축 노력은 하지 않는 상황이 되었다.

(d) 그리하여 석탄 사용을 많이 하는 중국은, 2014년 중에는 세계 탄소배출의 30%를 배출하게 되었고, 이로서 중국의 탄소배출량은 인도네시아, 브라질, 일본, 캐나다와 멕시코 5개국의 당시의 탄소배출량을 합한 것보다 더 많이 배출하게 되었다. 한편 1850년, 산업혁명 전 탄소배출량이 세계 전체 배출량의 27%로 1위국이었던 미국은 그 후 셰일혁명과 기타 재생에너지로 석탄을 가스로 대체하면서, 탄소배출 규제의 강화로 탄소배출비중도 14%로 낮아졌고, 반대로 세계 탄소비중의 30%를 배출하게 된 중국이 탄소배출 1위국으로 바뀌게 된 것이다.

여기에 탄소배출 제3대국인 인도를 포함할 때, 세계 기후변화대책은 중국, 인도 등 개발도상국이 빠진 OECD 국가만으로는 큰 의미가 없게 되었다. '하늘에는 국경이 없다'라는 말을 실감케 된 것이다.

(iv) 미·중 양국 수뇌의 기후회담과 그 성과

이런 과정을 거친 미·중 양국 정상이 공동성명을 통해 기후변화의 주인인 탄소배출 감축 약속을 하게 됨으로써 곧이어 세계 3위의 탄소배출 집단인 EU가 여기에 합세하여, 미·중·EU의 3대 탄소배출국(집단)의 감축노력에 합의하는 과정에서, 2015년 12월에 195개국이 파리에 모여, UN파리기후협약(Paris Climate Agreement)을 체결하는 가능성의 실마리가 풀리게 된 것이다. 여기에서 세계 탄소배출 4대강국(집단)의 UN에 약속한 탄소배출감축 약속인 INDC 내용과 이들의 온실가스(GHG)비중을 보자.

(ⅴ) UN 파리기후협약에서 미, 중, EC 및 인도의 INDC 내용과 그 비중[47]

국가	제출 일자	INDC(Intended Nationally Dedicated Contribution)의 내용 (요약)	비중(2012년 전 세계 GHG)
중국	2015. 6. 30.	2030년: Peak, 2030년까지 카본 배출 20% 감축, 1인당 카본 2030년까지 2005년 수준의 60~65% 감축, 감축도 가능하면 2030년을 2027년으로 앞당김	23.7%
미국	2015. 3. 31.	2025년까지 2005년의 26~28% 감축(Trump의 파리협약 탈퇴선언 이전), 여기에는 토지부문 포함	12.1%
EU	2015. 3. 6.	2030년까지 1990년 대비 국내 GHG의 40% 감축(개별국가별 한도): Paris Climate Agreement and, limiting warming to -2℃, 2050년까지 1990년 비 90% 감축(net zero - greenhouse gas emissions in 2050'(Strategic Vision)	8.97%
인도	2015. 10. 1.	2030년까지 2005년 대비 탄소배출농도의 33~35% 감축, 동시에 2030년까지 비화석연료용 발전용량 누계 40% 증가, 동시에 2030년까지 2.3~30억 톤의 탄소를 나무가 흡수케 함.	5.37%

이렇게 탄생한 파리기후협약은 트럼프 대통령이 당선되면서, 혼동과 위기에 당면하게 된 배경을 살펴 볼 필요가 있다. 이는 미국 특유의 석유, 석탄산업의

---

47 Carbonbrief./org/paris 2015-tracking country-climates pledges, tracker INDC DATABASE 인용.

로비스트(lobbyst)들의 활동으로 인한 기후변화에 미치는 영향이 매우 크기 때문이다.

(a) 특히 전통적으로 미국 석유사상 오랜 역사를 가진 석유가스 재벌기업들이 2017년 한 해 동안에만도 의회와 정부에 로비를 위해 750명의 로비스트를 고용하고 있다고 한다. 이를 위한 로비에 화석연료 재벌들이 125억$를 썼으며, 특히 공화당이 지배하는 상원을 집중적으로 동원하여 기후변화대책을 석유기업과 석탄산업에 유리하게 활용하였다는 점을 생각하게 한다(본서 제2장 미국의 기후변화대책 참조).

(b) 또한 트럼프 대통령은 환경청(EPA, Environmental Protection Agency) 장관으로 오크라호마주의 법무장관이던 석탄기업 보호자, 기후변화대책에 반기를 드는 Perry를 기용하면서, 과거의 <u>미국의 기후대책과 규제를 강화한 오바마 대통령의 취한 기후대책을 거의 대부분 부인하게 되었다</u>. 오바마 대통령이 오랜 협상 끝에 시진핑 주석과 체결한 2015년 UN파리기후협정의 체결과정을 트럼프 대통령은 이를 사기(fraud)라 하면서, 파리기후협약에서 미국의 탈퇴를 선언(2020. 11. 4. 선언 유효)하게 된 것이다.

(c) 그의 비준에 185개국이 참여케 하는 데에 주도적 역할을 한 중국을 비난하고, 미국이 중국에게 '당했다'라고 하면서 트럼프 대통령은 '미국은 파리기후협정에서 탈퇴할 것'을 선언하는 등 일련의 기후대책과 에너지산업에 대한 연방정부로서 '오바마 정부 이전'으로 돌아가는(롤백 정책) 조치를 취하였다(트럼트 대통령의 당선 후 취한 에너지 정책에 대하여는 파리기후협약까지의 과정과 배경에 대하여는 본서 제2장 미국의 기후변화정책 참조할 것).

<u>2020년 11월 말, 미국 대통령으로 당선될 조 Biden 대통령은 그가 대통령으로 취임하게 되면, 2021년 1월 20일에 대통령 취임식 직후, 미국은 파리기후협약에 복귀할 것을 선언하고 있다.</u>

8 중국의 방대한 전력수요와 석탄발전(화력)에서 탄소감소를 지향하는 에너지 믹스

(i) 중국경제성장에 비례하는 석탄발전과 이에 따른 공해 유발[48]

(a) 중국은 2011년 현재, 미국보다 더 많은 탄소를 배출하는 세계 제1의 탄소배출국이다. 이는 1990년 이래 초고속 성장을 해 온 결과적 산물이다. 2016년의 중국에너지의 최종수요의 17.2%는 전력용이다. 그간 중국의 경제성장을 하기 위해, 특히 불황의 경우, 중국은 석탄발전과 석탄산업의 확대투자를 승인하는 경우가 많았다.

(b) 중국경제의 석탄산업에의 몰두하여야 하였던 배경

(ㄱ) 이런 과정을 거쳐, 2016년의 중국의 전력생산능력은 1,650GW이었는데, 이의 구성은 화석연료 72%(이 중 66%가 석탄), 19%가 수력 발전, 원전이 3% 그리고 태양광, 풍력 등이었다. 이때 중국은 전력생산을 6,000TWh로 확대되었고 2018년에는 7,000TWh로 확대되면서 이 과정에서 중국은 태양광, 풍력 발전과 원전 등의 재생에너지 발전에 치중하는 정책을 수립·집행하였다. 그러면서도 <u>그때까지 화력발전은 발전의 64%의 비중으로, 여기에서 90%는 석탄연료이었다.</u>

(ㄴ) 중국의 전력수요 충족의 특징은 자가생산 충당 비중이 높은 것으로서, 2016년의 경우, 전력수요의 80%는 자가발전 충당으로서 제철, 시멘트 제조의 경우 높은 탄소산업의 높은 석탄용 자가발전으로 충당으로 산업용은 총 전력수요의 52%를, 빌딩은 난냉방용으로 21%를 충당하고 있다.

(ㄷ) 또한 재생에너지 발전으로 이미 풍력으로 2016년에 147GW, 태양광 76GW, 수력으로 305GW를 충당하여 <u>세계 전체 재생에너지의 30%를 중국이 점유하고</u> 있었다. 2018년에는 재생에너지의 발전능력이 2017년에 비하여 10%의 생산능

---

48 Rockey Mountain Institute 'China 2050; A Fully developed Rich Zero Ecnomy p.59. Background' China's current electricity production and consumption 참조.

력이 증가하여, 중국의 방대한 전력수요 충당은 막대한 발전설비 확충을 요구된 가운데, 중국의 전력수요는 2016년의 6,000TWh에서 2050년에는 15,000TWh로 요구될 것으로 전망된다. 이 수요를 '무탄소 전력화'로 충당키 위하여, 빌딩의 자가발전과 교통수단의 저탄소연료 추진 등을 정책목표로 하고 있다. 이는 전반적으로 총 전력수요의 82%를 무공해 '자가 전력화'(Direct Electrification)로 충당하게 되었다. 여기에서 특히 풍력과 태양광과 원전이 중요산업이 되었으며, 전기자동차의 육성을 위해 정부는 보조금 지급과 조세상 우대 등 육성정책을 채택하여 큰 성과를 보고 있다.

그림 3.20 중국의 전력수요의 자가생산비율과 그 분야별 비중[49]

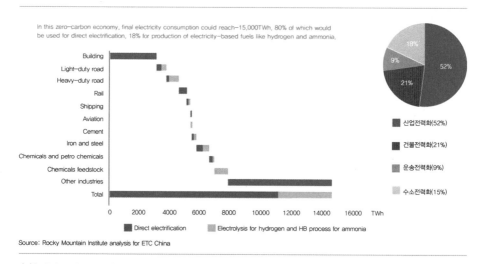

출처; China 2050 a fully developed rich zero carbon economy p.60.

---

49 Rockey Mountain Institute 'China 2050; A Fully developed Rich Zero Ecnomy p.59. Background' China's current electricity production and consumption. Exhibit 7 − 2 China's electricity generation and use by sectors in zero − carbon scenario 참조.

(ⅱ) 2020년, 중국만이 지구 온난화를 진정시킬 수 있다
─중국이 지구의 운명(기후변화)을 결정할 수 있다(China will decide the fate of the planet)

● 그림 3.21 지구의 운명을 결정하는 것은 미국이 아닌 중국[50]

중국의 기후 온난화 저지대책으로, <u>3대 정책</u>을 꼽는다면, ① 재생에너지의 확충과 장려책, ② 원자력 발전(原電)의 확충으로 무공해 저가 에너지의 공급, ③ 전기차(Electric Vehicle)와 수소차 공급확대를 위한 지원을 꼽을 수 있다. 이 3가지 정책흐름을 본다. 그리하여 제13차 경제개발규획에서는 다음과 같이 발표하였다.

1. 주요 에너지소비에 있어 비화석에너지 비율을 2020년까지 15%, 2030년까지 20%를 증가시킨다.
2. 2020년까지 재생에너지용량을 680GW로 확장한다.
3. 해상풍력산업을 확대한다.
4. 새로운 재생에너지 기술을 발명한다.
5. 재생에너지의 유실율을 낮춘다.
6. 태양광 배전설비를 확충하는 방향에서 공적자금투자를 확대키로 하였다.

---

50 2020년 1월 27일, Giden Rachman, 'China, not America, will decide, The fata of planet'

(iii) 중국의 재생에너지(수력, 풍력, 태양력) 성장 추이

(a) 중국의 재생에너지산업의 확대: 전 세계 재생에너지 증가의 48%가 중국 비중(2018)

중국의 재생에너지파워는 2018년 세계 재생에너지 증가의 48%를 점유한다. 수력 발전은 이미 지난 수십 년의 오랜 기간 무공해발전에 기여하였고, 2018년의 중국의 전력생산은 18%가 수력으로, 풍력은 5%로, 태양광 발전은 3%를 점유하고 있다.

(b) 중국의 재생에너지의 성장과 그 전망[51]

(ㄱ) 중국의 재생에너지의 발전과 성장 전망
-중국의 재생에너지와 전력화의 급 성장

중국의 재생에너지(수력 발전, 풍력 발전, 태양광 발전)산업은 타국의 2배의 규모로 성장하고 있다.

(ㄴ) 그리하여 2018년 단 1년 만에 중국의 재생에너지산업은 타국의 재생산업의 성장속도보다 2배로 급속히 성장하였다. 즉, 2018년 중, 세계의 재생에너지 발전능력의 43%가 중국의 재생에너지 발전규모의 비중이 될 만큼 성장이 중국의 재생산업(특히 태양광, 해상 및 육상, 풍력, 전력산업)의 성장의 것이었다.

특히 중국의 2009~2018년까지의 재생에너지 발전산업 중 수력 발전의 비중은 특히 큰 비중을 갖는다. 또한 지난 10년간 풍력과 태양광산업은 급성장하여, 두 개의 재생에너지로의 발전은 중국 전력수요의 1/4을 담당하게 되었다. 그리하여 2018년 중 재생에너지로의 발전은 수력이 18%, 풍력이 5%, 태양광이 3%의 비중을 갖고 있는 가운데, 특히 태양광과 해상 및 육상, 풍력 발전은 빠른 속도로 성장하고 있고, 이에 소요되는 태양광 SV와 풍력의 터빈은 중국산이 가장 가격 경쟁력이 있어, 세계 시장을 석권하고 있다.[52]

---

51 Guide to Chinese Climate Policy David Sandlow. Chapter 9 Renewable Power.
52 상 동. p.66. Chapter 9. Renewable Power Background 참조.

(ㄷ) 중국의 재생에너지산업과 재생에너지 발전산업 정책의 핵심과 그 수단

중국공산당은 제9기 경제개발5개년규획(規劃)(996~2000년)에서 신 재생에너지 성장목표를 세우고, 이때 'Renewable Energy Law'를 제정하였고, 재생에너지 달성목표 달성을 위하여 정부보조금제도와 전력송전사업을 인정하여 여기와 재생에너지전력산업체와 연관을 갖게 하였다.

2016년 12월 중국경제발전재건위원회(NDRC)가 발표한 계획의 근간은 아래와 같은 정책방향을 제정하였다.

- 주 에너지소비에 있어, 비화석에너지 소비비중은 2020년까지 15%, 2030년 까지는 20%로 한다.
- 재생에너지 발전능력은 2020년까지 680GW로 향상시킨다.
- 해상풍력 발전을 개발하여 확대한다.
- 재생에너지 기술 발명을 촉진한다.
- 재생에너지 전력의 유실을 감소시킨다.
- 태양광 발전의 배전과 사용을 확대한다.

(c) 중국의 태양광산업과 태양광 전력산업

(ㄱ) 중국의 태양광산업의 발전과정

중국의 태양광산업의 규모는 전 세계의 태양광산업의 1/3의 비중을 차지하고 있다. 2018년의 경우, 세계 태양광산업의 연간 확대의 45%의 비중은 중국의 것이다. 또한 중국은 태양광 관련 물품생산에 있어서도, 지난 10년간 세계 시장을 지배하고 있다. 2018년의 경우, 약 10%의 태양광 관련 물품생산의 2/3는 중국에서 제조된 것이며, 중국기업은 태양광의 세계의 '서플라이 체인'을 지배하고 있다. 2018년 중국 전력생산의 약 3%는 태양광 발전이며, 태양광은 중국전력생산 커패시티(capacity)의 9%의 비중을 갖고 있다.

(ㄴ) 그러면서 2018년 2월 최초로 중국 칭하이 태양광기업의 500MW의 전력이 석탄용 화력전기 값보다 싸게 팔렸다. 그만큼 태양광이 여러 면에서 경쟁력이 있게 되었음을 의미한다. 태양광의 PV(Polarvotaic) 생산과다 용량을 축소하는 문제가 현재 골치 아픈 과제가 되었다. 전국적으로 현 생산능력의 약 3% 정도를 축소하여야 할 지경이다.

그림 3.22 중국의 수력, 풍력, 태양광 발전의 성장 추세(2009~2018)[53]

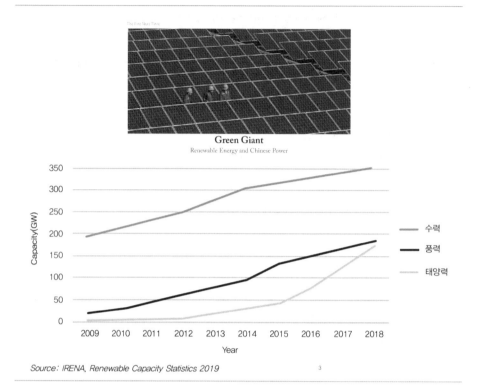

Source: IRENA, Renewable Capacity Statistics 2019

(ㄷ) 중국의 태양광 자원[54]

중국은 훌륭한 천연 태양광을 갖고 있다. 특히 중국 서부지역의 태양광은 매우 우수하다. 다만 공기의 공해(pollution)가 태양광관리에서의 에너지 생산을 축소시킨다. 최근의 관련 기관의 연구에 의하면, 얼마나 PV의 청소를 하느냐에 따라, 동부 중국의 17%~35%의 태양광의 손실을 만회할 수 있다는 것이다.

53 Guide to chinese climate policy David Sandlow. Chapter 9 Renewable Power. p.66 Renewable Power Capacity in China 2009－2018 인용.

54 Guide to Chinese Climate Policy David Sandlow. Chapter 9 Renewable Power. p.73 Figure 9－4 China's Solar Resource 인용.

그림 3.23 중국의 태양광의 리소스 지도

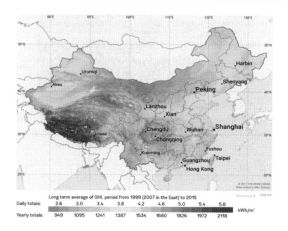

Source: Guide to Chinese Climate Policy 2019 - David Sandalow

(d) 중국의 풍력 발전의 성장 과정

(ㄱ) 세계 풍력 발전의 1/3을 점유하는 중국의 풍력 발전능력

중국의 풍력 발전은 중국 총 발전의 1/10을 담당한다. 중국의 풍력 발전의 용량은 세계 풍력 발전능력의 1/3을 차지한다. 그래서 2018년 말, 중국의 풍력 발전 용량은 약 185GW(여기에는 해상풍력 발전능력 4.5GW를 포함)로서 이는 2018년의 중국의 풍력 발전의 20GW의 신설을 의미한다. 이로써 중국의 총 발전능력의 10%를 풍력이 담당함을 의미한다.

중국은 방대한 풍력자원을 갖고 있는 바, 특히 내몽고와 신장지역이 풍부한 풍력지역이 되고 있다. 이 지역을 포함하여 전체적으로, 현재의 184GW의 전력 생산을, 2050년에는 2,400GW의 전력생산을 하기에 충분하다.

중국의 개발개혁위원회(NDRC)의 보고에 의하면, 300W/m² 이상의 풍력이 100m 이상의 고공에서 3,400GW의 생산이 가능하다는 것이다.

◉ 그림 3.24 중국의 100m 고공에서 3,400GW의 전력생산이 가능한 해상풍력[55]

The Trouble With Ceding Climate Leadership to China
Risks for the World, Costs for the United States
Varun Sivaram and Sagatom Saha

◉ 그림 3.25 중국의 화석연료에서 배출되는 탄소(CO_2)(1985~2018)[56]

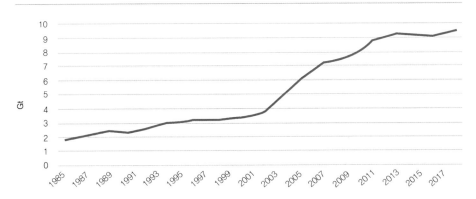

Sources: IEA, CO₂, Emissions from Fuel Combustion (2017): BP Statistical Review of World Energy 2019[32]

출처; guide to chinese climate policy 2019 p.18.

55 Rocky Mountain Institute 'China 2050; A fully developed Rich Zero Carbon Economy. p.60. Scenario for zero-caebon electricity generation mix' p.63. Total onshore wind energy resources of 3,400 GW available at 199 meters heigt 인용.
56 2019년 9월 18일, Guide to Chinese Climate Policy 인용.

그림 3.26 주요국별 1인당 화석연료 사용으로 인한 탄소배출량(2018)[57]

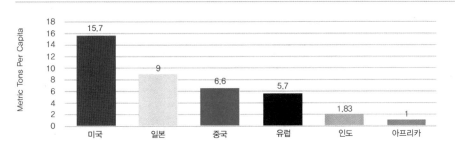

Source: BP Statistical Review of World Energy 2019 and UN Department of Economic and Social Affairs" (population data)[8]

그림 3.27 중국의 생산과 소비에서의 CO_2 배출량 추이(1990~2010)

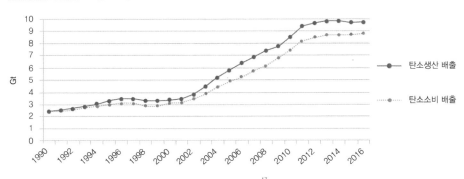

Sources: Our World in Data: Corinne Le Quere et al., Global Carbon Budget 2018.[17]

출처; Guide to chinese climate policy 2019 p.16.

---

57 BP Statiscal Review of World Energy 2019 및 UN 경제 및 사회국.

그림 3.28 황허 범람 위기에 싼샤댐 붕괴설까지…中 민심 동요 심각[58]

그림 3.29 중국 당국의 양쯔강 붕괴 위험의 오해에 대한 해답 설명

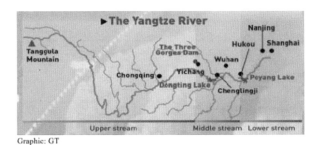

그림 3.30 중국 양쯔강 싼샤댐의 방수 모습(2020년 여름)[59]

---

58 https://ipdefenseforum.com/ko/2020/07/%EC%A4%91%EA%B5%AD−%ED%99%8D%EC%88%98
%EB%A1%9C−%EC%8B%BC%EC%83%A4%EB%8C%90%EC%9D%98−%EC%95%88%EC%A0%84
%EC%97%90−%EB%8C%80%ED%95%9C−%EC%9A%B0%EB%A0%A4−%EA%B3%A0%EC%A1%B0/

59 https://www.taiwannews.com.tw/en/news/3951673

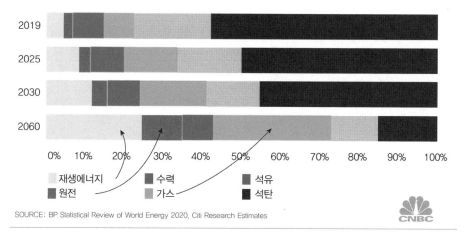

China's primary energy consumption mix

SOURCE: BP Statistical Review of World Energy 2020, Citi Research Estimates

CNBC

출처; Bidens climate goals will be harder to achieve without China p.3.
주석; 2060년의 확대되는 원전 비중을 특히 2030년과 비교하여 주시할 필요가 있음.

---

60 BP의 2020년 세계 에너지통계 리뷰 조사자료 인용.

세계에서 가장 앞서가는
EU의 기후변화대책

- '2030년, 무탄소' 정책을 지향하는 EU의 결의와
  실천 방향
- 최우선 기후대책: 2050년을 EU의 Net zero 탄소
  탄소 배출 목표 설정

CHAPTER 04

세계에서 가장 앞서가는 EU의 기후변화대책

- '2030년, 무탄소' 정책을 지향하는 EU의 결의와 실천 방향
- 최우선 기후대책: 2050년을 Net zero 탄소배출 목표

1 글로벌 기후대책으로 가장 앞서가는(Climate Priority) EU

- Hydrogen을 포함하는 Carbon Strategy의 강력한 시행 중
- 2025년, 화란의 전기화(elevtrolysis) 목표는 500MW임

그림 4.1[1]

---

1 2020년 6월, petroleum-economist.com. p.11 EU backs hydrogen as part of carbon strategy, p.13 'Hydrogen to breathe new life into Dutch pipeline'의 사진 인용.

(1) 기후변화대책에 가장 앞서가는 EU의 배경

(i) EC의 특유의 탄소배출절감 장기기후대책의 강화와 그 성공의 비결과 그 배경은 무엇인가?

(a) EU의 기후대책에서 가장 앞서게 된 배경

이의 설명은 2009년의 세계금융위기와 2011년의 유로(Euro) 위기를 그 배경으로 들 수 있다. 이 금융위기를 맞아 EU는 대대적인 경제변혁을 겪게 되었는데, 이때 대책의 하나로 '에너지의 소비 효율을 도모'하게 되었고 또 동시에 '화석에너지를 재생에너지(Renewable Energy)로의 대대적인 대체'를 추구하게 되었다.

이런 미래의 탄소배출 시스템의 개혁(Carbon Strategy)은 과거 유럽 전체에서 연간 50만 명의 생명을 빼앗고(2003년 여름에만 15,000명 사망) 빙하가 녹아내린다던지, 강의 홍수의 피해로 해면의 높이가 급상승하면서, 특히 해수면보다 낮은 네덜란드(전국의 절반 이상 해당)의 경우(2019년 7월 중에는 일주일 사이 7명이 사망), 뜨거운 바닷물(heatwave)과 이로 인한 인명 피해의 증대가 큰 문제가 되었다.

또 극심한 가뭄으로 잦은 물 부족과 여름의 기온 상승도 남부 유럽의 농업과 관광산업에까지 막대한 피해를 주었다(2020년 여름, 최근의 러시아 모스코바 및 시베리아의 38℃를 넘는 뜨거워진 러시아를 포함).

(b) 기후과학자들은 '극단적인 온도 상승은 여름에 고온파도를 몰고 올 가능성이 평소보다 5배나 높고 집중된다'라고 하면서, 2019년의 여름의 기록적인 고온현상을 발표하고 있었다.

반대로 북유럽지역은 기온의 상승으로 난방비용이 저렴하고 농업의 생산성이 향상되는 이익을 가져온 곳도 있으며, 또 관광산업에 도움이 되었다. 이렇게 유럽 내에서도 기후변화로 득(得)을 보는 국가도 있고, 반대로 피해를 보는 국가도 있다.

(ⅱ) 그러면 왜 유럽은 기후변화대책에 일찍부터 다른 곳보다 앞서왔는가?[2]

　－유럽의 세계 기후대책의 '리더십' 유지의 강한 의지
　－교황님의 영향을 많이 받는 유럽: 교황의 강조하는 '사회적 균형발전과 사회정의 실현

(a) 지구 온난화 대책에 앞서온 유럽 배경으로는 전체적으로 EU의 세계 기후대책의 리더십의 유지 의욕과 강한 천주교와 교황님의 존재를 들 수 있겠다.

　첫째, 유럽은 제1대국인 미국과 새로이 부상하는 중국에 유럽이 향유하던 기후대책과 관련하여, 세계 리더십을 빼앗기지 않으려는 의도에서 EU는 기후대책에 있어서는 지구의 기후대책수립에 미·중 양국보다 앞장서게 된 것으로 해석된다.

　둘째, 또 유럽에는 사회적 균형과 사회정의의 실현이라는 각도에서도 기후대책운동이 세계 어느 지역보다 앞서게 되어 있다. 특히 유럽은 천주교가 대세이기 때문에 교황의 기후변화에 대한 도덕적 잣대로서의 설교 말씀과 그의 사상이 EU의 기후대책에 크게 영향을 끼쳤다고 하겠다(이 점에 관하여는 미국의 컬럼비아대학교 수인 Jeffrey Sachs 교수의 프란시스 교황의 기후변화대책은 '크리스천의 신앙적 모델'이라는 설교말씀을 인용하는 데에서도 볼 수 있음).

　셋째, 유럽의 기업들은 기후변화대책과 관련된 분야에서 세계적으로 우수한 첨단 기업이 많다. 예컨대 풍력 발전에 있어서, 또 에너지를 절약하는 LED 광(光)영업체도 유럽의 기업이 제일 우수한 기업(Climate Champions. 후술)들이 많다. 그리하여 300대 유럽기업이 설문조사에서 응답한 92%의 기업이 기후변화대책은 그들 '기업의 비즈니스에 호재'라고 답하는 정도이다.[3]

---

2 Fraumhofer 'Climate Analysis' 'Working Paper Sustainability and Innovation' EU long term strategy to reduce GHG.

3 MridUla Ramesh 'CLIMATE SOLUTION'(India's Climate Change Crisis and What We Can Do About pp.50, 52, Uneven Rewards Uneven Actions 참조.

> | 참고 |
>
> Climate Champions이라고 불리우는 EU의 6개의 전기와 재생에너지생산과 송전사업 등의 에너지 관련 기업은, 수익성도 좋아 2030년까지 EPS CAGR가 연평균 9%씩 성장, 그 후에는 2050년까지 연평균 7%의 성장이 예상되는 기업으로서, 이런 Champion 기업에는 Orstad, RWE, EDP, EDPR, Enel과 Iberdola사가 있다. 후술한다.[4]

(b) 최근의 유럽에서 발생한 기후 이변

(ㄱ) 그리하여 2019년 8월 하순에는 영국에 뉴캐슬공항, 병원 등에 <u>금세기 최대의 정전사태</u>(Blackout)가 발생하였고 다수의 기차 운행이 정지되는 등의 전기공급사고로 국영 전력사(Nat'l Grid)가 큰 곤경에 처하기도 하였다. 이는 영국 요크셔에 있는 혼시(Hornsea)라는 해상 풍력 발전이 고장나고, 소형발전소의 고장으로 전력공급이 원활이 이루어지지 않은 결과로 발생한 것으로서, '재생에너지로의 전환에서 오는 리스크'로 취급된다. 또한 복잡한 고급 데이터에 의존하는 발전시스템과 재생에너지로 하는 전기생산비용 등의 상관관계가 얽히면서 발생하는 문제라고 지적한다.

(ㄴ) 탄소배출 감소와 태양광, 풍력 발전 등 화석연료에서 재생에너지(RWE)로 전환해 가는 과정에서, 기후변화에 가장 선진적으로 대처하고 있는 유럽에서 발생되는 문제점으로서 우리에게도 감안할 점이 많다고 하겠다.

---

4 2019년 8월 5일, Goldman Sachs, Equity Research, European Renewable Utility 'The Climate Priority; Unprecedented growth rates ahead' p.9 이하 참조.

그림 4.2 유럽 대다수의 최고 기온이 지난 20년 동안에 발생

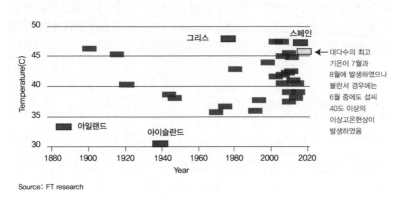

최초에 올수록 고온현상 국가가 급증함

Source: FT research

주석; 기록적인 최고기온이 2000년대에 가까울수록 더 자주 발생함.

그림 4.3 기후변화의 역습, 베네치아 최악 물난리에 1조 3천억 원 피해[5]

| 참고 |

이런 중에 2019년 6월, 여름의 독일, 네덜란드, 벨기에 및 프랑스 등의 서부 유럽의 기온은 프랑스가 42.5℃, 바다수면보다 낮게 위치한 네덜란드가 39.5℃를 기록하는 등 열사풍 (heatwave)의 영향으로 두 번째 더운 여름으로 고통을 받고 있었다. 이외에도 스위스를 포함한 전 유럽이 고온과 홍수로 인한 물난리에 시달리는 2019년 여름이었다.[6]

---

5 https://www.washingtonpost.com/travel/2019/11/14/venice−italy−flooding−travel−tourist−sit es−saint−marks−basilica/

6 2019년 7월 29일, The Guardian 'All−time high temperature records tumble again as heatwave

(2) Climate Priority, EU의 기후대책: 목표와 연대별 기후대책

(i) EU의 기후대책의 흐름의 연대기

EU의 기후대책은 EU의 2019년 신임 EC 집행부의 최고의 정책 달성 목표이다.

- EU 전역에 걸쳐 2050년까지, 탄소배출을 100% 감소시킴.
- 2000년, 교토의정서에 최초로 EU의 기후변화 스킴(Scheme)을 표시.
- 2005년, 탄소 저감 정책을 위한 '탄소배출의 Cap and Trading 시스템' 제도 제정 실시
- 2007년, EU의 28개 회원국의 2020년까지의 탄소배출 삭감 목표, 20% 설정
- 2014년, 2030년의 기후 및 에너지 프레임 워크, 1990년에 비하여 40% 탄소감소 목표(회원국 의무적) 설정 및 시행
- 2015년, 파리기후협정 체결, 지구의 기온상승 온도상한, 2℃(1차 산업혁명 당시 온도 比) 설정
- 2018년, UN의 파리기후협약 장기 탄소배출 감축목표 설정(EU 28개국 주도적 참가)
- 2019년, EU의 '그린 딜'(Green Deal for Europe) 정책 발표
- 2020년 7월, COVID-19 재난 후의 EU의 기후대책 추진방향(2050년의 탄소중립 달성) 재확인 및 2021~2027년간 기후대책 추진을 위한 펀드의 대대적 증액 결의

---

sears Europe' 참조.

그림 4.4 최근 개선된 EU의 기후대책 변화의 연대기. 2030, 2050년까지의 Green Deal 정책의 탄소배출 제도방향(강한 정책 추진, 의재표명)[7]

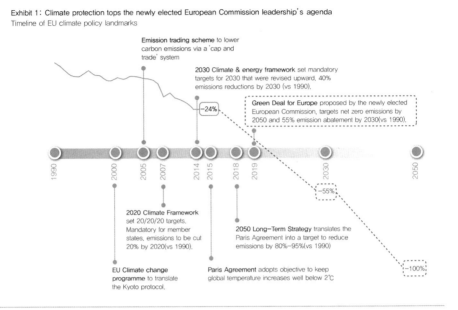

Exhibit 1: Climate protection tops the newly elected European Commission leadership's agenda
Timeline of EU climate policy landmarks

(ii) EU집행위원회와 EU 안보정책 대표부의 원활한 유라시아 연결전략[8]

(a) 한편 2018년 9월, EU 집행위원회와 EU 외교안보정책 연합고위 대표부(High Representative of the Union for Foreign Affairs and Security Policy)는 원활한 유라시아 스마트 인프라 구축에 관한 EU 계획을 보여주는 '유럽과 아시아 연결전략'이라는 공동선언문을 채택하였다. 이는 중국의 일대일로 정책과 마찬가지로 유라시아 전역의 지역사회와 국가를 지원하기 위한 '텔레콤과 인터넷의 연결'을 망라하는 스마트 네트워크(Smart network)의 구축, 재생에너지 생산의 활성화, 운송 분야의 탈탄소화(decarbonization) 및 이동의 디지털화, 건축물의 에너지 효율성의 최우선화, 3차 산업혁명의 모든 인프라 구성 요소 등에 집중한다'는 내용을 담고 있다.

---

7 2019년 8월 5일, Goldman Sachs, Equity Research, European Renewable Utility 'The Climate Priority; Unprecedented growth rates ahead' p.9 Exhibit 1. 인용.

8 2020년 1월, '제러미 리프킨, 안진환 역. 'THE GLOBAL GREEN NEW DEAL' p.239 '사회동원령; 지구의 생명체를 구하라' 참조 인용.

(b) 이때의 EU의 선언문은 디지털 방식으로 연결된 '스마트 유라시아' 인프라의 성공에 반드시 필요한 것으로서 참가국 모두가 동의하는 보편적으로 수용 가능한 형식과 규정과 기준 및 인센티브를 규정하는 규칙 제정의 중요성을 강조하고 있다(이때 이를 협의 중에 있던 중국은 '그린(Green) 일대일로 촉진을 위한 지침서'를 발간함. 중국 정부는 이때 '디지털 실크로드; 일대일로에서 디지털 경제를 개발하기 위한 기회와 도전'(Digital Silk Road; The Opportunity and Challenge to Develop a Digital Economy Along the Belt and Road)이라는 발간물도 발행함).

(c) 2018년 11월 18일, EC(EU 이사회와 유럽중앙은행, 지역위원회와의 협의를 거쳐)가 발표한 '우리 모두를 위한 깨끗한 지구를 위한 장기 전략과 이에 관한 심층 분석'(A clean planet for all and In-depth Analysis)에서, EU의 온실가스목표는 UN의 2010년 Cancun 회의에서 결의한 바 있는, 2050년까지의 장기온도 절감목표 -2℃(세계 1차 산업혁명 당시 대비)에서 그 성취 가능성(-2℃)을 66%로 보고, 피크의 온도를 2℃보다 더 낮게 잡아 강화(1.7~1.8℃)하여 2050년의 -2℃의 달성 가능성을 높인 바 있다.

이러한 EU의 Long term 기후변화에 대한 탄소저감 대책은 온실가스 배출 감소 노력과 행동을 더욱 강력히 경주케 하여, 1990년 이래 탄소감축 조치가 활발하게 실현되고 있거니와, EC는 2050년에는 1990년보다 40%의 탄소배출 감소를, 과거의 2050년까지의 80~95% 감축목표를, 한술 더 강화하여 탄소배출을 마이너스로 하여 'net zero greenhouse gas emission in 2050년'으로 장기 감축목표(LTTG)로 탄소배출감소의 달성이라는 목표를 한 단계 강화하여 정하고 있다.

(d) 이는 2050년에 현재와 같은 '80~85%의 탄소 감축은 지구 기후대책만으로는 충분하지 않다'(insufficient)라는 분석에서 취한 조치이다.[9]

---

9 Fraumhofer 'Climate Analysis' 'Working Paper Sustainability and Innovation' EU long term strategy to reduce GHG emissions in light of Paris Agreement and IPCC Special Report on 1.5℃ Abstract 및 2020년 1월 22일, ING VoxEU 'Central banks and central banks and climate change' 참조.

기록에 의하면 EU에서는 2003년 여름의 고열파도(heatwave)로 15,000명(특히 노인)이 사망한 것으로 기록되어 있고 당국의 조속 대처가 미흡하였음을 비판하고 있다. 이러한 기후변화가 EU 대륙에 엄청난 재난을 가져 오게 되자, EU의 중앙은행은 지구기후변화에 대한 투쟁의 하나로서, '기후변화 리스크'를 금융기관의 금융감독 조건의 하나로 포함시켜, 기후변화 리스크를 'Stress Test'의 조건으로 포함시키게 되었다.[10]

(iii) EU의 장기 기후대책의 수립 배경

그림 4.5 EU 27개국의 연도별 탄소배출 규모의 감소치 비율 추이[11 · 12]

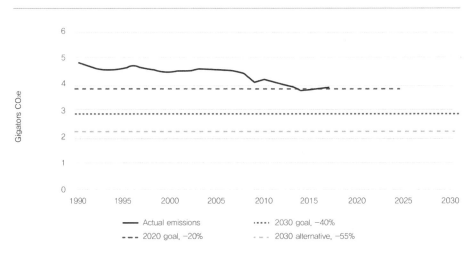

Source: Based on data from the European Environment Agency.

주석; Warsaw, Brussels, and Europe's Green Deal p.6.

---

10 2020년 1월 22일, ING VoxEU 'Central banks and central banks and climate change', 'Internalizing climate risks in financial supervision' 참조.

11 2020년 1월 22일, ING VoxEU 'Central banks and central banks and climate change' p.6 Figure 1. 'EU－27 greenhouse gas emissions by year versus globe' 인용.

12 2020년 7월 30일, energypolicy, columbia,edu./research columbia 'Warsaw. Brussels and Europe's Green Deal; Challenges and Opportunities in 2020. p.6. Figure 1. EU－27 Greenhouse gas emissions by year versus goals 인용.

이는 2050년에 현재와 같은 '80~85%의 탄소 감축은 지구 기후대책으로는 충분하지 않다'(insufficient)라는 분석에서 취한 조치이다.[13]

(a) EU의 환경정책의 수립 과정[14]

(ㄱ) EU는 2차 세계대전 '종전 후의 단일시장 형성'이 모체가 됨

EU는 제2차 세계대전 이후 6개국이 모여, '철강과 석탄(Energy 포함)의 공동시장'을 만들되, 이는 '무역과 평화'의 기초를 둔 시장이 모체가 되었다. 그 후 1980년대에 들어, 이 공동시장에는 지구의 기후변화가 가장 심각한 세계 이슈로 떠오르면서, EU에서는 12개국이 모여, 1992년에 'Single European Act'를 제정하고 'Europe and Community'를 구성해 국내문제뿐만 아니라, 공동 대외 및 안보 분야에서 활동한 것이, 소위 Maastricht Treaty를 체결하고 이것이 EC의 모체가 되어 무역, 안보뿐 아니라 지구환경문제와 기후변화를 다루는 핵심 주체가 된 것이다.

(ㄴ) 1985~1987년의 비엔나와 몬트리올에서의 기후관계 국제회의에서 지구상의 오존층 보호를 심각한 지구상 기후문제로 다루기 시작한 것과 강화된 EU 역할

이 기간 동안에, 특히 1985년에는 '비엔나 컨벤션'(Vienna Convention)이 그리고 1987년에는 '몬트리올 의정서'(Montral Protocol)의 협의가 진행되어, 여기에서 지구 기후변화에 있어, 세계 각국은 오존층(Ozone layer) 보호의 필요성을 인지하고, 양 국제환경회의(1985년의 Vienna Convention), 1987년의 몬트리올 의정서를 개최하면서, 지구상의 오존층의 보호를 꾀하는 것에서 환경정책의 핵심으로 다루어지게 되었다. 이 두 개의 역사적인 국제환경회의를 거치면서, EU의 명실상부한 국제환경문제를 다루는 EU의 공동환경 규제를 위한 유럽의 지배하는 국제기관이 된 것이다.

---

13 Fraumhofer 'Climate Analysis' 'Working Paper Sustainability and Innovation' EU long term strategy to reduce GHG emissions in light of Paris Agreement and IPCC Special Report on 1.5℃ Abstract 참조.

14 2020년 7월 30일, energypolicy, columbia,edu./research columbia 'Warsaw. Brussels and Europe's Green Deal' Challenges and Opportunities in 2020. p.4. 'The EU and Environmental Policy Making" 참조.

(ㄷ) 1990년의 UN의 Rio 국제회의(Rio Earth Summit)에서는 EC가 '큰 소리치는 명실상부한 UN기구'로서 활동하기 시작하게 되었는데, 이는 특히 UNFCCC(UN Framework Convention on Climate Change)와 점점 커지는 EC의 역할에서 주도적인 역할을 하게 되었다

이런 과정 중에서, EC는 벨린 장벽이 무너지면서 냉전이 종식되고 점점 단일화되는 국제기구로서, 특히 지구 환경보호에 있어 결정적이면서 가장 권위 있는 국제공동체로서 드디어 1997년에는 '암스테르담 회의'를 거쳐 명실상부한 국제기구로 부상케 되었다.

(ㄹ) EU의 성장과정에서 EU의 정체성을 갖게 하는 여러 요인 중 기후변화와 환경문제가 가장 중요한 이슈로 등장하였고, 특히 2018년, 'UN Intergovernmental on Climate Change'에서 기후변화대책의 중요성에 관한 보고서(지구의 환경변화를 최소화하고 환경보존을 위하여는 '-2.0℃의 온난화 감축으로는 불충분하고 -1.5℃ 이상의 감축이 필요하다'는 보고서)의 발간과, 스웨덴의 젊은 18세의 기후 행동가인 Greta Thurnsberg의 출현은 EU의 기후대책과 EGD(European Green Deal) 정책의 강화된 기후대책을 수립·진행하는 원동력이 되었다.

(ㅁ) 그러나 방대한 국적 기구가 다수의 회원국을 포용하고 결정을 시행하는 과정에서 국제기구와 회원국의 개별적 이해관계가 상충되면서, 특히 EU 내부와 개별국가의 에너지와 환경 문제에 관한 이해 상충으로 '에너지 믹스'와 관련하여 예민한 분쟁도 피하기 어렵게 되었다(후술).

(ㅂ) 한편 전반적으로 아직도 기후변화대책 방향으로의 투자는 낮고, 초기 단계에 불과해, 예컨대 2018년 세계의 톱 25개 에너지기업의 국제특허출원 건수는 3,043건인데 이 중 8%만이 저탄소와 청정에너지 기술에 관계된 데에 불과할 정도이어서, 전체적으로 청정에너지에 대한 오일 메이저의 기술투자는 아직도 갈 길이 멀다고 하겠다.

(ㅅ) 그러면서도 EU는 2030년까지 재생에너지 32% 증가, 2050년까지 무(zero)탄소에너지 효율성 32.5%로 향상, 온실가스 배출 45% 규모 감축, 저탄소배출의 전력화 강화 및 EV 시장의 확대 등으로, 2050년까지 '제로에 가까운 탄소시대' 달성 등 보다 공격적인 신규 기후대책 목표를 설정하였다.

(3) EU의 기후 우선 대책(Climate Priority)[15]
－선례(先例) 없는 초유의 기후대책 성장(Unprecedented growth) 실적 전망

(ⅰ) EU의 성공적인 기후대책과 '그린 뉴 딜'(Green New Deal) 정책과 그 성과

(a) 최우선 정책으로서 기후대책과 그 달성할 목표
－'EU의 2050년 탄소배출 제로(Net zero emissions) 달성을 목표로!

(ㄱ) 2019년 EU의 대통령으로 취임한 von der Leyan EU 집행위원장은 '기후대책을 EU의 최우선 정책 과제'로 격상하고, 2050년까지 EU를 '무탄소(Net zero emissions by 2050) 지역'으로 만들기 위하여, 2030년 당초 온실가스 저감 수준(30% 감축)보다, 더 확대하여 50%를 감소하기로 결정하였다.

이러한 새로운 EU의 'Green deal' 정책은 2019년 하순 von der Layen 위원장의 취임 후, 100일 내 발표키로 한 것이다(2020년 초에 새로운 Green deal' 정책 발표는 앞장에서 봄). 현재 EU의 탄소배출량의 1/4은 '화석연료로의 발전'(發電)에서 비롯되고 있는 바, 탈(脫)탄소 방향(Decarbononization) 추진은, 우선 전력생산(發電, Power Generation) 분야에서부터 시작하였고, 석탄 등 화석연료로의 발전의 치중 비중을 '재생에너지(RNE)에 의한 발전'을 지속시키기로 하면서, 특히 태양광 발전과 풍력 발전에의 추가 투자는 연간 1,500억 유로로 2050년까지 총 1조 유로 규모의 투자가 필요할 것으로 전망하고 있다.

(ㄴ) 탈탄소(decarbonizing)로의 전환을 하면서, 동시에 'EU 경제를 전력화'(electrification)하는 과정이 뒤따르게 되는데, 이는 빌딩의 난방을 점차적으로 전력화하고, 전기자동차(Electric Vehicle)의 활용을 확대함으로써, 재생에너지에 의하여 생산되는 전기 소비를 60%~65%를 증가시키게 될 것이다. 이 같이 EU는 앞으로 전력생산의 에너지를 업그레이드시키게 될 것이며, 이러한 전력수요의 증가는 태양광과 풍력에 의한 전기 생산 수요를 더욱 증가시킬 것이다.

---

15 2019년 8월 5일, Goldman Sachs(Equity Research) 'European Renewable Utilities' 참조.

(ⅱ) EU가 최우선시하는 기후대책[16]

그림 4.6 숫자로 보는 EU의 기후대책

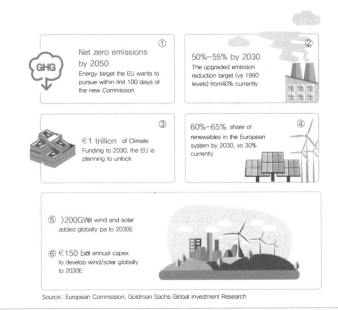

Source: European Commission, Goldman Sachs Global investment Research

(a) EU의 기후대책 목표와 목표 연도(위의 그림 4.6)[17]

EU 28개국의 기후대책 최우선(Climate Priority) 정책목표로!
① 2050년: 순 탄소배출 제로(ZERO)!
② 2030년: 탄소배출 감소, 현재의 40%를 50%~55% 감소로 감축목표 인상
③ 2030년: €1조의 Climate funding 조성
④ 세계 재생에너지(RWE) 중 EU의 비중: 현재의 세계의 RWE 중, 30% → 60~65%/2030년 목표로 제고!
⑤ 태양광, 풍력: 연간 200GW, 생산용량 확대.
⑥ 2030년: €150bn, 태양광, 풍력설비 및 재생에너지 전력에의 투자추가

---

16 2019년 8월, Goldman Sachs. European Renewable Utilities 'The Climate Priority; Unprecedented growth rates ahead' p.4 Exhibit B 인용.

17 2019년 8월 5일, Goldman Sachs 'Equity Research European Renewable Utilities' The Climate Priority; Unprecedented growth rates ahead' p.3. The Climate Priority in numbers 인용.

그림 4.7 EU−28개국의 요인별 온실가스 배출량(2016)[18]

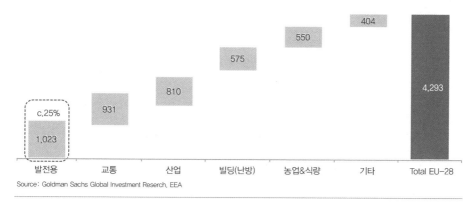

(단위: mt CO₂)

Exhibit 13: Power generation is still the largest polluter in Europe, generating c.25% of all GHG emissions
EU−28 greenhouse gas emissions by sector (mtCO₂e,2016)

Source: Goldman Sachs Global Investment Reserch, EEA

주석1; 온실가스 배출 총량: 4,293mt.
- 분야별 배출 비중: 발전:1,023(25%), 교통: 931, 산업: 810, 빌딩(난방): 575, 농업&식량: 550, 기타: 404
- 발전(發電)에서 배출되는 온실가스(GHG) 비중이 25%로 가장 높음.
주석2; EU의 분야별 탄소배출 규모 비교(2016): 발전, 교통, 산업 순[19]
주석3; EU의 전력생산시 배출되는 이산화탄소: 가장 큰 탄소배출요인(25% 비중)[20]

발전용 다음으로 전기생산, 교통, 산업, 건물(난방)순으로 탄소배출이 많다. 따라서 기후대책은 '저탄소배출 발전'(發電)이 최대 관건이다. 즉, 풍력, 태양광 발전 등 탄소배출이 적은 재생에너지 발전과 원전, 수력 발전 등이 중요하다.

---

18 상 동. p.5 Exhibit 2. Power generation is still the largest polluter in Europe, generating c.25 of all GHG emissions 수치 인용.

19 2019년 8월, Goldman Sachs 'European Renewable Utilities' 'The Climate Priority; Unprecendented growth rates ahead' p.4의 Exhibit. 13 인용.

20 2019년 8월, Goldman Sachs 'European Renewable Utilities' 'The Climate Priority; Unprecendented growth rates ahead' p.14.의 Exhibit 13. Power generation is still the largest polluter in Europe 인용.

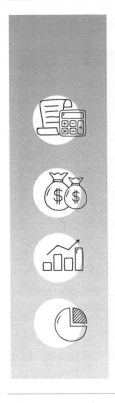

EU의 그린 딜

숫자로 본

2050년까지 총 필요 투자액 : 7조 유로
필요한 공공지원 : 4조 유로
개인투자용 : 3조 유로

국가 에너지 계획에 의한 주거용 송전설비의
자본 투자 : +65%
총 그린딜 시행 : 〉100%

EPS CAGR(2020-30) Climate Champion : c.9%
Blue Sky의 주식 가격 상승: c.80%

공공 정책에 의한 가시적 성장 : 30년

출처; Goldman Sachs the eu green deal 3.
주석1; 2030년: 탄소배출을 1990년 대비 55% 감축목표로 함.
주석2; 2050년: 장기 탄소 감축목표: 1990년 대비 100~95% 감축목표로 함.

---

21 2020년 7월 7일, Goldman Sachs(Equity Research) 'The EU Green Deal Green Upside' p.4.
The Green Deal in Numbers.

(b) EU 기후대책은 발전에서의 탄소저감(decarbonization)에서 시작됨
  −당시까지 EU의 탄소배출(온실가스 배출)의 1/4은 전력생산에서 비롯됨
  −EU: '화석연료로 전력생산' 과정에서의 탄소배출은 25%로 제일 높음

전력생산 과정 다음으로 배출가스가 많은 부문은 운송용이고, 그 다음의 배출은 산업용 발전 시에 배출되는 것이다.

(c) 2019년 말, 발표된 EU의 'Green New Deal'은 무엇인가?[22]
  −EU Climate Law의 입법화(EUROPEAN COMMISSION: The European Green Deal)[23]

EU의 목표는 '기후와 환경에 관계되는 여러 문제에 도전'하는 것이다. '기후변화와 관련, 8백만 개의 기후 결정 요인 중, 백만 개가 변하고 있으며, 삼림과 대양은 공해로 악화되고 파괴되고 있다. EU의 '그린 뉴 딜 정책'은 이런 문제에 대한 도전이다. 문제 많은 사회를 공정하고 번영하는 사회로 만들고, 자원의 효율적이며, 경쟁력 있는 경제를 만들기 위한 것이다. EU는 보다 지속적인 경제와 사회로 전환하기 위한 집단적 능력이 있으며, 기후와 환경개선수단을 갖고 있어, 집단적인 공공투자와 소비자 보호와 근로자의 권리보호를 추진할 것이다.

다만 이 Green New Deal'은 유럽 단독으로 추진하는 것이 아닌, 전 세계적으로 추진하는 것으로 이는 UN의 2030년 아젠다로서 '지속 가능한(Sustainable) 개발목표'의 일환으로, 즉 EU 전략의 일환으로서 그리고 무엇보다 중요한 의미는 EU의 신임 대통령인 von der Leyan의 공약한 '정치적 가이드 라인'으로 공표한 것이다.

2050년까지 Climate Neutrality(Clean Planet)의 달성을 위해, 2020년 3월까지 첫 'EU Climate Law'를 입법화할 것이다. 이를 달성하기 위한 2030년 및 2050년까지의 기후대책의 목표, 즉 공해의 중립성(Pollution's Neutrality)을 달성하기 위한 방안으로, 구체적 실천방안을, 2020년 3월에 'Climate Law' 형태로 발표한 것이다.

---

22 2019년 11월 12일, European Commission. Communication from the Commission parliament, the European Parliament, The European Council, the European Economic and Social Committee and the Region 발행; 'The European Green Deal' 참조.
23 2019년 11월 12일, Brussel.

이를 달성하기 위한 구체적 방안은 이미 실천에 착수하여, <u>1990년부터 2018년</u> <u>까지 온실가스 배출을 23% 감축</u>하였으며, <u>2030년까지는 GHG를 50% 더 감축</u> <u>할 것이고, 최종적으로는 1990년의 가스배출 수준의 50%로 감축할 계획을 갖고</u> 추진 중에 있다. 그 외에도 EC는 <u>2003년에, EU식 Emissions Trading System을</u> <u>도입하여 경제 전반에 걸쳐 '효율적인 카본 Pricing을 실시하기 위하여, 관계되</u> <u>는 규정을 제정, 실시</u>하고 있다. 또한 아직도 지역에 따라 온실가스 감축목표와 의지가 상이한 바, <u>EC는 타지역 간 소위 'Carbon Border Adjustments' 메커니즘을</u> <u>채택</u>하고 있다(후술). EU는 이런 제도를 제안하면서, 기후변화에 대처하여 탄소 배출의 감소를 위한 보다 적극적인 접근을 행동으로 옮기고 있다.[24]

(d) 2030년: 탄소의 40%(1990년 比)의 강제적 감축목표 설정

<u>EU의 신집행부(2019년 취임)의 강력해진 기후변화대책과 목표는 아래와 같다.</u>[25]
 – 2050년까지 '제로탄소배출' 달성을 위해, €1조 펀드 조성, 투자목표설정
 – 2030년까지 1990년 대비 55%의 탄소 감축(저감) 목표 선언
 – 2050년까지 100% 대비 EU 탄소배출 감소목표(무탄소) 선언, '완전 무탄소
　 지역' EU 목표 선언

통화정책 면에서 금리수준은 점차 인하하는 금리수준과 통화정책상 지원으로 중앙은행의 재활금리가 인하되고 있으며, 공익시설에 대한 WACC(가중평균금리) 세 후 가중금리가 2~3% 수준까지 하락케 하여, 기후변화에 대비하는 공익전력회 사(grid)의 인프라 투자가 용이하도록 2~3%대 수준까지 하락하고 있다.

재생에너지 시장은 연간 확대되는 에너지시장의 70~80%를 점하고 있어, EU 내 7~8대 공익전력설비(Public Utilities)회사는 연간 2~4GW의 규모 확장을 계획하고 있다. 재생에너지의 공급 증가는 2030년까지 200GW가 확대될 것이고 태양광, 풍력 발전시설에의 투자는 2030년까지 €1500억 유로가 투자될 것이다.

---

24 상 동. pp.4 – 5. '2. Transforming the EUs Economy for Sustainable Future' 참조.
25 2019년 10월, GoldmanSachs 'European Renewable Utilities' 'The Climate Priority; Unprecendented
　 growth rates ahead' Exhibit 1. 그림 인용.

(iii) 새로운 EU 집행부의 기후대책 수립 과정과 우선순위의 재조정

EU 신집행부의 강력한 의지로 EU 전역에 걸쳐 2050년에 탄소배출 제로가 목표이다.

그림 4.9 미국, 일본보다 더 강화된 EU의 탄소감축목표와 실적(2018~2019)[26]

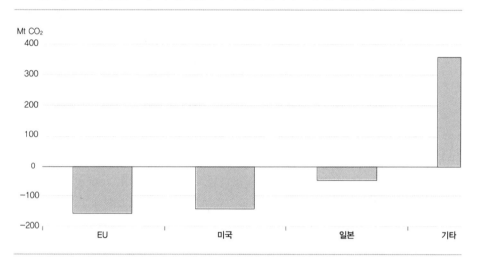

---

26 2019년 10월, Goldman Sachs 'European Renewable Utilities' 'The Climate Priority; Unprecendented growth rates ahead' Exhibit 1. 활용.

(iv) 2019년 말, 신임 EU 집행위원장 폰데어라이엔(von der Leyan)의 취임
　　과 더 강력해진 기후대책으로서 유럽의 그린 딜(EGD)[27]

(a) 강력해진 기후대책 추진을 재확인하는 EU 신임 위원장

(ㄱ) 후세에게 물려줄 성공적인 유럽을 만든다는 EU 위원장의 뉴 딜(New Deal)정책
　　－유럽의 그린 뉴 딜(Green New Deal) 정책
　　－미국의 그린 뉴 딜 정책, 하원 법제정 추진, 상원의 부결:[28] 미국 법규화 실패로
　　　실시 강제력 상실, 미국과 ECD의 기후대책 시행력상 차이
　　－대폭 확장되는 EU의 태양광, 풍력 재생에너지산업과 재생에너지 발전사업
　　－노드 스트림 2(Nord Stream 2)의 건설로 EU로 가스공급 안보를 확보하려는
　　　EU와 유로화의 국제기축통화로서 결제성 강화
　　－탄소국경세의 신설로 2050년 탄소제로를 목표하는 유로의 야심찬 기후대책

(ㄴ) 2019년 말, EU 집행위원장으로 취임한 독일의 국방장관이었던 폰데어라이
언(von der Leyan)은 강한 유럽을 만들겠다며, '강한 유로화'(貨)를 만드는 일과
유로경제의 친환경경제 성장전략으로서 '유럽식 뉴 딜(New Deal) 성장정책'을
EU 정상회의에서 발표하였다.

　　그는 '성공적인 유럽'을 미래세대에 물려주겠다고 하면서, 환경정책에서는
'2050년까지 유럽을 탄소중립대륙'(Carbon Neutral Continent)이 되는 것을 목표로
하면서, 이의 실천을 위해 '탄소국경세제'를 도입하고, 이 '탄소중립지대'를 만들
기 위한 수단의 하나로서 '탄소 국경세'(Carbon Border Tax, 후술)의 도입의 검토를
시사하였다(이런 탄소배출 감축목표는 당초 '44% 감축(1990년 대비)'이었는데 von der Reyan
EU 위원장의 취임을 계기로 이를 '55% 감축'으로 탄소 감축목표를 증가시키고, 이를 위해 '1조 유로'
를 투자키로 하였음).

(ㄷ) 2030년 여름까지 태양광, 풍력 발전 등 신재생에너지(RWE)의 증산 확대와
무공해 재생에너지로의 전력생산 확대로, 탄소배출량을 1990년 대비 55%를 감
축하기로 하였다.

---

27 2020년 1월 3일, 조선일보 WEEKLY BIZ 'CEO in News' '우리 아이들에게 분열되고 쇠약한 유럽
　을 물려 줄 수 없어요' 7남매의 엄마, 폰데어라이엔 EU집행위원장. 참조 인용.
28 2020년 7월 30일, energypolicy, columbia,edu./research columbia 'Warsaw. Brussels and
　Europe's Green Deal; Challenges and Opportunities in 2020. p.5. Emergence of the EGD 참조.

(ㄹ) 국제 재생에너지산업(태양광 및 육상, 해상 풍력산업)은 2007년 이래 10배로 성장하여 2018년 말에는 1,000gw를 초과하게 되었다. 이 기간 동안에 그 용량에 있어서는 연평균 23%씩 증가하였다. 기간별로 보면 특히 2008~2011년간에 연평균 2배로 증가하여 50GW의 용량이 100GW를 초과하면서, 2018년에는 150GW까지 확대되었다. 이는 2008년의 경우 세계 풍력, 태양광은 세계 에너지생산량의 1%에 불과하였으나, 2018년까지 7%로 확대되어, 특히 <u>유럽에서의 성장세가 빨라, 유럽에서의 재생에너지 비중이 총에너지 생산의 15%를 차지하면서, 2018년까지 10배로 성장하였다.</u>

이런 재생에너지 생산의 확대는 탄소배출을 감축하는 것만이 아니라, 에너지 산업의 혁신을 통해 새로운 비즈니스와 시장과 일자리를 창출하는 것이라고, 1조 유로 규모의 '신 성장정책'(New Deal Growth Policy)의 핵심임을 부연하였다.

(b) 또한 폰 데어라이엔 EU 위원장은 그간 EU가 도입하고 있는 <u>석유, 가스 등의 수입의 90%의 비중의 결제통화를 달러화로 결제하고 있는 것을 앞으로 곧 준공될 러시아의 가스프롬(Gazprom)사로부터 도입하는 가스의 대금결제를 유로화로 바꾸는 것을 포함한 유로화의 국제기축통화로서의 기능 강화 등을 통하여</u> 2050년까지 유럽을 만들 것을 추진한다는 계획을 공표하였다.

　(ㄱ) 노르드 스트림 2(Nord Stream 2)의 가스 파이프라인 건설과 유로화의 결제 기능 강화

EU의 장기적 탄소 중립화에 기여하는 수단이며, 유로화의 국제결제기능의 확대에 결정적 기여를 하였다.

EU는 $화의 국제결제기능에 맞서는 유로화의 지배력 강화와 유로(€)화의 국제결제기능의 강화조치로서, 우선 2020년부터 러시아의 최대석유회사인 로즈네프트(Roseneft)사로부터 수입하는 가스(현재 노르드 스트림(North stream)) 해저 파이프라인을 1개 증설(Nord stream 2, 독일의 Mukran항 출발, 2,100km 총 연장)하였다.

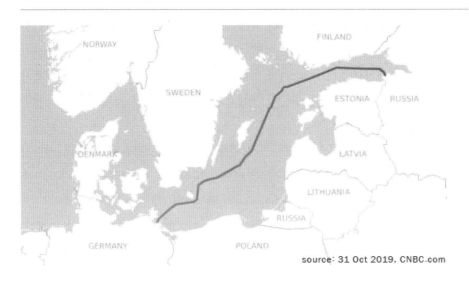

그림 4.10 러시아로부터 발틱해를 거쳐 유럽으로 가스를 공급할 해저 파이프라인(A contenous Russian-led gas pipeline in Europe will soon exist. Here's why it matters)

source: 31 Oct 2019. CNBC.com

출처; The Route of a proposed new gas pipeline from Russia to Europe via the Baltic Sea(CNBC, COM. 2019/10/31).
주석; 독일-러시아의 이 파이프라인(Nord stream 2)는 오스트리아 등 28개 유로 회원국, 5.1억 명의 유럽 인구를 상대로 하는 세계 최대의 에너지시장임.

　(ㄴ) 이는 러시아산 가스도입을 현재의 2배로 확대 도입하는 계획으로, 핀란드, 덴마크의 지원과 승인하에 North stream 2를 건설 중일 때부터 유로화를 대체 사용할 계획이다.

| 참고 |

미국 대통령 및 미국 상원은 동 프로젝트를 '커다란 미스테이크'(tremendous mistake)라고 하면서, 그 반대 이유(결제통화, 미국가스판매시장 위축)로 제기하고 있다. 동 파이프라인은 110억$(95억 유로)의 건설비용(독일, 프랑스. 오스트리아 및 네덜란드 등 은행 차관 및 네덜란드의 Royal Dutch Shell 등에의 차관)을 들여, 발틱해저를 통해, 연간 1,100억 큐빅 메타의 가스를 운송할 계획이다.

(4) EU가 도입할 예정인 Carbon border tax 제도[29]

(ⅰ) 탄소중립화를 실현하는 효율적 수단인 탄소 국경세(Carbon border tax) 도입

EU의 '27개 회원국이 참여하고 있는 2050년까지 탄소 중립화를 기하겠다'는 친환경정책의 내용 중 가장 중요한 수단은, 여러 가지 문제점이 내재되어 있는 '카본(탄소) 국경세'(Carbon Pricing Tax, Border Carbon adjustments)제도이다.

이 제도는 특히 신임 EU 위원장인 von der Leyen이 EU의 환경·기후대책의 일환으로 강력히 주장하여 실시하게 될 제도로서, 많은 회원국들은 자유무역주의를 원칙으로 하고 있는 'WTO 규정에 어긋난다'는 취지(특히 미국과 캐나다 등의 철강수출 관련)에서 반대도 많다.

2021년부터 실시할 예정인 탄소 국경세는, 수입 물자에 있어 특히 '탄소배출 규제가 약한 국가'로부터의 수입품에 대하여는, EU의 평균 탄소거래 시스템(carbon emissions trading system)에 의해 산출하여 부과하는 세금(일종의 관세)으로서, 특히 수출국의 탄소배출 규제가 취약한 국가로부터의 수출품의 수입 시에 고율의 탄소세를 부과하는 제도이다. 따라서 부과되는 탄소국경세로 인하여 탄소배출이 작은 국가의 제품보다도 그만큼 탄소배출규제가 약한 국가제품의 가격경쟁력이 약화되므로 자연히 탄소배출이 많은 국가(carbon leakage)는 탄소배출 저감 조치를 강화하는 노력을 하게끔 강요될 것이라고 보고 이 제도를 추진하고 있는 것이다(이런 탄소 국경세는 원래 미국의 오바마 대통령 시절 미 의회에서도 제안되었었고, 2020년의 미국의 대선경쟁에 뛰고 있는 민주당의 J.Biden 후보가 특히 역설하고 있는 제도임).

(ⅱ) 탄소국경세 실시상 난점: 수입품의 경우의 탄소배출규모와 수준 산정상 애로
ー글로벌 서플라이 체인(Supply Chain)에 있어, 탄소의 비중 산출의 난점

이 제도의 실시에 있어서 난점은, '수입품의 탄소배출 규모의 산정'(算定)이다. 즉, 철강, 시멘트, 알루미늄 같은 단순 품목은 비교적 탄소배출규모와 배출 수준

---

29 2019년 10월 10일, FT 'EU carbon border push seeks to dodge trade coash' 및 2020년 1월 3일 FT 사설 'EU carbon border tax plan is risky but needed' 참조.

산정이 용이하나, 보통 각국이 각각 상이한 기후와 에너지 대책의 정책을 실시하고 있어, 복잡한 서플라이 체인(Supply Chain)으로 얽혀 있는 수입품에 대하여는 탄소 수입세를 산출하기 위한 세율 산정이 그리 쉽지 않다는 점이다. 더욱이 WTO(세계무역기구)에서는 세계무역에 있어 회원국은 상대 국가의 무역정책에서 '상대방 국가에 따라 차등세율을 부과하는 보호무역제도를 금지'하고 있으므로 그 실시에 있어 애로사항이 될 것이 우려된다고 평가된다. 이런 시행상의 애로점에 대하여는 EU도 아직 그 준비가 부족한 상태에 있다.

또한 이 탄소 국경세 제도의 구체적 실시단계에서는, 특히 브라셀(EU)과 미국과의 관계에서, 미국과 EU와의 분규가 예상된다고 많은 전문가는 예상하고 있다.

그러나 지구 전체가 온난화와 증가하는 탄소배출로 고민하는 현실에서 '탄소국경세'의 실시는 세계가 탄소배출 감축목표를 달성할 때까지 이러한 국경세의 실시는 불가피한 제도인 것이라고 FT지는 동 사설에서 강조하고 있다.

탄소국경세의 실시는 여러 가지 문제점이 많지만, 꼭 필요한 제도인 것을 강조하고 있다. 앞으로 제일 먼저 실시할 예정인 EU의 탄소국경세(Carbon Border Adjustments) 실시와 그 내용이 우리의 관심을 끈다.

(iii) 전 세계 재생에너지도 빠른 추세로 성장, EU의 재생에너지 분야의 성장을 가속화시킴

- 2008년 이래, 전 세계 재생에너지 분야는 10배로 연간 23%씩 성장(연간 200GW씩 성장)
- 급성장하는 EU의 재생에너지산업(해상풍력, 육상풍력, 태양광 PV)성장[30]

(a) EU의 재생에너지산업(해양풍력, 지상풍력, 태양광 PV 발전)의 급성장 전망

(ㄱ) EU의 재생에너지(산업의 급성장과 전력단가 인하)의 주된 요인[31]

① 금후 EU의 3가지 재생에너지 발전방식은 연간 200GW씩 확대될 것으로

---

30 상 동. p.6. Exhibit 4. We expect global renewables to grow by 200GW. pa to 2030 인용.
31 2019년 8월 5일, Goldman Sachs(Equity Research) 'European Renewable Utilities' p.6. Exhibit. 3 Renewables Deeply in the moneyn over coming years 인용.

기대하며, 돌아올 세기간 연간 €150억 유로씩, 오는 10년간 €1조 5,000억 유로의 투자가 일어날 전망이다. 이런 재생에너지 분야의 급성장은 2020~2030년간의 독일의 전력생산총액과 맞먹는 규모로서 그 스케일을 짐작케 한다.

② EU 기후우선정책(Climate Priority) 핵심은 재생에너지 확대 및 발전 확대이며, EU 기후정책에 우선적 priority를 두는 정책이다.[32]

③ EU 탄소배출감소 Action 시작: 재생에너지생산과 동 전기 생산 확충

  - 2019년의 EU의 탄소배출의 1/4(25%)은 화석연료로 전기 생산 과정에서 비롯되었으므로 탄소감소의 지름길은 발전용 에너지를 화석연료에서 재생에너지로 전환하는 것이다.

  - 2016년, EU 28개국의 탄소배출(총 43억톤)의 요인별 배출규모(mt CO_2e)와 그 비중은 총 배출 4,293mt CO_2 중, 화석연료용 발전(發電)이 탄소배출의 25%의 비중으로 높았다.(mt CO_2 e, 2016년)[33] (화석연료용: 발전: 1,023, 운송용: 931, 산업용: 810. 건물: 575, 농업: 550)

    → EU의 전기수요가 2018년 2,925TWh가 2050년에는 5,360TWh로, 년 평균 2%씩 증가 전망

    → 이에 EU의 태양 재생에너지 개발과 재생에너지 투자에 중점을 두게 됨
    (그간 2016년까지 EU의 가장 큰 탄소배출요인은 화석연료에 의한 전력생산이었음)

---

32 이하 인용한 10여 개의 그림은 2019년 10월, Goldman Sachs 'European Renewable Utilities' 'The Climate Priority; Unprecedented growth rates ahead' Exhibit를 인용한 것임.

33 상 동. Exhibit 2. 인용.

(iv) EU의 전기 수요 증가 전망과 이에 대한 대처(재생에너지 중심)[34]

● **그림 4.11** 2008년에서 2018년까지의 재생에너지 구성의 변화

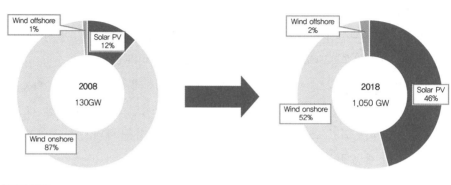

Source: IRENA

주석; 130GW/2008 → 1,050GW/2018년으로 성장.
　　　Solar: 12%/2008 → 46%/2018년으로 성장.
　　　Wind Offshore: 87% → 57%/2028년으로 비중은 감소.

(a) 과감한 탈 탄소 경제건설을 하고자 하는 EU의 전기 수요는 연간 2%의 수요 증가(예상)로서, 가장 핵심되는 전력공급 증가는 재생에너지생산 증가와 재생에너지에 의한 전력생산 증가에 달려 있다. 즉, 2018년의 전기 수요는 산업용 1,272TWh, 서비스부문 845TWh, 주거용 808THw에서 2050년의 소위 '전력화'(Electrification) 사업 후에는, 최근 시작한 전기자동차(EV)용이 전력의 731 THw가 수요로서 신설 추가되고, 산업용 1,649TWh, 서비스용 1,584TWh 및 주거용 1,396 TWh로서 특히 'EV용의 전력수요가 큰 몫으로 신규 수요를 차지하고 있다. 그 다음이 서비스용과 주거용 난방용(heating)의 순서인 것이 특징이다 (여기에는 2050년에의 EV[전기자동차용] 전력수요를 포함함. 따라서 재생에너지에 의한 전력생산 확대가 필요하게 됨).

---

34 2019년 10월, Goldman Sachs 'European Renewable Utilities' 'The Climate Priority; Unprecendented growth rates ahead' Exhibit 6 인용.

그림 4.12 EU의 전력수요의 부문별 예측 전망(2018~2050)

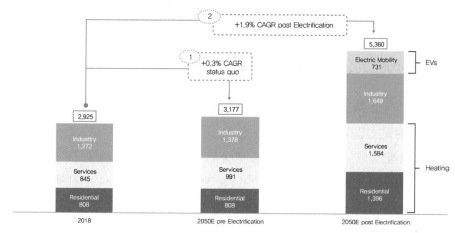

Source: Goldman Sachs Global Investment Reserch, Eurostat

EV용은 2050년대를 향해 중국과 EU가 탄소 감축에 현저히 기여하는 분야로 서 후술한다(유럽의 탄소배출 감축목표달성을 위해 무탄소 전력사업은 매년 2%씩 성장 필요).

(b) 그리하여 2018년부터 2050년간 특히 전력화 이후 사업 성장력도 높아 CAGR 도 1.9%로서 그 성장력이 매우 높은 것이 특징이다. Goldman Sachs사는 EU가 전력화하는 데에의 필요한 신규투자는 2,500억 유로의 추가 투자를 전제로 한 것이다.

(c) 급신장하는 전 세계의 재생에너지(풍력과 태양광 발전) 시장
  −2018년, 재생에너지 중 태양광 PV는 50%의 비중으로 증가!
  −전 세계 재생에너지 산업: 2∼10배로 급성장[35]
  −2007∼2018년 연평균: 23% 성장
  −2008∼2018년: 10년간 10배 시장으로 성장

(ㄱ) 전 세계의 재생에너지산업(Solar PV, Wind onshore, Wind offshore)의 발
  전(發電)산업(2008∼2018)

  전 세계 풍력 및 태양광 발전은 2008년 이래, 연평균 23%씩 증가하였으며[36]
2018년에는 재생에너지 중 육상풍력(58%)과 태양광 발전(46%)이 지배하는 전력
시장이 되었다.

그림 4.13 태양광 발전은 전 세계 재생에너지의 46%의 비중으로 성장[37]

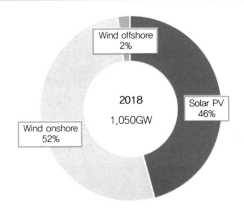

Source: Goldman Sachs Global Investment Research, IRENA

출처; wind solar european renewable utilities p.18

---

35 상 동. p.17. Global renewables market; +10x since 2008 인용.
36 2019년 10월, Goldman Sachs 'European Renewable Utilities' 'The Climate Priority; Unprecendented growth rates ahead' p.6. Exhibit 4; We expect global renewables to grow by 200GW pa. to 2030 인용. 상 동. p.18. Exhibit 18. Wind onshore and Solar PV are lion's share today 인용.
37 2019년 10월, Goldman Sachs 'European Renewable Utilities' 'The Climate Priority; Unprecendented growth rates ahead' p.20 Exhibit 21. Solar has caught up with other technologies to account for 50% of reneaable capacity. Global renewable capacity mix by technology, 2008 and 2018(GW) 인용.

(ㄴ) 2008년 이래 급성장하는 EU의 태양광 발전(PV)산업(photovolataic)

2008년 태양광 발전산업은 전 세계 재생에너지사업의 15%의 비중에 불과하였다. 그러나 그 후 획기적인 비용 하락(지난 10년간 80% 하락)으로 태양광판 설치가 확대되어, 2018년에는 태양광산업(Solar PV)은 <u>전 세계 재생에너지산업(1,058)</u> <u>의 45%</u>를 점하게 되었다. 지난 10년간에 15% 비중이 45% 비중으로 확대된 것이다.

즉, <u>2008~2018년간 전 세계 태양광 발전산업은 연간 평균 40% 이상 성장</u> <u>하여 전력생산규모는 50GW로 확대</u>되었으며, 특히 최근의 2017년과 2018년에는 평균 100GW씩 확장되었다.

그림 4.14 2008년부터 성장세가 가속화하는 태양광 PV 시장 확대세(연간 50GW씩 확대)[38]

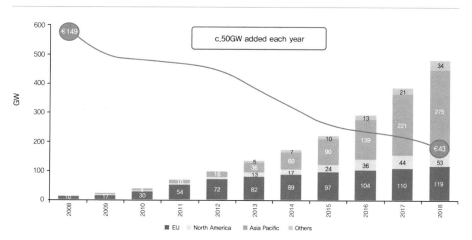

Source IRENA, Goldman Sachs Global Investment Research

출처; IRENA 9 solar pv european renewable utilities p.21.
주석1; 중국의 경제 성장과, pv 가격 급락으로, 세계 태양광시장 확장의 가속화.
주석2; 비중이 큰 아시아 태평양지역은 그 성장을 나타내는 바, 절대적 요인은 중국임.

---

38 2019년 8월, Goldman Sachs 'European Reneables Utilities' 'The Climate Priority Unprecedented growth rates ahead' p.28. Exhibit 33. Solar Capacity could rise beyond 1,700GW by 2030 as costs continue to fall 인용.

그림 4.15 에너지 믹스에 있어, 결국 재생에너지 중 태양광 발전에 점령당함[39]

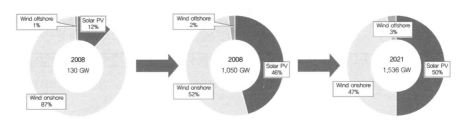

Source: Goldman Sachs Global Investment Research, IRENA

주석; <u>EU의 태양광 설비투자; 연간 €50 - 60bn규모의 신규투자로 성장</u>(= 2030년 전 세계 태양광 투자 €6,600억 중, 2030년 EU의 용량 1,300GW.)

(ㄷ) 특히 전 세계에서 태양광과 풍력 발전의 에너지생산 시스템이 현저히 확대되어 에너지 중 재생에너지 비중이 전 세계의 에너지 생산의 7%의 비중으로 확대되었기 때문이다. 이 중 EU에서의 비중이 전 에너지 생산의 15%로 그 기간 내에 EU에서 재생에너지 발전이 급격히 확대된 것에 비롯된다. 그러나 급성장세에 비해 전체 전력생산에서의 비중은 아직은 낮다.

(d) 육상 풍력과 해상 풍력 발전에서는 특히 EU의 급성장

그림 4.16

출처; wind solar european renewable utilities p.27.

---

39 2019년 8월, Goldman Sachs 'European Renewable Utilities' 'The Climate Priority; Unprecedented growth rates ahead' p.27. Exhibit 32 인용.

(ㄱ) 2008~2018년간 세계의 육상 풍력 발전은 연평균 17%씩(연평균 45gw) 성장하여 2018년 말에는 540GW가 되었다. 이에 2008년에는 62GW에 불과하였던, EU는 2018년에는 162GW로 2.8배가 성장하였다.

(ㄴ) EU의 해상풍력 발전은 2030년까지 65~85GW까지 확대할 계획으로, 기후대책에 EU는 특히 이 분야 확장에 적극적이다(2030년 EU: 65-85GW로 확대 계획).

그림 4.17 EU: 2030년까지 65~85GW, 미국: 2030년까지 22GW, 중국: 2020년까지 5GW로 해상 풍력 확대 계획

Table3 ▷   Policies targeting at least 10 GW of offshore wind by 2030

Region/country	Policy target
European Union	65–85GW by 2030
China	5GW by 2020 (10 GW construction capacity)
United States	22GW by 2030
India	5GW by 2022 and 30 GW by 2030
Chinese Taipei	5.5GW by 2025 and 10 GW by 2030
Korea	12GW by 2030

주석1; EU의 해상 풍력 발전시장은 2030년까지 세계에서 가장 앞서는 시장이 될 것임.
주석2; 해상 풍력 발전의 EU, 북미주, 아시아 태평양의 증가 연 17%[40]
주석3; EU는 해상풍력에서 세계 1위로서, 2030년까지 65~85GW가 될 것임.

---

40 상 동. p.19. Exhibit 19. Wind Onshore has been growing at 17% CAGR, or +45GW 인용.

그림 4.18 골드만 삭스의 유럽 전력시장 전망(2008~2040)

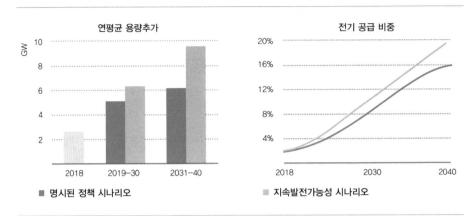

그림 4.19 2008년 이래, 세계의 풍력 발전과 태양관발전 설비의 확대 추세(연간 50GW ~100GW)

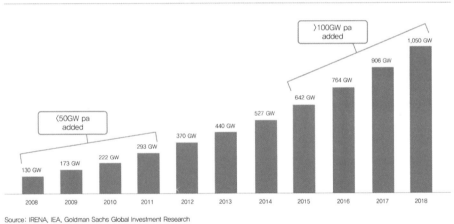

Source: IRENA, IEA, Goldman Sachs Global Investment Research

또한 그 성장속도는 앞으로 2019~2030년, 2031년과 2040년까지 '지속발전 가능성 시나리오'에서는 더 빠른 속도로 성장할 전망으로서, EU의 해상풍력 발전은 초스피드로 증가할 전망이다. 이러한 성장세는 미국의 성장은 물론, 중국보다 더 빠른 증가 전망이다. EU의 기후대책의 일환으로 화석연료 발전에서 해상풍력 발전인 재생에너지 발전으로의 전환정책이 크게 주효할 전망이기 때문이다.

(ㄷ) 이 같이 특히 EU에서 해상풍력 발전 분야에서 급성장하여, 2008년에는 1GW에 불과하였으나, 매년 2GW가 확대되어 2018년에는 EU의 풍력 발전은 19GW로 19배가 증가하였다. 이로써 해상풍력 발전이 EU의 저탄소운동의 핵심 역할을 하게 된 것이다.

(ㄹ) 한편 세계의 지상발전(풍력 발전은 연 17%로 증가)은 꾸준히 증가하여, 연 45GW 씩 증가하였는데 이 중 EU의 증가세가 가장 꾸준하였고 또한 현저하였다.[41]

(ㅁ) 전 세계 해상풍력 발전 및 태양광 발전에서 EU의 투자액의 급증[42]

세계의 해상 풍력시장의 수익성이 양호하여 CAGR은 연 17% 이상이 되었다. 2008년 이래 세계의 태양광 및 풍력 발전시장은 연 18%로 성장하였으며,[43] EU의 해상풍력설비투자는 꾸준히 증가하여 북미(미국과 캐나다)의 해상투자규모는 물론 중국의 해상풍력 투자를 능가한다.

---

41 2019년 10월, Goldman Sachs 'European Renewable Utilities' p.19. Exhibit 19. Wind onshore has been growing at a 17% CAGR or c 45GW pa. 인용.

42 2019년 10월, Goldman Sachs 'European Renewable Utilities' 'The Climate Priority; Unprecendented growth rates ahead' p26. Exhibit 30. Offshore growth could imply €40−50 bn. pa of incremental renewable investments 및 동 p.28. Exhibit 34. Solar installation over coming decade could imply €50−60 bn investment pa global solar investment per year.

43 상 동. p.17. Exhibit 16. Global wind and solar installations have increased by +25% pa. since 2008 인용.

그림 4.20 세계의 풍력 발전 설비에의 투자 실적[44]

Exhibit 19: Wind onshore has been growing at a 17% CAGR, or +c.45GW pa
Global wind onshop market (GW)

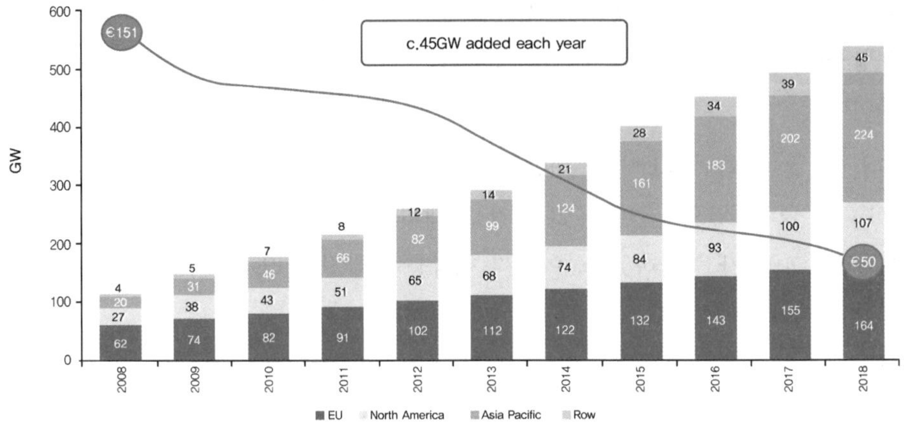

Source IRENA, Goldman Sachs Global Investment Research

주석; 2008년 이래 2018년까지 연간 23%씩 지속적 투자 확대.

(ㅂ) 세계의 풍력, 태양광 설비는 2008년 이래, 매년 23%씩 확대되어 10배로 성장[45]

특히 해상 풍력 발전을 가장 의욕적인 성장목표를 세우고 확대정책을 시행하고 있다. 이 중에서도 EU가 가장 의욕적인 목표를 세우고 실천하고 있는 바, EU 회원국의 해상풍력 건설목표는 2030년까지 65~85GW이며, 다음은 중국으로 5개년 계획상 2020년까지 각성별로 총 50GW까지 달성하는 것으로 되어 있다. 그 다음은 미국, 인도, 대만 및 한국 순으로 풍력 발전 확장 계획을 갖고 있다.[46]

44 2019년 8월 6일, Goldman Sachs 'European Renewable Utilities; The Climate Priority; Unprecendented growth rates ahead' p.17 Exhibit 18; Global wind and solar installations increased by +23% pa. since 2008 인용.

45 2019년 8월 6일, Goldman Sachs 'European Renewable Utilities; The Climate Priority; Unprecendented growth rates ahead' p.17 참조.

46 2019년 10월 25일, iea 'Offshore wind to become a $ 1. trillion industry' p.29 Regional outlook. Table 3. 참조 인용.

표 4.1 EU와 몇몇 국가의 2030년까지의 해상 풍력의 건설 목표[47]

지역/국가	해상풍력 발전 용량 건설 정책 목표
EU	2030년까지 65~85GW, 2040년까지 175GW
중국	2020년까지 5GW(10GW 건설 용량)
미국	2030년까지 22GW
인도	2020년까지 5GW, 2030년까지 30GW
대만	2025년 5.5GW, 2030년까지 10GW
한국	2030년까지 12GW

(ㅅ) 풍력 발전에 있어, 금후 20년인 2040년까지의 EU의 증가 목표는 전 세계의 비중이 세계의 풍력 발전의 40%로서, 이 증설 규모는 130GW가 되는 것이다. 여기 투자에는 설비 투자로서 2018년에는 110억$, 그 후부터는 연평균 170억$씩 투자할 계획으로 되어 있다. 신설되는 풍력 발전은 신규 전력수요에 충당하는 관계를 갖고 있다. 따라서 EU의 신규 전기 공급의 40%는 풍력 발전으로 충당할 계획이며, 그 투자 규모는 매년 평균 230억$로 2040년까지 총 투자는 5,000억$가 될 전망이다.[48]

(ㅇ) EU 각국의 해상풍력 발전 설비건설 참여계획과 북해에서의 협조 관계[49]

EU의 해상풍력 발전설비 설치계획은 2040년까지 75GW 규모로서, 총 투자금액은 5,000억$가 될 것인데, 이는 연간 230억$의 투자로 계획되어 있다.

(ㅈ) 또한 흥미로운 것은, 영국을 포함한 EU 국가들의 북극해의 해상발전 프로젝트 설치계획의 방대성으로, 2016년에 소위 '북극 에너지 협조 합의문'(North Seas Energy Coorperation Agreement)에 의하면, 2050년까지 북극에서의 해상풍력 발전계획의 원만한 달성을 위해, 이해관계 당사국 간에 4개 분야에 걸친 협의 끝에 합의문을 작성하게 되었다는 것이다.

---

47 상 동. p.29 Table 3. Policies targetting at least 10 GW of offshore wind by 2030 인용.
48 2019년 10월 25일, iea 'Offshore wind to become a $ 1. trillion industry' p.29 Regional outlook. p.30. 인용.
49 상 동. p.31 Table 4. 'Policy targets for offshore wind in European Union' 인용.

(ㅊ) 여기에서 북극해상의 발전설비설치를 위한 협의되는 4개 분야는, 해상 공간 계획, 해상송전 규정과 발전(development), 해상 풍력 발전 프로젝트의 금융과 기준 및 해상풍력 발전의 기술규정과 규칙 등에 관한 것으로, EU가 지향하는 탄소중립(carbon-free) 발전설비설치 추진으로서, 방대한 전력수요를 충당하면서 EU의 2050년의 240~450GW를 생산할 것을 동시에 달성하기 위한 방안이 협의된 것이다.

표 4.2 EU(영국 포함)관계국의 풍력 발전정책 목표와 생산규모 목표, 결정연도[50]

국가	정책	생산규모 목표	결정연도
영국	영국 해양부문 딜(deal)	2030년: 30GW	2019
독일	재생에너지법(RWE Act)	2030년: 15~20GW	2017
화란	해상풍력에너지 로드맵	2030년: 11.5GW	2017
덴마크	에너지 협정(Agreement)	2030년: 5.3GW	2019
폴란드	국립에너지, 기후계획플랜	2030년: 5GW	2018
프랑스	다년간 에너지 계획	2028년: 4.7~5.2GW	2019
벨기에	국립에너지, 기후 계획	2030년: 4GW	2019
아일랜드	기후 액션 플랜 2019	2030년: 3.5GW	2019
이탈리아	국가 에너지, 기후 플랜	2030년: 0.5GW	2018

(5) EU의 새 '기후법'(Climate Law)에 대한 각계 비판과 추이[51]

(ⅰ) 2050년까지 'Zero carbon-emission'에 대한 회원국들의 이견

(a) 1950년 수준 대비 2050년에는 탄소배출 증가를 제로로 하자는 안에 대하여, 27개 회원국 중, 우선 석탄의존도(에너지의 80%가 석탄임)가 제일 높은 폴란드가 반대하고, 또 다른 회원국은 2030년까지의 중간적 감축목표가 없다는 점에 대하

---

50 각주 48 및 49와 동일.
51 2020년 3월 5일, FT Brussels draft climate law criticized by activist and MEPs' 및 2020년 3월 5일, 'FT editorial EU's climate law faces criticism on all fronts' 인용.

여, 또 다른 국가에서는 다음 세기까지 40%의 감축에 대하여, von der Leyer EC 대통령은 감축목표를 50~55%로 확대할 것을 지시하기에 이르렀다. EU 국가 중에 프랑스, 네덜란드, 스웨덴은 특히 조속히 탄소배출 한도를 결정하여, 2020년 11월에 Glascow UN 기후회의에 제출할 수 있게 하자는 주장을 하고 있다.

(b) 일반적으로 여기에도 EU 국가 간에도 선진국들과 화석에너지에 대한 의존도가 당분간 높을 수밖에 없는 저성장국 간에 탄소배출한도 규제와 달성연도에 대한 이견이 표출되고 있다.

또한 저탄소운동을 위한 파이낸스 방법 및 EU의 지원 방법과 그 지원 내용에 대하여서도 개발도상 중진국과 선진국 사이에 입장 차이가 크다. 중진 후발국은 선진국이 이미 지난 날의 경제발전 과정에서, 지구 온난화에 영향을 끼친 것에 비해 이제서야 경제발전을 추진, 도모하는 중에 있어 선진 국가들의 중진국 발전의 과정에 '제약을 가하고자 한다'는 비판적 이견 제시가 크다.

(c) 현재까지 원전에 의하여 CO_2 배출을 감축한 규모 추이[52]

지구상에 원전이 없었더라면, 지난 반세기간 20%의 CO2 배출이 더 많았을 것이다.

---

52 2019년 5월, iea. 'Nuclear Power in a Clean Energy System, p.9. Figure 4. Cumulative CO_2 emissions avoided global nuclear power to date 인용.

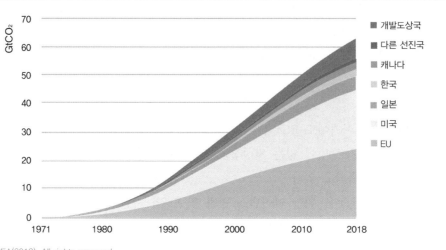

출처; nuclear power in a clean energy system f4.
주석1; 결국 원전에 의한 탄소배출 감소는 EU와 미국의 원전에서 비롯됨.
주석2; 원전이 없었더라면 세계의 CO_2 배출은 훨씬 컸을 것임.

2 EU의 성업 중인 6대 Climate Champion의 실상과 전망[53]

(1) EU의 Climate Champion(Green Super Majors)인 대형 에너지 사 활동과 그 추세
- 특히 EU의 빠른 재생에너지 성장, 증가에 기여
- EU의 Climate Champion 6大社: Orstad, RWE AG, EDP, EDPR, Enel, Iberdrola

(ⅰ) EU 내 Climate Champion'으로 불리우는 유럽의 6대 에너지사

(a) EU의 6대 'Climate Champion'의 높은 수익성

(ㄱ) 현재, EU 내 성장하고 있는 기후 관련한 기업 중 Climate Champion이라 할 수 있는, 6대 공익전력사인 Iberdola, Orstad, RWE(AG), EDF, EDPL, Enel 등은 밝은 수익전망에서 Goldman Sachs는 'Buy ratings'를 주고 있다(그림; 최상 단 Climate Champion). 이들 EU 내 중규모 재생에너지사들은 'The Climate Champion'으로 불리우며, 전례 없는 호황을 맞아, 예컨대 덴마크의 Orstad사는 PE가 2018년 중반부터 2019년 말까지 20배 미만에서 근 40배로 2배 이상 증가 하였는데, 이는 ExxonMobil, Chevron, Shell, BP사 등 고통을 밟고 있는 오일 메이 저들의 불황과 침체 속에서도, Olstad사만이 급성장의 두각을 나타내고 있어 좋은 대조가 되고 있다.

---

53 2019년 8월 5일, Goldman Sachs(Equity Research) 'European Renewable Utilities' p.33. The Climate Champions. Potential for 7-10% EPS CAGR to 2050 참조.

그림 4.22 덴마크의 Orstad사(맨 윗선)의 국제석유메이저보다 더 좋은 성장성[54]

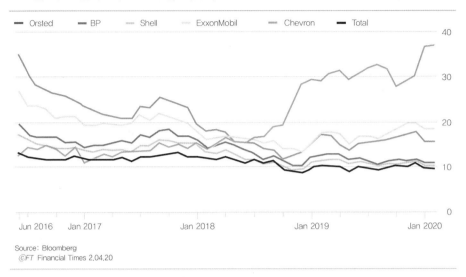

주석1; 그림의 제일 상단의 그래프가 Orstad의 PE(price - to - earning ratio)임.
주석2; Climate champion 중 최고의 Buying Rate.

그림 4.23 Climate Champion의 6개사의 2018~30년까지의 EPS CAGR 전망[55]

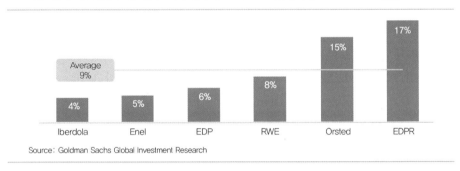

(ㄴ) 한편 2019년 초 Goldman Sachs는 'European Renewable Utilities'(The Climate Priority; Unprecedented growth rates ahead'라는 보고서에서 유럽의 Orstad, RWE, EDP/EDPR, Enel, Iberdola)사를 'The Climate Champion'이라 호칭하며, 이들 6개사의 재생에너지사업의 호조를 2030~2050년까지의 전망으로 하고 있다.

---

54 2020년 2월 4일, FT 'Orstad rises global green energy challenge' 그림 'The rise of Orstad' 인용.
55 2019년 8월 6일, Goldman Sachs 'European Renewable Utilities' 'The Climate Priority; Unprecedented growth rates ahead' p.34 Exhibit 43. and 9% EPS, CAGR 인용.

그리하여 Orsted사 등 Climate Champions 6개 재생에너지전문사 수익전망을 2030년까지의 EPS CAGR을 9%로, 그리고 그때까지의 EPS CAGR with releveraging으로 12%로 전망하며, 2050년까지의 EPS CAGR을 7%로, 그때까지의 EPS CAGR with releveraging으로 10%로 전망하고 있다. 따라서 특히 Climate Champion의 6개사를 필두로 한 Energy 관계사들의 특히 재생에너지 분야(Hydrogen 포함)에의 투자가 활발할 수밖에 없는 여건이 형성되었다. 국제금리의 최저수준도 이들 6대 챔피언 기업에의 투자촉진제로 활용되었음은 물론이다.

EU의 Climate Champion인 2030년의 6개사(Orsted, RWE, EDP, EDPR, Enel, Iberdola)에 대한 Goldman Sachs의 수익성 전망
- 9% CAGR/2030
- 7% EPS CAGR/2050
- 12% EPS CAGR/2030, 10% EPS CAGR/2050
- Blue Sky scenario에 의한 EU의 Climate Champion사의 2050년까지의 주식 평가는 평균 80% 상향 조정해야![56]

그림 4.24 Goldman Sachs가 본 Blue Sky valuation 시나리오에서 2050년의 Climate Champions 평균 주가의 75%~80% 상향 전망[57]

Exhibit 42: Blue Sky valuation scenario implies c.80% upside on average for Climate Champions

	Share Price (€/sh)	SOTP(€/sh) Base Case (2/3 NEPs)	SOTP(€/sh) EU Green Deal to 2050	SOTP(€/sh) Global Green Deal to 2050	Upside to share price (%) Base Case (2/3 NEPs)	Upside to share price (%) EU Green Deal to 2050	Upside to share price (%) Global Green Deal to 2050
Enel	7.73	10.2	11.6	13.9	32%	49%	80%
RWE	31.2	38.4	45.0	51.5	23%	44%	65%
IBE	10.32	12.2	13.0	15.5	18%	26%	50%
EDPR	12.1	17.6	19.8	25.5	45%	64%	111%
EDP	4.25	5.0	5.9	7.5	18%	38%	77%
Orsted	770	882	1,323	1,520	15%	72%	97%
Average					25%	49%	80%

Source: Factset, Goldman Sachs Global Investment Research

주석; the eu green deal 2

---

56 2020년 7월 7일, Goldman Sachs 'Equity Research' The EU Green Deal p.11 Exhibit 42. Blue Sky valuation scenario. c. 80% upside on average for Climate Champions 인용.
57 상 동. p.40. Exhibit 42. Blue Sky valuation scenario implies c.80% upside an average for Climate Champion 인용.

위의 표에서 6개 Climate Champions사의 Blue Sky Scenario의 Green 관계 사업을 충분히 반영할 때에는, 15x EV/EVITDA 2021E로 하여야 하며, 만일 이를 완전하게 반영하면, 평균주가를 EV/EVITDA의 15x(배) 대신 17x(배)로 격상하여야 하며 Global Green Deal을 반영할 때에는 2050년에는 평균 주가의 80%를 상향 조정하여야 한다(2020년 7월 한국의 Green New Deal의 정책발표 후 수소전기차와 몇 개의 재생에너지 관련 분야의 주가가 앙등되는 것도 이런 성향과 같은 미래사업전망에서 나타나는 주가전망으로 봄).

(ㄷ) 6개 Climate Champions의 EBITDA(세전이익)가 재생에너지의 80%~100% 실현

그림 4.25 6대 에너지사인 Climate Champion의 재생에너지 사업상 거양한 세전이익 등 수익성 비교(EBITDA)

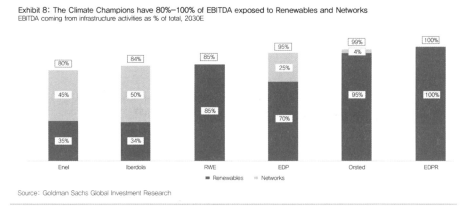

Exhibit 8: The Climate Champions have 80%-100% of EBITDA exposed to Renewables and Networks
EBITDA coming from infrastructure activities as % of total, 2030E

Source: Goldman Sachs Global Investment Research

출처; climate champion european renewable utilities p.9.
주석1; 2030년까지 EPS 증가가 연 9%로 전망되는 전제(Goldman Sachs).
주석2; EBITDA: Earnings Before Interest, Tax, Depreciation&Amortization.

(ㄹ) 2020년, 클린 수퍼 메이저들의 경영실적이 화석연료 자이언트를 초과[58]

그리하여, EU의 6대 기후 챔피언 중, Enel, Iberdrola, Orsrad는 석유자이언트보다 그 규모가 같거나 커졌으며, 석유자이언트에 투자한 주식 투자자보다 우월적인 위치에 있게 되었다.

---

[58] 2020년 12월 2일, Bloomberg Green 'The new Energy Giants are Renewable companies' pp.4-5 Clean supermajors overtook fossil fuel giants 참조 인용.

이로써 클린 에너지 수퍼사들의 증시시가총액(markets caps)은 웬만한 석유자 이언트보다 높아졌다.

표 4.3 석유자이언트와 클린 에너지 자이언트의 2020년 말경 시가총액 비교[59]

석유자이언트 시가총액(10억$)	Exxon 170B	ENI: 37B	Respol: 15B	BP: 71B
클린 기후 챔피언(10억$)	NextEra(미) 147B	Enel: 103B	Ibedola: 87B	Orstad: 76B

이러한 클린 기후 자이언트 규모의 급증은 수년 전까지만 해도, 기후 자이언트 는 덩치만 크고, 동업자 시장에서의 경쟁이 치열하였던 것과는 비교가 될 만큼 개 선되었다. 현재 국제 증시에서 연금기관이나 보험회사 같은 기관투자가들은 클린 기후산업인 태양광이나 풍력산업에 안전투자로서 취급되고 있음을 반영한다.

(ㅁ) EU의 클린 기후 자이언트들의 2010~2020년까지 생산능력 확대: 207%

클린 수퍼 메이저들의 태양광과 풍력발전의 탄소배출 제로로의 기술력 향상 등으로 설치된 생산능력은 그 규모가 2배가 넘는 바 개별회사별로 보면, NetEra Energy Inc.: 377%, Iberdrola SA: 82%, Enel Spa: 177%, Electrica de France SA: 178%, EDP: 73%, RWE AG: 146%, Engie: 461%이다. 결국 재생에너지는 새로운 전기에너지 중 가장 저렴한 것으로서, 이로써 풍력과 태양광의 전기소비 의 9%의 비중은 금세기 중반에는 전체 전기의 56%까지 확대될 것으로 BloombergNEF는 전망하고 있다.

(2) EU의 막대한 재생에너지에의 투자가 가능하게 만든 금융조건: 초저금리

- 6년 회사채; 고정쿠폰 이자율(fixed coupon): 0.125%
- 세계적인 초저금리(약 1%대 미만)의 제1요인
- EU의 재생에너지 투자가 가능케 된 과거 5년간의 1%대의 초저금리상황[60]

---

59 상 동. Overtaking Oil 그림 인용.
60 상 동. p.31. Exhibit 39. and offer significantly higher yields relative to their relative bonds

- 채권수익률보다 낮은 금리수준, 에너지기업의 수익가능성 증대
- EU 지역, 미국, 일본 중 EU가 가장 수익성 높음[61]
- Climate Champion들의 2018-2030년간 EPS는 평균 7~10% 이상 실적과 전망[62]

(i) EU의 전력수요에 부응하는 Climate Champion의 적절한 Business

운송과 난방을 위한 전력화수요에 부응한 Climate Champions의 적절한 재생에너지에의 투자와 전력화로 전력생산의 업그레이드와[63] EU 28개국에서의 탄소배출의 요인별 비중에서 전력생산이 가장 큰 요인이다.[64]

그림 4.26 지난 5년간 EU의 금리 수준: 연 1%대 머무름

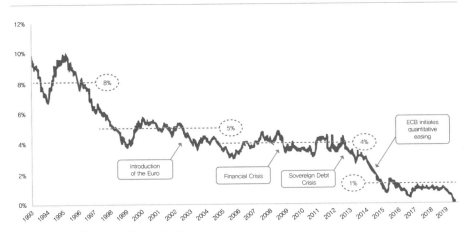

Source: Bloomberg, Goldman Sachs Global Investment Ressearch

---

yields 인용.

61 2019년 8월, Goldman Sachs 'European Renewables Utilities' The Climate Change; Unprecedented growth rates ahead p.29 Exhibit 30 – Over the past 5 years, European rates have stabilized around 1% 인용.

62 상 동. p.34. Exhibit 43. >9%EBITDA CAGR to 2039 인용.

63 2019년 8월 6일, Goldman Sachs 'European Renewable Utilities' The Climate Priority; Unprecedented growth rates ahead' p.9의 Exhibit 8 인용.

64 상 동.

(ⅱ) EU의 기후변화대책의 마무리 전망[65]
－재생에너지(풍력 및 태양광)가 원전의 대체수단 역할

2040년경, '원전 없는(Nuclear Fade Case)세계'의 장기적인 전력수요 충당 발전 수단은 풍력 발전과 태양광 발전이다. 재생에너지의 세계 전력생산에의 기여도로 EU는 60%, 미국은 55%이다. 풍력 발전과 태양광 발전이 2040년대에 가서 '원전이 사라질 때'의 발전수요에 충당하는 중요한 수단이 될 것인데, 특히 그 중요도는 EU와 미국에서 절대적이며, 국가별로는 덴마크와 미국의 Kansas주와 California주가 이에 해당된다고 IEA는 지적하고 있다.

(3) 2020년, 전 세계에 급습한 코로나 바이러스(COVID-19)를 맞은 EU 의 이에 대처하는 '더욱 강화된 그린 딜 방안'[66]
－폴란드의 석탄에너지에서의 탈피정책을 지원키로 한 방안수립으로 EU와 폴란드의 화해

(ⅰ) 2020년 7월, COVID-19 발생 와중에, 대처방안으로 강화하는 EGD 방안

(a) COVID-19의 기습으로 기후대책 추진이 약화될 우려의 불식시키기 위한 EGD 강화를 재다짐하면서, EU에서 이탈하려는 폴란드를 회유하기 위한 EU의 2020년 7월 Warsaw 기후 국제회의에서 구체화되었다.

(ㄱ) 2020년 7월, COVID-19으로 약화될 우려의 확대시점에 소집된 EU 회의에서 결정한 2050년의 탄소중립화(Carbon Neutralization) 달성을 재다짐한 Warsaw 회의 세계적으로 창궐케 된 코로나바이러스 확산으로, 혹시나 약화될지도 모르는 EGD의 우선 순위와 기후대책 추진에의 재원부족의 가능성과, EU의 EGD 운동

---

65 2019년 5월, iea 'Nuclear Power in a Clean Energy System' p.75. System integration of renewables and flexibility. Flexibility of power system will need to be enhanced. p.75 Figures 35. Combined share of wind and solar power in total generation in 2040. in Nuclear Fade Case of Sustainable Development Scenario and in 2017. in swlwcted countries and regions 참조 인용.

66 2020년 7월 30일, energypolicy, columbia,edu./research columbia 'Warsaw. Brussels and Europe's Green Deal' Challenges and Opportunities in 2020 참조.

이 폴란드의 석탄산업의 후퇴로 야기될 정치적, 사회적, 경제적 타격을 우려하는 폴란드를 회유키 위한 방책으로, 2020년 7월 21일 EU는 긴급히 다음 사항을 결의하였다.

첫째, EU는 금세기 중반(2050년)까지, 달성키로 한 '탄소중립화'를 위한 확실한 로드맵을 작성한다.

둘째, 이의 성공은 EU로 하여금 COVID – 19'으로 우려에 쌓여 있는 세계의 지도자들에게 특히 정치적인 긴장 관계에 있는 폴란드를 비롯한 국가들에 대하여 기후대처방안이 성공한다는 확신을 주는 데에 기여할 것이다.

셋째, 특히 기후대책에 오랫동안 기피하여 왔던 폴란드에게, 중요한 재정적 정치적 지원을 행함으로써 에너지 전환(Energy transition)에 필요한 투자 자금을 마련할 수 있게 하며 오랜 기간 동안 폴란드의 석탄 채굴과 석탄산업에만 의존하던 경제에서 새로운 경제 엔진을 마련하는 데에 집중케 한다는 것이다.

넷째, 이러한 목적 달성을 위해 기후변화 달성에 노력하려는 국가들에 대한 지원을 강화함으로써, 지구 전체가 빠짐없이 기후변화에 대처할 수 있게 EU는 노력할 것이라는 점을 강조하고 있다.

(ㄴ) 400억 유로의 중장기예산확보와 midcentury decarbonizing의 성공가능성 열려!

이러한 목표를 내세운 EU는 특히 독일의 Angela Merkel(2021년 은퇴) 수상과 프랑스의 Emmanuel Macron 대통령이 주동이 되어, 2021년 7월에 EU는 소위 'Green Package Deal'을 결정하고, 동시에 '2021~2027년의 7년간의 EU의 장기예산'을 의결하였다. 앞으로 이 결정은 유럽과 회원국의 의회 통과와 비준을 기다리고 있다. 이때의 EU의 신기후대책의 결정사항은 아래와 같다.

첫째, 기후중립(Climate Neutrality) 선언을 한, 배출한도 50%의 감축은 새롭게 제정될 '기후법'(climate law)에 명시한다.

둘째, 2030년까지의 탄소배출은 1990년에 대비하여, 50~55%까지 감축하기로 감축 의무를 확대한다.

셋째, 모든 기후에 관련 공개토론은 'EU climate pact'(EU의 기후대책 공약)으로 처리한다.

넷째, '에너지의 효율성 있는 제품의 국제 거래'를 도모하기 위해, 기후국경관세 등 법규와 제도로써 탄소배출을 컨트롤하게 추진한다.

다섯째, 이 모든 탄소배출 감소를 위한 운동을 지원키 위해, 'Just Transition Fund'를 설치하여, 은행 융자와 일반의 투자와 원조로서 기금을 마련하여, Fund를 운영케 한다.

(b) 'Just Transit Fund'의 설치의 의미

ㅡ동 펀드: 'post-pandemic stimulus fund'이면서도, 동시에 강조된 'green recovery fund'인 점

(ㄱ) 이 같은 2020년 7월 Warsaw 기후 국제회의는 대체로 성과 있는 국제기후회의로 평가받고, 코로나 바이러스 유행의 어려운 환경에서도 비교적 성공적인 국제회의로 인정받고 있다.

여기에서의 결의된 'Just Transition Fund'는 기후 보호와 경제회복을 도모하려는 목적으로 설치되는 펀드로서, 7,500억 유로의 기금은 각국의 원조(grants)와 동 기금에서 최초로 발행할 차세대 채권(next-generation bond, 미경험)으로 충당되며, EU회원국 중 독일과 프랑스가 주동이 되어 기금을 형성한다. 또 EU의 다른 기후관계에 적극적인 멤버인 오스트리아, 덴마크, 화란 및 스웨덴의 참여로 구성하였으며, 채권발행으로써 EU 초유의 재정적 부담의 원인행위를 야기시키는 것으로서, 국제 간 합의가 잘 이루어지기 어려운 과정을, 기후대책에 적극적인 입장의 회원국들의 참여로 협의과정을 원만히 거치게 되었다.

(ㄴ) 동 펀드의 지원 대상국: 이탈리아와 스페인

동 펀드는 EU의 Covic-19의 강타에 대처하는 목적 외에 기후변화에 대처하는 목적임을 강조하여, 이탈리아와 스페인 같은 국가의 참여를 동시에 끌어내는 목적의 'Just Transition Fund'가 되었다. 그러면서 동 펀드의 구성으로서 EU의 기후변화에 가장 부정적이었던 폴란드를 회유하여 '2050년 무탄소경제를 만들겠다'는 새로 구성된 von Layer 대통령 등 EU의 기후변화대책에 폴란드의 적극적인 참여를 유도해 낸, 새 EU의 집행부의 성과가 되었다.

(ii) EU의 기후대책에 부정적이었던 석탄 의존국: 폴란드 석탄산업의 위치[67]

여기에서의 에너지 전환을 통해, 2050년에 '무탄소 환경'을 만들기 위해, 각국이 감축하기로 하는 결의를 한 바 있는 2020년까지의 에너지의 탄소배출을 1990

---

67 2020년 7월 30일, energypolicy,columbia,edu./research columbia 'Warsaw. Brussels and Europe's Green Deal' Challenges and Opportunities in 2020. pp.9-11 참조.

년 대비 20% 감축을, '40% 감축으로 재생에너지로 대체한다'는 목표를 확대하고, 에너지 효율성 제고(提高)목표를 재생에너지로 대체한다는 종전의 20% 전환에서 32.5% 전환으로 목표를 전환키 위해서였다 함은 이미 본 바이다.

금반의 7년간의 장기 예산은 Covic-19로 인해 심하게 손상된 EU경제를 복구시키고 또한 2050년까지의 탄소 저감을 목표로 하는 '탄소중립'(Climate Neutrality)을 선언한 기후정책 목표달성을 위해 필요한 재원을 마련한 조치라 하겠다.

특히 이 예산이 중요한 것은 신임 von Layer EC 대통령이 취임하면서, 2050년까지의 달성을 선언한 탄소중립을 실현키 위한 'energy transition' 운동에 거액의 예산증액으로 신규 투자로서 실질적 효과를 거두는 일이 가능해졌기 때문이다(폴란드의 경기는 심히 석탄에 의존하는 경제로 같은 화석연료 중 석유와 천연가스에 의존도가 높았으나, 2012~2013년을 거치면서는 석탄의존도가 더 높아지는 특이한 형태로 된 적도 있음).

'60, 70년대 미국 원전산업의 세계 원전시장 리더십' 만회 모색

- 러시아 및 중국의 국제원전시장 추적에 가만히 있을 수 없는 미국
- 드디어 미국 국제원전시장 리더십 되찾기 시동(始動)
- 2035년까지 미국청정(淸淨) 전력생산(원전 포함) 확대 일정 추구!

CHAPTER 05

'60, 70년대 미국 원전산업의 세계 원전시장 리더십' 만회 모색

- 러시아 및 중국의 국제원전시장 추적에 가만히 있을 수 없는 미국
- 드디어 미국 국제원전시장 리더십 되찾기 시동(始動)
- 2035년까지 미국청정(淸淨) 전력생산(원전 포함) 확대 일정 추구!

그림 5.1 미국의 NuScale의 발명품 SMR(미국 원자력감독위원회 승인)

출처; 2019년 3월 21일, Forbes, NuScale Modular Reactor Nuclear Plant.

2020년 NRC(원자력감독위원회)가 승인한 소형 원자로 디자인(SMR)으로, 원전 발전소에 '어떤 사고가 터져도, 안전한 조업으로 발전의 지속이 가능하다'는 신발명 소형 원자로로서, 가격 경쟁력도 있어 앞으로 미국 원전산업의 세계 리더십 회복에 근간을 이룰 전망이다(미국의 Green New Deal 운동과 Union of Concerned Scientists에서도 적극 추천함).

1 최근 미국 원자로 가동의 기한 연장 승인

　－40년 → 60 → 80년으로 연장 승인과 그 의미
　－미국의 세계 원전 시장에서의 리더십 회복 운동

(1) 미국의 원전 현황

(ⅰ) 미국의 최근의 원전산업의 위치

　2019년 10월 말, 세계의 96개의 가동 중인 상업적 원자력 발전소 중, 58개는 미국의 발전소로 이는 미국의 29개의 주에 나누어져 가동되고 있다. 이 58개의 원자력 발전소 중 32개의 발전소는 2개의 원자로를 그리고 3개의 공장은 3개의 원자로를 갖고 있다. 또 이 중 미국에서 제일 규모가 큰 원자력 발전소는 애리조나주에 있는 PaloVerde 발전소로 이 발전소에는 3개의 원자로가 있으며, 여름에는 근 4,000MW까지 발전할 수 있다.

　미국에서 원전의 전력생산 비중은, 2017년, 미국의 '총 전력수요의 20%'를 담당하고 있으며, 이 원전의 총 생산되는 전력의 비중은, 당시 수력 발전과 재생에너지인 태양광 발전, 풍력 발전량을 합한 비중보다 원전의 비중이 높았었다. 즉, 원전은 미국에서의 '저탄소배출 전력'(low-carbon electricity)의 50%를 담당하고 있었다.

표 5.1 미국 총 전력생산의 투입 에너지별 비중 추이(2005~2017)[1]

	석탄	천연가스	원자력	수력	재생에너지
2005년	49.6	18.8	19.3	6.7	2.2
2015년	33.2	30.7	19.5	6.1	7.2
2017년	30.1	31.7	(20.5)	7.5	9.6

주석; 석탄 비중은 하락하고 가스비중은 급증하고 있음. 원전은 총전력생산에너지의 20%대 유지.

(ii) 미국의 셰일혁명과 원전산업(민영)의 경영지속상 고전(existential crisis) 불가피

(a) 2000년대 초반, 미국 원전의 저탄소배출 에너지로서 차지하는 높은 비중 (수력 발전의 3배 비중)

(ㄱ) 미국은 기후대책의 일환으로 표 5.1과 같이 2000년대 초부터 원전을 대대적으로 설립하여, 미국 전력수요의 20%를 원전으로 충당하고 있었다.

이리 하여 1970년대 초에는 전 세계의 449개의 원자로 중, 미국의 원자로 수는 99개로, 천연가스 발전 다음의 저탄소 에너지로서 지구의 기후변화 억제에 원전이 큰 역할을 하고 있었다.

(ㄴ) 그러나 2011년 일본의 후쿠시마 원전사고 이후, 특히 Greenpeace, Sierra Club 같은 환경 사회 운동 단체들의 원전산업에 대한 반대에 직면하여, 신규 원전은 증설 없이 가동을 지속하는 선에서, 원전을 가동케 하는 원자력 전력판매사(Grid)들의 경영방침이었다. 이는 원전은 발전사 설립 시에 거액의 초기 자본 투자가 필요하나, 일단 설립된 후의 원전의 원자로 가동에는, 그 운영비용이 저렴하여 급성장하는 미국 내 셰일가스 등의 저렴해진 가격과 경쟁하면서도 원전은 겨우 생존할 수 있었다.

(ㄷ) 이 동안에 석탄 값은 계속 하락하고, 정부는 에너지 보조금 정책을 가스(methane) 생산과 셰일산업에 대한 보조금 지급과 세제상 우대를 하는 태양광이나 풍력 발전 등 재생에너지에 정부의 보조금 지급 정책에 힘입어, 재생에너지

---

1 U.S. Energy Informational Administration 'Electric Power Monthly with Data for February 2018' Table 1.1.

증설에 치중하고 전력사(Grid)에의 납품 가격을 인하 공급하는 재생에너지와 셰일가스와의 전력공급 입찰경쟁에서, 원전은 정부의 아무런 지원 없는 상태에서 다른 에너지와의 전력공급경쟁에서 원전의 높은 발전단가로 민영 원전의 가격경쟁력이 없어지면서, 고전을 할 수밖에 없었다.

(ㄹ) 또 다른 미국 원전의 특징은 대부분의 원전이 1970년대와 1980년대에 건설된 것으로 원자로의 가동 스팬이 40년이 다 되어, 가동 원자로의 가동시한이 황혼기(sunset years)에 처해 있었다는 점이다.

(iii) 값싼 셰일가스 등장과 원전의 가격 경쟁력 상실로 거대 원전의 조기 '셧다운' 파문

(a) 서부 매사추세츠주 Vermont Yankee 원전 발전소 조기퇴출과 그로 인한 동 주가 자초한 막대한 피해[2]
　　−2016년 전력판매 입찰에서 실패한 Excelor 및 TMI 입찰 실패, 경영난 초래. 원전사의 원전산업에서 자진 퇴출의 결정
　　−타 에너지 발전에 경쟁력 상실로 밀려, 사양화의 길로 접어들게 된 미국의 상업 원전

(b) 이러한 저탄소배출에 기여한 미국의 원전(저탄소전력 공급 연료의 60% 비중)은 그린피스 같은 반(反)원전 운동 그룹의 원전에 대한 저지 운동과 각종 공공기관의 원전에 대한 규제 강화, 원전에 대한 쟁송과 중앙 및 주정부의 기후변화대책으로서 태양광 발전이나 풍력 발전 등 재생에너지에 지급되는 보조금이나 세제상 혜택에 비하여, 원전산업은 홀대를 받고 억지로 지탱하고 있었다.

(c) 예컨대 2003년 중 미국 정부의 에너지 분야에 대한 보조금은 6,500억$이었는데, 이는 석유부문에 47%가, 그리고 13%가 각각 석탄과 가스분야에, 11%가 수력 발전 분야에 지급되었음에 비하여 원전산업에 대한 보조금은 10%, 재생에너지 분야는 6%(최근 재생에너지에 대한 보조금 대폭 인상)가 배정되었다.

---

2 Joshua S. Goldstein Staffan A. Qvist 'Bright Future' p.143. Keep what We've Got 인용.

그림 5.2 미국 국민의 원전에 대한 찬반 의견 추이[3]

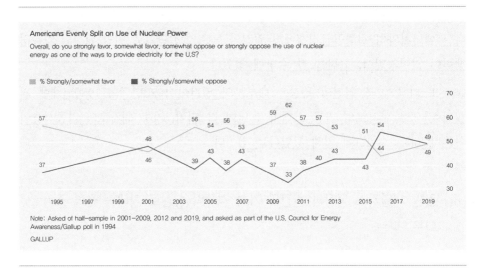

주석; 연한 선: 원전 선호, 진한 선: 원전 반대(2019년에는 찬성과 반대가 49%로 동일).

(d) 또한 미국 정부는 메탄가스 등의 원전 이외의 타 에너지에 대하여, 탄소배출저감 의무를 대폭 완화하였음에 대하여, 원전은 무공해 전력의 생산임에도, 이의 장점을 인정하지 않아, 결과적으로 전력 Grid 판매사의 발전연료 입찰 경쟁(Grid Connection)에서 원전사들은 항상 불리하여, 원전사(경쟁에서 탈락)는 연료 공급입찰에서 떨어지면서 생산된 원전의 판매시장을 상실하게 되었다. 이런 현상이 반복되면서 민간 원전사는 그의 원자로 가동을 중단하거나 같은 발전소내의 타 에너지 발전(⟨메⟩가스 발전)에만 전념하면서 타 에너지발전으로 전환할 수밖에 없었다.[4]

(e) 이때의 전력 판매(Grid Connection)는 1980∼1987년에 원전은 15∼30GW까지 판매가 가능하였으나, 정부의 지원이 타 에너지 분야보다 약해지고 원전의 안전에 대한 당국의 규제는 강화되기 시작한 1980년대 후반에는, 180기의 신규

3 2019년 4월 1일, WNN(world nuclear news' US public opinion evenly split on nuclear) 'Americans Evenly split on Use of Nuclear Power' 인용.

4 Joshua S. Goldstein Staffan A. Qvist 'Bright Future' p.147. Keep what we've got 참조.

원자로가 건설되어 원전사 간 경쟁이 치열해지고, 일부 개발도상국의 원전이 국제경쟁에 가세하면서, 미국 원전은 국제 원전시장에서 사양의 길로 접어들게 되었다.[5]

(f) 특히 시장원리에 입각한 생산효율이 높아진 셰일가스의 생산 확대에서 비롯된 가스 가격의 급락에, 원전은 가스 발전 분야와의 '판매전력 단가 경쟁력 면'에서, 한층 어려운 처지에 놓이게 되었다(이런 원전산업의 가격경쟁력 상실은 주정부 등 지역별 여러 전력구입기관에서 원자력 발전의 전력구입을 꺼리는 형태로 나타났다(그림 5.2 참조)). 최근 2~3년간 특히 전력매입 입찰에서, 원전은 번번히 가스 발전산업 등 타 에너지 사용 발전사들에게 발전 가격 경쟁력 면으로 인해, 전력공급입찰경쟁에서 실패하는 예가 허다하게 되었다.

(g) 이런 어려움은 미국의 제1원전산업인 Exelon사와 Harrisberg에 있는 'Three Miles Island' 같은 원전사에게 커다란 경영상 재정적 어려움을 안겨 줬다.

즉, Exelon사는 2013년부터 2년 연속 소위 전력판매사 간, 미국 중서부와 중부 대서양 지구의 61백만 명의 주민에게 전력을 공급하는 전력공급 경쟁 입찰(auction)에서 실패하는 고배를 마시게 되었다. 그리고 동년 50억$의 연방정부의 재생에너지에 대한 보조금과 주정부 단위의 고객신용 원조지원, 론, 투자 관세 환급 및 투자세금신용(investment tax credits), 재산세 감면, 매출세 감면, 기타 초과 설비에 대한 보상 등에서, 타 에너지사가 받고 있는 연방정부의 지원 대상에서도 원전은 제외되어 있었다(Exelon사가 소재하는 펜실베이니아주는 당시까지도 미국의 뉴욕주, 매사추세츠주 및 캘리포니아주 등, 9개 주 정부 간 '온실가스배출 감소 추진 협의체'로 만든 RGGI(Regional Greenhouse Gas Initiative, 후술)에 참가하지 않아, 이러한 주정부 단위에서의 저(低)가스배출 에너지사에 대한 지원도 뉴잉글랜드 지역의 원전사들은 못받고 있었다).[6]

---

5 NEA '2015 Nuclear Energy; Combating Climate Change' pp.9－12 'The Future role of nuclear power in 2℃ scenario' 인용.
6 2016년 6월 6일, Andrew Maykuft. Amaykuth@phillynews. 'America's nukes face an existential crisis, but not the kind you think'.

(h) 이 같이 전력공급 경쟁 입찰(grid connection) 실패 등이 연속되자, 동 Excelon 사는 2016년에 뉴저지주 Ocean County에 있는 Oyster Creek 원자로를 2018년에 폐쇄할 계획을 갖게 되었다. 이 같이 원전사의 경영상의 어려움을 이미 펜실베이니아주정부에서도 알고 있었다.

(iv) 원전을 제외한 가스(메탄) 발전에의 과다 의존이 초래할, 미국의 에너지 안보 저해 우려와 탄소배출 저감 조치 저해에 대한 우려 급등
 ─ 원전시장은 연료가격의 경쟁성뿐 아니라 Reliability, fuel diversity, carbon free emissions을 보고, 원전산업의 성장 지속에 대하여 정부는 지원하여야![7]

(a) 원전의 경영상 어려움으로 원자로 가동의 자진 폐쇄에서 제기되는 '에너지 mix의 다양성(diversity) 저해 리스크 증대' 및 에너지 안보(Energy Security) 저해 우려 상승

(ㄱ) 이 같은 원전사의 원전의 천연가스 사용의 가스 경쟁력에 대한 우려는 오래된 원자로의 안전이나, 원전에서 배출되는 폐기물(waste)의 처리의 곤란성에 있는 것이 아니고, 분쇄식(fracturing) 셰일 가스 생산으로 막대하게 저렴하게 생산(생산과잉으로 지하 저장도 바쁘게 되는)되는 천연가스(methane)의 가스전력 공급 입찰 가격의 원전 단가와의 가격 경쟁력의 문제인 것이다.

(ㄴ) 이렇게 가동 중인 원전 폐쇄의 또 다른 우려의 예는 도처에서 일어났는데,
 ─ 2014년 초, 뉴 잉글랜드의 'Vermont Yankee Nuclear Power Plant'의 원자로의 이미 셧다운을 한 예와,
 ─ 2017년의 New York Energy Corp.'s FitzPatrick사의 원자로 셧다운의 예와,
 ─ 또한 2019년의 Pilgrim Generating Station in Massachusetts의 셧다운 가능성이 제기되면서,

---

7 Joshua S. Goldstein Staffan A. Qvist 'Bright Future' p.143 'Keep What We've Got' p.152 상단 부분 및 2016년 6월 6일, Andrew Maykuth amaykuth@philipnews. 참조 인용.

- 그리고 Exelon사 산하의 'Oyester Creek'사의 reactor도 2019년에는 <u>셧다</u><u>운 가능성이 있다는 문제가 제기되면서, 미국의 에너지 안보와 에너지 믹</u><u>스의 다양성에 적신호로서 주의를 환기시키고 원전의 생존과 원자로의 가</u><u>동 연장의 문제가 제기되게 되었다</u>(예컨대 2019년 5월, Pennsylvania Public Utility Commission의 Member인 Robert Powerson의 'Miami Nuclear Energy Institute Conference'에서 언급).

(ㄷ) Pawlson 위원은 2019년 5월, 세미나에서 전력시장은 <u>연료의 가격의 경쟁</u><u>력뿐 아니라 신뢰성</u>(reliability), <u>fuel diversity</u>(발전용 에너지 공급의 다양성 확보, 다양한 에너지 믹스를 통한 서플라이 체인 확립), <u>저</u>(低)<u>탄소배출 원자력에너지의 육성</u>(carbon free emissions nuclear energy provides)<u>의 필요성을 설명하면서, 원전에 의한 발전</u>(發電)<u>의 중요성을 강조하고 있다</u>(특히 그는 '오늘날 기후변화와의 전쟁에서 이기는 첩경'(길)은 가동 중인 원전의 그 가동을 지속하는 길이다라고 언급, 이 점은 우리 한국의 원전정책에서 참고하였어야 할 항목이라고 필자는 생각함).[8]

(v) 2016년 'New England 지방의 Vermont Yankee 원전 발전소의 샷다운과 크나큰 고통을 겪은 New England 지역과 이에 대한 대비책으로 원전 가동, 허가기간 연장(60년을 80년으로 20년간 연장) 조치를 취한 미국 정부

(a) 미국 매사추세츠주와 버몬트주(New Jersey까지 포함하여 New England 전력구역에 속한다) 위치한 Vermont Yankee 발전사는 2개의 원자로에서 원전을 생산하는 원자력 발전사로서, 당시의 동 지역 주민의 반(反)원전 운동가들로부터 원전의 안전문제로 인하여 원전 가동을 중단하라는 압력을 받고 있었다.

(b) 2010년 Vermont 주의회는 Vermont Yankee 발전소의 가동 연장을 반대하였다. 2010년 버몬트 주의회(Vermont Legislature)는 버몬트 원전사가 원전 발전

---

8 Joshua S. Goldstein Staffan A. Qvist 'Bright Future' p.143 'Keep What We've Got', p.144 하단 부분 인용.

을 중단하도록 법제화하였으며, 동년 피선된 주지사도 발전사의 원전 중단을 승인하였다. 그리하여 2012년 다시 원전활동을 승인하였음에도, 양키발전사 측은 2013년 전기 매수계약(PPA, Power Purchase Agreement)상 공급단가 4.5cents/kWh의 공급체결이 가스 발전 단가보다 비싸, 전력공급계약체결이 이루어지지 않게 되자, Vermont Yankee 측은 원전생산을 스스로 포기하고 원자로 가동을 중단하였다(이 원전단가는 가스 발전보다 전력생산용 에너지 공급단가가 비싸서 원전건설 시 자본비용이 비쌈, 원전의 경쟁력이 없게 되자 Vermont Yankee사 측은 원전공급에서 스스로 퇴출을 결정하고 원전을 셧다운한 것).

이렇게 된 배경에는 같은 때, 매사추세츠주가 정부의 보조금을 받는 <u>대체연료인 해상(offshore) 풍력 발전을 단가 19centsKWh에 공급받는 것을 계약한 것과는 너무나 동떨어진 계약</u>이었다.

2003년 당시 미국 연방정부는 총 6,500억$의 청정에너지에의 보조금으로 지원키로 하여, <u>이 중 47%는 석유발전, 13%는 각각 석탄발전과 가스 발전에, 11%는 수력 발전에, 10%는 원전에 배정하고, 태양광과 풍력 등 재생에너지에는 6%를 배정하였다.</u> 원전에 대한 보조금 지급율이 원전과의 경쟁관계에 있는 전력용가스(methane)에 대한 보조금 비율에 대비하여 훨씬 낮았다.

이러한 원전에 대한 비우대는 <u>당시까지 정책 당국자들의 원전의 기후변화에 있어 무공해 에너지인 것에 대한 인식이 낮았고, 당시까지 미국에서는 기후변화의 중요성과 탄소배출의 무서운 결과에 대한 연방정부나 각 주정부의 이해부족 때문이었다</u>(2020년 현재까지의 한국의 원전정책과 비교하여 보자!).

(c) 주정부 등의 다각적인 지원을 못받은 원전산업의 고전

(ㄱ) 그 후 태양광 및 풍력 등 재생에너지에 의한 발전에는 연방정부 및 주정부의 무공해 에너지 생산기업에 대한 보조금을 대폭 인상하였던 것 외에도, 2013년에는 <u>Vermont 주정부의 추가적인 150억$의 직접 보조금 외에 저공해 에너지에 대한 투자기업의 세제상 우대(Investment tax credits)와 주정부가 에너지 제조사에 제공하는 고객신용, 보조, 대출, 관세상 우대, 재산세 감면, 피크 타임 시의 초과용량의 환매(feed-back) 등 다각적인 지원</u>이 있었다. 그러나 이러한 다각적

인 정책적으로 지원하는 제도는 Yankee 원전사인 Echelon 원전 발전사에게는 해당 사항이 없었다.

(ㄴ) 그러면서도 사회적으로 Geenpeace나 Sierra Club 같은 '반(反)원전환경운동가들'의 '반 원전(기후관계가 아닌 원전에 대한 안전성 리스크) 리스크'로 인한 반대 데모는 점점 커지고 있었다.

(ㄷ) 이런 경제내외적인 제반 여건의 경과는, 1/3은 원전, 2/3는 화석연료의 발전을 하는 Echelon사 그룹의 Yankee사에게는, 원전을 포기하고 가스와 같은 화석연료 발전에 전념하는 것이 오히려 발전소 경영상 유리하다고 전망하게 되어, 2014년 드디어 Yankee 원전 발전소는 42년간 가동하였던 원전을, 총 60년의 가동시한 중 17년의 남은 원전 가동 연한을 포기하면서도, 원전 대신 화석연료(가스)의 발전으로 전환키로 하고 가스 발전 연료도입을 위해 캐나다에서의 가스 파이프라인을 건설키로 하였다.

(d) Yankee 발전사의 원전 없이, 맞은 초유의 한파로, 바다가 결빙(結氷)된 뉴잉글랜드 지역이 겪은 크나큰 고통
　　－가스 육상, 해안운송, 바다의 결빙으로 가스 품귀. 가스가격 폭등
　　－가스 값 20배 폭등, 가스 발전 가격도 덩달아 5배 폭등

그림 5.3 일찍이 셧다운한 Vermont Yankee 발전소 전경[9]

VERMONT YANKEE NUCLEAR POWER PLANT

9 https://en.wikipedia.org/wiki/Vermont_Yankee_Nuclear_Power_Plant

(ㄱ) 그러나 미국의 환경운동가들의 캐나다부터의 가스 도입용 파이프라인 건설에 대해, 환경 상 이유로 큰 반대에 봉착케 되어, Echelon사는 캐나다 파이프라인으로 메탄을 수입하여 이에 의한 발전사업도 포기할 수밖에 없게 되었다. 결국 Vermont Yankee 원전 발전소는 그 가동을 전체적으로 포기할 수밖에 없어, 동사의 원자로 가동을 승인받은 가동 연한이 크게 상존함에도 원전가동을 중단키로 결정하게 된 것이다. 이로 인하여 뉴잉글랜드지역의 원전 공급은 크게 감소되었다.

(ㄴ) 그런 와중에 2017년과 2018년 겨울에는 겨울의 추위가 결빙점 이하로 떨어지는 뉴잉글랜드 기후 관측상, 최악의 추운 겨울을 맞아, 뉴잉글랜드 지역은 Vermont Yankee의 원전 생산 없이 타 발전사의 LNG 발전으로 주택 난방을 해결하려 하였다. 그러나 이로 인해 당시의 뉴잉글랜드 지역의 LNG 가격은 단 1개월 사이에 20배나 폭등하였고, 대체 연료인 석유의 해상도입도 바다의 결빙으로 가스의 운송이 곤란하게 되었다. 마침 겨울이라 태양광과 해상풍력 발전도 신통치 않게 되면서, 가스 발전의 전력 값이 5배나 폭등하여 매사추세츠주정부와 연방정부는 원전의 에너지 안보의 중요성과 다양한 에너지 믹스의 심각성을 톡톡히 맛보게 되면서 특히 에너지 믹스의 견지에서 원전의 중요성을 다시 인식하게 되었다(에너지 안보의 중요성에 대한 재인식의 기회).

(ㄷ) 그러나 원전의 이런 조기 셧다운은, 전기 에너지 안보의 위협이 따르게 될 것이고 또한 화석연료로의 대체 발전으로 인한 CO_2 배출이 확대될 것인 바, (실제 Vermont Yankee 발전소의 셧다운으로 겨울을 맞은, 2017년과 2018년의 뉴잉글랜드 지역의 난방용 가스 값은 20배나 급등하고, 이때의 일대의 탄소배출은 3%나 증가함) 커다란 혼란과 재해를 겪은 주정부에서는 원전의 중요성을 인식하기 시작하여 원전에 대한 보조금 지급, 세제상 지원 등 정책의 커다란 개혁을 실시하기 시작하였다. 재생에너지로서 태양광 발전과 해상풍력 발전이 있으나, 극심하게 추운 겨울에는 이 재생에너지도 제대로 그 역할을 할 수 없게 된 것이다.

그림 5.4 2013~2017년까지 속출, 폐업한 미국의 원전 발전소 위치와 규모

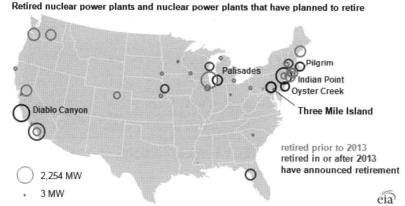

Retired nuclear power plants and nuclear power plants that have planned to retire

Pilgrim
Palisades
Indian Point
Oyster Creek
Diablo Canyon
Three Mile Island

retired prior to 2013
retired in or after 2013
have announced retirement

2,254 MW
3 MW

eia

Source: U.S. Energy Information Administration, **Nuclear power plant data**, Nuclear Regulatory Commission, and IAEA Power Reactor Information System

출처; 2017년, 6월 13일, EIA, Three Mile Island is the latest nuclear power plant to announce

표 5.2 원전의 가동허가기간, 잔존에 불구하고 원전 폐쇄 또는 폐쇄를 발표한 미국의 원전 현황[10]

폐쇄한 원전	발전용량 (MWe)	셧다운 연도	셧다운 사유	최종년도 전기생산능력 (10억kWh/연간)	최종년도 CO_2 배출 감축 규모(M톤/년)
Crystal River 3	850	2013	기계 불량	7.0	3.8
San Onofore 2, 3	2,450	2013	기계 불량	18.1	8.0
Kewaunse	566	2013	Market	4.5	3.8
Vermont Yankee	620	2014	Market	5.1	2.4
Fort Calhaun	478	2014	Market	3,4	3,3
Oyster Ceeek	625	2018	Policy	5.4	4.0
TOTAL (2018년 이전)	5,239			43.5	25.3
ThreeMile Ireland2	803	2019	Market	6.9	5.0
Pilgrim	678	2019	Market	5.1	2.3

---

10 2019년 1월 16일, James Conca. 'US CO_2 Emissions Rise As Nuclear Power Plants Close' p.2 Premature Nuclear Power Plants Closures and Announced Shutdowns 인용.

Davis – Resse	908	2020	Market	7.9	5.7
Duane – Arnold	619	2020	Market	5.2	5.0
Indian Points2,3	2,061	2020~2021	Market	15.3	7.1
Beaver Valley	1,877	2021	Market	15.3	11.1
Perry	1,268	2021	Market	9.8	7.1
Pallasades	789	2021	Market	6.1	5.3
Double Canyon1 & 2	2,240	2024~2025	Policy	17.9	6.9
Total[11·12]	11,238			89.5	53.5

주석; 위의 표에서 보는 바, '셧다운'하려는 원전사들은 보조금을 받는 가스 발전과의 시장조건 때문에 야기된 현상
  이 되었다.

(ㄹ) 위의 표에서 보듯이, 2018년까지 원자로의 가동 허가기간이 남아 있음에도, 미국의 전력시장에서의 가격조건(셰일가스전력시장과의 가격경쟁에서의 불리성)의 이유로 셧다운할 예정으로 있는 원전은 그 생산능력이 총 43.5백만 kW/h로서, 그리고 2022년까지는 연간 89.5백만kW/h로서, 원전의 조기 폐쇄하는 만큼 오직 가스 발전으로 대체하여야 하게 되어 있었다.

(ㅁ) 이때 뉴잉글랜드 지역의 3개 주(매사추세츠, 뉴햄프셔, 버몬트)의 주정부는 1개의 원전이, 수개의 재생에너지 발전소보다 저탄소 에너지인 저렴한 원전에너지를 공급함이 더 유익하고 실질적인 것을 체험하면서, 에너지에 있어 '원전 안보의 중요성'과 원전을 포함한 '에너지의 다양한 믹스'의 심각성을 재인식하게 되었다. 이때 원전의 무공해와 가스 발전의 탄소배출을 비교·검토할 겨를도 없었다.[13] 또한 원전폐쇄가 가져 온 커다란 또 다른 타격은 Vermont Yankee 원전의 폐쇄로 '뉴잉글랜드 지역의 탄소배출'은 전년 대비 1년 만에 3%가 증가하게 되어, 이는 연간 CO_2 1백만 톤 이상의 온실가스를 대기 중에 배출하는 것과 같은 결과로, 단 하나의 원자로의 조기 폐쇄가 미친 또 다른 피해와 엄청난 타격인 것

---

11 2019년 1월 16일, James Conca. 'U.S. CO_2 Emissions Rise As Nuclear Power Plants Close'의 Premature Nuclear Power Plant Closures and Announced Shutdown 인용.

12 2019년 1월 16일, James Conca. 'U.S. CO_2 Emissions Rise As Nuclear Power Plants Close'의 Premature Nuclear Power Plant Closures and Announced Shutdown 인용.

13 Joshua S. Goldstein Staffan A. Qvist 'Bright Future' pp.140-155 'Keep what we've got' 참조 인용.

을 실감하게 되었다(한국도 이 점을 참고할 필요가 있다고 봄).

(ㅂ) 그러한 뉴잉글랜드 지역에는 2019년 당시, 아직도 30%의 전력을 원전으로 충당하고 있었는 바, (매사추세츠 주에 하나, 코네티컷 주에 하나, 하나는 뉴햄프셔주에 있었음), 매사추세츠주의 남아 있는 원전도 2019년 중 폐쇄할 계획으로 있어, 2019년 Vermont Yankee 원전의 샷다운으로 큰 고통을 겪은 매사추세츠주는 더욱 당황할 수밖에 없는 사정이 되었다.

(ㅅ) 신규로 건설되는 원전도 있었으나, 2016년부터 2019년까지 폐쇄하는 원전 수가 많아지게 되자, 이에 피해를 많이 보게 된 캘리포니아주나 플로리다주나 뉴저지주 및 뉴욕주에서는 원전의 폐쇄에 가름하여 석탄발전이나 가스 발전을 서둘러 대체하면서 또 한편으로는 '원전기업에 가격 보조금의 확대 지원'으로 원전의 가격경쟁력 향상을 증진시키거나, 40년에서 20년을 연장한 원자로 가동 연한을 20년간 추가 연장하여, 총 80년으로 추가 연장하는 방안을 에너지안보적 측면에서 연구케 하였다. 재생에너지로 태양광 발전과 해상풍력 발전이 있으나, 극심하게 추운 폭설의 겨울에는 이 재생에너지도 제대로 그 역할을 할 수 없게 된 것이다.

(ㅇ) 또한 종전의 원전에 대한 폐쇄계획으로 매사추세츠주의 Pilgrim 원전도 2019년에 폐쇄할 계획으로 있었던 것도, '원전의 무계획적인 가동 폐쇄는 전력공급의 부족과 온실가스 감축에도 차질이 생길 것'이라는 또 하나의 위험요소가 눈앞에 있음을 실감케 되어, 이에 대한 정부 당국(특히 당해 주정부)의 고심으로 남아 있었다. 그리하여 위의 표에서 본 바 같이 원전에 대한 RGGI에 의한 보조금 지급 등 주정부는 원전능력 회생의 노력을 경주하였다.

(vi) 가동허가 기간이 남아 있음에도 앞당겨 셧다운하려는 원전(민영)과 그로 인한 예상 쇼크의 최소화를 위한 주 정부의 원전능력 회생 노력과 그 결실

매사추세츠주의 원래의 원전으로 2019년에 마지막 종결시킬 계획으로써 13년이나 가동 연한이 남아 있었던 Pilgrim 원전이 있었는데, 이 원전이 뉴잉글랜드 지역의 전력의 30%의 비중을 차지하고 있어, 이 원전에 대하여 주정부적 차원에서의 가동을 계속 지원하는 정책의 필요성이 제기된 것이다.

(a) 캘리포니아주의 경험

한편 캘리포니아주에서도 매사추세츠주와 같이, 2013년 2GW 규모인 San Onofre 원전을 셧다운하고, 이에 탄소배출 감축목표를 달성 못해 큰 곤란을 겪으면서도, 노조 및 반 원전 단체 등의 압력에 못견뎌, 31년간 잘 가동되면서 동주의 에너지의 9%를 공급하던 Diablo Canyon 원전을 폐쇄하고, 천연가스 발전으로 전환할 계획이라고 발표하고 있었다.

(b) 그러나 이는 잘못 계산한 것으로, 원전에서 메탄발전으로 전환하려면 필요한 전환구조에는 엄청나게 복잡한 거대한 자본의 대체투자가 수반되고도 메탄발전은 석유발전 시의 절반의 CO_2가 배출되어야 하는 바, 이에 대한 위기관리 준비가 소홀하게 되어 있으면서도 탄소배출 감소 목표는 이룰 수 없는 약점이 있음이 지적된다.

(c) 또한 캘리포니아주의 전력공급의 30%의 비중을 차지하였던 Diablo Canyon 원전의 경우도 이와 같다. 이 원전도 거의 매사추세츠주의 Pilgrim 원전과 동일한 배경으로 20년의 가동 가능 기한이 남아 있던 원전을 2019년에 조기폐쇄를 결정(반원전을 주창하는 기후단체와 노조와의 협약에 의거)하였다. 이 같이 캘리포니아주의 Diablo Canyon 원전(동주의 9% 전력공급)의 경우도, 태양광 등 재생에너지나 가스발전으로의 대체는 탄소배출 감소에 있어, 원전보다 탄소감소 효과가 훨씬 미달되게 되어 있는 점에 대한 인식이 약하였었다.[14]

---

14 2016년 6월 6일, amakyuth@phillynews.com by Andrew Maykuth 'America's nukes(원전) face an existential crisis, but not the kind you think' 참조.

그림 5.5 캘리포니아주의 에너지 믹스(2016)[15]

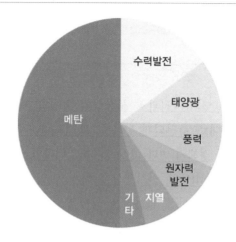

출처; 'A Bright Future' p.151. Figure 40. Claifornia Energy Commission.

표 5.3 조기 미국의 셧다운(Premature Closures)하려던 원전 중 회생노력 끝에 환원된 원전(2017~2020)[16]

원전 발전소	규모(MWe)	폐쇄 예상 연도	조기폐쇄 원인	2017년 생산전력 (10억 kWh/년)	2017년 중 탄소배출 절감 규모
Clinton	1,065	2017	Market	8.3	8.1
Fitzpatrik	852	2017	Market	6.2	2.9
Ginna	582	2017	Market	4.7	2.2
Hope Creek	1,172	~2020	Ma13.1rket	10.6	7.7
Milestone 2&3	2,096	~2020	Market	16.5	7.4
Nine Mile Point 1 & 2	1,770	2018	Market	16.0	7.4

---

15 Joshua S. Goldstein Staffan A. Qvist 'Bright Future' p.153 'Keep what we've got' p.151. Figure 40. California Energy Mix. 2016 인용.

16 2019년 1월 16일, James Conca. 'U.S. CO_2 Emissions Rise As Nuclear Power Plants Close' 'Premature Nuclear Power Plant Closures and Announced Shutdown' 인용.

Quad Cities 1 & 2	1,819	2018	Market	15.4	11.2
Salem 1&2	2,328	2020~2021	Market	18.0	13.1
Total	11,683			95.7	60.0

위의 원전이 원전의 시장가격과의 시장성의 차이로 폐쇄하려던 원자로 가동 중단이 원전사의 계획대로 추진되게 뉴욕주, 캘리포니아주, 뉴저지주 및 코네티컷주 및 일리노이주에서 정책의 변환 없이 방치하였더라면, 총 7개의 원전사의 12기의 원자로에서의 11,683MBe의 전기생산을 하지 않았을 것이다. 그러하였더라면, 7,400명이 원전에서의 직접 일자리를 잃었을 것이며, 전 미국의 '2017년의 태양광 발전규모의 전기생산이 안 되었을 것'이며 60백만 톤의 탄소배출 절감을 이루지 못하였을 것이다. 즉, 위의 6개의 원전에서의 9기의 원자로에서의 11,683MWe의 전기생산은 7,400명의 직접고용 효과와 60백만 톤의 탄소배출을 감축하는 효과를 거양하였음을 의미한다.

(2) 주정부의 원전의 중요성 인정과 연방정부의 원전가동시한 연장
−40년에서 60년으로, 다시 80년으로 연장

(i) 원전 중요성에 대한 주정부 당국의 이해와 원전에 대한 보조금 지급 확대와 각종 적극적 지원정책으로 전환

원전은 한때(2012년)의 슬럼프에서 2016년 이후 재생하여, 2018년에는 원전의 전력생산이 총 807백만MWh로서, 2010년의 피크 시에는 807.1백만MWh를 초과하게 되었다.

(a) 시작과 원자로 가동 시한의 20년 연장(40년 → 60년 → 80년)
−미국도 원자로 가동시한을 80년으로 연장하는데 한국은?

(ㄱ) 이러한 원전에 대한 보조금 지급은 재생에너지업자에게의 신용에 대한 보증서 발급과 동일한 효력을 갖는 것으로, 미국 정부(주정부 포함)의 원전의 환경에

대한 무탄소배출의 중요성을 인정하기 시작한 데에서 출발한다.

특히 뉴욕과 뉴저지 같은 큰 주에서는 Indian Points 원전의 셧다운과 메탄가스 발전으로 대체할 때의 거대투자자금 소요와 번거러움에서 원전의 여러 가지 면에서의 기여도를 인식한 데에서 비롯된, 당국의 원전에 대한 보조금 지급 조치라고 할 것이다.[17]

(ㄴ) 또 다른 실패의 예로 Bright Future의 저자인 J. Goldstein과 S. Qvist는 '사우스캐롤라이나주의 수십억$를 투자하여 석탄발전에 대체할 신 원전 발전소 신설을 계획하였으나, 엄청난 비용이 들어 2017년, 결국 사우스캐롤라이나주는 원전의 신설 계획을 취소하였다'라고 기술하고 있다.

또한 그들은 원전의 신설투자도 여의치 않음을 설명하고 있다. 이 같이 <u>방대한 초기투자가 필요한 원전의 원자로 신설 대신, 안정성이 보장된 기존의 원자로의 가동을 60년까지 가동이 허가되어 가동 중인 원자로 허가기간 연장을 20년을 추가하여 더 연장하는(총 80년) 대안이 될 수밖에 없음을 시사하고 이런 점 등이 감안되어 연방정부가 80년으로 20년 가동 연장을 승인한 것이다.</u>[18]

(ii) 2019년 1월, 기후부인론자(Climate Denier)인 트럼프 대통령이 사인한 '원자력에너지 발명과 현대화법'(Nuclear Energy Innovation and Modernization Act) 시행[19]

(a) 2019년 1월: 'Nuclear Energy Innovation and Modernization Act'의 실현으로 원자로 가동시한 연장허가 시작으로 원전폐쇄 성향을 막음

(ㄱ) 이런 원자로 가동 연장의 필요성이 크게 제시된 가운데, 기후대책에 소극적인 트럼프 대통령은 <u>2019년 1월, 향상된 발전, 향상된 원자력 공장의 디자인을 발명</u>

---

17 Joshua S. Goldstein Staffan A. Qvist 'Bright Future' p.153 'Keep what we've got' 참조 인용.

18 Joshua S. Goldstein Staffan A. Qvist 'Bright Future' pp.140−155 'Keep what we've got' p.150. Other US States 참조 인용.

19 2019년 1월 17일, JURIST 'Nuclear Energy Innovation and Modrnization Act' signed into law 참조.

하고 현대화를 촉진하는 볍률인 'Nuclear Energy Innovation and Modernization Act'이 상하양원에서 통과되자, 동법을 사인하여 공포하였다. 기후환경규제에 소극적인 트럼프 대통령에게는 커다란 결단이었다. 이 법의 발효로서, 원전의 상업용 원자로의 가동 연장 승인을 받을 때, 원전 감독당국이 몇 개의 수정을 요구하는 것을 내용으로 하고 있다.

(ㄴ) 즉, 그 원자력감독위원회(NRC, Nuclear Regulatory Commission)의 현존하는 원자로의 가동 연장 허가를 받기 위하여는 270일 전에 허가신청을 하여야 하며, 최소한 2년 이상의 원자로의 위험관리에 대한 기술상의 평가서와 이에 관한 전략상 연구방법을 제출하여야 한다라고 규정하고 있다.

(ㄷ) 한편 위의 NRC는 2027년 12월까지 기술을 포함하는 규정의 범위를 포함하는 백서를 발간하게 되어 있다. 또 NRC의 기술연구를 위해 2020년부터 2024년까지, 연간 14.4백만$의 예산을 발전된 원자로 기술향상에 투입할 것이라 한다.

이와 때를 같이하여 몇몇 주, 즉 뉴욕, 일리노이, 코네티컷, 뉴저지주에서는 소위 '제로 탄소배출 프로그램'(Zero emission program)을 주(州) 단위에서 실시하기 시작하였다.

(iii) 탈 석유계획으로 원전을 고려하고 있는 사우디 아라비아의 원전 프로젝트에, 국제정치적인 사유로 기필코 참여하고 싶은 미국 트럼프 대통령과 미국 원전업계의 열망[20]

(a) 신규로 개발한 NuScale사의 소형 원자로(SMR)의 셰일즈에 적극성을 띠게된 미국 정부

러시아의 Rosatom과 중국의 CNNC 같은 국유원전업체가 기술과 금융과 국제정치력으로 세계 원전 플랜트 수출시장을 석권하려는 러·중의 원전국영기업에, 미국이 사우디 시장을 빼앗김은 국제정치적, 첨단 기술적 견지에서 미국으로서는 인정키 어려운 치욕이라는 사고의 팽배가 미국의 원전시장의 리더십을 되찾으려는 의욕을 북돋게 만들었다.

---

20 2018년 4월 16일, Climate Change Nuclear Energy, Nuclar Weapons, A. Murphy, M.V. Ramana 'The Trump administration is eager to sell nuclear ractors to Saudi Arabis. But why?' 참조.

(b) 2019년, 사우디 아라비아가 에너지 다변화 정책의 일환으로, 원전 발전소 건설을 검토할 때, 이에 참여하려는 강력한 의지를 가진 미국의 민간 원전업체의 참여 열망과 이를 뒷받침하고 싶은 트럼프 대통령

(ㄱ) 이의 그 배경으로, 사우디에의 원전은 기필코 미국 원전업계에서의 공급이 이루어져야 한다는 국제원자력 시장에서의 미국의 국제정치적, 기술적 리더십의 회복에 대한 절박감과 사우디의 석유발전 대신으로 원자력 발전을 고려할 때, 미국 정부와 별로 각광을 받지 못했던 미국의 민간 원전업체들에게, 사우디와의 비밀접촉을 허용한 것이 미국정부이다.

(ㄴ) 이때까지 1961년의 Three Miles Islands 원전사의 사고발생 후, 별로 각광을 받지 못하고 사양의 길을 걷던 미국 원전산업계의 NuScale, TerraPower, Westinghouse, 그리고 General Electric 등이 사우디와 접촉하는 것을 미국 정부는 승인하였다. 여기에는 트럼프 대통령의 '사우디의 원전은 중국이나 러시아나 이란 같은 적성적인 제3국가(국유기업)에 절대 줄 수 없다'는 강력한 의지가 있다(이때에 한국의 두산중공업도 Desalinate Plant를 갖고 동 신디케이트에 참여하였었다는 설이 있음).

(ㄷ) 트럼프 대통령의 그런 의지는, 그의 사위이면서 보좌관인 Jared Kushner를 그와 절친한 사우디의 실권자 Mohammad bin Salman에게 보내어, 미국의 뜻을 전달하고, 한편으로는 Westinghouse를 인수한 Brookfield Business Partners(캐나다 회사)를 위해 활동케 하여, Kushner가 과거 Westinghouse의 AP1000 원자로를 사우디 황태자에게 소개하는 일도 하게 되었다.

(ㄹ) 사우디 아라비아는 태양광 발전을 선호했지만 중동의 국제정치적 이유로 원전을 더 선호하게 되었다. 또한 미국으로서는 '사우디 원전건설은 중국, 러시아, 이란 등 제3국에 가서는 안 된다'는 절박감이 강하였다.

(ㅁ) 사우디는 지리적 여건으로 태양광이 더 효율적이고 경제적이나, 여기에는 투자가 많이 소요되고, 태양광 발전에는 전기의 저장기술과 그를 위한 막대한 비용이 들며, 만일 이란이 핵을 보유하게 되면 사우디도 원자력을 가져야 한다는 점에서 원전 설립의 가능성을 높게 보고 있다. 이런 면에서 사우디도 미국도 원전을 더 선호하고 있는 것이다. 사우디는 원전에 필수적으로 농축되어야 하는 우라늄-235 컴포넌트의 기술도 도입하여, 우라늄 농축도 가능케 예비할 의지를

갖고 있어, 특히 미국은 이 점에서 '사우디 원전건설을 미국 아닌 적성 제3국에 놓칠 수 없다'는 절박감이 있다.

(ㅂ) 더욱이 중국이나 러시아는 원전의 필수적인 '반핵확산금지조치'를 별로 중시하지 않아, 미국은 더욱더 이들 국가가 사우디 등에 원전건설 프로젝트를 획득하는 것을 용인할 수 없어 미국이 다시 90년대의 세계 원전산업의 리더로서의 부활이 필요하게 된 것이다.

(ㅅ) 이 같이 점점 고조화된 미국의 원전산업에서의 리더십 회복의 필요성에서 가동 중인 원전의 가동시한을 금반 20년을 연장함으로써 총 80년으로 연장 가능성을 인정하는 2020년 4월 원전의 리더십 부활을 위한 트럼프의 조치

이러한 연유와 배경에서, 미국은 원전산업의 부흥과 원전 및 우라늄 처리를 미국의 신기술개발로 원전에서의 리더십의 부흥을 꾀하고자, 2020년 4월 말 미국 에너지부는 '미국의 원전에너지의 경쟁적 유리성의 회복'(Restoring America's Competitive Nuclear Energy Advantage)이라는 건의서를 대통령에게 제출하고, 이것이 받아들여져 원전산업에 대한 강력한 지원정책을 시행하게 된 것이다.

2 RGGI 실시 확대와 새롭게 서둘러 가입하는 일부 주정부와 에너지안보

— 뜻밖에 급침한 COVID−19와 석유전쟁의 돌발 가능성과 셰일석유사의 줄도산 위험 증가
(한국의 탈원전정책의 탈피에 COVID−19는 실질적인 좋은 전기(구실)를 제공할 것임)

(1) COVID 19가 가져온 미국 셰일업계 도산과 위협받는 미국 에너지업계

(ⅰ) 2020년 초, 전반적으로 CIVID−19의 경과를 거치면서 미국의 각 주정부는 원전의 중요성을, 에너지 안보적 측면과 기후 환경적 측면에서의 탄소배출의 무공해 전력생산과 원전에 대체할 재생에너지 및 가스 등 화석에너지의 한계성 등에서, 가동되고 있는 원전에 대하여, 원전의 온실가스배출 감소에 기여도와 실업자 등과 원전폐쇄에 따른 지역경제에의 타격을 감안하여, 가동 중인 원전에 대한 보조금을 지급(Regional Greenhouse Gas Initiative 제도(RGGI)를 재원으로 함)하기 시작하였다. 이때 활용된 것이 RGGI 제도이다.

(ⅱ) RGGI(Regional Greenhouse Gas Initiative)란?[21]
-원전에 대한 주 정부단위의 보조금 지급 시작

(a) 미국 캘리포니아주는 EU의 탄소배출저감 운동(EU 내 11,000개의 기업체의 참가 실시 중)의 일환으로 EU가 실시하고 있는 'cap-and trade system'과 Emission Trading System(ETS)의 실시로, EU의 온실가스 감축에 성공(CO_2 감축목표; 2020년까지 1990년도 배출의 20% 감축, 2030년까지 90년 탄소배출 실적비 40% 감축함. 2013년부터 2020년 까지 매년 2%씩 감축 실적)한 예를 감안하여, <u>2012년부터 cap-and-trade system 을 실시하여 탄소배출권을 탄소를 톤당 $14에 거래</u>하게 하였다.

(b) <u>캘리포니아주는 2018년 12월의 CARB</u>(California Air Regulated Bureau)의 승인 을 받아, RGGI(Regional Greenhouse Gas Initiative)를 실시하는 동시에, 이때에 미 국 태평양 북서지역의 여타 주(州)도 <u>탄소거래제</u>에 참가하게 유도하면서, <u>2019년 4월부터 유효화하게 하여,</u> 이 협의체를 'Regional Greenhouse Gas Initiative' (RGGI)로 명명하며, 또 한편으로는, 캘리포니아 일대의 전기생산과 발전된 전력의 지역 간 거래에 이를 적용시키고 있다(<u>본서 제2장 미국의 기후변화정책 참조할 것</u>).

(c) 이 RGGI를 유효화시킴으로써 캘리포니아를 비롯한 RGGI에 가입한 주들은 종국에는 2030년의 감소시킬 탄소배출의 저감 목표 달성(법규의 방향 'AB 398 운동') 을 꾀하고 있는 것이다. 이런 일련의 운동은 캘리포니아의 CARB가 주동이 되어 성공적으로 활동하고 있는 것이다.

(d) 여기에서 무공해 재생에너지로 전력을 생산하는 발전소에 한하여 주정부에 서 지급하는 credits 제도와 동일한 것으로, 각 주에서 주의 법규로 제정한 <u>'Carbon Cost Coalition'이라는 운동</u>(CCC Initiative)은 배출하는 탄소에 세금과 같 <u>이 가격을 부과하는 것으로서, 미국의 12개의 주에서 이 제도를 실시하고 있다.</u>

---

21 JOSHUA. GOLDSTEIN, Staffan A. Qvist 'A Bright Future' p.204 'Pricing Carbon Polluting' 및 2019년 6월, World Bank Group 'State and Trends of Carbon Pricing p.29. 'Detailed overview of carbon pricing initiatives' p.43. United States 참조.

(e) 또한 일리노이주, 뉴욕주, 뉴저지주(당시 미국 내 '4대 온실가스 배출 주'인 펜실베이니아주는 예산사정으로 당시에는 지급 못하였음)에서 거대한 원전 기업에 credits 형태로 보조금을 지급하기 시작하였다. 원전의 에너지 안보 및 기후대책으로서의 원전의 기여도의 중요성과 재생에너지 발전으로의 대체성의 한계와 그 문제점의 심각성을 미국 주당국이 인식하였다고 하겠다.

(f) 또한 2018년 12월에는 교통운수 분야에 Carbon Pricing Initiative의 목표를 적용시키기 위하여, 9개 주에서는 TCI(Transportation and Climate Initiative)의 적용확대를 실시키로 하여 여기에 탄소배출에 Cap(상한)을 적용시키기로 하였다(9개의 주는 코네티컷, 델라웨어, 매사추세츠, 뉴저지, 펜실베이니아, 로드아일랜드, 버몬트와 버지니아주가 이에 속함)[22]

(g) 특히 2020년 초부터 밀어닥친 2개의 세계적인 전쟁, 즉 '코로나 바이러스'와 '사우디와 러시아에서 야기시킨 세계적인 석유전쟁과 세계적인 경기불황으로 인한 석유·가스 수요의 급격한 감소가 겹쳐, 미국정부(연방, 주정부)는 이런 타격을 우려하여 서둘러 '원자로 가동 허가시한 60년이 도래하는 대형 원전 발전소'에 원자로의 가동시한을 당초 40년을 60년으로 연장하였고, 금반 60년에서 20년을 추가로 연장케 하여 총계 누계 80년간 원자로를 가동할 수 있게 하여 주면서, 각종 제도적 지원을 서둘러 하기로 결정하게 된 것이다. 기술적으로 문제 없는 원전'의 가동기한을 현재의 60년에서 80년으로 20년을 더 연장하여 준 것이다. 연방정부의 원자력규제위원회(Nuclear Regulatory Commission, NRC)가 원전사의 원자로의 가동 연장신청을 받아들여 이를 승인한 것이다(한국도 참고할 만하지 않을까?).

(2) 원자로 가동시한을 60년에서 20년을 더하여 80년으로 연장해 준 원자력 감독위원회의 조치의 배경

(i) 이렇게 미국의 연방정부나 주정부가 60년으로 제한하였던 원전사의 원자로 가동시한을 60년에서 80년으로 연장하고 보조금을 인상 지급하게 된 동기와

---

22 2019년 6월, World Bank Group 'State and Trends of Carbon Pricing' p.43. 주 131 인용.

배경은 무엇인가?

특히 트럼프 대통령은 '2008년 11월, 당시의 기후변화에 탄소배출 감축조치의 필요성'을 역설하는 300명의 환경과학자들의 주장을 '믿을 수 없다'라고 거부하여, 무시해 버리고, 또 대통령 당선 직후 2017년, 미국은 전년도에 '파리 기후국제회의'에서 합의한 UN의 '파리기후협정'에서 탈퇴(2020년 11월 4일 유효)를 선언한 트럼프 대통령이, 그리고 민주당의 오바마 대통령이 시행하려던 '자동차 배기가스 배출기준'(Automobile fuel efficiency standard)을 무효화시킨 장본인이기 때문에, 2020년 초 원전의 원자로가동 시한을 60년에서 20년 연장하여 80년간 가동을 승인하여 세계에서 가장 원자로 가동기간을 장기화시킨 트럼프 대통령의 원전연장에 특별한 의미가 부여되게 되었다. 또한 원전에 대한 보조금 지급을 증대시켰는바, 트럼프 대통령의 이 모든 대 원전 정책의 대전환의 배경이 무엇일까? 하는 궁금증이 생긴다.

(ii) 미국 원자력규제위원회(NRC)의 원전가동 허가시한, 60년에서 20년 연장(총 80년)의 배경[23]
– 뜻밖의 코로나 바이러스(COVID—19)의 세계적인 발병과 이의 몰고온 경제적 타격

2020년 초 뜻밖의 코로나바이러스의 미국 내 급격한 창궐과 러시아(미국 겨냥)와 사우디 간의 세계석유전쟁과 미·중무역전쟁 와중에, 미국에 중요해진 석유안보와 안정적 에너지 믹스와 '원전 같은 무공해 에너지의 중요성'에 대한 재인식으로 미국 정부의 원전 가동 연장의 권장과 승인 조치의 필요성이 제기되었다.

(a) 석유전쟁과 COVID—19로 인한 석유소비 급감으로 국제 석유가의 극심한 하락(70$대에서 20$대로)이 미국 에너지산업(특히 셰일오일, 셰일가스)에의 타격(경기불황, 운송용 석유 및 가스 수요 급감함.(Trafigure사는 10백만 배럴 생산 감소/일 전망)을 받았다. 이로 인하여 미국 석유기업의 에너지 생산 감축, 에너지 기업도산과 불량에너지 기업의 파산신청 급증 등으로 미국의 에너지 안보가 위험해졌다(트럼프 대통령 액스모빌, 셰브론, 코노코 필립스 등 미국 3대 석유사 대표와 대책 협의 회동).

---

23 2020년 4월 1일, NYT, Meehan Crist(Columbia Univ. Biological Sciences 교수 기고) 'What the pandemic means for climate change' 참고.

(b) 세계적인 불황과 에너지 수요 감퇴로 인한 화석 에너지 및 재생에너지 관련 '서플라이 체인(Supply Chain)의 붕괴 위험성' 증가, 특히 미국과 중국의 무역상 긴장 관계 파장 가능성과 미·중 무역마찰의 위험성에 따른 에너지 안보의 위협과 차질은 미국 에너지 안보전략상 서플라이 체인에 극심한 타격을 입힐 가능성이 높아지고 있었다(한국 정부도 COVID-19를 핑계로 원전정책을 전환하는 것도 합리적 근거가 되지 않을까?).

> **│ 참고 │**
>
> 태양광판 제작, 풍력전력용 터빈 제작 및 리튬-이온 배터리 제작은 중국산이 가장 경쟁력이 있는 제1제작국이면서, 2020년 봄의 미국에 중국의 재생에너지용 자재 공급(Supply Chain) 상 차질이 그만큼 미국의 재생에너지 생산에 나쁜 영향이 발생할 가능성도 높아진 것이다.

(c) 미국 원전산업(미국 전력에너지의 20% 담당)의 과거의 New Suqlound 지역의 Vermont Yankee 같은 일부 원자로의 폐쇄가 끼치는 원전생산 종사자의 실직과 200여 개의 부품산업의 연쇄적인 폐쇄 등 침체의 위협은 원전공장의 기술자 및 작업자의 실직 리스크 및 수백 개의 원전 관련 부품산업의 침체에 따른 부품산업의 줄도산으로, 원전 발전소와 부품 생산 공장 주변지역경제에의 미치는 타격이 매우 큰 것에 대한 인식이 확대되었다고 할 것이다(또한 태양광과 풍력발전은 막대한 자재소요로 인해 원전보다 공급체인에 있어 불리하고 불안함).

그림 5.6 각종 발전소에 필요한 건축 자재 소요와 이에 대비한 원전의 유리성[24]

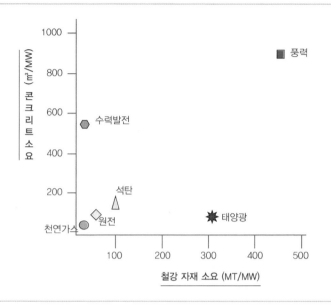

주석: 위 그림은 각종 발전소 건설에 있어, 원전의 타 발전소보다 건설의 상대적 유리성(건설투자 자재 필요성의 작은
수요 탓)을 의미함(본서 제1장 p.8의 그림 1.1과 유사하게 보이나 가로, 세로의 기준이 상이함).

(d) 이런 석유시장의 타격과 세계적인 경기불황과 코로나바이러스에 따른 에너
지 등 소비 축소는 미국의 증권시장 및 금융시장에도 타격을 끼쳐, 주가 폭락과 결
과적인 자금 경색으로 특히 셰일기업 같은 에너지 기업 활동은 앞다투어 도산할 가
능성이 보여, 미국의 에너지업계에는 커다란 적신호가 예상된다고 본 것이다(셰일기업
의 에너지 안보적 측면에서 본 불안정성에 대한 우려, 기후변화 리스크의 금융시장에 미치는 악영향).

또 일부 에너지 기업은 태양광 전력이나 풍력 발전 등 재생에너지 생산지속
과 만(滿) 탱크된 석유저장 시설확장투자가 필요하나, 이를 위한 투자자금 확보
가 어려워지는 상황에서, 셰일 이외의 에너지 생산이 수월하여지지 않을 전망에
대처하여야 할 조치로, 기술적으로 안전하다는 연구 결과로 '연장해도 문제가 없
다'는 원자로의 가능한 원전의 원자로 가동기한을 연장하였을 것이다.

---

24 2019년 3월 21일, Forbes, NuScale powers – Any Green New Deal Is Dead Without Nuclear
Power 인용.

(e) 또한 원전(미국 저공해에너지(Carbon Free Energy)의 55% 비중 담당) 에너지의 가동 중단 시에 대체 에너지로 전력생산에 대체할 때보다, <u>매사추세츠주의 경우, 온실가스 배출이 1년간 3%나 증가하여, 배출가스 저감 목표의 달성이 어렵게 되고, 각 주별로 온실가스 감축목표 달성이 어려워지므로 그 대처방안으로 원전 회생과 연장 가능한 원전의 가동시한을 20년간 연장하였을 것이다.</u>[25]

이런 과정을 거쳐, 미연방정부는 2019년 말부터 그동안 승인해 주지 않던 일부 대형 원전사의 원자로의 가동기한(60년)의 연장 형태로 몇몇 주의 원자로 가동기한 20년을 연장하여, <u>80년간 가동기간 연장을 허가하는</u> 조치가 시작되었다. 이를 보자.

(f) 미국연방정부 NRC의 원자로 가동기간, 평균 20년 이상 연장 허가(1차, 40년 → 총 60년으로 20년 연장 → 20년 추가연장으로 총 80년)

최근 연장 허가받은 4개의 대형 원전은 다음과 같다.

(ㄱ) 2019년 2월: Florida Power사의 Turkey Point Nuclear 쌍둥이 원자로 (1970년대 제작) 3호기와 4호기의 가동 시한을 추가 20년 연장 승인[26]

US NRC는 플로리다주의 Biscane만에 위치한 Florida Power사의 Turkey Point Nuclear 쌍둥이 원자로(1970년대 제작) 제3호와 제4호기의 가동 시한을 20년 연장 승인하여 2050년까지 가동 연장이 가능케 되었다.

동 연장으로 Florida Power의 Turkey Point Nuclear 쌍둥이 원자로는 2050년대까지 가동 승인(2080년 가동케 되어, 세계 최초의 최장 가동 원자로가 됨)되어 세계에서 가장 장기간(80년간) 가동되는 원자로가 된 것이다.

(ㄴ) 2020년 3월 6일: 펜실베이니아주 Delta시의 Exelon Generation사의 Peach Bottom Reactors 원자로 2호기와 3호기에 대한 가동 연한을 20년 연장 승인[27]

2020년 3월, 미국 연방정부의 US NRC는 펜실베이니아주의 Delta시 내의 Exelon Generation Co.의 Peach Bottom Reactors 원자로 2호기와 3호기에 대한 20년간 가동 연한 연장 신청을 받아들여, 가동 승인 연한을 60년에서 20년을

---

25 2019년 3월 21일, Any Green New Deal Is Dead Without Nuclear Power Forbes.
26 2020년 2월 4일, Fortune.com. 'The US. may soon have world's oldest nuclear power plants 참조.
27 상 동.

추가하여, 총 80년간의 가동을 승인함으로써 이 2호기와 3호기의 2개의 원자로는 2054년 8월까지 80년간 가동이 가능케 되었다.

(ㄷ) 2020년 3월의 이 연장 승인 소식에 Execelon사의 대표는 '가동 연장조치는, '원전 발전에 다루는 탄소배출의 저감으로서 기후환경대책, 원전 발전공장의 750명의 풀 타임 종업원들(급여만 1년간 85백만$)과 1,800개의 원전 관련 연료재주입(再注入) 등의 관련 하청기업 종사자와 사무직원의 일자리 문제와 동 발전소가 위치한 지역 주민의 지역경제에도 좋은 소식임'을 강조하고 있다. 원전 발전소의 가동 연장이 미치는 매크로 및 마이크로한 지역의 경제적 효과를 과시하고 있음을 알 수 있다. 미국의 원전의 가동시한을 20년 늘려 총 80년으로 연장한 조치가 우리에게 시사하는 바가 크다.

그림 5.7 미국 NRC로부터 2020년 2월, 가동 연장 승인받은 Exelon사 Peach Bottom 원전[28]

주석; Exelon사는 2016년 Vermont Yankee 원자로 2기를 경쟁력이 없다는 이유로 자진 조기 폐쇄하여 2017년과 2018년 겨울에 New England 지역에 기록적인 혹독한 겨울의 바다까지 얼어붙어 발전소의 연료(가스)의 수송 난으로 전력송전에 크게 곤란을 겪어 몹시 추운 한파로 크게 고통스러운 한파를 경험한 곳임.

(ㄹ) 아울러 동 Peach Bottom 원전이 2054년까지 연장 가동된다면, 대기 중에 연간 536백만 톤의 탄소배출을 억제하는 효과를 거양하게 된다는 환경혜택을 동 지역이 받을 수 있다는 분석이다.

---

28 powermag.com/exelons peach bottom nuclear-plant licenced for 80-years 인용.

(g) Virginia주의 Surry에 위치한 Dominion 발전사의 2개의 원자로 가동 연장 신청의사 밝힘과 연방정부의 승인의사 표시[29]

(ㄱ) 2020년 2월 미국 포춘지에 의하면, 버지니아의 리치몬드 북쪽에 위치한 Dominion Energy사는 2개의 원전공장의 가동 기한을 연장할 것을 연방정부에 승인 신청할 계획임을 발표하고 있다.

현존하는 원자로의 가동이 신규로 원자로를 건설하는 것보다 수억$를 절감할 수 있다고 Dominion사는 발표하면서, 현재 가동하고 있는 원자로가 가동하면서도 얼마나 많은 부품교체를 하였는지를 감안하면 비록 가동기한을 연장하여도 그 안정성에는 전혀 문제가 안 된다는 점을 강조하고 있다.

(ㄴ) 또 사우스캐롤라이나주에 있는 Duke Energy사는 동주의 Seneca에 있는 11개의 원자로 중 우선 기한이 만료되는 3개의 원자로의 가동기한의 20년 연장을 승인받을 예정이라 한다.

(h) Pensylvania주의 Shippingport의 Beaver Valley Nuclear Power Station의 폐쇄 계획을 백지화하고, 원자로 가동 연장 허가받아 재가동으로 전환[30]

(ㄱ) 당초 Beaver Valley Nuclear Power Station의 소유주는 2018년 3월, 당시 동사는 셰일가스와의 발전단가 경쟁에서 주정부의 보조금 지원 없이는 원전의 채산성이 없어 2021년부터 동 원전의 가동을 폐쇄시킬 계획으로 폐쇄 계획서를 주정부에 제출하였었다.

(ㄴ) 그러나 그 후, 그는 기왕의 2018년에 제출하였던 폐쇄계획을 취소하고, Beaver Valley 원전을 재가동하기로 방향을 바꾸었다. Beaver Valley 원전이 재가동으로 방향을 바꾼 것에는 펜실베이니아주의 T. Wolf 주지사의 결정에 따른 원전의 재생가능성 전망에서 비롯된 것이다. 이 배경은 Wolf 지사가 펜실베이니아주, 미국의 캘리포니아주 등, 9개의 주가 협의체를 결성하여, '지역 내 발전소

---

29 2020년 2월 4일, Feb. 4. Fortune.com. 'The US. may soon have world's oldest nuclear power plants 참조.
30 2020년 3월 3일, timeonline,com/2020.3.3./company to keep beaber valley power 참조.

의 배출가스에 따라 부과할 탄소세'(carbon tax)에 대하여 협의할 '지역 간 온실가스 이니시아티브'(RGGI, Regional Greenhouse Gas Initiative)에 펜실베이니아주도 2022년에 가입할 것으로 되어 있기 때문이다. 그렇게 펜실베니아주가 RGGI에 가입하게 되면 화석연료 발전보다 '탄소배출이 없는 원전이 RGGI 협정에 따른 원전 발전에 대한 보조금을 받을 수 있게 된다'는 것을 의미하기 때문이다. 그리되면 원전도 보조금을 받게 되어 그만큼 원전의 전력생산가의 가격경쟁력이 생겨, 가스 발전보다 전력공급경쟁에서 유리하게 되므로 폐쇄하려던 Beavor Valley 원전 발전소가 보조금을 받게 되는 것을 계기로 원전을 폐쇄시키지 않고, 연장 가동시킨다는 계획으로 돌아선 것이다(이 RGGI는 미국의 소위 모든 자금 투자의 방향을 'ESG (Environmental, Social, and Governance)로 전환케 함으로써, '저 탄소경제'로 간다는 목적에서 활동하고 있는 RGGI에, 펜실베이니아주도 조인(참가)한다는 목표로 이 RGGI에 가입을 추진하고 있기 때문이다. 펜실베이니아주가 RGGI에 가입하는 것은, 빨라야 2022년이므로 그때부터 원전이 보조금을 받을 수 있도록 추진하고 있음).

(ㄷ) Beaver Valley 지역의 기업인 들은 Beaver Valley 원전을 살리도록 지역출신 의원들에게 압력을 넣음으로써 1,000여 명의 종업원이 일자리를 찾고 지역경제가 좋아진다면서 2022년부터 Beaver Valley 원전이 재가동토록 추진하게 된 것이다.

이렇게 메탄가스 생산 과잉에 따른 가스를 가스가격이 폭락하게 되어, 가스 전력생산에 과다 투입에도 불구하고, 반대로 원전에 보조금 지급이 시작되어, 원전의 폐쇄를 방치하던 것을 미국 전체 석유전쟁 끝에 나타날 '셰일기업의 도산' 등으로 발생할 에너지 안보 우려와 효율적인 에너지 믹스의 융통성 있는 추진에, 미국의 장기적 에너지정책의 경쟁력 강화를 낳고 있는 것이다(뒤에 에너지성의 미국의 원전의 재생전략에서 상술).

3 미국의 Green New Deal과 원전

(1) 미국의 'Green New Deal 운동'에서 New Deal보다 Green을 중시,'신규 원전 건설'이 포함되기까지[31]

(i) New Deal보다 Green을 중시하는 국제환경 UN 등의 기후관계 협의기구가 원전 신설 운동에 나섬

(a) 그리하여 원전이 기후대책에 절대 필요한 'Green' 요건이 된다는 운동에, 'Intergovernmental Panel on Climate Change(IPCC), the International Energy Agency(IEA), the UN Sustainable Solutions Network and the Global Commission on the Economy and Climate argue for tripling of nuclear energy와 같은 '5대 기후관계 환경개선 국제협의기구가 원전이 필요하다는 운동'에 나서고 있다.

(b) 세계적인 기후학자들의 이구동성으로 원전의 신설, 증설 필요성 강조

또 한편으로는, 세계적인 기후과학자인 Dr. James Hansen, Dr. Tom Wagley, Dr. Ken Calderia, 및 Dr. Kerry Emanuel 같은 기후환경학계의 세계적인 권위 있는 거물들이 다 같이 나서, "태양광 발전과 풍력 발전 같은 재생에너지 발전만으로는 세계 경제를 무탄소화(decarbonizing)시킬 수 없다"라고 하면서, 금세기 말까지 지구의 최악의 기후변화(탄소배출의 방지, decarbonizing)를 방지하기 위하여서는, 재생에너지 외에 원전까지도 포함시켜야 하고, 그러기 위해서는 원전 발전소를 3배 이상 증설하여야 할 것으로, 이를 위해 1,000개의 작은 원전 발전소(NuScale사의 작은 SMR형은 10,000개)를 건설하여야 한다라고 주장하였다.

이러한 원전정책을 포함한 Green New Deal 정책에 대한 상세한 내용은 이하에서 본다.

---

31 2019년 5월 21일, Forbes James Conca. 'Contributor Energy 4668 views' 'Any Green Deal Is Dead Without Nuclear Power' 참조 인용.

(c) 친환경 녹색성장 정책의 'Green New Deal' 목표와 원전[32]

(ㄱ) 그간 미국은 석탄 발전 위주에서 셰일 혁명에 힘입어, 가스 발전으로 전환하여 화석연료로 64% 전기를 생산하였으나, 교통부문에 휘발유와 디젤을 계속 사용하면서, 전력생산의 87%까지 화석연료가 지배하게 되고 여기에서 <u>탄소배출의 기후문제가 따라오게 되어</u> 있어, 무탄소 원전 발전이 절대적으로 필요하게 되었다.

Great New Deal 정책은 1930년대의 세계적인 불황기의 Roosebelt 대통령의 고용확대를 목표로 하는 뉴 딜 정책 중, 사회복지 및 근로기회의 확대 외에 <u>청정에너지를 확대하여 기후변화에 대처하는 환경개선에 역점을 두는 목적으로 향후 10년 이내에 '청정 재생 가능 자원'으로서, 국내수요 전기의 100%를 생산</u>하게 되어 있었다.

(ㄴ) Green New Deal을 제창한 A. Ocasio-Cortez 하원의원은 특히 New Deal보다 <u>Green 활동에 역점</u>을 두어, 64%의 화석에너지를 쓰는 미국은 재생에너지만으로 Carbon free energy를 충당할 수 없어, 저명한 기후과학자인 Dr.J. Hansen 등과 함께 청정에너지 생산 방법을 <u>총동원하여, 원전</u>(미국이 개발한 소형 원자로 활용, NuScale Power 같은 소형 원자로)과 수력 발전까지도 확대하여야 한다는 것을 강조하면서 아래와 같이 추진하게 되었다.

- 국내 에너지 전력생산(smart grid, 송전) 및 건축물, 교통 인프라를 업그레이드한다.
- 교통 인프라를 개선하여, 여기에서는 전기자동차의 제조와 고속전철의 확대 등을 통한 휘발유 사용을 억제한다.
- 에너지 효율을 증대한다.
- 녹색 기술의 연구개발에 집중 투자한다.
- 새로운 녹색경제에 걸맞은 직업훈련 기회를 제공한다.

(ㄷ) 이리하여 <u>화석연료 발전소는 더 이상 짓지 말고, 기존 가동 중인 원전은 더 이상 셧다운시키지 말고, 또 새로 개발한 NuScale 같은 소형 원자로 등으로 원전을 많이 지어, 금세기 말까지 미국의 환경개선을 도모하고, 기후변화의 타격을 최소화하자는 것이다.</u> 이렇게 '원전 없이는 어떠한 '그린 뉴 딜'도 성공할 수 없다'(Any Green New Deal Is Dead Without Nuclear Deal)라고 할 정도로, 특히 원전과 재

---

32 2019년 5월 21일, Forbes James Conca 'Any Green New Deal Is Dead Is Dead Without Nuclear Power' 참조.

생에너지에 의한 발전이 중요한 기후대책임을 강조하고 있다(우리도 참고할 만함).

(ii) 친환경정책에 대비한 '그린 뉴 딜'에서 달성하려는 기후대책

(a) 그린 뉴 딜(Green New Deal) 정책에서 복지 아닌 '기후정책'으로서의 요점

- 원전의 가동시한 40년을 20년 연장하고 다시 20년 연장하여 총 80년 가동 허용
- Ocasio 의원의 Carbon-Neutral 목표는 10년을 기한으로 하여 현존하는 빌딩의 냉난방 방법의 수정
- 탄소배출이 많이 되는 농사방법의 개선과 온실가스의 배출의 최소화 도모
- 전력생산을 64%의 화석연료로 생산하는 전기생산 방식과 휘발유 위주의 교통체계로 인해 87%의 화석연료(Fossil fuel)공장의 신규 건설 금지
- NRC(Nuclear Regulation Comittee)로 부터 가동 연장 승인을 받은 현재의 가동 중인 안전성에 문제없는 원전공장을 폐쇄하지 말고 이의 가동 연장을 승인

(이는 그간 원전을 폐쇄할 때마다 미국의 탄소배출지수가 상승한 점에 비추어, 더 이상 원전의 다운을 피할 것. 이 점에서 미국연방정부는 원자로의 가동 연수를 40년에서 20년 연장하고 2019년 말부터 추가적으로 20년씩 연장하여 총 80년으로 가동기간을 연장함으로써 화석연료 사용의 의존도를 개선한다.)

(b) 그간 20년 동안에 석탄발전소를 가스 발전소로 대체하여, 떨어뜨린 탄소 비중을 유지키 위하여, 풍력 발전소를 가능한 한, 많이 건설하고 신설 건물의 옥상에는 가급적 태양광 발전시설을 세우도록 하고, 위에서 본 바 있는 '소형 원자로 발전소(NuScale 원자로 발전소, SMR)를 많이 건설하고 재생에너지 발전소를 건설하여, 지구 온난화대책으로 대응하여야 한다'라고 기후관계 과학자들은 이구동성으로 주장하고 있다. 이런 원전과 재생에너지 외에 미국은 수력 발전능력을 별도의 신규 댐 건설 없이 현재보다 2배 증가시키기로 하였다.

(c) 또한 이와는 별도로 2040년까지 150만 대의 전기자동차(EV)를 증산하고, 고속도로변에 10만 개의 전기(배터리) 충전소를 건설키로 하였다. 이와 아울러 하이 볼테지 배터리 충전소도 건설키로 하였다. 이 같이 미국은 200개의 신규 원자로 (혹은 2,000개의 소형 NuScale Power 원자로 발전소)발전소와 재생에너지로 생산하는 태양광과 풍력 발전소를 짓기로 하였고 이를 뒷받침하는 보조금 및 세제를 편성하였다. 이로써 미국은 오랜 기간 에너지를 지배하던 가스 발전에서 보다 작은 기

타 무공해 에너지로 옮겨 가는 추세에 있다. 이 'Green New Deal 방안'에 대하여 진보적인 민주당원 93%, 중도우파적인 민주당원 90%가 지지함으로, 미국의 민주당에서는 총 92%가 이 방안에 대하여 지지의사를 표시한 바 있다.

(iii) 원전의 회생과 우대정책으로 미국 원전산업의 에너지 안보와 다각적인 경제체질 강화 도모[33]

－2050년까지 전 세계의 화석연료의 전기 생산을 끝내려면, 매년 115개의 신규원전을 세워야!

(a) 원전 리스크는 기후 변화 리스크보다 작다는 것을 확신케 된 미국

(ㄱ) 2015년, 미국의 4대 권위 있는 기후학자들의 '원전 건설 확대가 기후변화 대처의 최선의 길'이라는 주장[34]

2015년 12월, 기후학자인 NASA의 James Hansen은 영국의 Guadian지에 기고문에서, '원전이 기후변화에 대처가 가능한 유일한 최대의 길이다'(Nuclear Power paves the Only Viable Path Forward on Climate Change)라는 글을 쓰고, 또 기후과학자인 Dawn Stover와 Kerry Emanual은 'Bulletin of the Atomic Scientists'지에 실린 보고서에서, 스웨덴과 프랑스의 예를 들면서 "2050년까지 전 세계의 화석연료로의 전기 생산을 끝내려면, 매년 전 세계에 115개씩의 신규 원전을 건설하여야 한다"라고 발표하고 있다. 이 같은 연간 115개의 신규원전확대의 주장은 IAEA 전망보다도 매년 더 많은 원전 발전소 건설을 전제로 한 것이다.

(ㄴ) 2050년까지 지구의 기후변화에 대처, 연간 115개의 원전 건설의 필요성[35]

세계적으로 연간 115개의 신규 원전건설의 필요성은 과다한 것 같으나, 실제 스웨덴의 경우 1970년에서 2250년까지 1개의 원자로당 10백만 명의 인구를 전제로 한 것으로 적정한 규모의 원전으로 인정되고 있다.

---

33 2020년 2월 4일, Fortune.com. 'The US. may soon have world's oldest nuclear power plants' 및 Joshua A. Goldstein and Staffan A. Qvist. 'A Bright Future' p.207. Chapter Fifteen; 'Act Globally' 참조.

34 Josha A. Goldstein, Staffan A. Qvist 'A Bright Future' p.204 'Act Globally' p.212 참조.

35 2017년 4월 27일, Reuters David Stanway 'Annual Nuclear Power Investments of $80 Billion needed to Meet Climate Change Goals' 및 Josha s. Goldstein & Staffan A. Qvist 'A Bright Future' p.208. 'Act Globally' 참조

IAEA의 원장은 '세계가 연간 10~20개의 원자로를 신규 건설하여, 2040년까지 원전의 발전능력을 2배로 확장하자면 연간 800억$의 투자가 필요한 바, 이는 세계 전체의 GDP의 1/100의 1%에 불과하고, 또 한국이나 러시아 같은 국가의 경쟁력 있는 원전기술로서 그 대응이 가능하다고 평가하고 있다(국제기구의 한국 원전 평가는 주의할 만함).

그림 5.8 스웨덴 모델 및 프랑스 모델과 IAEA 방식의 탄소배출 집중도의 감소 전망[36]

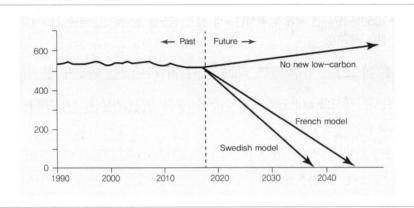

(ㄷ) 그는 아울러 '기후변화의 리스크가 원전의 리스크에 비하면 전자가 훨씬 큰 것으로 마침 위에서 본 세계적 4대 기후학자들의 충고에도 적합하게 스웨덴이나 프랑스 같이 '2050년에는 화석연료 발전은 자국 내에서 완전히 없앤다'는 목표로 세계는 과감히 원전에 투자하여 세계의 신 원자로를 매년 115개씩 증설할 필요가 있다'고 강조하고 있다.[37]

(ㄹ) 또한 전 세계적으로 탈탄소화(decarbonizing)로 가면서 가장 뚜렷하게 나타나는 것이 전력생산의 방법이 있어, 탄소 집중도에 관한 한, 탄소 kWh당 500grams에서 kWh당 1/10로 감축하는 것으로 스웨덴과 프랑스와 캐나다의 온타리오주가 가장 앞서고 있다. 다음은 탄소의 집중도와 온난화가 높은 국가로는 인도와 중국과 미국 순이고 발전용 에너지로 중국과 인도는 석탄이고, 미국의

36 Josha A. GOLDSTEIN, Staffan A. Qvist 'A Bright Future' p.204 'Act Global'의 p.209 Figure 53 Carbon Emission Intensity 참조.
37 상 동. 2015년 3월, Guardian지 James Hansen 'Nuclear Power Paves the Only Viable Path Forward on Climate Change' 인용.

경우는 가스, 석탄, 원자력, 수력 등 복합이라고 하겠다.

(ㅁ) IAEA의 한국과 러시아의 3세대 원전건설 '가격 절감' 가능성 인정

원전건설의 핵심은 각국의 고유의 원자로의 디자인에 달려 있는 바, 소위 3세대 (3rd generation)의 원자로 건설 비용에 달려 있다 하겠다. 특히 IAEA에서는 한국과 러시아의 원전 모델이 과거의 국가의 지원을 받아, 세계 평균 건설비 평균 40~ 80억$/원자로가 한국의 경우, 20억$에 건설이 가능하다는 점에서 당시의 여건에서 많은 원전건설을 추진할 것을 권장하기도 하였다. 이렇게 가격적으로 안전하게 원전 수출이 가능한 국가로서 IAEA는 한국과 러시아(본서 제8장 참고)를 들고 있다.

(ㅂ) 원래 Vogtle 3, 4호기는 다른 원전의 건설승인과 같이 신규원전의 건설 승인을 받았던 것으로서, 그 후 가스가격의 하락으로 원전의 전력시장에서의 가격 경쟁력이 상실됨에 따라 그 건설이 지연되다가 최근에 건설이 부활된 신규원전 프로젝트이다. 이와 관련하여, 한국의 두산중공업은 미국 조지아주의 Vogtle 원전의 3, 4호기의 원자로와 증기발생기 등 주요기기를 독자적으로 설계하여 공급 ([그림 5.9])하고 있고, 이 과정에서 미국정부는 보글(Vogtle) 원전건설에 43억$의 채무보증을 서서, 원전건설에 금융지원을 하고 있다.[38]

그림 5.9 미국 조지아주에 있는 보글(Vogtle) 원전 3, 4호기 건설현장[39]

주석; 두산중공업이 착공한 원자로 현장.

38 2018년, 'MIT Interdisciplinary Study' The Future of Nuclear Energy in a Carbon-Constrained World. Appendix K. Economic Calculations for Advanced Nuclear Concepts 인용.
39 https://www.connectsavannah.com/savannah/nuclear-boondoggle/Content?oid=4465661

(ⅳ) 미국 원전산업의 경쟁력 회복으로 에너지산업간 생산가격평준화 모색
  ─ 미국 원전산업에의 지원강화를 통한, 타 에너지산업과의 경쟁력 제고
  ─ 전력시장에서의 모든 에너지 원천의 가격 경쟁력 제고의 장 마련
  ─ 이를 통한 연방에너지감독위원회(FERC, Federal Energy Regulatory Commission)
    의 각 에너지산업을 균형 있게 처리하여 에너지 산업 중 특히 원전의 경쟁력 제고 방향

(a) 특히 미국의 뒤처진 원전산업의 조기 원자로 가동 중지 요인을 제거하여, 여타 에너지산업에 대한 편향적 지원정책의 개선하여 에너지산업 간의 제도적 지원의 평준화를 통해, 열세에 처진 원전산업의 경쟁력 회복(특히 원전산업에 대한 지원강화로 원전의 수익성 확보로 전력구입 입찰 시 원전의 공급전력가격 경쟁력의 열세 위치를 강화 (Level playing field all energy sources in power markets and encourage FERC to improve Competition in the wholesale energy markets)으로 1990년대의 미국의 원전의 리더십을 회복하고자 하는 것이다.

결과적으로 미국 원전사는 보조금 지원과 카본택스(Carbon Tax)를 받아, 전력 공급의 경쟁 입찰가격상 경쟁력을 획득하게 하여, 생산전력의 장기 공급처를 확보되고, 수익성을 개선케 하여, 폐쇄하려던 원전의 '가동시한이 남은 원자로의 가동을 지속'할 수 있게 된 것이다(앞의 원전을 폐쇄하려던 민영 원전사의 경우, 폐쇄하려던 원전사의 케이스에서, 왜 원전사가 그 방침을 변경하여 원자로 가동을 지속하게 되는 과정을 참조).

(b) 이는 그간 민영 원전사의 납품전력(원전)가격의 낮은 경쟁력으로 인하여, 타 에너지(蒯 크게 성장한 태양광, 풍력에너지 전력업의 번성의 공급가격이 훨씬 빠르게 하락한 가격경쟁력), 다른 에너지산업에 대한 국가 또는 주정부의 보조금 지원 수준에 비한 대 원전 보조금 수준의 열세, 특히 최근 크게 번성한 '셰일 가스 혁명'으로 인한 가스 발전 단가의 원전의 가격경쟁력에 비한 우위로 요약될 수 있다.

(c) 미국의 전력 납품절차와 전력 시장구조의 재평가

(ㄱ) 이런 배경으로 인해 2013년 이래 이미 9개의 원전이 원자로를 가동 중단하였으며, 2025년까지 원자로 가동 허가기간이 남아 있음에도, 7개의 원전사의 10기의 원자로 가동 중단(폐쇄)을 발표한 원전사가 나왔다 함은 이미 본 바이다. 여기에서 가

장 쇼킹한 것은 2019년 9월, Three Mile Island의 원전을 2025년에 영구적으로 폐쇄할 것이라는 방침을 발표하고서 그 타격이 제일 컸었다는 점이다.

(ㄴ) 또한 여기에 추가하여 2030년까지 '총 25기의 원자로를 조기에 앞당겨 폐쇄한다'라는 발표가 나오자, 미국 에너지부를 포함하여 연방에너지 감독위원회 (FERC)와 워킹그룹(NFWG) 등 미국의 전력가격 결정기관이 총동원되어 현재의 미국의 에너지 가격 결정 구조를 재평가하고, 전력가격의 인하를 위한 경쟁체제의 완비를 추진하는 등 미국의 에너지 및 전력납품 시스템에 대한 재평가에 착수하게 되었다. 아울러 원전산업에 대한 연방정부로서 우라늄 생산을 포함한 원전산업 지원강화에 나서게 된 것이다. 즉, 원전의 전력시장에서의 가격은 타 에너지산업에 비한 원전산업의 경쟁력을 뜻한다.

또 최근의 에너지 시장동향은 원전시장의 수익성이 서서히 회복된다는 특징을 갖고 있다. 이는 원전 이외의 다른 연료가격의 상승과 CO_2 가격의 상승에서 결과적으로 원전의 경쟁력 회복에 도움이 되고 있기 때문이다.[40]

표 5.4 미국의 공식적으로 조직화된 원전전력시장(2017)[41]

원전전력시장	순용량(MW)	평균 에너지가격 (US D/MW/h)	용량가격 (USD/MWh)
PJM	33,163	30.99	11.23
MISO	12,420	29.46	−
ISO NE	4,010	35.23	19.00
NSISO	4,820	25.24	2.00
ERCOT	4,560	28.25	N/A
SPP	2,061	23.43	N/A
CAISO	2,894	37.59	N/A

출처; CAISO: Califonia Independent System Operator, SPP: Southwest Power Pool. NYISO prices are for the Central Zone.

---

40 상 동. p.43. 참조.
41 2019년 5월, iea, Nuclear Power in a Clear Energy System p.43. Table 5. 'Nuclear power in US organized electricity markets. 2017 인용.

(d) 미국의 3대주(NY, NJ, IL)의 경영의 어려움에 처한 동 주내의 원전 사에 대한 보조금 지급 확대 등으로, 원전의 조기 폐쇄를 막은 3개 주의 탄소 배출 감소를 지속케 한 조치[42]

(ㄱ) 미국의 원전의 재생에너지의 공급가격하락으로 전력공급 입찰에서 태양광, 풍력 발전 등 재생에너지와 셰일가스 발전과의 전력의 납품(Grid) 가격경쟁에서 패배하게 되고, 그에 따라 원전이 경영난으로 조기 퇴진이 예상되고, 이렇게 원전이 빠진 전력공급 체인을 가스 발전이 대체하게 되었다.

(ㄴ) 이와 관련하여, 골드만 삭스는 2019년 4월 15자 내부보고서에서, 예견하기로는 2030년까지 미국 내의 총 13,3 GW규모의 원전이 폐쇄되고, 그 빈자리를 셰일가스 발전이 대체하고 있는 중에, 펜실베이니아주(PA)와 일리노이주(IL)와 오하이오주(OH)에서는 각 주 지역 내의 가스 발전이 사정상 전력공급이 불가능해지자, 이를 계기로 3대주에서는 지역 내 원전을 활용키로 하고, 경영상의 이유로 폐쇄하려는 원전사에 보조금을 주기로 함으로써, 펜실베이니아주의 Exelon사를 비롯하여, 뉴저지와 일리노이주에서도 원전의 조기폐쇄를 결정한 원전사의 폐쇄하려는 계획을 철회케 하여 탄소배출 감소정책을 지속하고 있다라고 해설하고 있다(위 3개 주의 2030년까지 원전의 원자로 폐쇄 계획을 하는 원전 수는 5개 공장의 5.7GW에 해당된다. 이런 공장에 3대 주정부 보조금 지급의 의미가 커, 조기 리타이어 하려던 원전이 주정부로부터의 보조금 수령을 하면서 폐쇄하려던 방침을 바꾸어 원전 가동을 연장키로 하였다. 함은 본서에서 이미 본 바이다[43]).

(ㄷ) 이 PA, IL, OH의 3개 주의 원전사들에 대한 보조금 지급으로 인한 원전수요 증가에 관한 규모는 각각 아래와 같이 예상된다.

  − 2022년까지는 0.8 Bcf/일 증가 시, 2018년 수요의 1,1% 증가
  − 2025년까지는 1.1 Bcf/일 증가 시, 2018년 수요의 1.5% 증가
  − 2030년까지 1,4 Bcf/일, 혹은 2018년 수요 증가의 1.9% 증가

한편, 위 3개 주의 폐쇄하려는 원전사에 대한 보조금의 지급이 지체될 경우

---

42 2019년 4월 9일, Goldman Sachs 'Equity Research' Americas Utilities; Overcoming the potential nuclear power challenge, nuclear subsides in PA, IL, OH.

43 2019년 4월 9일, Goldman Sachs 'Equity Research' Americas Utilities; Overcoming the potential nuclear power challenge; nuclear subsidies may expand in PA, IL, and OH. 및 본서 제2장 참조.

에는, 대신 가스 발전을 폐쇄되는 원전에 비해 대체 증가케 하되 그 에너지 수요효과는 원전보다 영향이 작다.

- 2022년까지는 0.1Bcf/일의 증가로, 2018년 수요의 0.2% 증가하고,

- 2025년에는 0.4 Bcf/일로서, 2018년 수요의 0.6% 증가하며,

- 2030년에는 0.5Bcf/일로서, 2018년 수요의 0.8% 증가할 것으로 전망된다.

(2) 미국 원전의 유리성과 미국의 대 러시아·중국 등의 원전 수출 경쟁력 회복을 위한 원전 전략 강화

(i) 2018년 9월, 미국 원전의 '중국과 러시아의 추적'에 대처키 위한 'Nuclear Energy Innovation Capabilities Act'의 제정과 'National Reactor Innovation Center(NRIC)의 설립[44]

(a) 2018년 9월, 미국의 러시아와 중국의 원전 프로젝트 대외 수출 추진 경쟁에서 리더십 회복 노력

(ㄱ) 미국정부(DOC)는 금후 10년간에 세계 원전시장은 그 규모가 5,000억$~7400억$로 전망하면서도, 미국의 원전에 관한 기술 리서치가 중국이나 러시아보다 뒤처진 것을 발견하고, 부랴부랴 2018년 9월 '원자 에너지에 발명능력 향상법'(Nuclear Energy Innovation Capabilities Act)을 제정·공포하고, 'National Reactor Innovation Center'(NRIC)를 DOE 산하에 설치하여 활동하게 하였다.

(ㄴ) 한편 DOC(Dep't of Commerce, 상무성)는 Idaho 국립 실험실로 하여금, NRIC를 지휘하여 선진원전에너지 기술능력향상에 기여하게 조치하였다. 이 Idaho연구소는 DOE 연구소와 관련을 갖게 하였다.

---

44 2020년 5월, Nuclear Restoring American Competitive Nuclear Energy Advantage-A Strategy to assure U.S. national security. U.S. Department of Energy p.21. The World in Technology and Standard. How; Reestablish U.S. Leadership in next-generation nuclear technology 및 2019년 1월 17일, JURIST 'Nuclear Energy Innovation and Modernization Act signed into law' 참조.

(b) 2020년 미국 원전의 유리성, 기술의 리더십 회복 및 수출 경쟁력 회복을 위한 상업적 원전수출전략[45]
  - Restoring America's Competitive Nuclear Energy Advantage
  - A strategy to assure U.S. National Security
  - 미국 에너지 부(Dept. of Energy) <u>2020년 4월 발표 원전 추진 전략</u>

(ㄱ) 미국의 세계 원전 리더십 회복목적과 그 달성을 위한 정책 내용은 아래와 같다.
  - 중국과 러시아가 주도하는 원전의 수출에 대한 미국 주도의 원전의 리더십 회복 전략 및 목표 설정, 기술의 우위성 확보
  - 미국의 원전에서 국가안보 확인 전략 수립, 전략적 접근
  - 미국 원전산업의 우수성 회복을 위한 국력 집중

(ㄴ) 미국의 원전 프로젝트 수출에 있어 러시아와 중국과 경쟁할 수 있는 제도 도입 실시[46]
  - 원전에 대한 세계적 기술과 원전의 제반 기준의 리드
  - 미국 원전산업의 수출 경쟁력 회복
  - 원전과 우라늄 광업에 대한 종합 정책의 집약
  - 우라늄산업의 회복과 핵연료 사이클의 시종(Front-End)강화 지원 대책 수립, 실시

(ii) 원자력 발전은 본질적으로 국가안보와 직결되어 있다.[47]

(ㄱ) 현재, 미국 원전의 러시아와 중국의 국영 원자력기업에 경쟁력 상실
러·중 양국 이외의 국가(한국 포함)에 비해서도 미국 원전산업은 경쟁력이 떨어진

---

45 2020년 5월, Nuclear Restoring American Competitive Nuclear Energy Advantage-A Strategy to assure U.S. national security. U.S. Department of Energy. 2020년 3월, Columbia/Sipa(Center on Global Energy Policy) 'Reconstructing US Nuclear Cooperation Agreements' p.17 Currents Issues 참조.
46 2020년 3월, Columbia/Sipa(Center on Global Energy Policy) 'Reconsidering US Nuclear 및 Cooperation Agreements. p.20 'Currents Issues' p.22 Figure 1. Export Financing by Selected Export Credit Agencies in 2017 참조.
47 상 동. p.20 참조.

다(IAEA, NPT, NSG의 안전성 기준 포함한 상업적 원전 기준 의거).[48] 미국은 지난날, 군사목적의 원자핵에 대한 기준을 상업적 원전의 딜(금융 포함)에 적용을 까다롭게 하였기 때문에 배경으로 상업적인 국제원전공급(수출) 비즈니스에서 타국과의 경쟁에서 실패하여 거대 원전사(웨스팅하우스, GE 등)가 국제 원전시장에서 탈락하였다.[49]

(ㄴ) 이 틈새를 러시아, 중국 및 한국 등이 파고 들어오고 있다.

러시아와 인도, 방글라데시, 벨라루스, 중국, 이집트, 슬로바키아 및 터키관계(후술), 중국의 원천적인 일본, 한국 및 미국기술에서 시작한 기술의 국산화로 일대일로 주변국가와 1차로 파키스탄과의 관계, 한국의 UAE 원전이 그 예이다.

(ㄷ) 미국 '원자력에너지 전략의 재수립'으로 지난날의 미국 에너지의 세계 리더십 회복이 필요하게 되었다. 미국의 안보적 차원에서 원자력산업에 대한 자산 증식과 투자 확대가 필요하며, 미국의 국내외의 이해를 위해 원전의 확대, 상업적 원전에 대한 재정투자의 확대로 야기될 취약성을 최소화하고, 우라늄의 방어적 필요성을 인정하고 러·중 양국의 국유원전기업에 대한 미국 원전산업의 대응력을 제고할 필요성이 증대되었다.

(ㄹ) 이를 위해, 미국 정부는 우라늄 광산업 지원, 우라늄 전환서비스 지원 강화, 해외 우라늄 수입과 농축에의 의존도를 끊으며, 미국의 세계적인 전문 인력을 확보하고, 미국 정부는 미국의 기술적 발명과 발전적 리서치(R&D)와 그 전시를 뒷받침하며, 핵 연료 사이클의 전환의 취약성을 지원하여, 미국의 원전산업이 세계적 기술적 미국의 리더십을 회복하여 얻는 것을 지원한다.

현재 중국(CGN)과 러시아(ROSTOM)의 국유원전기업(SOE)이 지배하고 있는 원자력 고급 기술 분야의 전문 인력확보에 진출하며, 국제원전시장에서 미국 인력의 리더십을 발휘하고 기술적 유리성을 확보한다는 것이 골자이다.

(ㅁ) 이러한 정책방향을 위해 미국 정부는 적극 지원한다.

미국은 현재 러시아와 중국의 국유기업이 지배하고 있는 국제원전시장에 뛰어들어, 원전시장에 있어 과거의 원전시장의 리더십의 위치를 되찾아, 세계 원

---

48 2020년 3월, Columbia/Sipa(Center on Global Energy Policy) 'Reconsidering US Nuclear 및 Cooperation Agreements' p.20 'How Other Countries Manage Their Nuclear Cooperation' 참조.

49 상 동. p.20. How other countries Manage Their Cooperation 참조.

전 플랜트의 수입국이 미국을 그 파트너로 삼도록 유도한다. 이 점에서 러시아(Rostom)와 중국(CGN) 같은 원자력 관련 대형 국유기업(SOE)과 경쟁한다.

이를 위해 연방정부의 DOE 주도로 'Nuclear Fuel Working Group'(NFWG)을 구성하여, 사양화되고 있는 미국 내 우라늄산업과 그 시장을 부활시키고, 핵연료 사이클 능력을 환원시키기 위하여, 2012년 정부 예산에 이 모든 전략이 이루어질 수 있도록 '대통령 예산'에 이를 반영한다.

이 같이 미국은 이미 함몰하였던 미국의 원전산업의 세계 리더십을 부활시켜, 원전기술수준과 원전산업에서의 미국의 리더십을 되찾아, 미국 경제의 부활과 미국 안보의 강화에 기여케 한다는 것이다.

(ㅂ) 원전에 관한 한, 세계 5위(미, 중, 러, 프)의 한국의 경우, 한국정부가 이해하기 힘든 탈원전 정책을 밀고 있는 시점이라서, 미국의 원전산업 우위성 회복을 위한 2019년 7월 원자력 리더십 회복을 위한 법률에 사인한 트럼프 대통령을 위시한 미국의 전 국가적인 원전에 대한 세계적인 리더십 회복을 위한 움직임은 우리에게 시사하는 바가 크다.

미국 원전 탈환 부흥작전(대 중국, 러시아 원전탈환전략)을 보자. 그리고 그 뒤의 중국의 원전(CSN), 러시아의 원전(ROSATOM)산업과 수출전략을 중심으로 보자(흥미롭게도 이 프로젝트에 대한 원자력기술과 안보적 차원에 대한 미국의 상하원에서는 예산의 지원에서도, 양당 공히 전폭적으로 긍정적이라 함).

(iii) 미국과 중국과 러시아의 원전 수출 전략
- 미국 원전(사영)사들은 중국과 러시아의 국유원전기관(SOE)과 경쟁하여야 함
- 미국의 원전산업에 대한 전략적 접근

(a) 중·러의 국가적 국유원전사와 경쟁이 안 되는 미국 민영원전사의 패배[50]

5,000억~7,400억$의 세계 원전시장을 현재 러시아와 중국이 지배하고 있어, 미국을 위협하며, 러시아는 푸틴대통령을 필두로 활동하여, 이미 13개국에 50개

---

50 2020년 5월, Nuclear Restoring American Competitive Nuclear Energy Advantage – A Strategy to assure U.S. national security. U.S. Department of Energy, p.6. The current Landscape 참조.

의 원자로 수출로 1,330억$ 규모의 수주를 하였다. 중국은 일대일로전략(BRI)과 연관하여 동남아, 아프리카, 동 유럽 등지에 원전 프로젝트 수출을 수주한 바 있으며, 16기의 원전수출을 추진하고 있다(후술: 본서 제6, 7, 8장 참조할 것).

(b) 미국의 에너지 안보정책에 있어, 중국과 러시아로부터의 위협은 핵 비확산 정책, 안보의 기준에 관련하여 발생한다. 특히 원전수출을 무기화하고 있는 러시아는 대외적으로 원전에너지의 공급을 기화로, '19개국에 50개의 원자로 수출'에 1330억$ 규모의 원전 수주를 하였으며, 중국은 그간 중국 내에 35년 동안 45기의 원자로를 중국 외에 건설한 경험에 기초하여, 4개의 원자로를 자국 기술로 영국 등 (Hinkley Points) 해외에 건설하고 있으며, 16기의 추가적인 원자로 건설 수주를 진행 중에 있다.

(iv) 미국의 원전수출 경쟁력 향상 방안[51]
—미국의 원전산업의 외국 경쟁자와의 경쟁필드 수준 제고, 경쟁의 범위 확대, 미국 경쟁자(러시아, 중국 및 프랑스, 캐나다 등)에게의 도전

(a) 미국의 원전의 해외 수출력 경쟁강화 방안(미국 에너지부 공표, 2020년 5월)

러시아와 중국의 세계 원전시장 군림하려는 전략에 미국의 뒤늦은 대응은 다음과 같다.

1. 미 고위당국자를 지명하여, 주요 원전 해외수출의 조정과 시행을 담당케 한다.
2. 원전산업의 기반을 구축하되, 국방 분야에서도 이와 유사한 원전 기반을 구축한다.
3. 국내 오리지널 사업적 연료의 외국 오리지날 원자로에 대체케 할 'R&D 연구 펀드'를 조성한다(Accident Tolerant Fuel 포함).
4. 미국의 민간 원자력 기술수출과 설비와 연료의 수출을 위한 신 시장의 개

---

51 2020년 5월, 미국 에너지부 '미국의 원전의 유리성 회복방안(A Strategy to assure U.S. national security) p.24. Empower U.S. Export Competitiveness, Level the playing field foreign competitors, expand the spere of competition and challenge our rivals 인용.

척과 수출절차의 효율화 및 123 합의서를 채택하여 수출절차를 효율화한다.

5. '민수용 핵'을 연차 Select–USA Investment Summit에 추가한다.

6. '민수용 핵'의 국제협력사업에 추가하여, 규제적 기술 교환과 외국의 핵 규제사업에 대한 지원과 현존하는 SMR과 같은 NRC 라이선스를 포함하는 발전계획을 지원한다.

7. 미국의 수출입은행 같은 금융기관이 민간 원전산업체가 외국의 국영원전산업체와 원전 프로젝트의 수출 경쟁하는 것을 지원한다.

8. 미국의 원전 관련 제품 공급업체가 원자로 공급시장 연구에 참여토록 추진한다.

이상으로 미국의 원전업체가 국가의 장기적 원전수출의 기술적 우위성을 확보케 하여, 그리고 이의 제안이 보다 매력적으로 실천될 수 있게 하기 위하여 타국과 기술, 서비스, 시장 셰어, 금융, 훈련, 폐기물 처리에 관하여 상호 협조할 수 있게 한다(이의 수행에 있어 미국의 '핵 비확산 기준과 목표와 규범'은 지킴).

(b) 원전 해외 수출 한건도 없는 미국의 원전 리더십 환원 게임 선언

한편 미국은 해외수주가 1건도 없어, 원전건설의 해외수주를 하지 못했으며, 이로써 미국 상무성(DOC) 추산으로 이대로 가면 앞으로 10년간 5,000억~7,400억$ 규모의 국제원전시장에서 미국은 중국과 러시아에 원전시장을 놓칠 위험에 직면하였다고 보고 서둘러 원전시장에서의 미국의 리더십을 찾기로 방향을 결정하였다(중국과 러시아의 원전시장에 관하여는 본서, 5장, 6장의 중국의 원전시장과 러시아의 원전시장을 참고).

(c) 여기에 다른 국가, 즉 러시아나 중국의 국가와 국영기업(중국의 CNG나 러시아의 ROSATOM)이 '국가 전략적 차원에서의 지원을 받아 활동하는 것과 미국의 민간 사영 원전산업이 국제경쟁 차원에서 러·중 같은 국가를 상대로 세계 자율경쟁 원전시장에서는 도저히 이길 수 없다. 즉, 미국의 민영원전사가 중국이나 러시아 같은 국가를 상대로 경쟁할 수 없다는 것이다.

(d) 미국의 원전산업에 대한 전략적 접근

(ㄱ) 그리하여 미국 정부는 러시아와 중국의 원전의 국유기업을 상대로 원전시

장에 뛰어들어 최고의 원전기술 수출시장에서 경쟁하며, 또 한편으로는 '핵 비확산에 대한 기대를 고취하고 세계 시장에서 미국을 원자력에너지의 파트너로 선택받을 수 있게 한다는 전략을 세운다'고 선언하고 있다.

(ㄴ) 그러나 미국의 <u>원전 프로젝트의 수출에 있어, 장기연불수출은 그 규모나 장기연불기간도 5년을 넘지 못해,</u> 러시아의 이집트에의 원전수출도 조건 면에서 수입국에 불리하여 러시아에 빼앗긴 경우가 그 제약성의 약점으로 치고 올라오는 중국이나 러시아나 인도보다도 불리해, 그 금액은 거의 무시해 버릴 정도이었다.

(ㄷ) 또 다른 예가 <u>러시아의 인접국인 벨라루스(옛날 소련연방국)에 대한 원전 프로젝트나, 중국의 파키스탄에 대한 원전수출에서의 실례에서</u> 보듯, 원전 프로젝트에 대한 미국의 장기수출금융조건의 불리성도 미국원전 수출의 정체성의 요인으로 작용하고 있다고 해석된다.

(v) 우라늄 산업에 대한 국가안보적 차원에서의 종합적 전략적 고려

(a) 2019년 7월 12일, 트럼프 대통령은 미국의 우라늄산업은 국내에서 생산하는 데에 커다란 도전을 받고 있다라고 하면서, 국가안보적 차원에서 종합적 대처전략이 필요하다고 선언하였다. 그 기본 방향은 다음과 같다.

---

1. 우라늄은 중요하고 매우 필수적인 광물이다.
2. 중요한 인프라의 재건은 탄소배출이 없는 상업적 원자력에너지를 통해 가능하다. 안정적인 에너지 공급이 없이는 미국 내의 건강, 안녕이 위협받고 따라서 미국경제가 활성화될 수 없다. 결국 미국 경제는 무공해의 신빙할 만한 상업적인 원전이 활성화하여야 한다(미국 내에서 원전의 비중은 전국의 전력생산의 20% 비중의 능력을 갖고 있으며, 100%의 용량의 90%의 시간에 가동되고 있다. 원전은 대통령이 지정한 21개 인프라 중에서 중요한 전력부문 중에서 핵심적인 기여를 하고 있는 것이다).
3. 국방에서 전력공급의 중요성과 원전의 안보에서의 큰 기여도 강조.
4. 우라늄의 이용 가능성의 확인.
5. 원전의 인력과 우라늄 등 관련제품의 공급체인의 중요성.

그림 5.10 우라늄 연료는 어떻게 만들어지는가?[52]

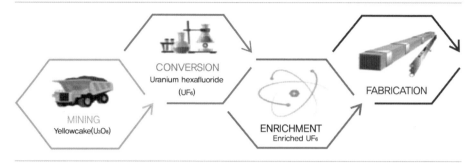

출처; restoring americas competitive nuclear advantage p.18.
주석; 우라늄광 U_2O_2 → 우라늄염, UF_6 → 전환, Enriched UF_6 → 농축, UF_6 → 제조 → 원자로.

그림 5.11 세계의 우라늄 생산 비용이 130$보다 낮은 우라늄 분포도[53]

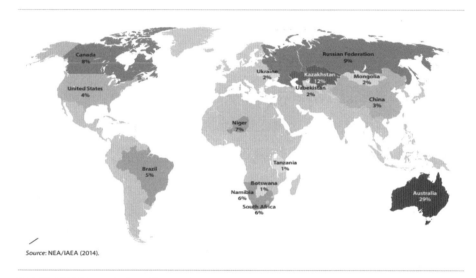

출처; NEA/ IAEA combating climate change p.12.
주석1; 우라늄의 40%는 OECD 국가에 매장되어 있음.[54]
주석2; 원전에서 우라늄의 비용 비중은 5%이며, 대개 장기계약에 따라 비용은 안정적임. 우라늄의 지정학(Geopolitical) 요인으로 인한 가격은 안정적임.

---

52 'Restoring Americas Competitive Nuclear Advantage How Uranium Fuel is made?' 인용.
53 NEA/IAEA(2014) 'Combating Climate Change' p.12 The global distribution of Uranium production less than $139 per kg. 인용.
54 2020년 5월 15일, WNN(world nuclear news) SFEN(French nuclear energy society) 'Nuclear essential to economic recovery' 참조.

(b) 미국의 우라늄 광산업체에 대한 우라늄 수입 쿼타의 부여

이런 과정을 거쳐 미국의 에너지부(DoE)는 우라늄의 수입광산업체인 Energy Fuels사와 Ur-Energy사에게 우라늄 수입 쿼타를 부여한 바, 이 모든 조치는 미국의 원전에서의 특히 새로 발명한 원자로 연료공급에 있어, 세계 우라늄 시장에서의 미국의 리더십을 되찾기 위한 국가 안보적 차원에서의 조치이다. 이런 조치는 국가안보적 측면에서의 진일보하는 정책인 동시에 미국의 기후변화와 환경정책에서의 저공해(탄소배출 감축)로 가는 지름길로 진일보하는 조치라 하겠다.

(c) 미국의 우라늄 리서브의 확대

우라늄 광산과 처리된 우라늄을 2020년 초까지 U_3O_8 형태로 17~19백만 파운드 규모를 구입하며, 국내 처리로 U_3, O_8을 2022년까지 전환(conversion) 서비스한다. 국내 농축서비스는 가능한 한, 2023년 초까지 행하며, 이 중 25%는 의무적이지 않다. 미 상무성의 대 러시아 우라늄 정지 합의(Uranium Suspension Agreement)를 연장하여 러시아의 대미 덤핑 수출을 견제, 방지하며, 미국의 NRC는 러시아 또는 중국 산의 우라늄 수입을 안보적 차원에서 불허한다.

(vi) 워싱턴의 정부기관 내에 '원전에 관한 특별 위킹그룹'(NFWG)의 결성과 동 그룹의 원전에 관한 전략의 수립과 그 결과물
－2020년 4월 말, 위킹그룹(NFWG, 핵연료 워킹그룹)의 보고서 결론

(a) 원전산업의 부흥으로, 원전기술과 원전의 제 표준(Standard) 확립으로 금후, 세계 원전산업을 리드하려는 미국
－그러나 1995년 이래 한 번 상실된 미국의 원전 경쟁력은 아직은 세계 10위권에도 못 들어!

(ㄱ) 차세대 핵(Nuclear) 관련, 기술에 있어서 세계를 리드할 미국의 접근방법은 다음과 같이 요약된다.

첫째, 사고에 강한 연료(Accident Tolent Fuels) R&D, 고순도 저농축 우라늄(HALEU, High Assay Low-Enriched Uranium)의 농축전시 프로그램과 우라늄광의 고급 물처리 기술과 회복에 관한 연구 펀드 마련

둘째, 국립원자로 및 다용도의 핵 실험 발명 타의 지원

셋째, R&D 펀드 조성과 미국의 선진 핵 원자로 기술의 실현 센터 설립

넷째, 소형 모듈 원자로(SMRs)의 활용과 연방정부의 전력생산설비에의 소형 원자로 활용

그간 1950년~1990년까지의 미국의 원전기술의 세계적인 리더십이 사양화되었지만, 아직도 미국의 원전에 대한 과학적 사고와 그때에 향유하였던 미국의 리더십을 기초로 하는 미국의 민간 원전산업에서는 경쟁력을 상실하여, 국제원전시장에서 미국은 열세에 처해 있었다.

그리하여 원전에 관한 국제적 조사기관인 UxC의 보고에 의하면, '2030년까지 세계에는 95개의 원전이 건설될 것인 바, 이는 중국 43개, 러시아 29개, 인도 10개, 한국 9개, 그리고 프랑스 4개의 원전이 완성될 것이라 한다'라고 미국 DOE는 보고하고 있다. 그리고 미국은 열세에 처하여 2030년까지 겨우 3개의 원자로가 건설되고 있거나, 건설될 것이다(그중 Vogtle Plant는 한국의 두산중공업이 납품 Vendor임).

표 5.5 세계 주요국의 원전의 운전, 정지, 건설 현황[55]

	운전	정지	건설	계획
미국	96	37	2	3
프랑스	57	13	1	–
중국	48	–	10	42
러시아	38	8	4	24
일본	33	27	2	1
한국	24	2	4	–
인도	22	–	7	14
캐나다	19	6	–	–
영국	15	30	2	3

---

55 2020년 5월, 미국 UxC 및 IEA, 조선일보.

그림 5.12 글로벌 원전시장을 장악한 중·러 원자로 공급 수(수출 및 내수 포함)

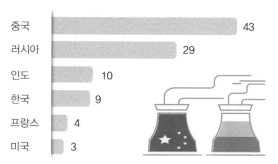

중국 43
러시아 29
인도 10
한국 9
프랑스 4
미국 3

※한국은 작년 준공된 신고리 4호기 포함
※2030년까지 전 세계에 건설되는 신규 원전
   원지로 공급 국가

자료=미 에너지부 ·시장조사기관 'UxC'

출처; 2020년 5월 11일, 조선일보 기사 통계치를 저자가 가공.

표 5.6 (별첨) 2030년까지의 주요국의 원자로 공급 수(수출 및 내수)[56]

중국	러시아	인도	한국	프랑스	미국
43	29	10	8	4	3

(ㄴ) 위의 표에서 우리가 간과하지 말아야 할 부분은 2030년까지 한국의 세계시장에 한국 내외에 공급할 원자로의 수가 중국, 러시아, 인도 다음의 순으로, 프랑스나 미국보다 많다는 점이다. 이 점에 관하여는 2020년 발행한 미국 에너지부(DOE)의 '원전 회복 전략'에서도 인정하고 있고, 현재 건설 중인 조지아주의 Vogtle 원전 3기도 한국의 두산중공업이 기술을 인정받아 제작에 참여 중에 있는 것임을 강조하고 있다.

(ㄷ) 미국의 에너지부는 금후의 10년간의 세계 민간 원전시장은 5,000억$~7,400억$ 규모로 예상됨에도, 미국의 원전에 관한 현재의 기술수준으로는 중국과 러시아는 그들 나름대로의 개발한 소형 원자로 기술로 막대한 원전의 국내외에 건설하거나 수출할 것으로 전망하며, 미국의 원전시장에의 복귀할 필요성을 강조하고 있다는 점이다.

---

56 2020년 5월, 미국 에너지부, 미국 에너지 조사기관 UxC 및 조선일보.

(vii) 미국 내 안보적 입장

　미국은 신세대 원자로 기술에 있어 경쟁력을 되찾을 수 있다. 전 미국의 원전산업의 자산과 투자의 보존은 미국의 원전산업의 리더십을 되찾기 위해 필요한 것이다. 또한 다음 세대(Generation) 원자로에 관한 기술은 최근 미국 전체적으로 원자로에 관한 기술연구를 위해 구성된 US NFWG(Nuclear Fuel Working Group)에 의해 선도될 것이고 지원한다는 슬로건하에 2020년 4월 말, Nuclear Energy Institute의 보고서에서 '미국은 신세대 원자로기술에 있어 경쟁력을 되찾을 수 있다'는 보고서가 제출되었다.

　이를 실질적으로 개발하고 운영하는 민영 Centrus사는 2013~2016년까지는 미국핵연료 사이클의 front-end의 가능성을 회복시키기 위하여, 고폭포 낮은 분사 우라늄(High-Assay-Low-enriched uranium nuclear fuels)을 개발하여, 동 원자 우라늄 연료의 미국 내 공급 베이스를 확립하였음을 확인한다고 발표하였다. 그러나 그 후, 미국의 우라늄 광산은 사양화하여 우라늄 광산에서 농축하는 능력이 감소하면서, 미국의 국제 원자력 연료시장에서의 영향력은 감소하였었는데, 금반 NFWG의 보고서에서 Ceentrus사는 HALEU R&D 연구로 국가안보적 차원에서의 우라늄 농축이 가능케 되었다고 DOE에 보고하였다(미국 American Centrifuge사의 20개의 centrifuge (원심분리기) machine의 전시. 원심분리기 120개(Piketn Ohio. 2013~2016년 가동)).[57]

(3) 미국 NuScale사의 SMR의 개발 성공과 그 전망
－Bill Gates의 TerraPower의 Traveling Wave Reactor 개발 꿈의 실현?
－캘리포니아의 Oklo Inc.의 Aurora의 'Noah의 방주'(Arch)로 개발 가능?

(i) 미국의 원전의 디자인의 소형화(SMR, Small Modular Reactor)로 지난날의 시장지배를 되찾으려는 시도

(a) 타 발전용 에너지에 비해 경쟁력을 상실하였던 원전은 특히 미국에서 최근

---

57 2020년 4월 27일, world-nuclear-news./ Articles 'Next generation technologies' boosted by US NFWG.

의 후쿠시마 원전사고와 미국 뉴욕의 Three Mile Island의 원전사고 이후, 어려운 여건하에서 고전하던 끝에 2020년에 들어서야 그동안 건설이 지체되었던 조지아주의 Vogtle 원전의 건설재개와 더불어, 발명 중에 있는 모듈식 소형 원자로(SMR)의 개발 성공과 동 원자로 디자인이 미국 <u>원자력감독위원회(NRC)로 부터의 설계 인증을 받으면서, 모듈(Module)식 소형 원전이 급부상하게 되었다</u>(여기에 NuScale사와 전략적 협력관계를 맺고 있는 한국의 두산중공업이 이 원전의 심장부분이라 할 수 있는 모듈의 기자재를 납품할 수 있게 되었다. 우선 NuScale이 내년에 Idaho의 발전사인 UAMPS사의 모듈식 원전건설에도 핵심부품인 주단소재와 주기기 등을 제작·납품이 가능케 되었다 함).[58]

(b) 이러한 미국의 소형 모듈식 원자로의 개발은 러시아의 로아스톰(Roastom)와 중국(CNNC, China Nat'l Nuclear Corp.)이 여러 경로로 국내의 전기수요는 물론 이제 자국의 디자인을 수출하게 되면서, 미국의 과거의 세계의 톱클래스의 원전의 디자인을 세계에 수출하였던 원전 1등국인 비중이 원전 리더의 실질적 지배력을 찾고 싶었던 터에 나온 것이어서 이제 <u>세계는 미·러·중의 원전 3강의 대외시장 지배를 둘러싼 치열한 경쟁을 보게 된 타이밍이기에 특히 미국이 정부, 의회 및 '원전 자이언트들의 발명'이 촉구되는 시점임</u>은 앞서 본 바이다.

(ii) 미국 외에도 SMR 개발로 원자로 플랜트 수출을 시도하는 국가들

(a) 이렇게 SMR을 개발하고 있는 국가에는 <u>미국 외에도 중국, 러시아와 프랑스, 캐나다 및 한국도 여기 리스트에 포함된다.</u> 아래 2개의 표는 보는 시야에 따라 상세하게 나열하고 있어, 세계의 꾸준한 발명이 원전만이 아니라 모든 부문에 있어 일어나고 있음을 본다.

(b) 여기에서 <u>중국은 그의 SMR로서 일직이 IAEA의 'Safety Review' 심사를 거쳤으며, Russia의 Roastom은 2019년 Nimble Dragon Plant를 공개한 바 있고, 또 부동식 Nuclear 원전선을 작년에 제작 완료하여 동 부양식 원전선</u>(Akademic

---

58 2020년 8월 31일, 조선일보 및 동일자 매일경제 '두산重, 美에 소형모듈 원전 수출길 열렸다' 인용.

Lokomonove)을 건조, 진수하여, 북극지방에 부착하여 전기를 생산하고 있으며, 주변의 주민의 전력수요에 충당하고 있다.

이 이외에도 한국, 캐나다 및 영국에서도 원전 플랜트를 생산하고 있다.

NuScale 발전소의 더 상세한 발전소의 건물별 구성과 건설 비용을 NuScale 사가 전망한 것은 아래에서 보기로 한다.

그림 5.13 미국 및 주요국의 개발 중인 SMR(1)[59]

Design	Net output per module (MW)	Type	Designer	Country	Status
Light—water cooled					
KLT-40S	70	Floating PWR	OKBM Afrikantov	Russia	Pre—commissioning testing
CAREM	30	PWR	CNEA	Argentina	Under construction
SMART	100	PWR	KAERI	Korea	Certified design, feasibility study to construct in Saudi Arabia (desalination)
NuScale	50 (x12)	PWR	NuScale Power	United States	Licensing process, two projects planned in the United States (Idaho and Tennessee)
SMR-160	160	PWR	Holtec International	United States	Preliminary design
BWRX-300	300	BWR	GE Hitachi	United States	Conceptual design
(no name)	220	PWR	Rolls Royce	United Kingdom	Conceptual design
(no name)	170	PWR	CEA/EDF/Naval Group/ TechnicAtome	France	Conceptual design

출처; nuclear power in a clean energy system t6 - 1.
주석; BWR: Boiling Water Reactor, KAERI: Korea Atomic Energy Research Institute, PWR: Pressured water reactor.

---

59 2019년 5월, iea. 'Nuclear Power in a Clean Energy System' p.86. Table 6. SMRs underdevelopment 인용.

그림 5.14 미국, 중국, 프랑스 등의 개발 중인 4세대 원자로 현황(2)[60]

Design	Net output per module (MW)	Type	Designer	Country	Status
Generation IV (non–light–water cooled)					
HTR–PM	210	HTGR	Tsinghua University	China	Under construction
ACP100	100	PWR	CNNC	China	Start of construction Planned for end of 2019
SC–HTGR	272	HTGR	Framatome	United States	Conceptual design
Xe–100	35	HTGR	X–energy LLC	United States	Conceptual design
4S	10	LTGR	Toshiba	Japan	Detailed design
EM2	265	GMFR	General Atomics	United States	Conceptual design
IMSR	190	MSR	Terrestrial Energy	Canada	Basic design
ThorCon	250	MSR	Martingale Inc	United States	Basic design

Notes: BWR = boiling water reactor, CEA = Alternative Energies and Atomic Energy Commission, CNEA = Comision Nacional de Energia Atomica (Argentina), CNNC = China National Nuclear Corporation, GMFR = gas–cooled modular fast reactor, HTGR = high–temperature gas–cooled reactor, KAERI = Korea Atomic Energy Research Institute, LMFR = liquid metal fast reactor, MSR = molten salt reactor, PWR = pressurised water reactor.
Sources: OECD NEA and IAEA.

출처; nuclear power in a clean energy system t6 - 2.
주석; CNNC: China National Nuclear Corporation, LMFR: liquid metal fast reactor, MSR: molten salt water, PWR: presured water reactor.

---

60 2019년 5월, iea. 'Nuclear Power in a Clean Energy System' p.86. Table 6. SMRs underdevelopment 인용.

● 그림 5.15 미국의 NuScale 발전소 모델의 내부 전경[61]

● 그림 5.16 NuScale SMR을 이용하는 원전의 조감도[62]

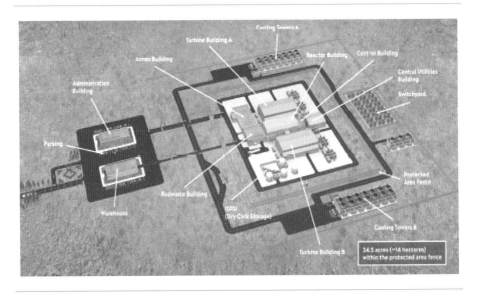

출처; Strengthening Nuclear Energy Cooperation between the US and its ally p.29.

61 2020년 7월 28일, energypolicy, columbia.edu/reearch/report/Strengthening – energy – cooperation –
   between – United States and its allies. p.29 Figure 5. NuScale Power p.27. Figure 4. Model
   view inside the NuScale Power reactor building 인용.
62 2020년 7월 28일, energypolicy,columbia.edu/reearch/report/Strengthening – energy – cooperation –
   between – United States and its allies. p.29 Figure 5. NuScale Power Plant layout 인용.

(4) 최근 미국의 '재강화한 원전산업정책'이 한국의 원전 정책에 주는 시사점

- 미국 원전정책 흐름과 세계원전 여건변화에 융통성 있는 대응 필요
- 특히 2020년, 미국 민주당과 J. Biden은 48년 만에 원전 지원을 민주당 정강정책에 정식으로 반영
- COVID-19가 제일 큰 여건 변동임(한국의 탈원전에서 빠져나올 구실 제공(전 국민의 동의 가능성))

원전에 관한 한, <u>세계 5위(미, 중, 러, 프, 한)의 한국의 이해하기 힘든, 한국정부의 탈원전 정책을 밀고 있는 시점이라서 미국의 원전산업 우위성 회복을 위한 2019년 7월의 미국의 원자력 리더십 회복을 위한 법률에 사인한 트럼프 대통령을 위시한 전 미국의 최근 원전정책동향은 우리에게 시사하는 바가 크다.</u>

(i) 당초, 미국 원전산업 현황: 원전 폐쇄증가, 가스 발전 증가(회상)

2019년 미국의 가동 중인 원자로는 앞서 본 바와 같이 58기로 29개 주에 분산되어 있었다. 셰일혁명으로 천연가스가격이 낮아져 원전에 비해 가스전력이 낮아지면서, 원전가격은 경쟁력을 상실함으로써, 원전경영이 어려워졌고 원전고전, 원전조기 폐쇄가 증가하였다.

2018년 초유의 혹독한 겨울로 매사추세츠주 앞바다가 동결되면서 가스 발전은 수송이 불가능하였으며, 가격이 5배 폭등하면서 전력 및 에너지 안보의 절실을 실감하게 되었다.

표 5.7 미국전력생산에 투입 에너지별 비중 추이(2005~2017)

	석 탄	천연가스	원자력	수력	재생에너지
2005년	49.6	18.8	19.3	6.7	2.2
2015년	33.2	30.7	19,5	6.1	7.2
2017년	30.1	31.7	20.5	7.5	9.6

주석1; 석탄: 49.6%→30.1%, 천연가스: 18.8→31.7%, 원자력: 19.3→20.5%
주석2; 매사추세츠주, Excelor 그룹의 Yankee 원전, 입찰 실패, 2016년 다운.
주석3; 그 후 Vermont Yankee원전 셧다운

표 5.8 가동시한이 남았음에도 불구, 경영상 이유로 다운하였거나, 폐쇄하려던 원전[63]

폐쇄한 원전	발전용량 (MWe)	셧다운 연도	셧다운 사유	최종년도 전기생산능력 (10억kWh/연간)	최종년도 CO_2 배출 감축 규모(M톤/년)
Crystal River 3	850	2013	기계 불량	7.0	3.8
San Onofore 2,3	2,450	2013	기계 불량	18.1	8.0
Kewaunse	566	2013	Market	4.5	3.8
Vermont Yankee	620	2014	Market	5.1	2.4
Fort Calhaun	478	2014	Market	3.4	3.3
Oyster Ceeek	625	2018	Policy	5.4	4.0
TOTAL (2018년 이전)	5,239			43.5	25.3
ThreeMile Ireland2	803	2019	Market	6.9	5.0
Pilgrim	678	2019	Market	5.1	2.3
Davis Resse	908	2020	Market	7.9	5.7
Duane Arnold	619	2020	Market	5.2	5.0
Indian Points2, 3	2,061	2020~2021	Market	15.3	7.1
Beaver Valley	1,877	2021	Market	15.3	11.1
Perry	1,268	2021	Market	9.8	7.1
Pallasades	789	2021	Market	6.1	5.3
Double Canyon1 & 2	2,240	2024~2025	Policy	17.9	6.9
Total	11,238			89.5	53.5

---

63 2019년 1월 10일, James Conca 'US Power CO_2 Emissions Rise As Nuclear Power Plants Close' 'Premature Nuclear Power Plant Closures and Announced Shutdowns' 인용.

(ii) 미국 원자력 감시위원회(NRC)의 원자로 가동 시한 연장

    -40년 → 60년 → 80년으로 20년씩 2차 연장(가동 중인 원전의 가동시한 연장, 80년으로 최장 연장)

    -동시에 타 에너지 분야에 지급하던 보조금을 원전에도 보조금 지급 확대

      → 원자로 폐쇄에서 가동 연장으로 유도

그림 5.17 북미주(미국, 캐나다)에 위치한 원전(북미주 원전 비중: 세계의 25%)[64]

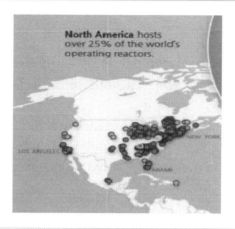

출처; Mapped The worlds Nuclear Reactor Landscape NA.

(iii) 원전에의 보조금 지급 확대와 주정부의 RGGI에의 가입으로서 원전에의 보조금 지급 가능케 하였으며, 원전사들의 원자로 폐쇄계획을 취소하고 가동 연장할 것을 승인 신청하였다.

(iv) 2018년 9월 'New Energy to assure Innovation Capabilities Act' 법 발효로 National Innovation Capabilities Center가 설립되었다.

---

64 2020년 8월 7일, visualcapitalist.com/The world's nuclear reactor landscape 중 North America 인용.

(ⅴ) 2020년 5월 미국 DOE, 'Restoring America's Competitive Nuclear Energy Advantage' 전략 발효 시행
―A strategy to assure U.S. national security 발표

미국은 러시아와 중국의 원전 플랜트의 활발한 대외수출 움직임에 대하여, 미국의 원전산업의 옛 지배력을 되찾기 위한 전미국의 수출동력을 찾기 위한 대대적 운동을 전개할 필요성이 확대되게 되었다.

(a) 이와 관련하여, 한국의 두산중공업은 미국 조지아의 Vogtle 원전의 3, 4호기의 원자로와 증기발생기 등 주요기기를 독자적으로 설계하여 공급하고 있고, 이 과정에서 미국정부는 다시 건설키로 한 Georgia에 있는 보트글(Vogtle) 원전 건설에 43억$의 채무보증을 서서 금융지원을 하고 있다.[65]

(b) 한편 한국은 그의 성숙한 원전기술로서, 세계 시장의 리더십의 환원을 모색하려는 미국원전과 상호협조로서 한국의 원전시장 환원과 동시에 세계적 탄소저감 운동에 한국도 적극 참여하는 기회를 포착하여야 할 것이다.

(ㄱ) OECD는 세계가 희망하는 탄소배출 저감 목표를 달성하면서, 2050년까지의 전망하는 전력수요를 감당키 위하여는 '원전의 전력생산은 현재의 400GW에서 2050년까지 1,000GW로 확대되어야 한다'로 전망하고 있다. 이는 매년 원전에서의 전력생산이 10조kWhs/Year로서 원전 건설 비용만 8조$가 되어야 한다고 보고 있다.[66]

(ㄴ) 여기에서 한국의 기술 분야와 고도의 산업에서의 원전이야말로, 한국의 반도체 등 몇 분야를 제외하고 원전만큼 기술 분야에서 앞선 곳이 있을까? 하는 의문과 더불어 왜 한국은 탈(脫)원전을 고집하는가에 대한 의아를 제기케 한다.

(ㄷ) 한편 장기적으로 미국의 원전은 설비 신설시에 원자로 기술투자가 관건이고 따라서 미국의 발명된 소형 NuScale 모듈방식의 원전설비투자 수요가 증가할 것이고, 그때에 한국의 두산중공업 등의 경쟁력 있는 모듈(Module) 생산수요가 미국 내·외 수요에서 제기될 것으로 기대된다. 따라서 많은 미국의 장래의 원전의 신설 및 수출투자에 있어, 한국기업들의(조선소 포함) '서플라이 체인'(Supply

---

65 2020년 5월 15일, 조선일보 '탈원전 34년, 核강국, 미국의 굴욕―스스로 원전 짓지도 못한다' 참조.
66 2019년 1월 10일, James Conca 'US Power CO$_2$ Emissions Rise As Nuclear Power Plants' 참고.

chain)이 큰 몫을 할 것으로 전망하고 있는 점에 우리는 경청하여야 할 것이다.

(ㄹ) 이 점에 있어 <u>IEA는 2019년 5월에 발행한 'Nuclear power in a clean energy system'이라는 보고서에서 2019～2040년의 에너지 공급의 비용은 가동 비용을 저감케 함으로써</u> 가능한데, 특히 선진국(미국, EU 및 일본)의 경우에는, 발전소 운영 비용이 1년에 800억$가 비싼데, 재생에너지의 발전으로 전환하는 과정에서 추가적인 비용이 일본이 10%, EU가 6% 그리고 미국이 3%로, 역시 미국에서 원전으로의 무공해 에너지로의 전환에 있어, 경쟁력 면에서 원전에 있어서는 미국이 가장 경쟁력이 있다는 IEA의 분석이다.[67]

(ㅁ) <u>우리 한국도 OECD 멤버국으로서, 원전 분야에서는 세계에서의 5, 6위국으로, 국내의 환경정책과 전력생산 비용의 저렴을 위하여서도, 그리고 미국의 원전시장의 적극 진출에 서플라이 체인의 일환으로써, 한국이 미국시장과 미국원전의 대외진출의 파트너(컨소시엄 멤버)로서, 장기적인 시야에서 탈원전 정책을 재음미할 필요가 있지 않을까 생각할 계기가 마련되었다고 하겠다.</u>

그림 5.18 선진국의 기후변화대책과 공기청정을 위한 무공해발전에 투자계획[68]

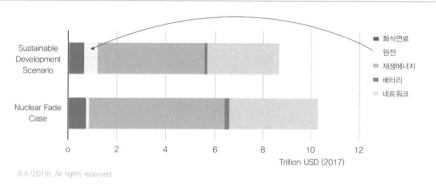

An additional USD 2 trillion of investment in renewables and in networks would be required to achieve sustainability, far exceedingthe USD 400 billion reduction in nuclear investment.

출처; nuclear power in a clean energy system f32.

---

67 2019년 5월, iea 'Nuclear Power in a Clean Energy System' p.66. 'Achieving sustainability with lower nuclear power production raises investment needs and costs of energy transition' 참조.

68 2019년 5월, iea 'Nuclear Power in a Clean Energy System. p.64. Achieving sustainability with lower nuclear power productie on raises investment needs and cost of the energy transition Figure 32. Cumulative electricity sector investment in advanced economies in the sustainable Development Scenario and Nuclear Fade Case 2019－2040 인용.

그림 5.19 NuScale 원전(SMR) 개발 비용 추산

Development actlvlty	Cost
Design certification application preparation	$ 407M
Design certification application review	$ 145M
First-of-a-kind enaineerina	$ 67M
Standard design approval for nuclear power module (includes NRC fees)	$ 54M
Standard plant design	$ 141M
Design finalization	$ 312M
General and administrative	$ 282M
Total	$ 1,408M

Source: NuScale Power,LLC

출처; Strengthening Nuclear Energy Cooperation between the US and its ally p.28.

그림 5.20 총 제작비 추산 1기당 NuScale 모듈식 원자로 제작비 추산

Table 2: FOAK and NOAK construction cost estimates for NuScale Power plant

Component	FOAK plant cost	NOAK plant cost
Reactor building	$ 1,276M	$ 1,010M
Control building	$ 145M	$ 115M
Radioactive building	$ 90M	$ 70M
Turbine buildings	$ 325M	$ 260M
Balance of plant/site yard	$ 285M	$ 225M
Field indirects	$ 645M	$ 590M
Home office	$ 210M	$ 190M
Total overnight cost	$ 2,975M	$ 2,460M
$ /kW	$ 4,350/kW	$ 3,600/kW

Note: Total overnight costs (2017 $) do not include worronties, G&A, fees, contingencies, financing, escolotion, and schedule risk.
Source: NuScale Power, LLC

출처; Strengthening Nuclear Energy Cooperation between the US and its ally p.31.
추가; 원전감소에 재생에너지(풍력, 태양광 발전)으로 대체할 때의 2040년의 주요국의 전력시스템의 변화예상(iea. 2019.5발행; Nuclear Power in a Clean Energy System p.69.
4. A chieving sustaianability with less nuclear power. Figure 33. Share of wind and solar in selected electricity with less nuclear power 인용.

중국의 막대한 전기수요와
원전건설 · 원전(原電) 플랜트
수출 계획

중국의 막대한 전기수요와 원전건설·원전(原電) 플랜트 수출 계획

1 중국의 전력생산과 전력 소비 현황과 추세[1]

(1) 세계 제1의 전력생산국: 중국, 2011년 미국 생산규모를 능가

(i) 중국 에너지 소요의 17.6%가 전력수요

(a) 중국은 세계 제1의 전력생산국으로서, 1990년 이후 계속된 고속경제성장의 결과로 2011년에는 미국전력생산규모를 초과하게 되었다. 그리하여 2016년에는 중국 에너지 최종에너지 수요의 17.2%가 전력수요가 되었다. 중국의 2016년의 전력생산 능력은 1,650TWh이었으며, 그 후 발전능력이 향상되어, 2018년에는 7,000TWh로 비약적으로 증가되었다.

(b) 또한 2050년 제로탄소경제(Zero-Carbon Eeconomy)를 지향하는 중국의 특징

---

1 Rockey Mountain Institute 'Energy Transitions Commission' China 2050; A Fully Developed Rich Zero–Carbon Ecnomy' p.59 Background; China's current electricity productoin and consumption pp.1–14 참조.

은, 2016년의 전력생산의 72%가 화석연료(그중 66%는 석탄발전), 19%는 수력 발전, 3%는 원전, 그리고 당시까지 풍력과 태양광 및 기타 발전은 5%에 지나지 아니하였다.

(c) 중국의 화력발전은 전력생산의 주류를 이루어 64%가 화력발전이었는데, 이의 90%가 석탄발전이었다. 2016년의 중국의 풍력 발전은 147GW이었으며, 태양광은 76GW, 수력은 305GWFH로 무탄소(Carbon-free) 전력생산이 큰 비중을 이루기 시작하였다.

(ⅱ) 막대한 무공해 전력수요 확대(2050년 15,000TWh)와 전력 위주 연료수요

(a) 중국 경제의 탈탄소화(decarbonizatin)정책은 막대한 제로탄소전력을 요구한다. 여기에서는 전력화의 증가가 요구되어, 2016년의 6,000TWh에서 2018년에는 7,000TWh로, 2050년에는 15,000TWh가 전력이 소요된다고 전망하면서, 2050년에는 82%의 전력은 직접 전력화에 소요되며 산업체에서의 전력소요는 52%의 전력이 소요된다는 것이다. 특히 이 소요 중 수소생산과 수소에서 생산하는 화학 제품과 암모니아 같은 제품생산에 사용된다는 것이다.

(b) 또 하나의 특징은 2050년이 되면 석탄화력 발전이 2016년의 72%에서, 원전 등 제로탄소 연료로의 추진으로 석탄발전은 단 7% 수준으로 하락할 것으로 전망하고 있는데, 과연 이의 달성이 가능할까 하는 문제는, 특히 코로나 바이러스의 타격으로 상당한 의문과 관심을 갖고 추적하여야 할 문제일 것이다. 현실적으로 석탄의 배제는 중국뿐 아니라, 인도, 미국 등 국가에서의 경제적 비중에서 보아 탈(脫)석탄은 그리 간단한 문제가 아니기 때문이다(한국의 경우도 동일함).

(2) 중국의 원전산업의 역사적 배경과 국제적 위치[2]

(i) 중국의 원전산업의 위치: 2018년 세계 3위
－세계 신규 원자로건설 99개 중, 중국 신설된 원전의 45%가 최근 20년 이내에 건설한 것(중국: 원전 최신 강국임)

(a) 2018년 현재, 전 세계의 31개국에서는 449개의 원자로가 가동되고 있으며, 이는 세계 전력공급의 11%의 비중이며, 중국에서의 원전의 비중은 청정에너지로서 수력 발전 다음의 2위의 위치를 점하고 있다.

또한 세계원자력협회(World Nuclear Association)의 보고서에는 2018년 중, 세계의 15개국에서 53개의 신규 원전 발전소의 원자로가 건설 중인바, 이는 중국이 21기, 인도 4기, 러시아 5기, 한국 6기, UAE 6기, 미국이 3기를 건설하고 있어, 신규 원전건설에 있어 2018년에는 중국이 1위를 마크하고 있다.[3] 또한 세계의 지난 20년간 신설된 원자로 99개 중 중국의 원전이 45개로, 최근 20년 이내에 건설된 것으로, 그만큼 중국이 원전 신흥고속국임을 반영한다.[4]

(b) 석탄 위주의 에너지생산과 공급으로 인한 어마어마한 이산화탄소배출로 큰 고통을 겪고 있는 중국은 가스 발전으로의 대체와 태양광 발전과 풍력 발전 등의 재생에너지로의 대체를 의욕적으로 대체, 추진하고 있으며 여기에 추가적으로 원전 발전으로 대체하는 원대한 계획을 세우고 프랑스와 한국에서 개발한 표준원자로 디자인(Standard Reactor Design)을 참조하면서 원자로 건설에 박차를 가하고 있다(이러한 기술수입과 자체 개발이 혼합한 소위 CAP 1400 원자로 타입임).[5]

---

2 David Sandalow 'Guide to Challenge Climate Policy 2019' p.76 Chapter 10. NUCLEAR POWER 참조 인용.

3 상 동. p.176 참조.

4 2020년 8월 7일, visualcapitalist.com/mapped－the－world－nuclear－the－world－reactor－landscape By Omri Wallach 인용.

5 Joshua Goldstein & Staffan Quist Public Affairs New York 'A Bright Future' Chapter 13. China, Russia, India pp.178－179 참조.

(c) 2018년의 세계 원전시장과 원자로 건설현황과 중국 원전의 위치[6]

　　−9개 원자로 시동, 7개 원전 폐쇄, 5기 건설 시작
　　−2기 원자로 장기 폐쇄, 7개 원자로 재가동 시작
　　−전 세계 415기 원자로 가동 중(전년 대비 10기 증가), 중국 49기 신규 건설 중

　　이런 원전시장에서 중국이 전년 대비, 원전의 가동, 원전 건설의 모든 면에서 제일 앞장섰다. 2018년 중에는 고작 2개국만이 신규로 원자로를 건설하였는데, 여기에는 중국이 7기를 그리고 러시아가 2기를 신규로 연결시켰다. 원래 2018년 초에는 17기가 가동시작으로 계획되었으나, 이 중 오직 신규 건설·연결된 중국의 7기와 러시아의 2기만이 가동되었다.

　　(d) 이로써 2018년, 중국의 원전의 원자로 건설 중인 발전소는 21기로 세계에서 제일 많은 원전을 건설하는 국가가 되는 한편, 그간 세계에서 가동 중이던 원자로 중 장기폐쇄(Long Term Outrages, LTO)되었던 7개의 원자로가 재가동되었는데, 이는 일본이 4기를, 프랑스, 인도, 스위스가 각각 1기씩 재가동한 것과 비교된다.

　　(e) 이 같이 2018년의 원전의 원자로 건설 중인 국가는 GW 기준으로, 1위, 중국(21기), 2위 인도(4기), 3위 러시아(5기), 4위 한국(당시 6기), 5위 UAE(6기)의 순이었다(그 후 한국은 탈원전 정책으로 여러 각도에서 원전의 규모 등 세계 순위에서 밀리고 있다. 후술).[7]

　　(f) 한편 2018년에는 전 세계에서 원자로 8기가 영원히 폐쇄되었는데, 이는 러시아의 2기, 한국과 미국이 각각 1기씩 그리고 중국과 인도가 각 각 1기씩 폐기하여, 2018년 말에는 전 세계의 원전이 415기로 폐쇄되는 원자로가 전년 말보다 10기가 증가한 결과가 된다. 2019년 중 신설 중인 원자로는 15개국에서 전

6　2019년 1월 3일, World Nuclear Industry Status Report, as of 1. January 2019. 2018 for nuclear power in nutshell. Mycle Schneider 인용.

7　Joshua Goldstein & Staffan Quist Public Affairs New York 'A Bright Future' Chapter 13. China, Russia, India p.176. Number of Reactors Under construction 참조.

년의 53기에서 49기로 감소되었다.

(g) 영국에 있는 Hinkley Points 원전과 중국

여기의 49기 중에 들어 있는 영국의 'Hinkley Points C 원전 발전소'는 2018년 12월에 원자로에 원자로 빌딩에 기초 슬래브(Slab)를 붙이기 시작하였는데, 이는 중국의 제1의 국영원전 발전소인 CGN(China General Nuclear Corporation)이 영국의 EDF와 합작으로 새로운 원전으로 추가, 투자한 것으로 이도 중국의 총 원전 수에 포함된다(Hinkley Points는 2019년 6월 정식으로 3,200명의 건설 인원이 투입되어, 중국 CGN과 영국 EDF사와 '영·중합작의 원자로 건설'의 시작으로 카운트됨).

(h) 중국은 1985년 최초로 <u>민간소유의 사영(私營) 원전을 건설하기</u> 시작하였다. 중국에서의 원전(Nuclear Power Plant) 건설 계획의 추진은 서서히 이루어져, 1994년에 3개의 원자로(reactor)가 가동하기 시작하였다. 그 후 <u>중국은 제10차 5개년 계획(2001~2005년)에서 원전 발전계획을 과감히 추진키로 계획하고, 8개의 원자력 발전소를 건설키로</u> 하였다. 중국은 10차 계획에 이어, 제11차 5개년계획(2006~2010년)에도 원전 생산의 확대를 계획하고 여기에서는 원전의 '3세대 기술'(Generation III technologies) 적용에 그 초점을 맞추기로 하였다.[8]

(ⅱ) <u>중국의 원전산업은 세계의 원전산업 규모에서 3위를 마크하고 있다. 중국의 원전은 중국전력생산의 2%에서, 2030년에는 10%를 담당, 확대하여 2030년에는 중국 전력수요의 10%를 원전으로 생산·충당키로</u> 하였다.

(a) 2018년, 세계의 원전산업은 미국 1위, 프랑스 2위에 이어, 중국이 3위(러시아의 원전규모는 4위)의 위치에 있는데, 전 세계의 9개의 원전 발전소 중 7개가 발전을 하고 있는 중국은 처음으로 원자력 발전소에서 전기를 생산하여 중국 내에 송전(grid)을 할 수 있게 되었다. 이로써 중국의 원전은 이때 중국 전력의 4%를 담당케 되었다.

---

8 Antony Foregatt & Joy Tuffield 'Chinese Nuclear Power Development at Home and Abroad' (Asia－Pacific focus. 2011) 및 IAEA 'China nuclear profile'(2001) 인용.

(b) 중국은 최근까지 에너지 소비의 60%를 석탄발전 에너지로 충당하고 있었으나, 2017년부터 에너지에의 투자를 천연가스와 원자력 발전과 태양광 발전, 풍력 발전 등 재생에너지에 투자키로 계획하여, 2018년에는 7개의 원자로에 발전을 연결 (connect)하고, 이 중 원전 발전으로의 충당은 2%에서 10%로의 비중으로 확대되었다.

(c) 이는 중국의 13차 5개년계획이 끝나는 2030년에는 원전의 발전 용량의 비중을 2%에서 10% 비중으로 확대하기로 한 것이다. 그리하여 2019년 7월 현재, 중국은 45기의 원자력 발전소가 가동 중이며, 11기의 원전 발전소를 건설하고 있다. 따라서 금후 중국 원전의 비중은 계속 신장하여 13차 5개년 계획이 끝나는 2030년에는 중국 에너지 소비의 20%를 원자력 발전으로 충당하도록 계획되어 있다.[9]

그림 6.1 중국의 원자력 발전소의 성장 역사[10]

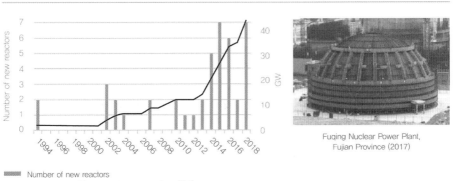

Fuqing Nuclear Power Plant,
Fujian Province (2017)

Number of new reactors
Total capacity, Chinese nuclear power fleet (GW)

Source: IAEA, Kevin Tu [8]
　　　Guide to Chinese Climate Policy 2019–David Sandalow

주석1; 2018년 현재 총 40기 건설 중.
주석2; 후지안성의 푸칭원전공장(2017).

9　2019년 9월 13일, CNN. China's gambling on a nuclear future, but is it destined to lose?, Hong Kong (CNN Business) p.6/7 Climate crisis solution? 인용.
10　David Sandalow 'Guide to Challenge Climate Policy 2019' p.77. Figure 10. History of nuclear power development in China 인용.

2 일본 후쿠시마(Fukushima) 원전사고와 중국의 원전계획과 그 실시

(1) 2012년, 일본의 후쿠시마 원전사고로 인한 중국의 원전 발전의 안전성 정밀 검토와 중국에서의 신규 원전건설의 일시적 중단
─2012년, 원전의 안전성 재확인 후, 원전건설 계획 승인, 건설 재개(再開)

(i) 이런 과정 중에, 2011년 3월 11일의 일본의 후쿠시마의 원전사고로, 중국은 원전건설을 일시 중단하고, 따라서 의욕적인 원전확대 계획도 중단케 되었다. 이때 중국 국무원은 건설 중이던 원전의 안전에 대하여 재검토를 하면서, 신규 원전건설의 승인은 보류하였었다.

그 후 2012년 10월, 원전의 안전성을 재확인 후에서야, 신규 안전성 계획의 승인과 건설의 재개를 승인하였다.[11]

(ii) 중국의 2019년 일본의 후쿠시마 원전사고로 일시 정지되었던 원전 발전 건설의 재개
─2040년까지 가계의 에너지 수요의 2배 증가 전망에 대응하는 조치

2011년의 일본의 후쿠시마의 원전사고는 중국의 탄소절감대책의 일환인 원대한 원자력 발전계획에 그 신규 원전의 발전소 건설의 추진을 일시 정지(mora -torium)케 하는 요인이 되었다. 중국의 특히 동부해안의 많은 원전이 있는 지역에 대하여, 일본과 같은 재난은 중국의 경우에 발생하지 않을 것이라는 확신을 인민에게 심어 주었다. 그러면서 2019년 원전 발전소건설의 중단조치를 해제하였다. 이로써 중국은 2018년 세계의 건설 중인 53개의 원전 중 21개를 그리고 인도가 4기를 그리고 러시아가 3기를 건설하는 등, 중국은 가장 다수의 원전을 건설 중인 국가가 되었다.[12]

---

11 2017년 9월, Xinhua Net China Focus; 'China adopts nuclear safety laws'.
12 Joshua Goldstein, Staffan Qvist 'A Bright Future' p.174 Chapter 13. China, Russia, India 참조 인용.

(ⅲ) 이 같이 중국은 에너지 수요 증가에 대응하면서 당시까지 가동 중인 12개의 원전 발전소에 추가하여 신규 원전건설계획을 실시함으로써, 중국은 세계적으로 2년 내에 프랑스에 다음가는 '제2의 원전대국'이 되려는 원대한 계획을 실시하기 시작하였다.

(ⅳ) 이는 중국이 산업화를 실시함으로써, 2040년까지 중국의 가계와 산업에서의 2배의 에너지 소요 증가(International Energy Agency(IEA)의 전망)에 대응하기 위한 조치라고 하겠다. 이 같이 그때까지 중국의 에너지 수요와 그 소비의 60%는 석탄에서 충당하였던 것에서 중국은 과감히 태양광, 풍력 발전의 재생에너지 외에도 막대한 천연가스(메탄)발전과 원자력 발전으로 전력수요를 대체 충당하는 과정으로 변경하였다. 그리하여 2017년의 세계 에너지부문에의 투자의 절반을 중국이 천연가스, 재생에너지 및 원전 분야에의 투자하는 것으로 나타나게 되었다.

3 중국의 에너지 수요에 대처하는 원전(Nuclear Power)의 확대[13]

(1) 중국 인민의 원전의 안전성에 대한 회의와 의구심과 철저한 안전 규정의 강화로서 원전의 비용 불가피하게 상승[14]

(ⅰ) 그러나 대체적으로 중국의 인민의 인식은 원전에 대하여 매우 부정적이며 회의적인 상태로서, 특히 인구가 밀집되어 있는 중국의 동부 해안의 일반인의 인식은 매우 부정적이었다. 이와 관련하여 2017년 8월에 중국의 엔지니어링 대학에서 실시한 원전 발전 건설에 대한 서베이에서, 응답자의 40%만이 중국에서의 원전 발전계획에 찬동하고 나머지는 부정적인 입장이었다.

---

13 2019년 9월 13일, CNN. China's gambling 0n a nuclear future, but is it destined to lose?, Hong Kong(CNN Business).
14 2019년 9월 15일, CNN. China's gambling on Nuclear future, but is it destined to lose?, 보도자료 인용.

그림 6.2 중국의 전력생산의 용량 및 전력생산에너지 구성(mix)의 변화(2016 → 2050)[15]

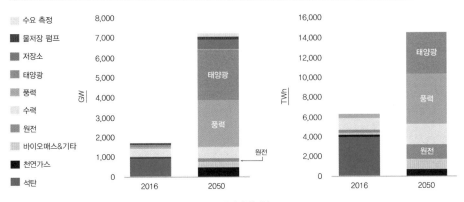

Source: China Statistical Yearbook; Rocky Mountain Institute analysis ETC China

주석; 2016 → 2050년: 태양광, 풍력 및 원자력의 무탄소배출 전력생산의 대대적 확대(2050년 원전 비중, 주목할 필요).

(ⅱ) 특히 원전을 많이 건설할 계획으로 있던 장수성에서는 2016년 8월 주민의 극열한 반대에 직면하여 동 지역에 신규 원전건설계획을 결국 취소하기에 이르렀다. 그러나 중국은 특히 일본의 후쿠시마 사고 이후, 원전에 대한 안전 규정을 대폭 강화하여 결코 방사능 유출의 사고가 없도록 철저히 규제하였다.

(ⅲ) 그리하여 중국은 이제까지 안전사고방지 대책을 강화함으로써 원전 사고는 현재까지 발생하지 아니하였다. 물론 이렇게 안전에 대한 대응으로 원전의 안전 사고는 후술하는 바와 같이 크게 전무하였으나, 그 안전을 강화하는 과정에서 원전 발전소의 건설 비용은 상승하였다.

---

15 Rockey Mountain Institute 'Energy Transitions Commission' China 2050; A Fully Developed rich Zero – Carbon Economy from 6,000 TWh in 2016 to 15,000TWh in 2050, over 90% of which is from zero carbon sources 인용.

(2) 중국의 원전 안전 강화 조치와 대대적인 원전건설의 재개

(ⅰ) 즉, 일본의 후쿠시마 원전사고 이후 중국 국무원은 당시 가동 중이던 원전의 일제 안전점검을 실시하는 한편, 원자력 안전 및 방사능 유출 방지를 위한 2020 안전법(Nuclear Safety Act)을 제정하여, 2018년부터 안전기준과 검사목표를 엄격하게 설정하여 시행하고 있다.

특히 IAEA(Int'l Atomic Energy Agency)의 보고서에 의하면, 신규 원전공급과 워터 펌프는 모든 중국의 원전의 경우에, 후쿠시마의 쓰라린 경험에서 홍수와 전력유실에 대처, 보호하도록 하였으며, 이로써 '중국은 400개의 원자력 발전소의 절반이 2050년까지 가동이 정지될 경우를 대비하고 있다'라고 주장하는 연구학자도 있다.[16]

(ⅱ) 한편 이와 관련, 세계원자력협회(WNA, World Nuclear Association)는, 그간 세계의 33개국의 가동 중인 17,000개 '원자로 누적년도'(cumulative reactor years) 중, 오직 단 3번의 원자력 발전상 사고가 났을 뿐이다'라고 하면서, 지난 60년 이상의 원자력 발전에서의 사고는 발전과정 자체에 있어 원전의 사고율은 아주 낮고, 이도 감소하고 있다고 강조하고 있다. 그러면서 WNA는 세계의 450개 원전에서 세계의 전력의 11%를 생산하고 있고, 현재도 60개의 원자력 발전소가 건설되고 있다고 발표하고 있다.

(ⅲ) 그리하여 2013년에서 2018년까지 중국은 29개의 원전을 가동하여, 세계의 어느 국가보다 많은 원전 발전소를 가동시키고 있게 되었다.[17] 다만 최근 중국은 2개의 신규 원전건설을 포기한 바, 이 중 하나는 2013년 광둥성의 우라늄 가공 처리공장의 건설이 주민의 반대에 부딪혀 2013년에 그 건설을 포기하였고, 또 다른 하나는 2016년 장수성의 원자력 연료(nuclear fuel)처리공장의 건설을 포기한 예이다.[18]

---

16 2018년 6월, 'World Nuclear Association 'Nuclear Power in China' 참조.
17 IAEA, Power Reactor Information System(World Statistics/Under Construction and Country Statistics) 참조.
18 2019년 9월 15일, CNN. China's gambling on Nuclear future, but is it destined to lose?, 보도자료 인용.

그림 6.3 중국의 원전 수요와 원전 발전소의 가동, 건설 추이(2014~2018)[19]

출처; 2019년 6월 13일 조선일보 기사 통계치를 저자가 가공.
주석; 인천에서 330km되는 중국의 해안에서 원전 3기 또 건설. 한국의 동남해에 58기.

(iv) 이리하여 중국은 현재 <u>12개의 원자력 발전소를 운영하고 전력을 생산하고 있고</u>, 앞으로 <u>30년간 가동할 수 있는 원자력 발전소를 건설하고 있으면서, 금후 2년 내에 프랑스를 추월할 가능성이 있고 2030년에는 세계 제1의 원전생산국이 될 것</u>이라고 전망하고 있다.

(ⅴ) 다만 그럼에도 불구하고 <u>커다란 사고는 없었다</u>는 것으로, 중국의 정부연구 기관인 '원자력에너지연구원'(China Institute of Atomic Energy) 원장은 중국의 원자력 안전성은 세계 '톱 수준'임을 강조하고 있다. 여기에 더하여 중국은 <u>2050년까지 400개 이상의 원자력 발전소를 건설한다</u>는 광대한 계획을 가지고 있다.[20]

---

19 2019년 9월 6일 조선일보, '인천서 330,m, 中 원전 3기 또 건설─동해 남해안에 58기'(상업운전중: 48기, 건설 중: 11기).
20 David Sandalow 'Guide to Challenge Climate Policy 2019' p.77. Figure 10. History of nuclear

(vi) 또한 중국 정부는 원전에 대하여 장기간 보조금을 지급하였으나, 원전산업도 점차 여타 재생에너지와 같이 시장원리에 입각하는 국제적 시장 메커니즘에 적응하는 노력을 하고 있다.

<u>4</u> 중국의 장기 원전정책과 중국의 세계 원전 제1대국의 꿈

(1) 중국의 막대한 전력수요와 탄소배출 저감을 위한 원전 정책[21]
ー현재도 미국(98기), 프랑스(58기) 다음의 3위의 원전대국: 중국

중국은 제13차 5개년규획(規劃, 2016~2020)까지 원전 발전능력을 58GW로 확장키로 하고 <u>2020년까지의 발전능력을 30GW로 확대하기 위해 원전을 증설하기로 하였다</u>(2019년 7월 현재, 중국은 약 46GW의 생산능력을 갖고 있었으며, 12GW는 건설 중에 있다. 이로써 <u>중국의 원전은 2019년 상업운영 중인 47기와 건설 중인 11기를 합하여 총 57기로, 2019년 6월 현재의 상업운전 중인 원전만 따져도 미국(98기) 프랑스(58기)로 중국이 세계 3위의 원전생산국이며, 그 뒤를 러시아가 따르고 있음</u>).

이를 위한 중국의 정책당국의 원전 정책방향은 다음과 같다.

첫째, 중국의 <u>원자력 발전소는 우선적인 전력판매 가격결정에 있어, 우대를 받았으며, 다른 발전수단보다 송전시간 배정에서도 우선적인 배정을 받았다.</u> 이는 우대조치이다.

둘째, <u>중국개발은행과 같은 정책금융기관으로 하여금 저리의 장기금리의 론을 원전국영기업에 할애하는 정책에 있어, 중국의 원전산업에 장기저리금융을 할당</u>하였다. 중국의 국영원전기업으로는 China National Nuclear Corporation과 China General Nuclear Power Group 및 State Power Investment Corp.의 3개의 국유기업이 있다.

---

power development in China.

21 David Sandalow 'Guide to Challenge Climate Policy 2019' p.77. Figure 10. History of nuclear power development in China, Policies 참조.

셋째, 중국 정부는 상기 3개의 국영원전 발전사의 대주주로서 이들 회사로부터의 대정부 배당금 지불을 유예케 하여, 국영원전 발전사의 원전 발전소 건설을 지원하게 한다.

넷째, 중앙과 지방정부의 발전소 건설 대지 구입과 신규 발전소와의 트랜스미션 연결고리를 용이하게 설치할 수 있게 지원키로 하였다.

(2) 중국은 원전산업에 왜 우선권을 두는가?[22]

석탄 사용에서 나오는 엄청난 탄소배출을 감소시키는 가장 효율적 방책은 원전임을 인정한다. 중국이 기후대책으로 원전산업은 석탄에서 배출되는 탄소배출을 억제케 하기 위하여 가장 효율적 정책으로서 택한 기후변화대책의 일환이다. 석탄발전과 원전은 전기 생산에 있어 '똑같이 송전할 수 있는 전력'(24-7)을 생산할 수 있어, 막대한 석탄사용으로 많은 악영향의 우려가 큰 기후대책으로 '원전으로의 전환'에 적절하다.

원전은 석탄화력 발전보다 MWh당 95%~97%의 CO2를 배출하면서도, 전력을 공급할 수 있는 가장 안정된 에너지공급이 가능한 자원이다.[23] 이 계산은 '1GW의 원전공장은 석탄화력 발전소의 연간 7백만 톤의 CO_2 방출을, 대체(代替) 절감케 하는 효과를 가져오는 것이다.[24] 원자력 발전의 쓰레기(폐기물)는 원전 발전소의 경내에 설치하여야 하며, 폐기물의 재사용을 가능케 하는 방법을 모색하고 있다.

---

22 상 동. p.70. Impacts on CO₂ Emissions 참조.

23 NREL, Life Cycle Assesment Harmonization(Jan. 2023), (5%) World Nuclear Association 'Greenhouse Gas emissions avoided through use of nuclear energy'(accessed July 2019) (approxmately 9%).

24 Based on cal plant emissions of 890 tons CO₂/GWh(see Albin Lin China's New Plans Deepen Action on Climate Change. NDRC Expert Blog(Dec. 19. 2016) and nuclear plant operating at 90% capacity 인용.

(3) 중국의 원전과 탄소배출 관계(Impact)[25] 및 원전기술의 도입
─석탄 화력에서의 탄소배출과의 비교

(i) 원전 건설로 탄소배출 1% 정도 감축

이렇게 하여 중국의 석탄화력 발전을 대체(발전소 건설 대지도 석탄화력에서 원전으로)한 중국의 원전 발전소는 2018년에는 석탄화력발전에서의 배출탄소를 연간 320백만톤을 감축케 하여, 중국의 탄소배출 규모를 연간 종전 배출량의 3%를 저감시킬 수 있게 되었다, 이로써 세계 전체의 탄소배출의 1% 정도를 중국의 원전이 감축시키는 효과를 거양케 된 셈이다.[26]

(ii) 중국의 해외 원전기술 도입
─의욕적으로 확대하는 부품의 국산화 비율의 탁월한 제고
─미국, AP 1000, 캐나다 CANDU, 러시아 VVER, 프랑스 310, EPR 대상

(a) 원전산업의 기술도입을 위해, 중국은 미국의 AP 1000, 캐나다의 CANDU, 러시아의 VVER, 프랑스의 310과 EPR 중 적합한 기술을 도입키로 하고, 중국 정부는 이 기술을 도입 후 설계를 자체 내에서 국산화(localize)하기로 하였다. 그러면서 국내에서 원자로를 디자인하여 발전소를 건설할 수 있게 함으로써 현재 중국에서는 반드시 Generation III보다 더 발전된 기술을 사용하는 것을 규정화하였다.

(b) 중국은 원전의 표준화된 기술을 프랑스나 한국(KSNP)에서 도입하고, 여기에서 이 디자인을 표준화하여, 계속하여 같은 표준화된 원전을 반복(Repitition)하여 건설하는 방식을 택하고 있다. 이는 마치 미국의 보잉사의 Jet 비행기를 '어셈블리 라인'에서 따라하기(rolling off)식으로 제작하는 방식과 같다.[27]

---

25 2014년 10월 24일, Republic of China's Enhanced Actions on Climate Change; China's Intended Nationally Detrmined Contributions(June. 2015) p.7 '核電 不披誤解的淸拮能源'(Nuclear Power should not be misunderstood) Economic Daily 인용.

26 David Sandalow 'Guide to Challenge Climate Policy 2019' p.79. 'Impact on CO_2 Emissions' 참조.

미국, 중국, EU의 전기 생산의 주력 투입연료의 구성(2009) 비교
 - 미국: 석탄, 천연가스, 원전(미국의 전 자본투자의 10%가 전력생산에 투자하고 있음. 미
   국의 원전에의 투자는 1기당 60~70억$ 규모임)
 - 중국: 석탄(압도적 비율), 수력(석탄화전에의 투자는 당시 1기당 30억$ 규모임)
 - EU: 석탄, 가스, 원전, 거의동일 비중

그림 6.4 연료 타이프에 의한 미국, 중국, EU와 일본의 전력생산의 연료 비율(2009)[28]

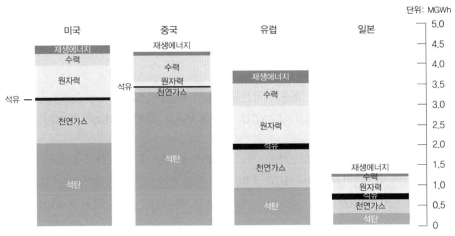

Source: IHS CERA

27 Joshua Goldstein, Staffan Qvist 'A Bright Future' pp.177 – 178 China 참조.
28 Daniel Yelgin 'THE QUEST'(Energy, Security, and Remaking of the Modern World' p.401
   THE FUEL MIX 인용.

그림 6.5 개발국(러시아, 인도 및 중국) 중에서도 가장 빠른 속도로 성장한 중국 원전 (2010~2019)[29]

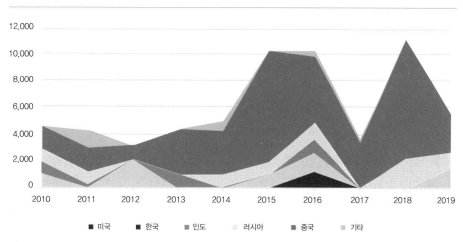

Note: Power uprates at existing reactors during this time period are not shown
Source: IAEA Power Reactor Information Service

출처; Strengthening Nuclear Energy Cooperation between the us and its ally p.9.

(ㄱ) 그림 6.5는 여러 나라 원전의 성장부문을 나타낸 것으로 2010~2019년간 발전소에게 생산된 전력을 송전한 것을 나타내고 있다. 여기에서 특징은 <u>중국과 인도와 러시아의 원전생산이 송전소로 송전되었음에, 미국의 경우에는 수차례 단절된 양상이 미국의 의회마저 당시까지 원전에 대한 전반적인 정책적인 홀대 취급을</u> 하였음을 나타내고 있다. 이 틈새를 러시아와 중국의 원전이 급성장할 수 있는 기간을 허용하였다 하겠다.

| 참고 |

미국의 민주당은 48년간 원전을 당의 정강정책상 인정치 않고 있다가 2020년 J. Biden이 대통령 후보로 출마하면서, 원전을 정식으로 인정하고 민주당의 정강정책에서 원전을 수용함으로써 공화당에 경쟁체제를 갖추었다.[30]

---

29 2020년 7월 28일, energypolicy.columbia edu./report/strenthening nuclear−energy−cooperation− between−United−States−and−its−allies. p.6 Figure 3. Gross nuclear energy capacity(MWe) added by grid connection year and host nations, 2010−2019 인용.

30 2020년 9월 9일, 미국 Washington Post Climate & Environment 'Biden calls for 100 percent'

(ㄴ) 중국의 원전 발전소에 있어 내륙의 성(省)별 건설위치 선정의 문제가 있다. 중국에서의 원전의 안전문제와 주민의 반대여론은 특히 앞에서 본 바, 2011년의 일본 후쿠시마 원전사고 이후 더욱 격심하여져서 큰 어려움을 겪고 있다. 특히 해변에서의 육상의 대지 면적이 충분치 않아 결국 내륙지방으로의 확대가 불가 피하여, 심지어 중국 국립원자력공사는 해상원자력 발전소(Floating nuclear plant, 러시아 해상원전 플랜트 후술)까지 설치할 것을 검토 중에 있다(중국이 신규 원전을 새로 건설하고 있는데 이는 한국의 인천에서 330km 떨어진 샨동(山東)반도의 스디오완(石島灣) 원전 3기를 포함하여, 한국의 동남해안을 따라 총 11기를 건설하고 있음).

(ㄷ) 이로써 이미 가동 중인 중국의 원전 47기와 더불어 한국의 서해와 남해와 마주하고 있다. 우리의 탈원전 정책과 중국의 원전 제1국 지향하는 것과 더불어 안전문제에 대하여 재고(再考)할 필요가 있는 시점일 것 같다.

이 같이 중국은 세계에서 제1의 CO_2 배출국이면서, 어느 국가보다 최다수의 원전 발전소를 지으며, 그러면서도 중국은 막대한 규모의 태양광 발전과 풍력 발전소를 동시에 건설하는 국가가 되었다.

5 중국의 일대일로(RBI) 정책과 병행하는 원전 프로젝트의 수출 확대 (중국과 러시아의 원전 분야, 북극항로 협력)

(1) 중국의 해외 원전기술 도입. 부품의 국산화 비율 제고
  −의욕적으로 확대하는 부품의 국산화 비율의 제고

(ⅰ) 중국의 '원전의 국산화'에 열중하는 중국은 중국 광핵(光核)그룹
  −원전부품 생산의 국산화 확대 도모

중국 광핵(光核)그룹의 원전의 공장의 구성함에 있어 중국의 전반적인 산업정책의 기술 진흥정책에 맞추어 중국 내 부품의 국산화에 정책적으로 진력하여, 공장의 유니트 별로 80% 이상을 급격한 국산화를 목표로 하고 있으며, 장래에는 90%까지 국산화에 목표를 두고 있다.

---

clean electricity by 2035, Here's how far we have to go 참조.

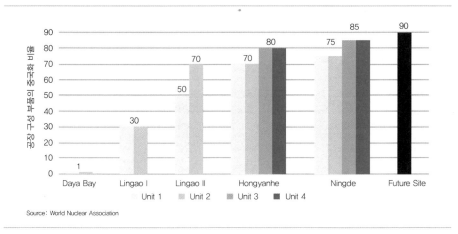

그림 6.6 중국 광핵(光核)그룹의 CP-1000 원전의 국산화 비율 제고 스케줄[31]

Source: World Nuclear Association

(ii) 최초 해외기술 도입으로 국산화를 거쳐, 동형의 플랜트를 저가에 우대적
인 금융조건으로 원전 대외 수출을 지향하는 중국

(a) 중국은 이로써 국내발전은 원전과 방대한 태양광과 풍력 발전으로 대체하고
석탄화력 발전에서 한 걸음 발전하여, 대대적인 국영은행의 장기 금융지원과 더불
어 일대일로정책으로 파키스탄, 인도, 스리랑카 등 개발도상국에 화력발전소 외에
원전 플랜트를 추가적으로 수출하여 건설케 하는 정책으로 전환한 것이다.

지구 온난화 대책으로 중국에서 석탄화전에서의 탄소배출이 일대일로정책의 대
상국인 개발도상국으로 옮겨 가고 있는 것이다. 지구 전체의 온난화에 대한 기후대
책의 필요성은 이 같이 장기적으로는 중국에서 '더 저개발국'으로 옮겨 가는 것이다.

(b) 현재 중국에는 37개의 원자로가 가동 중이며, 이에 더하여 19개의 원전을
건설하고 있다. 중국 원전의 메인 디자인은 미국 웨스팅하우스(Westinghouse)의
CAP 1000형과 중국에서 변형시킨 CAP 1400형으로 2018년부터 발전을 시작하
여 공급하고 있으며, 또한 EPR형과 캐나다와 러시아형의 대형의 원자로와 소형

---

31 WORLD NUCLEAR ASSOCIATION 'Nuclear Power in China' p.10. CGNPC Progressive
localisation CPR 1000 인용.

의 Modular Reactors와 '부양식(Floating) 원자로'까지 건설할 수 있는 능력(러시아와 협조)까지 갖추는 것을 목표로 하고[*] 있다.[32]

그림 6.7 중국의 발전소별 원전의 원자로 모델과 건설시기 및 송전 개시년도[33]

Units	위치(省)	규모(MWe)	원자로형	프로젝트 컨트롤	건설 시작시기	송전개시시기
Shandong Shidaowan	Shandong	211	HTR-PM	Huaneng	12/12	2020
Hongyanhe units 5&6	Liaoning	2x1119	ACPR1000	CGV, with SPIC	3/15, 7/15	2021, 2022
Fuqing units 5&6	Fujian	2x1150	Hualong One	CNNC & Huadian	5/15, 12/15	2020, 2021
Fangchenggang units 3&4	Guangxi	2x1180	Hualong One	CGN	12/15, 12/16	2022, 2022
Tianwan units 5&6	Jiangsu	2x1118	ACPR1000	CNNC	12/15, 9/16	2020, 2021
Xiapu unit 1	Fujian	600	CFR600	CNNC	12/17	2023
Zhangzhou 1	Fujian	1150	Hualong One	Guodian & CNNC	10/19	2024
Taipingling 1	Guangdong	1150	Hualong One	CGN	12/19	2025
Total: 12		12,244 MWe				

Where construction has started, the dates are marked in bold. It is likely that some planned CAP 1000 units beyond about 30 in total will be displaced by Hualong One.

출처; China nuclear power t2.

(c) 중국의 저렴한 원전 발전소의 건설이 가능한 것은 위에서 본 바, 저렴한 원전의 부품생산의 가능성 외에도, 정부의 정책적 지원하에서의 표준화된(standadized) 원자로 제작 건설과 한국과 같이 원전 발전 비용의 저렴화가 가능케 하여, 1GW의 원전 발전소를 20억$ 이내에서 건설할 수 있게 하면서 원전 발전단가를 3~6cents 이내에 공급이 가능케 된다는 점이다. 중국에서는 오히려 원전이 수력 발전보다 단가가 저렴한 발전소 건설이 가능하다는 특성이 있다고 한다. 이 점이 2018년 이후 중국이 대거 원전건설을 추진할 수 있게 하고 있다고 할 것이다.

---

32 러시아의 부양식 원전공장(FNPP)에 관하여는 본서 제7장 '러시아의 원전산업과 원전 플랜트 수출'을 참조할 것.

33 2019년 3월, WORLD NUCLEAR ASSOCIATION 'Nuclear Power in China' p.16. 'Operate nuclear power reactor' 중 일부 선택한 것임.

그림 6.8 중국의 원자력 발전소의 가동 중, 건설 중 및 건설 준비 중인 지역별 위치도[34]

그림 6.9 2019년 9월에 가동 시작한 중국 광둥성의 다이샨 원전공장(2기) 모습[35]

---

34 Guide to CHINESE CLIMATE POLICY 2019 'David Sandalow' p.80. Figure 10−2. Nuclear Power Plant in China 인용.

35 https://www.chinadaily.com.cn/a/201810/25/WS5bd11b5fa310eff3032846b5.html

그림 6.10 중국의 원전 발전소별 가동 중인 조건, 현황[36]

Units	위치(省)	순용량(MWe)	원자로 형태	운영사	송전연결시기	송전개시
Daya Bay 1&2	Guangdong	944 MWe	French M310	CGN	Aug 1993, Feb 1994	Feb 1994, May 1994
Qinshan Phase I	Zhejiang	298 MWe	CNP-300	CNNC	Dec 1991	April 1994
Qinshan Phase II,1&2	Zhejiang	610 MWe	CNP-600	CNNC	Feb 2002, Mar 2004	April 2002, May 2004
Qinshan Phase II,3&4	Zhejiang	619, 610 MWe	CNP-600	CNNC	Aug 2010, Nov 2011	Oct 2010, Dec 2011
Qinshan Phase III,1&2	Zhejiang	677 MWe	Candu 6 PHWR	CNNC	Nov 2002, June 2003	Dec 2002, July 2003
Fangjiashan 1&2	Zhejiang	1012 MWe	CPR-1000 (M310+)	CNNC	Nov 2014, Jan 2015	Dec 2014, Feb 2015
Ling Ao Phase I, 1&2	Guangdong	950 MWe	French M310	CGN	Feb 2002, Sept 2002	May 2002, Jan 2003
Ling Dong/Ling Ao Phase II,1&2	Guangdong	1007 MWe	CPR-1000 (M310)	CGN	July 2010, May 2011	Sept 2010, Aug 2011
Tianwan 1&2	Jiangsu	990 MWe	VVER-1000/V-428	CNNC	May 2006, May 2007	May 2007, Aug 2007
Tianwan 3&4	Jiangsu	1045 MWe	VVER-1000/V-428M	CNNC	Dec 2017, Oct 2018	Feb 2018, Dec 2018
Ningde 1&2	Fujian	1018 MWe	CPR-1000	CGN & Datang	Dec 2012, Jan 2014	April 2013, May 2014
Ningde 3&4	Fujian	1018 MWe	CPR-1000	CGN & Datang	Mar 2015, Mar 2016	June 2015, July 2016
Hongyanhe 1&2	Liaoning	1061 MWe	CPR-1000	CGN & SPI	Feb 2013, Nov 2013	June 2013, May 2014
Hongyanhe 3&4	Liaoning	1061 MWe	CPR-1000	CGN & SPI	Mar 2015, April 2016	Aug 2015, Sept 2016
Yangjiang 1&2	Guangdong	1000 MWe	CPR-1000	CGN	Dec 2013, Mar 2015	March 2014, June 2015
Yangjiang 3&4	Guangdong	1000 MWe	CPR-1000+	CGN	Oct 2015, Jan 2017	Jan 2016, Mar 2017
Yangjiang 5&6	Guangdong	1000 MWe	ACPR1000	CGN	May 2018, June 2019	July 2018, July 2019
Fuqing 1&2	Fujian	1000 MWe	CPR-1000 (M310+)	CNNC & Huadian	Aug 2014, Aug 2015	Nov 2014, Oct 2015
Fuqing 3&4	Fujian	1000 MWe	CPR-1000 (M310+)	CNNC & Huadian	Sept 2016, July 2017	Oct 2016, Sept 2017
Fanchenggang 1&2	Guanxi	1000 MWe	CPR-1000	CGN	Oct 2015, July 2016	Jan 2016, Oct 2016
Changjiang 1&2	Hainan	601 MWe	CNP-600	CNNC & Huadian	Nov 2015, June 2019	Dec 2015, Aug 2016
Taishan 1&2	Guangdong	1660 MWe	EPR	CGN	June 2018, Aug 2019	Dec 2018, Sept 2019
Sanmen 1&2	Zhejiang	1157 MWe	AP1000	CNNC	June 2018, Aug 2018	Sept 2018, Nov 2018
Haiyang 1&2	Shandong	1170 MWe	AP1000	SPIC	Aug 2018, Oct 2018	Oct 2018, Jan 2019
Total: 47		45,498 MWe				

출처; china nuclear power t1.

---

36 2019년 3월, WORLD NUCLEAR ASSOCIATION Nuclear Power in China p.16 'Operate Nuclear Power Reactor' 인용.

6 중국의 원전의 대외수출 전략 과정

표 6.1 중국(turkey – Igneada)에 원전 수출 상담 중인 나라[37]

수단	케냐	태국
우간다	캄보디아	

　　초기의 원전기술을 미국, 러시아, 일본, 캐나다 및 한국 등으로부터 원천기술을 도입한, 중국은 국내에 30여 개의 원전 발전소를 추가적으로 건설하여 싼 무공해전력을 석탄을 대체하여 국내에 공급하는 외에도, 표준화(standardized)된 중국의 '소형 원전'과 심지어 장차 '부양식 원전 플랜트 발전선'까지 수출할 수 있는 능력을 갖출 정도의 야심찬 산업이다. 또한 중국의 원전산업은 러시아와 더불어 전략적 산업으로서, 기후변화에 대응하는 것에 더하여(+) One Belt One Road(RBI)의 전략적 플랜트 수출까지 넘보는 장기 전략적 산업으로 러시아와 협력적, 경쟁적 원전 국가를 지향하고 있다.

　　또 중국이 개발 중인 칭화대학이 개발하고 있는 'HTR – PM Unit'는 2019년 전력을 생산하여, 발전소에 보낸 바 있다. 여기에서는 중국의 China Huanung(華能) 그룹이 컨소시엄의 리더로서 그리고 CNNC의 자회사인 China Nuclear Engineering Corp.이 활동하고 있거니와, 칭화대학의 'Institute of Nuclear and New Technology'와 협력하여 개발하고 있다. 이 원자로는 single 210 MW steam turbine을 helium gas를 활용하여 냉각수를 만들고 이를 750℃로 상승시키는 역할을 하고 있는 것이라 한다.

---

37 2019년 5월, May, Nuclear Power in a Clean Energy System. p.87. Box 10. Status of Research development 참조 인용.

디자인	단위당 생산규모	형 태	디자이너	국가	진행상태
Light-water cooled					
KLT-40S	70	Floating PWR	OKBM Afrikantov	Russia	예비적 테스트 중
CAREM	30	PWR	CNEA	Argentina	건설 중
SMART	100	PWR	KARPI	Korea	사우디 아라비아(담수화 설비) 허가신청 중
NuScale	50(x 12)	PWR	NuScale Power	United States	미국 내 아이다호주와 테네시주에 설치
SMR-160	160	PWR	Holtec International	United States	임시디자인
BWRX-300	300	BWR	GE Hitachi	United States	개념디자인
(no name)	220	PWR	Rolls Royce	United Kingdom	개념디자인
(no name)	170	PWR	CEA,EDF/Naval group/Technict om	France	개념디자인
Generation Ⅳ(non-light-water cooled)					
HTR-PM	210	HTGR	Tsinghua University	China	건설 중
ACP100	00	PWR	CNNC	China	2019년 말 건설 시작
SC-HTGR	272	HTGR	Framatome	United States	개념디자인
Xe-100	35	HTGR	X-energy LLC	United States	개념디자인
4S	10	LMFR	Toshiba	Japan	상세디자인
EM2	265	GMFR	General Atomics	United States	개념디자인
IMSR	190	MSR	Terrestrial Energy	Canada	기본디자인
ThorCon	250	MSR	Martingale Inc	United States	기본디자인

38 2019년 5월, IEA Nuclear Poser in clean system p.86. Table.6. SMRs under development 인용.

7 결론: 최근의 중국의 원전 상황과 빠른 성장

- 2019년 이래 중국 원전의 급성장(2019년 중: 18.1% 성장)
- 원전의 발전에너지 중 비중: 4.22%/2018 → 4.88%/2019
- 2019년 중 신설된 원전 2개소(타이샨발전소, Yangjiang 발전소 가동)
- 신설된 양 원전 외에 현재 12개의 원전을 건설 중

(1) 중국의 급 성장의 물결을 타는 중국 원전산업

- 2035년: 원전의 발전용량 목표: 200GWe
- 2035년: 중국의 총 발전량 목표: 2,600GWe

(i) 중국의 급성장하는 원전의 전력공급의 비중

그림 6.12 확대되는 아시아의 원자로와 그 용량[39]

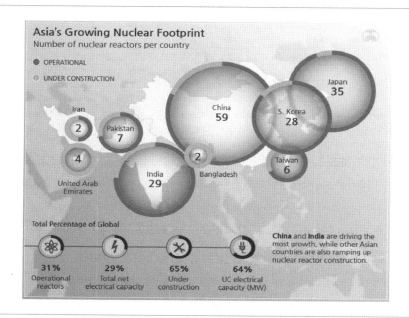

출처; Mapped The worlds Nuclear Reactor Landscape p.3.
주석; 연한 색: 건설 중인 원자로, 진한 색: 가동 중인 원자로.

---

39 'The Mapping World's Nuclear Reactor' Asia's Growing Nuclear Footprint 인용.

(a) 중국의 원전 발전능력은 2019년 한 해 동안에 연간 9.1%나 확대된 바, 이는 전년의 44.64GWe에서 48.74GWe로 증가한 것을 뜻한다. 이 같이 중국의 원전 발전능력은 최근 들어 확연히 성장된 바, 특히 2019년 중에는 원전이 연간 18.1%가 증가하여, 총 발전능력이 348.13TWh가 된 것으로, 이 발전능력은 전년의 286.15TWh에서 원전 덕에 급성장한 것이다.

그림 6.13 세계의 최근 20년간 건설된 99개의 원전 중 45개가 중국 것임

출처; Mapped The worlds Nuclear Reactor Landscape China.

(b) 그리하여 중국의 전력생산에서 원전 비중이 4.22%에서 4.88%가 된 것을 뜻한다. 또한 이는 중국국가개혁발전위원회(National Development and Reform Commission)가 목표하는 바, 2035년까지 중국의 원전의 발전용량 목표인 200GEe로서, 이 원전을 포함한 2035년의 중국의 총 발전용량인 2,600GEe이 될 것이며, 여기에서는 원전이 전력 생산 중 큰 비중을 차지하게 되는 것을 의미한다.

2019년에 가동이 시작된 타이샨(2기 원자로)과 양지앙 원전(6기 원자로) 외에 현재 12개의 원자로에서 12,244MWe의 용량 규모의 원전을 건설하고 있으며, 또 다른 42개소의 원전의 건설을 계획하고 있다.

● 그림 6.14 2016~2040년간, 세계의 주요 원전대국의 원전 발전능력의 전망과 추이 비교[40]

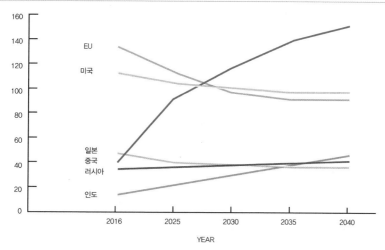

Sourse : Figure created from data in International Energy Agency. World Energy Outlook 2017. Selected Country Annexes, New Policies Scenario.

출처; US nuclear - power leadership and the chinese and russian challenge p.7.
주석1; 미국, 러시아, 중국 및 EU 등 주요국의 원전생산능력의 현재와 2040년 전망.[41]
주석2; 중국과 여타 원전대국의 2018년 가동 중인 원자로수.[42]

---

40 US Nuclear—power leadership and Chinese and Russian Challenge p.7 Figure 1. Projected instaaled Nuclear Generation Capacity (GW) in selected countries and EU 2016—2040 인용.

41 2018년 3월, Atlantic Council Global Energy Center; Dr. Robert Ichord 'US Nuclear—Power Leadership and the Chinese and Russian Challenge' 및 2018년 4월 5일, NEI 'Chinese, Russian, Nuclear Exports Threatens US Leaderships' 그림; Projected Installed Nuclear Capacity(Gigawatts) 2016~2040 인용.

42 2020년 7월 8일, energy policy, columbia.edu/research 'report'/ Strengthening nuclear Energy Cooperation bet. the United States and Allies. Figure 2. Number of power reactors 인용.

8 (유첨) 중국의 원전의 주된 주관 감독기관과 실시 중인 ETS

원전에 대한 주관기관은 역시 국무원이 되며, 국가발전개혁위원회(NDRC, National Development and Reform Commission), 국립에너지관리청(National Energy Administration)과 국립원자력안전청(NNSA, National Nuclear Safety Administration)과 중국원자에너지감독청(CAEA, Chinese Atomic Energy Authority)이 있다.

그림 6.15 중국이 자체 제작한 원자로로 건설 중인 요양성 홍안혜발전소 모습[43]

주석1; 2018년 4월 수증기발전기(Vapor generator)가 요양성 Hongyanhe 원전에 도착한 모습.
주석2; TPG/Getty Images.

---

43 2020년 6월 2일, Bloomberg News 'China to Dominate Nuclear as Beijing Bets on Homegrown Reactors' 사진, A vapor generator arrives Hongyane Nuclear Power Plant in Liaoning April 2018 인용.

(별첨) 중국의 7대 도시에서의 ETS(Emission Trading System)의 실시

● 그림 6.16 중국의 주요 도시별, 카본프라이싱과 탄소배출과의 상호관계(카본 배출량
과 규모)(2016~2040)[44]

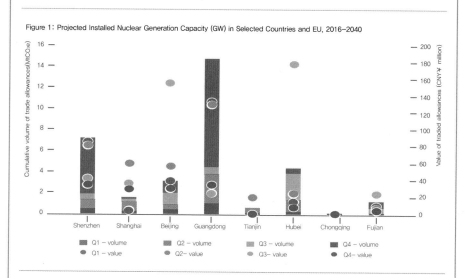

Figure 1: Projected Installed Nuclear Generation Capacity (GW) in Selected Countries and EU, 2016–2040

출처; state and trends of carbon pricing 2019 p.36.
주석; Emission Trading System(ETS)의 Pilot 시장의 전개상황.

　　중국의 7대 구역에서 실시 중인 ETS의 탄소배출과 관련된 거래규모는
2018년의 경우에 천차만별인 바, 거래량 면에서는 광둥지역과 센젠지역이
많으며, 거래규모나 금액에 있어서도 광둥, 센젠, 후베이, 베이징 순이다. 이
들 3개 지역이 거래금액의 57%를 점하고 있어 특히 거래금액이 년말에 집
중된 바, 아직 그 이유와 의미를 추출하기에는 이르다는 분석이다. 어디까지
나 Pilot market임이므로 실제 앞으로의 성장과정을 지켜볼 대상이다.

---

44 2019년 6월, World Bank Group 'State and Trends of Carbon Pricing 2019' p.35. Box 3.
Chinese ETS pilot market highlights for 2018 참조 인용.

러시아의 원전산업과
원전 플랜트 수출

러시아의 원전산업과 원전 플랜트 수출

1 러시아의 원전산업의 핵심과 그 근간[1]

    —운영 중: 444기, 건설 중: 52기, 계획 중(2020년대 가동목표): 111기, 검토 중: 330기[2]

(1) 러시아의 원전의 위치(요약)

1. 러시아는 원자력에너지와 원자로(reactor)의 역할을 확대키로 하고, 새로운 원자로 기술개발을 확대키로 하였다.
2. '연료 사이클'(fuel cycle)을 폐쇄키로 하고, 대신 원전의 핵심인 '빠른 원자로'(fast reactor)를 개발키로 하였다.
3. 원자력 관련 물품(nuclear goods)과 원자력 서비스를 수출하는 것을 러시아의 경제정책의 목표로 하였다. 이와 관련 20개의 원자로 해외수출 건설을 확인하거나 추진 중에 있다.
4. 러시아는 '빠른 중성자 원자로기술'(Fast neutron reactor technology)의 세계적 선두주자로서 이를 'Proryv'(Breakkthrogh, 돌관) 프로젝트'로 칭하면서, 그 개발을 당국이 통합·총괄하고 있다.

---

1 2020년 5월, WORLD NUCLER ASSOCIATION. 'Nuclear Power in Russia' 인용.
2 세계 원전시장 현황; 2019년 8월, 세계원자력협회(World Nuclear Association), 조선일보.

5. 러시아는 2050년까지 재생에너지로의 발전 중, 전력생산의 50%를 원전(The Breakthrough 디자인형)으로 충당키로 하고 있다.
   - 신흥국은 원전 건설 붐
   - 러시아가 싹쓸이할 판

● **그림 7.1** 세계 원전시장 현황과 Rosatom의 위치

출처; 조선일보 기사 통계치를 저자가 가공.

(2) 러시아의 유일한 국영 원전회사인 Rosatom의 위치

1. 로사톰(Rosatom)의 해외 원전수주 세계 1위: 12개국에서 원전 36기 건설 중
   - 해외 원전 프로젝트 추진, 향후 2017년 말 원전 관계 수주 진행(1,335억$)
   - 세계 원전시장; 67% 장악. 러시아 세계 12개국에서 원전 33기 수주 및 협의 진행(중국: 4, 라오닝성 쉬다프 3, 4호기 및 티안원 7, 8호기 포함, 터키: 4, 이집트: 4, 헝가리: 2, 이란: 8, 인도: 4, 방글라데시: 2, 벨라루스: 2, 요르단: 2, 나이지리아: 2, 아프카니스탄: 1, 핀란드: 1, 벨라루스: 2)

   50여 개 국가에서 원전 프로젝트 추진 중
2. 우라늄 농축 세계 1위: 세계 시장 점유율: 36%
3. 우라늄 매장량: 세계 2위, 생산량: 4위 세계 핵연료 시장 점유율: 17%
4. 로사톰: 러시아 1위 원자력전력회사, 2018년 러시아 전력생산 점유율: 18%
5. 2017년 로사톰의 고용: 24만 7,300명
6. 2017년 로사톰의 매출: 149억$(중, 해외 61억$ 포함)
7. 2017년 로사톰의 자산 규모: 528.7억$
8. 세계 최초 원자력 추진 쇄빙선으로 해상 원전 시작

그림 7.2 로사톰이 제작에 성공한 Floating 원자력 발전선(Akademik Lomonosov 1, 2호 (각각 32MWe net)(시험완료))[3]

주석; 현재 전력생산·송전 중(각각 2029년까지 가동기한(KLT-405Type)).

---

3 https://central.asia-news.com/en_GB/articles/cnmi_ca/features/2019/08/23/feature-01

그림 7.3 로사톰(Rosatom)이 건설 중인 해외 원전 플랜트(36기)의 위치

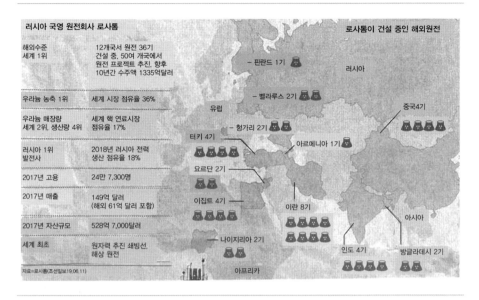

출처; 2019년 6월 11일, 조선일보 기사 통계치를 저자가 가공.

2 러시아의 원전의 역사와 성장 배경

(1) 러시아의 '원자력 발전'(發電)산업의 성장 과정과 배경[4]

(i) 러시아의 첫 원자력 발전소는 1954년의 5MWe 규모의 Obninsk 원자력 발전소로, 이것이 세계 최초의 원전에 의한 전력생산이었다. 이후 구 소련의 두 개의 상업적 원전 발전소가 가동되었는데 이는 1963년~1964년이었고, 그 후 1971~1973년에 걸쳐 현재와 같은 전력생산 모듈에 의한 원전이 시작되었다.

그로부터 1980년대 중반까지 러시아에는 25개의 전력생산 원자로가 가동되었으나, 당시의 원전산업은 문제 투성이어서 정상적으로 가동되지 못하였다.

---

4 2020년 5월, WORLD NUCLEAR ASSOCIATION 'Nuclear Power in Russia' 참조.

(ii) 러시아의 로사톰과 Rosenenergotom의 발족과 활발해진 러시아의 원전산업

　이러한 원전산업의 문제는 결국 1986년 4월, 구소련 체르노빌(Chernobyl, 우크라이나 Kiev 근방) 원전사고(후술)가 잘못된 원자로 디자인에서 비롯되어 터짐으로써 원자로는 터지고 그 후 화재가 일어났으나, 오히려 이것이 취약하였던 러시아의 원전의 문제 해결의 실마리가 되었다. 즉, 그때에 발족된 Rosenergoatom사의 생성으로 이에 대체됨으로써 러시아의 원자력 발전산업이 재개되었다(1986년의 소련의 Cheronobyl 사고는 1979년의 미국의 Three Mile Island 사고와 같이 러시아에서나 미국에서 원전에 대한 즉각적인 가동 중단을 가져왔고, 그 후 원전의 기술적 안전성을 중시하게 하는 계기가 됨).

　(iii) 이렇게 1992년에 설립된 Rosenenergotom은 <u>2001년에 재편되었으며, 10개의 원전 발전소를 조직상 통합</u>(이때 푸틴 대통령은 석유, 가스 석탄, 원전의 대대적 에너지산업의 개혁, 통합을 추진하여 석유, 가스 및 원전의 에너지산업을 국유화, 대형화함으로써 에너지별로 '내셔널 챔피언'(National Champion)을 만들어 러시아를 에너지 강국의 터전을 확보하였음)하여 원전은 Rosenenergotom사의 지점 형태로 갖고 가동시켰는데, 이때부터 Rosenergotom은 러시아의 유일한 국유 원자력회사인 SC Rosatom의 일부 조직으로 확대·개편되었다.

그림 7.4 세계의 kg당 130$인 이하인 우라늄 매장국 위치[5]

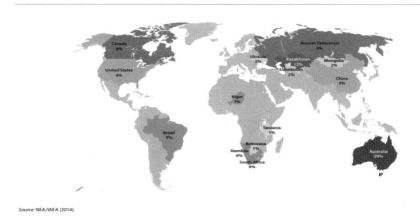

Source: NEA/IAEA (2014).

---

5 NEA combating climate change p.12 인용.

(ⅳ) 이로써 Rosenenergotom은 1986년의 Chernobyl 원전사고 이후, 1990년 중반 사이에 러시아에는 오직 하나의 원자력 발전소가 가동되었는데, 이는 종전의 4기의 바라코보(Balakovo)가 Smolensk사에 통합되면서 이루어졌다. 그러나 이때 구 소련이 망하면서, 원자력 발전에의 지원하여야 할 자금이 고갈되어, 다수의 원자력 발전 프로젝트는 그 추진이 멈추게 되었다.

(ⅴ) 러시아의 침체된 원전시장 활성화의 계기: 중국과 인도에의 원전 플랜트 수출

이렇게 러시아의 침체된 원전산업에 활력을 불어 넣은 계기가 되게 한 것이 원자로의 인도와 중국에 대한 수출이었다. 마침 중국과 인도에 대한 원자로의 수출은 중국과 인도 양국의 자금사정이 러시아에서의 원전 발전소 건설 프로젝트 수입을 가능케 허용되었고, 바로 이것이 오늘날 러시아 원전산업 회생의 하나의 계기가 되었다.

특히 중국의 경우에는, 다양한 타입의 원전 디자인을 개발하여 국제 경쟁력 있는 원전을 개발할 필요성과 러시아형(Breakthrough(돌관)형)도 국가적으로 채택할 필요성을 느끼고 중국과 인도에서는 러시아로부터의 러시아가 개발한 원전 플랜트 수입을 가능케 하였다(중국의 원전산업발전소 형황과 미래에 대하여는 본서 제7장 중국의 기후변화대책과 원전산업을 참고).

● **그림 7.5** 러시아의 운영, 건설, 계획된 발전소 배치 현황[6]

Nuclear Power Plants in Russia

● 가동 중
● 건설 중
● 계획 중

Pevek (floating)●
●Bilibino

●Kola

●●Leningrad　●Central
●Kalinin　　●●Beloyarsk
Moscow●　　●Nizhny Novgorod
●Smolensk　●Tatar　　●South-Ural
●Baltic　　　　●Dimitrovgrad
Kursk●●　　●Balakovo
Novovoronezh●●
●Rostov

source: Nuclear Power in Russia, World Nuclear Association

주석; 가동 중, 건설 중, 계획 중. 3그룹으로 구성.

(vi) 러시아 에너지산업의 대성황은 2000년대에 들어, 푸틴 대통령의 강력한 에너지육성정책에 힘입어, 마침 그동안 멈추었던 소위 Rostov 1(혹은 Volgodonk 1) 프로젝트가 회생되었다. 2001년에 원전건설이 시작되어 21GWe의 전력이 원자력으로 발전, 생산되고 생산된 전력이 필요처에 송전되면서, 2004년에 Kalinin 호, 2010년에 Rostov 2호 그리고 2011년에 Kalinin의 완공으로 전반적으로 러시아의 원전산업은 그 활기를 되찾게 되었다.

6 2020년 5월, WORLD NUCLEAR ASSOCIATION 'Nuclear Power in Russia' 지도 활용.

Breakthrough[돌관]형 원자로

- East Siberian Sea의 동쪽에 있는 Pevek항의 원전은 2019년 동 지역에 열과 전기 공급을 위한 첫 '부유식 원전선'(Floating Nuclear Power Plant, FNPP)에 의한 것임. 또 2004년에는 'Kalinin 3' 발전소가, 2010년에는 'Rostov 2' 발전소가, 2011년에는 'Kalinin 4' 발전소가 건설되면서 러시아의 원전은 본격적으로 활성되었다.

(vii) 한편 그간 러시아는 신규 원전 발전소를 증설하는 외에도 기존 원전 발전소의 전력생산의 가동을 더 활성화하여, 종래의 가동율인 평균 60%에서 2014년에는 81%로 향상시켰고, Balakvo 발전소는 2011년에는 92.5%, 그리고 2014년에는 가동률을 85.1%로 향상시켰다.

한편 Rosaton은 2017년부터 원전 플랜트의 해외수출을 본격화하여 동사의 수익성을 제고시키기 시작하였다.

(2) 러시아의 전력 공급 사정과 북극개발

(i) 러시아의 주된 전력 공급: 원전이 된 배경

원래 러시아의 전기생산은 과거부터 RAO United Energy System(UES)가 수백 년 동안 생산 공급해 왔다. 그러나 여기에는 여러 가지 문제점이 있었다. 그 문제점은 첫째, 오랜 경기침체 속에서 헤어나, 2010년부터 전력수요가 급증하였음에도, 둘째, 러시아의 구라파 쪽 지역에서는 50GWe 이상의 발전소(전체 발전소의 절반 이상 해당)에서는 발전소의 당초 계획상, 발전소의 디자인상(上)의 수명이 끝나가는 중이었고, 셋째, 러시아의 제1의 국영 가스공급업체인 가스프롬(Gazprom)은 생산되는 가스를 해외에 수출함으로써 국내 가스 발전소에 공급하는 가스보다 가스가격의 4배 정도 더 받을 수 있음으로 인해, Gazprom은 국내발전소에 전력생산용 가스의 공급을 기피하고 가스의 해외 수출을 우선하게 되었다(그때까지 전력생산용의 60%는 가스용 발전이었음).

(ii) 최근의 러시아의 전력생산과 전력 공급체계

(a) 그리하여 2012년, Gazprom은 수익성 좋은 가스수출로 845억$어치의 가스를 해외 수출하였는데, 이 중 구라파에의 수출(러시아에서 가스수입은 유럽용의 30%의 비중)은 670억$에 이르게 되었고, Gazprom은 대유럽 가스수출을 특히 선호하였다.

이로써 2016년까지 2010년보다 20% 만큼 수출이 증가하여 서유럽에 수출하게 되면서 2015년에는 가스 수출이 1586억 큐빅 메타가 됨으로써 달리 태양광이나 풍력 발전 등 그때까지 변변한 재생에너지 생산시설이 없는 러시아로서는 자연히 유일한 기술과 경쟁력 있는 발전수단인 원전에 의존할 수밖에 없었다.

이렇게 원전의 생산능력 확장 외에, 현존한 생산시설의 효율성 제고를 위해 1990년대의 평균 출력율 60%를, 2010~2014년까지에는 81%까지 출력율을 확대하였고, 2011년의 Balkano 발전소는 92.5%까지 가동률이 증가되어 그 활용도가 높아졌다.

(b) 러시아의 전력생산과 공급채널: 원전의 큰 비중과 전력공급의 큰 역할

1991년 러시아의 전력생산은 1091TWh로서, 이는 RAO Unified Energy System(UEs)가 컨트롤하게 되었는데 이 중 48% 비중인 522TW는 가스 발전이고, 18%인 197TWh는 원전이며, 17%인 187TWh는 수력 발전이었다. 그리고 나머지 전력생산의 16%인 171TWh는 석탄화력발전으로 개발도상국 중 중국이나 인도보다 러시아의 석탄화력 비중은 매우 낮았다.

그리고 위에서 본 바, 전력의 순 수출은 14.5TWh이며, 최종소비는 745TWh (이는 송전 유실(loss) 107TWe와 발전소 등 에너지설비의 자체 사용인 분 225TWe를 포함)인데, 이 중 2018년의 Rosenergoatom은 동사의 발전소에서 204 TWe를 생산하였다.

(c) 이 같이 2009년 11월에 당선된 푸틴 대통령의 집권하의 러시아 정부는 '에너지전략 2030'에 의하여, 금후 20년간의 에너지 부문의 투자계획을 발표하게 되었는데, 이때에 러시아의 전력생산 능력을 2008년의 225GWe에서 2030년에는 355~445GWe까지 확장키로 하였다.

(d) 그 후 이를 전력수요의 확대(2020년 1288TWe 전망, 2030년에는 1553TWe로 증가)에 따라 2010년 중순에는 생산계획을 수정하여 발전용량을 대폭 확대하였다.

그림 7.6 러시아의 상업적으로 가동 중인 원전의 원자로 리스트[7]

Power reactors in operation

Reactor	규모 (V=PWR)	개별원전(MWe)	가동시기	폐쇄시기
Balakovo 1	V–320	988	5/86	2043
Balakovo 2	V–320	988	1/88	2033
Balakovo 3	V–320	988	4/89	2049
Balakovo 4	V–320	988	12/93	2053
Beloyarsk 3	BN–600 FBR	560	11/81	2025
Beloyarsk 4	BN–800 FBR	789	10/16	2056
Bilibino 2–4	LWGR EGP–6	11x3	12/74–1/77	Dec 2021
Kalinin 1	V–338	988	6/85	2045
Kalinin 2	V–338	988	3/87	2047
Kalinin 3	V–320	988	11/2005	2065
Kalinin 4	V–320	988	9/2012	2072
Kola 1	V–230	432	12/73	2033
Kola 2	V–230	411	2/75	2029
Kola 3	V–213	440	12/82	2027
Kola 4	V–213	440	12/84	2039
Kursk 1	RBMK	971	10/77	2022
Kursk 2	RBMK	971	8/79	2024
Kursk 3	RBMK	971	3/84	2029
Kursk 4	RBMK	925	2/86	2031
Leningrad 2	RBMK	971	2/76	2021
Leningrad 3	RBMK	971	6/80	2025
Leningrad 4	RBMK	925	8/81	2026
Leningrad II–1	V–401	1085	10/2018	2078?
Novovoronezh 4	V–179	385	3/73	2032
Novovoronezh 5	V–187	950	2/81	2035 potential
Novovoronezh II–1*	V–392M	1114	2/2017	2077
Novovoronezh II–2	V–392M	1114	11/2019	2077
Smolensk 1	RBMK	925	9/83	2028
Smolensk 2	RBMK	925	7/85	2030
Smolensk 3	RBMK	925	1/90	2034
Rostov 1	V–320	990	3/2001	2031
Rostov 2	V–320	990	10/2010	2040
Rostov 3	V–320	1011	9/2015	2045
Rostov 4	V–320	1011	9/2018	
Total: 38		29,203 MWe		

출처; 2020년 5월, Nuclear Power in Russia, World Nuclear Association.

---

7 2020년 5월, Nuclear Power in Russia, World Nuclear Association p.4/38 인용.

(iii) 러시아의 친환경적 원전산업의 육성과 원전의 해외수출정책(러시아의 원전산업 요약)

(a) 러시아는 원전산업을 확장키 위한 장대한 계획을 수립하고, 신규 원자로기술개발을 포함하는 방향으로 움직이고 있다. 여기에는 연료 사이클을 폐쇄하되, 새로운 '빠른 원자로' 개발을 핵심으로 하고 있다. 또 러시아의 원전관련 제품과 관련 서비스의 수출을 원전의 정책과 경제적 목표로 삼고, 20여 개의 원전 프로젝트의 원자로 수출을 확인하고, 원전건설을 추진하여 <u>2017년 말 러시아는 총 1,330억$ 규모의 원전의 해외수출 오더</u>를 받았다.

(b) 이로써 러시아는 '빠른 중성자 원자로 기술'(Fast neutron reactor technology)의 성공을 통하여, 세계적 원전의 리더로서 이 러시아의 개발한 기술력인 소위 <u>'Proryv'(Breakthrough, 突闊) 원자로 개발에 집중하였고 이 'Breakthrough 원자로'가 러시아의 국내·외 원전의 중심</u>이 되었다.

(c) Rosatom의 원전수출의 창구 역할

2006년에는 원전의 국영독점기업인 Rosatom을 통하여 원자력 발전산업을 육성키로 하고, 2030년까지 연간 2∼3GW씩 증산하여, 2030년까지 세계의 원전 수요 300GWe를 충당할 수 있게 한다는 목표하에서, 이를 위해 2016년에는 러시아 <u>GDP 1루불당 3루불</u>을 국내적인 원전 발전소 건설에 투입할 것이라는 원대한 계획을 세워 놓고 있다. 이러한 투자계획은 러시아의 '사회적(Socio) 친환경적(親環境的) 경제적 발전'을 의미한다는 것이다.

그러나 그 후, 러시아 경제사정이 어렵게 되자 러시아 정부는 로사톰(Rosatom)에 대한 투자를 일단 중단할 수밖에 없게 되었다고 하면서, '로사톰 단독으로 자생하는 길을 찾아야 한다'고 정책을 변경하였다. 이때에 로사톰은 '수직적 통합'으로 2017년부터는 독자적으로 자립할 수 있는 '경영상의 적정화'(optimisation)를 유지토록 할 것이라고 선언하면서, 방향을 전환하였다.

Beloyarsk 4 (Rosatom)

source: Nuclear Power in Russia, World Nuclear Association

(d) 2010년 2월, Rosatom사의 '빠른 속도의 원자로기술'(Fast Reactor Technology)에 의한 원전산업의 자생 계획의 수립과 이에 대한 연방정부의 승인
  −2050년까지 전력소비의 45∼50%를 원전으로 충당
  −금세기 말, 러시아의 전력소비의 70∼80%를 원전으로 충당

2010년 6월, 러시아 정부는 로사톰의 자체 개발한 소위 '신속한 원자로 기술'(Fast Reactor Technology)에 근거하여, 2030년까지 173GWe의 전기생산력을 갖는다는 계획 중, 그의 1/4인 43.4GWe는 원전으로 생산한다는 계획을 승인하였다. 이 과정에서 로사톰은 원자력에 의한 전력생산 비용을 2011년에서 2017년 동안에 36%나 절감하였다. 여기에서 러시아 원전수출의 경쟁력을 갖게 되었다고 공언하고 있다.

(e) 또한 로사톰은 2050년까지의 원전을 폐쇄한 연료 사이클을 이용해 특히 소위 '돌관형(Breakthrough형, Proivy, 突貫형) 프로젝트'를 활용하여 생산할 계획을 추진하게 되었다. 로사톰은 이 기술을 이용해서 2050년까지는 원자력으로 전력의 45%∼50%를 생산한다는 계획하에, 금세기 말에는 러시아 내 전력 소비의 70∼

<u>80%까지 원전으로 확대한다</u>는 계획으로 되어 있다. 러시아의 이 신기술(Breakthrogh 디자인)은 Roastom의 발표대로라면, 타국이 도저히 이 기술을 '쫓아올 수 없는 기술'이라는 것이다.

(f) 여기에 더하여 현존하는 발전소의 가동률이 1990년대에는 60%에 불과하였으나, 2000년대에 들어와 발전소 가동률이 2014년에는 81%까지 향상되었고, Belakovo라는 발전소에서는 2011년에 가동률이 92.5%까지 그리고 2014년에는 다시 85.1%로 약간 낮게나마 향상되었다.

(iv) 현재의 러시아 원자력 발전소 현황
　　　ー러시아 원전 공장: 35개 원자로 총 26,983MWe 생산력
　　　ー금세기 말: 전력 소비의 70~80%를 원전으로 충당

(a) 러시아의 가동 중인 원전산업의 발전소구성과 개별 원자력 발전소

① 3기의 'early VVER－440/230 or similar pressured water reactors'

② 2기의 'later VVER－440/213 pressured water reactors'

③ 12기의 'current－generation VVER－1000 pressured water－reactors with a full containment structure'(대부분 V－320 types임)

④ 1기의 'new－generation VVER－1200 reactor'

⑤ 11기의 'RBMK light water graphite reactors(LWGR) now unique to Russia, The four oldest of these were commissioned in the 1970s at Kursk and Leningrad and are of some concern to Western world'

⑥ 4기의 'small graphite－moderated BWR reactors in eastern Siberia, constructed in the 1970, for generation'(EGP－6 models on linked map)

그림 7.8 Rosatom Beloyorsk 4 원전 발전소(신BN–800 alc BN–1200 포함) (2015.9.)[8]

그림 7.9 러시아의 원전수출 대상국과 수출 타입과 진행 상황[9]

국가	플랜트 소재	형태	금액(추산)	진행상황
Ukraine	khmelnitski 2&Rovno 4	VVER–1000/ V–320		가동 중
iran	Bushehr 1	VVER–1000/ V–446		가동 중
China	Tianwan 1&2	AES–91		가동 중
	Tianwan 3&4	AES–91		가동 중
India	Kudankulam 1&2	AES–92	$3 billion	가동 중
Operating: 9				

국가	플랜트 소재	형태	금액(추산)	진행상황
Belarus	Ostrovets 1&2	AES–2006 (V–491)	$10 billion	90% 차관, 2013년 건설
India	Kudankulam 3&4	AES–92	$5.8 billion	207년 6월 건설, 2017년 10월 준공
Bangladesh	Rooppur 1&2	AES–2006 (V–392M)	$13 billion	2017년 11월 착공, 90% 차관
Turkey	Akkuyu 1	VVER–1000 (V–509)	$25 billion	2018년 4월 착공
Construction: 7				

8 https://www.powermag.com/rosatom–accepts–first–mox–fuel–batch–for–bn–800–fast–reactor/
9 2020년 5월, WORLD NUCLEAR ASSOCIATION 'Nuclear Power in Russia' pp.35–37. Export sales and proposed for Russian power plants 인용.

국가	플랜트 소재	형태	금액(추산)	진행사항
China	Tianwan 7&8	AES-2006		Contracted
China	Xudabao 3&4	AES-2006		Contracted
Bangladesh	Rooppur 2	AES-2006 (V-392M)	$6.5 billion	Confirmed, loan organised for 90%, construction start 2018?
Turkey	Akkuyu 2-4	VVER-1200 (V-509)	See construction table above	Confirmed, BOO, construction start 2018
Finland	Hanhikivi 1	AES-2006 (V-491)	€6 billion	Contracted, Rosatom 34% equity, also arranging loan for 75% of capital cost, construction start 2018?
Iran	Bushehr 2&3	AES-92 (V-466B)		Construction contract Nov 2014, NIAEP-ASE, barter for oil or pay cash
Armenia	Metsamor 3	AES-92	$5 billion	Contracted, loan for 50%
Contracted: 12				

국가	플랜트 소재	형태	금액(추산)	진행사항
Egypt	El Dabaa	4 x AES-2006	$30 billion	Planned, state loan organised for 85%, repaid over 35 years from commissioning. Contract due 2018
India	Kudankulam 5&6	2 x AES-92		Planned, framework agreement June 2017, component contracts July 2017
Hungary	Paks 5&6	2 x AES-2006	€12.5 billion	Planned, loan organised for 80%
Slovakia	Bohunice V3	1 x AES-2006		Planned, possible 51% Rosatom equity
Uzbekistan	Lake Tudakul	2 x AES-2006	$13 billion	Planned to operate from 2028
Ordered: 11				

국가	플랜트 소재	형태	금액(추산)	진행사항
India	Kudankulam 7&8	2 x AES-2006		
India	Andra Pradesh	6 x AES-2006		Negotiated in 2015
Bulgaria	Belene/Kozloduy 7	AES-92		Cancelled, but may be revived
Ukraine	Khmelnitski	completion of 2 x V-392 reactors	$4.9 billion	Was due to commence construction 2015, 85% financed by loan, but contract rescinded by Ukraine in 2015
South Africa	Thyspunt	up to 8 x AES-2006		Broad agreement signed, no specifics. Russia offers finance, prefers BOO. On hold.
Nigeria		AES-2006?		Broad agreement signed, no specifics, Russia offers finance, BOO
Argentina	Atucha 5?	AES-2006		Broad agreement signed, no specifics, Russia offers finance, contract expected 2016
Indonesia	Serpong	10 MWe HTR		Concept design by OKBM Afrikantov
Algeria	?	?		Agreement signed, no specifics
Jordan	Al Amra	2 x AES-92	$10 billion	Cancelled in 2018
Vietnam	Ninh Thuan 1, 3&4	2 x AES-2006		On hold indefinitely
Proposals: up to 30				

주1; and due to the decommissioned by 2022.

(b) 러시아에서의 건설 중인 One BN-600 neutron reactor and BN-800

그림 7.10 건설 중인 원전의 원자로 현황[10]

건설 중인 플랜트

플랜트	원자로 형태	총 MWe	건설진행상황	상업적 가동시기
FNPP 1 for Pevek	KLT-40S	35x2	Const. 5/09	2019
Novovoronezh II-2	VVER-1200/V-392M	1200	Const. 7/09	2019
Leningrad II-2	VVER-1200/V-491	1199	Const. 4/10	Comm. 2/2022
Baltic 1 (Kaliningrad)	VVER-1200/V-491	1194	Const. 4/12, suspended 6/13	?
Kursk II-1	VVER TOI/V-510	1255	Const. 04/18	04/2022
Subtotal of 6 under construction		4889 MWe gross		

그림 7.11 러시아의 건설 계획 중인 원전의 원자로의 현황과 가동 예정 시기[11]

계획 중 및 제안된 플랜트

플랜트	원자로 형태	총 MWe	건설, 착수시기	가동 예정
Serversk	BREST-300	300	Planned, 2019?	2026
Leningrad II-3	VVER 1200/V-491	1170	Planned, 2019?	2023
Leningrad II-4	VVER 1200/V-491	1170	Planned, 2019	2024
Kursk II-2	VVER-TOI	1255	Planned, 2019	2023
Nizhny Novgorod 1	VVER-TOI	1255	Planned, 2023	2028
Nizhny Novgorod 2	VVER-TOI	1255	Planned, 2025	2030
Central/Kostroma 1	VVER-TOI	1250	Planned	by 2030
Central/Kostroma 2	VVER-TOI	1250	Planned	by 2030
Smolensk II-1	VVER-TOI	1250	Planned, 2022	2027
Smolensk II-2	VVER-TOI	1250	Planned, 2024	2029
Kursk II-3	VVER-TOI	1255	Planned	2028 or later
Kursk II-4	VVER-TOI	1255	Planned	2030 or later
Tatar	VVER-TOI	1250	Planned	by 2030
Kola II-1	VVER-600/V-498	600	Planned	by 2030
Beloyarsk 5	BN-1200	1220	Planned, 2025	by 2031
South Urals 1	BN-1200	1220	Planned	2033
FNPP (for Sakha?)	RITM-200M	55x2	Planned	2020
7 units at four sites from the following list:	VVER-TOI	1250 each	Planned	2031-35
Subtotal of 25 planned		26,835 MWe gross		

---

10 2020년 5월, WORLD NUCLEAR ASSOCIATION 'Nuclear Power in Russia' p.11/38 Power Reactors under construction Power Reactor planed and officially proposed 인용.

11 2020년 5월, WORLD NUCLEAR ASSOCIATION 'Nuclear Power in Russia' p.11/38 Power Reactors under construction Power Reactor planed and officially proposed 인용.

그림 7.12 러시아의 연도별 신설 계획된 원전과 폐쇄할 원전(2015~2035)[12]

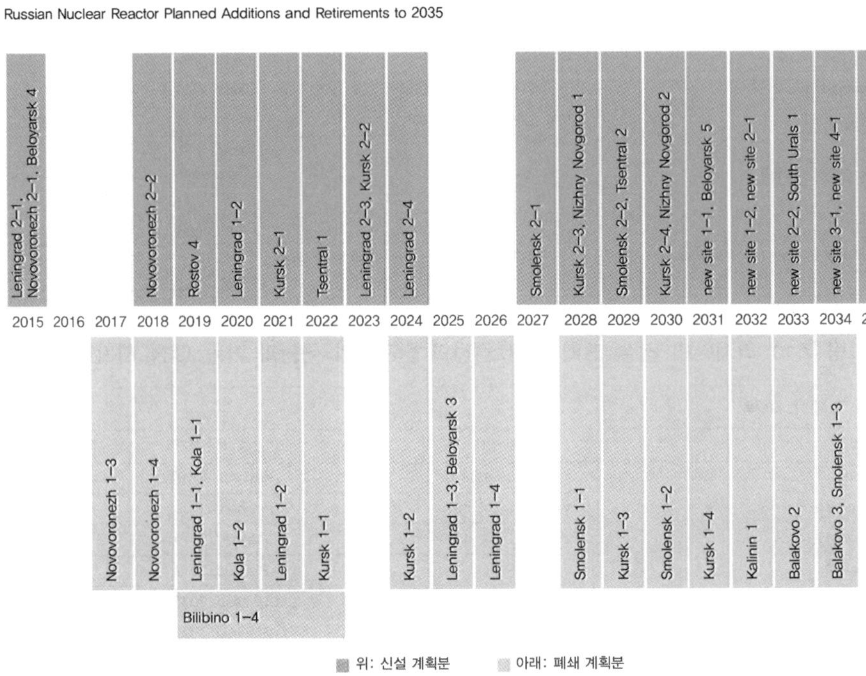

Russian Nuclear Reactor Planned Additions and Retirements to 2035

신설 계획분 (위)

2015~2016	Leningrad 2-1, Novovoronezh 2-1, Beloyarsk 4
2018	Novovoronezh 2-2
2019	Rostov 4
2020	Leningrad 1-2
2021	Kursk 2-1
2022	Tsentral 1
2023	Leningrad 2-3, Kursk 2-2
2024	Leningrad 2-4
2027	Smolensk 2-1
2028	Kursk 2-3, Nizhny Novgorod 1
2029	Smolensk 2-2, Tsentral 2
2030	Kursk 2-4, Nizhny Novgorod 2
2031	new site 1-1, Beloyarsk 5
2032	new site 1-2, new site 2-1
2033	new site 2-2, South Urals 1
2034	new site 3-1, new site 4-1
2035	new site 3-2, South Urals 2

2015 2016 2017 2018 2019 2020 2021 2022 2023 2024 2025 2026 2027 2028 2029 2030 2031 2032 2033 2034 2035

폐쇄 계획분 (아래)

2017	Novovoronezh 1-3
2018	Novovoronezh 1-4
2019	Leningrad 1-1, Kola 1-1
2020	Kola 1-2
2021	Leningrad 1-2
2022	Kursk 1-1
(2018~2024)	Bilibino 1-4
2027	Kursk 1-2 / Smolensk 1-1
2028	Leningrad 1-3, Beloyarsk 3 / Kursk 1-3
2029	Leningrad 1-4 / Smolensk 1-2
2031	Kursk 1-4
2032	Kalinin 1
2033	Balakovo 2
2034	Balakovo 3, Smolensk 1-3

■ 위: 신설 계획분   ■ 아래: 폐쇄 계획분

Source: Rosatom, January 2015
Source: Nuclear Power in Russia, World Nuclear Association

주석; 2015년 1월 로사톰은 Rosenergoatom에 따른 계획에 따라 2023년까지 폐쇄할 원전 수는 4기의 VVER, 3기의 RBMK와 4기의 소형 Bilibino EGP로 총 4,573 MWe로서, net로는 3,427 MWe에 달한다고 발표하고 있음.

(a) 신설할 원전으로 Rosatoms는 원전용량의 빠른 확대를 도모하고자, 효율적이며 발전 비용이 낮게 생산이 가능한 원전을 건설하여 2020년까지 러시아 전력수요의 23%를 원전으로 건설, 충당키로 하고, 이를 달성하기 위해 2020년까지 매년 3기의 원전을 건설(2011년부터 2014년까지는 매년 3기 건설)하여 44GWe의 원자력 발전을 가능케 한다는 계획으로 이를 추진 중에 있다.

또 한편 러시아 재무부는 로사톰이 원전 발전소의 해외수출로 외화획득을 한

---

12 2019 'Road map with average of 1 reactor per year'.

다는 점에서 원전 신설투자계획(Federal target program) 추진을 적극 지원하여 이로사톰의 확장 계획 실현(최소한 매년 1기 이상 증설한다는 Roadmap)을 가능케 하였다.

(b) 2008년에는 당시의 러시아 산업에너지부(MIE)와 Rostom은 전력생산에 투자자금을 유치할 계획을 수립할 것을 지시받고, 2020년까지 많은 발전소를 민영화하고, 발전소를 경쟁력 있게 만들면서, 정부는 '공익 전력배분소'(Grid) 같은 곳을 컨트롤하는 형태로 구조를 변경하도록 지시받고 있었다.

(c) 2010년에는 State Duma 위원회는 WER TO1 원자로형으로 Kursk II를 건설할 것을 건의하면서 FTP 계획을 현대화로 발전시키어, 동 1&2 유니트를 2020년과 2023년 중에 온라인으로 접속시켜, 그중 유니트 1은 첫 RBMK의 페이스 1이 폐쇄될 때까지 출현케 하는 계획을 수립하였다.

(d) 한편 독일의 Siemens사는 2009년 Areva에서 철수하고 Rosatom과의 연계를 강화하면서, 푸틴 대통령의 권유에 따라 Rosatom과 Siemens와 JV를 구성하겠다고 발표하였다. 이 JV에서는 2014년부터 원칙적으로 중소형 전력 원자로를 Rosatom과 시멘스가 공동으로 개발하기로 결정하면서, 2014년에는 Gridropress의 VVER-600을, 그리고 OKBM 디자인과는 디자인인 VBER-600D의 평가분석을 완성할 것이라고 발표하고 있다.

3 러시아 최초의 부양식 원전 공장(Floating Nuclear Ship) Akademic Lomonosov호 건설

(1) 그림 7.12의 원전 중 Kola발전소는 북극(Arctic)의 육상에 위치한 2개의 원전 중에 하나로, 이는 푸틴 대통령의 북극의 대개발과 북극항로개설에 발맞추어 산업용, 군사용 확대로 급증하는 전력수요에 부응할 수 있게 하였다. 그리하여 우선 Kola 지방의 전력수요 확대에 부응하는 러시아 최초의 부유식 해상발전함

(NPP, Floating Nuclear Power Plants)식 원자로를 Chukokta Pevek 지방의 Biblio 지방(Murmansk 지방의 남쪽으로 2시간 거리)에서의 가동 중인 Bilbino 육상원전 발전소(48MW)에 대체케 하였다.

동 원자력 발전소에는 4기의 원자로가 가동 중이다. 동 원전에는 4기의 원자로가 있는데, 1호와 2호는 1973년과 1975년에 건설·제작한 '소련식 구형 디자인'으로 VVER-440/203이며, 나머지 3호기와 4호기는 1982년과 83년에 설치한 3호기와 4호기로서 2039년까지의 가동계획하에 Biblio 일대에 전력을 공급하고 있다.

현존의 Kola 원전 발전소는 4기의 원자로로 구성되어 있는데, 4기의 원자로는 1973년부터 1984년까지 각각 나뉘어 건설되어 가동되고 있다. 동 발전소의 원자로의 가동시한을 수차에 걸쳐 연장조치하면서 가동허가 시한을 대폭 연장하여 일단 2035년까지 연장한 곳도 있다.

(2) 첫 부유식 원자력 발전함(FNPP, 1760MW, Akaademik Lomonosov) 계획 후 건조 중

−특히 북극용으로 필수적인 부양식 원전선이 절대 필요한 시점이라 더욱 중요

그러나 푸틴의 야심찬 전략적, 군사적, 자원개발을 위한 북극개발과 특히 Yamal 반도에서의 LNG 생산 확대와 북극항로(NSR, Northern Sea Route)의 개발 등, 북극의 산업지대의 개발 수요 확대와 군사적 요충지 건설 등에 따라, 그 일대의 전력수요 확대에 부응할 전력생산 발전소로서 최초의 부유식 원전 플랜트를 선박 위에 건설할 것을 계획하였다.

위의 FNPP(for Sachha)로 표시하는 바 계획 중인 러시아 최초로 함상에 원자로(러시아식 소형 원자로 탑재)를 건설하여 Pevek 항구까지 인양하여, Pevek 항구에 설치·가동케 할 부유식 원전함(Floating NPP, 명명, Akademik Lomonosow호)을 건설하고 있다.

그림 7.13 Akademik Lomonosow호를 St. Petersberg 조선소에서 Pevek항까지 인양하려는 루트

주석; East Siberian Sea의 동쪽에 있는 Pevek항의 원전은 2019년 동 지역에 열과 전기 공급을 위한 첫 '부유식 원전선'(FNPP, Floating Nuclear Power Plant)에 의한 것임.

이로써 장차 조선소에서 건설될 발전함을 Pevek항까지 인양하여 동 발전함에서 생산된 원전 전력을, 기술적으로 향상(업그레이드)된 송전방법으로 120km 떨어진 Bilibino 지방 일대로 송전할 것을 계획하여 현재 동 '부유식 발전함'(Akademik Lomonosov호)의 건설이 진행 중이다.

FNPP인 Akademik Lomonosow호(Bibino NPP)는 2019년 12월, Bibino에 인도 목표로 건설 중인 바, 이의 NPP의 인도로서, 1974년부터 가동 중인 Bibino의 4기 원자로 중 1기는 소련식 디자인으로 2019년 1월에 폐쇄할 계획으로, 있던 육상원전에 대체 송전할 것이다.

현재 2, 3, 4호기는 가동 중이나 점차 FNPP가 구 Bilibino 발전소의 구형 원자로를 대체하여 송전케 할 것이다.

(3) 신설되는 소형 원자로에 의한 원자력 발전소의 위치와 건설착수시기 등은 (별표; Power Reactors under Construction) 다음의 표와 같다.

표 7.1 러시아의 소형 원자로 개발과 건설예산 계획(2010~2020)

cooling	제시하는 원자로	건설예산 (10억 RuR)	연구조사 (10억 RuR)	총 예산 (10억 RuR)
Pb-Bi cooled	SVBR 100 MVE	10,153	3,075	13.228
Na-cooled	(BN-600, BN-800)	0	5.366	5.366
Pb cooled	BREST 300 MWe	15,555	10.143	25.698
multiple	MBIR 150 MWt	11,390	5.042	16,432
total		37.1		60.7

출처; Government decree #50, 2010. Most of the funding for SVBR would be from 'other source'.

이때의 빠른 중성자 원자로의 연방정부의 계획(Federal target program 2010)의 2020 Target을 위한 funding의 내용은 표 7.1과 같다. 이에 2016년 8월 러시아 정부는 정식으로 로사톰에게 11기의 신설 원자로를 Kursk 등지에 건설, 2030년까지 완공키로 하고 이를 로사톰에 지시하였다. 이는 'Unified Energy System of Russia'의 일환으로, Pevek, Novoronezeh, Baltic(Kaninggrad), Leninggrad와 Kursk(2) 등지에 건설키로 하고 2019~2020년까지 준공키로 하였다.

이 발전소는 신기술에 의한 소형 원자로에 의한 원자력 발전소 건설계획으로 2019년, 2025년 및 2025년에 계획하여 2023년, 2024년 및 2030~2035년까지 준공할 발전소로서 계획과 건설이 확정된 곳들이다. 이렇게 신설될 원전그룹의 총생산 전력의 규모는 평균 1255MWe이다. 신기술에 의한 원전 발전소건설에 로사톰은 2025년까지 자체 자금 투자 외에 정부에 2,000억 루불(30억$) 규모의 투자지원을 요청하고 있다.

(4) 러시아의 'Prorby(Breakthrough, 突貫) 프로젝트' 자체 개발과 해외 수출 추진

(i) Prorby(Breakthrough, 突貫) 프로젝트[13]

Prorby 프로젝트는 FTP 뉴클리어 파워 기술에 의하여 2020년까지 추진될 프로젝트로, 러시아의 자체 기술로 개발된 새로운 원자로에 의하여 전기를 생산하는 프로젝트이다. 이는 빠른 중성자(Neutron) 원자로에서 폐쇄된 원자 연료 사이클(full recycling of fuel)을 이용하여 원자력 발전기에 의하여 원전을 생산하여 내는 신기술로서, 이 기술이야말로 금세기 말에 러시아의 원전생산능력을 350GWe로 생산해 낼 수 있는 규모로 확대시킨 요체이다. 러시아의 Prorby(Breakthrough, 突貫) 프로젝트(Federal Target Programme; Advanced Nuclear Power Technologies, 2010~2020)에 관한 기본 개념은 다음으로 요약된다.

(a) 재(再)프로세싱할 수 있는 기술로서, 방사능 폐기물을 재처리할 수 있는 모듈로 구성된 '파이로트 에너지 모듈' 공장이다. 처음 냉각된 빠른 중성자 원자로를 Brest라 하여, 그 개발에 가능한 모든 자원을 총동원하는 것으로, 1,400억 RUR(31억$)가 투입되는 프로젝트이다. 이후 Brest형에 추가하여, SVBR, Sodium cooled 타입으로 구분되었다.

(b) 빠른 중성자 원자로 프로젝트

러시아 정부는 2010년 이 '빠른 중성자 원자로 프로젝트'를 승인(Federal Target programm)하였고, 로사톰은 2010~2015년 중 개발하여 고급 기술의 70%와 관련 부품과 발전소 건설을 해외에 수출하고자 개발에 박차를 가한다는 방향을 설정하고 이를 추진하였다고 Rosatom의 대표가 발표하였다. 이에 따른 러시아의 신형 원전의 수출은 2020~2030년에 가능할 것으로 전망하고 있다.

이리하여 이 정부계획인 FTP는 상업적인 파이로트 원전 발전소를 건설, 소

---

13 WORLD NUCLEAR ASSOCIATION 'Nuclear Power in Russia' p.18. Prorby (Breakthrough) Project 참조.

요 기자재를 제작하는 것으로서, 이 연방정부 예산 지원으로 557억 루블의 투입을 결정하고, Rosatom은 2017년 3월 국영기업인 Russian Venture Company (RVC, 2017년 설립)와 신형 원자로 발명, 개발과 그 자체 제작에 대한 계약을 체결하였다.

(c) 러시아의 Prorvy(Breakthrough) 프로젝트의 핵심과 추진기관

앞에서 본 '프로르비(돌관, Breakthrough)는 FTP 원자력기술 2020 프로젝트'는 FTP의 주관하에 2020년까지 '고속중성자로 발전하는 원자력 발전'을 실행하는 새로운 기술이다. 이는 고속 패쇄 원자력 연료 사이클(Fast closed Nuclear fuel cycle)을 기반으로 하여, 차세대의 원자력 기술을 확립하기 위한 것이다. 여기에는 군사작전에 필요한 정도의 집중력과 결의하에 아래와 같은 9개의 관련기관(센터)의 협력하에 최우선적으로 진행하는 절차이다.

동 프로젝트의 기본 개념은 '원자력 중대 사고의 방지, 연료 사이클의 폐쇄, 저순위 방사선 패쇄물, 핵의 비확산, 고속원자로 투입 감소, 그리고 러시아의 핵 능력을 금세기 말까지 350GWe까지 갖추도록 하는 것을 목표로 하는 것이다.

이에 관련하여 분야별 책임 있는 9개의 기관(센터)의 기능을 나열하면 다음과 같다.

- 시험데모용 에너지/전력단지(PDEC 혹은 PDFC)의 재처리 모듈(RM)용 재처리 기술과 방사선 폐기물 관리
- 핵연료 성형가공/재성형가공 모듈(FRM)과 신속 원자로 폐기 연료 재처리 모듈이 포함된 현장 핵연료 사이클 용 시험생산라인
- Bochoval 국가연구소(VNIINM)에서 혼합질화 우라늄(MNUP) 연료로, 연로요소와 집합체의 개발
- JSC NIKIET에서 BREST─OD─300 원자로를 만들고 그의 가동
- JSC, Africantov OKBM에서 BN─1200 고속 원자로용 재료의 개발
- 질화 염료, 성형가공 및 리사이클용을 포함한 시험제조형 에너지/전력단지 (PDEC or PDPC)의 설계 엔지니어링과 공업에너지 단지(IEC)가 개발 담당 등

이상의 창의적 방안들은 자매 논문인 러시아 핵연료 사이클에서 상세히 설명하고 있다.

(d) 2030년 및 2050년까지 Rostom이 목표하는 원전의 비율

그러면서 Rosatom이 이때 제시하는 FTP(federal target program)는 전력공급의 원전의 비율을 2030년까지 25~30%를, 2050년까지는 45~50%를, 금세기 말까지는 전력공급의 70~80%를 원전으로 충당하겠다는 원대한 계획을 제시하였다. 러시아의 먼 장래는 <u>러시아 소형 원자로부터의 원전생산의 70%~80% 이상을 원전으로 충당하겠다는 계획이 특징</u>이라 하겠다.

이런 계획과 목표하에서 러시아 정부는 11개의 원자로를 러시아의 '통일된 에너지 시스템의 일환'으로 Kursk 지방에 건설토록 지시하여, 현재 이 중 6기는 2030년 준공목표로 건설 중에 있으며, 25기는 계획 중이거나 공식적으로 제안된 것으로 개발 중이다. 이의 해외 수출 명단은 다음과 같다. 첫 BN-1200의 2기는 준공기간이 앞당겨졌다.

(ii) 러시아의 Rosatom의 원자로 개발과 원전 해외건설, 원전 수출
– 푸틴대통령의 지원하에 러시아의 전략적 수출로 크게 활용

(a) 러시아 석탄화력을 저탄소 전력생산인 원전으로 전환키 위한 원전 개발과 원전 플랜트의 수출

러시아도 탈(脫) 석탄화력방안(decarbonizing)으로 러시아에 풍부한 메탄(천연가스)을 연료로 하는 발전산업으로 전환하는 정책이 고려될 수 있었으나, <u>생산되는 메탄은 중국과 유럽 등지에 파이프라인으로 고가로 수출하고, 대신 국내의 전력수요는 원전을 주력으로 개발키로 하였다.</u>

(b) 이렇게 역사적으로 원전을 주축으로 가능케 된 배경으로, 러시아는 이미 <u>35개의 원자로를 가동하여 전력을 생산하고 있었으며, 이는 러시아 전력의 20%(이 수준은 미국의 원전충당비율과 같음)</u>를 이미 원전으로 충당하고 있었기 때문이다. 그러면서 러시아는 매년 원전비율을 증가시켜 석탄화력에 대체하면서 총 전력의 50%를 원전으로 국내수요에 충당하고, 그 이상은 원전 프로젝트의 턴키(Turnkey) 베이스의 해외수출에도 적극 개척키로 하여 '세계 원전의 턴키 프로젝트 수출'의

60%를 러시아가 차지할 목표를 설정하고 추진하고 있다(턴키 베이스라 함은 원전의 디자인, 건설과 가동까지 일관되는 것을 의미하며, 여기에는 장기연불 수출금융지원도 포함). 그리하여 2010년 중반에 러시아는 이미 3,000억$ 규모의 원전수출을 13개국과 34개의 원자로 건설계약을 체결하였으며, 수출프로젝트 지원을 위해 국내 원전건설에는 투자자금의 지원을 중단하고 수출에만 전념토록 하였다.

러시아는 2017년에는 중국, 인도와 이란, 터키 등과의 원전 플랜트 수출계약을 체결한 바 있다. 러시아의 원전수출의 계약단가는 kW/h당 5~6센트로 매우 경쟁력 있는 가격이라고 평가된다.

(iii) 업그레이드된 소형 원자로의 수출

2014년 10월, 로사톰은 중소형 원자로 개발(Russian VVER design)하고, 이를 로사톰의 가동 중인 VVER형 원자로와 경제성 등을 자체 비교·평가하면서, 경제성 면에서 우수한 자체 개발한 새로운 업그레이드된 소형 원자로에 의한 원전 발전소를 건설키로 하였다. 여기에는 사회주의 국가답게 에너지 전문가인 푸틴 대통령의 전적인 지원과 지휘하에 이루어졌다. 이에 따라 러시아의 '종합목표 프로그램'(FTP, Federal Target Policy)인, '2020 에너지종합계획'에서는 2016년부터 매년 4GWe씩 원전 발전소를 증설키로 하고, 이 같이 신설될 원전 발전소의 신설 소형 원자로에서 <u>생산된 전력은 FTP에서는 2030년까지 원전비율을 25~30%로, 2050년까지는 45~50%를, 그리고 금세기 말까지는 70~80%를 확대토</u>록 하였다. 로사톰으로서는 신형소원자로에서 생산되는 원전의 판로가 확보된 셈이다.

(iv) 러시아 Rosatom의 원전(Breakthrough)의 해외수출 프로젝트와 원전 기수(基數)[14]

● **표 7.2 러시아의 원전의 해외 수출 현황(이미 수출계약한 분(Contracted))(총 11기)**

수출 대상 국가	발전소명	타입	금액(추정) 금융 및 현황
중국	Tianwan 7 & 8	AES 2006	계약 체결
중국	Xudabau 3 & 4	AES 2006	계약 체결
방글라데시	Rooppur	AES2006(V329M)	65억$, 90% 장기대출 confirmed, 2018년 착공
터키	Akkuyu 24	VVER−1200(V 509)	confirmed, 2018년 착공
핀란드	Hanhikhi 1	AES−2006(V491)	60억$, 계약체결, Rosatom 취득, 주식: 34%, 장기대출: 75%, 2018년 착수
이란	Bushehr	AES 92(V−466B)	Construction NO.2014 NIAEP−ASE, Barter oil

● **표 7.3 러시아의 원전의 해외 수출 현황(이미 신청받은 계약(Ordered))(총 11기)**

대상 국가	발전소명	타이프	예상규모	금융관계 등
이집트	El Dabae	4xAES−2006	300억$	계획, 85% 금융, 35년 분할상환, 2018년 계약 전망
인도	Kudankudam 5&6	2XAES−92		계획 중, 2007년 2월 계약 체결
헝가리	Paks 5&6	2XAES−2006	€125억	계획 중, 80% 대출 희망
슬로베키아	Buhunice V3	1xAES 2006		계획 Roatom, 51% 지분 보유
우즈베키스탄	Lake Tudakul	2XAES 2006	130억$	2028년부터 가동 계획

---

14 2020년 5월, WORLD NUCLEAR ASSOCIATION 'Nuclear Power in Russia' 인용.

(ⅴ) 수출 관련 진행 국가(2016)

러시아 Rosatom의 원전 프로젝트 수출 관련국으로는 중국, 인도, 이란, 방글라데시, 베트남, 터키, 핀란드, 이집트, 헝가리, 체코, 스칸디나비아, 벨라루스, 카자흐스탄, 슬로바키아, 말레이시아, 요르단, 브라질, 아르헨티나, 미얀마, 사우디아라비아, 인도네시아, 아르메니아, 나이지리아 등이 있다.

2016년 턴키 베이스 수출 합의 완료국은 34개국이며, 협의 중은 23개국, 가능성이 있는 나라는 17개국으로 진행중이다. 턴키 베이스 수출 플랜트는 5~6센트/kW/h당 총 34개 원자로이며, 수출 가액 3,000억$ 규모이다.

이상 외에도 인도의 추가적인 2기(총 4기), 불가리아, 우크라이나, 벨라루스, 아르헨티나, 인도네시아, 나이지리아, 카자흐스탄, 알제리, 요르단, 베트남, 남아프리카, 남아연방, 체코 슬로바키아 등 30여 개국과의 협의가 진행 중에 있다.

그림 7.14 러시아의 해외에서 가동, 건설, 계획 중인 원자력(원전)발전소 위치[15]

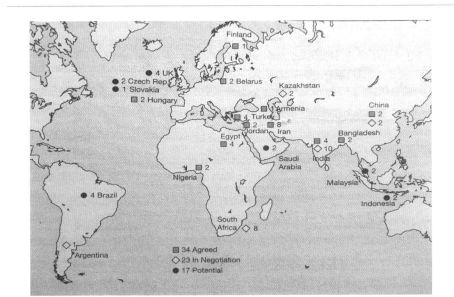

---

15 Joshua. S. Goldstein. 'A Bright Future' p.183 Figure 48, Russian nuclear Power export projects 2016 인용.

그림 7.15 러시아와 턴키 베이스의 원전건설을 협의 중인 아프리카의 나라들(이집트, 수단, 케냐, 가나, 모로코, 나이지리아)[16]

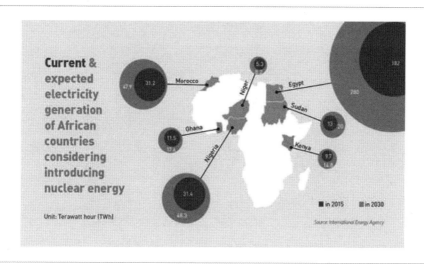

그림 7.16 러시아 Roastom이 이미 건설, 수출한 벨라루스의 첫 원전 – 10백만$의 장기 연불신용으로 벨라루스의 Astravets에 건설한 원전임(2019.3.)

---

16 International Energy Agency.

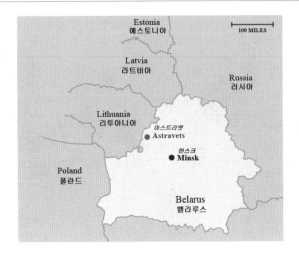

Source: NYT, 'Coming to a Country Near You: A Russian Nuclear Power Plant' 2020.03.26

주석; 벨라루스: 러시아가 첫 번째로 원전 플랜트 건설 수출 대상국.

(5) 러시아 원자로기술(Reactor Technology) 수준과 특성, 북극 항로
- 북극(Arctic)과 북극항로 활용의 계기를 원자로 기술향상으로 성취
- 2006년 러시아의 원자로 기술의 특징은 다음과 같이 요약

1. AES-2006 시리알 건설이, 원자로 사용 년수를 60년까지 연장할 수 있다.
2. 핵발전소의 고속 증식로(fast-breeder) BN-800. 개발
3. 소형, 중형 원자로; KIT-40s, 과 VBER-300. 개발
4. 고온 원자로(HTR) 개발

러시아의 원자로 연료 사이클(Nuclear fuel-cycle exports) 수출

러시아의 원자력 농축과 핵연료 공급 실적:
 - 로사톰의 세계 농축 원자력 수출; 36% 비중(41억$)
 - 세계 핵 연료의 17%(28억$) 비중

그러나 전체적으로 농축된 원자력 수출이나 원자력 연료서비스에서 원전건설(NPP)로의 전환이 뚜렷해지고 있다.

4 러시아 Rosatom의 원전 수출 프로젝트의 특성: 'One stop shop approach' 방식

- Integrated Solution through in-house, training, maintainance and broad range of financing and providing specific contracts, flexible 'one stop shop approach'
- 2017 Rosatom의 해외 원전건설수주 잔고: 330억$, 발주국가: 12개, NPP(원자로 수): 33개

여기에 부착할 원자로는 SMR 디자인 KLT-40S로, 러시아가 보는 SMR 디자인의 제작에 기술적인 면에서 경쟁적인 국가는 미국, 인도, 중국 및 한국 등만이 이에 속한다고 IISS의 세미나에서는 정의하고 있다. Rosatom은 현재 부유식 원전함 공장(Floating Nuclear Plants Power Plants' FNPP) 수출을 수단국과 논의 중에 있다. 2009년에 한국의 한전(Kepco)으로부터 UAE의 바라카하(Barahka)지방의 운전 건설을 수주하여 짓고 있는 UAE는 사우디와 더불어 중동에 원전건설에 적극적인 상황이었다. <u>사우디는 한국의 디자인한 SMR 디자인의 SMART 기술에 호의적이었다.</u>

(1) 러시아의 세계 최대 원자력쇄빙선(Nuclear ice breakers) 우랄(Ural)호와 원자력 상선(nuclear merchant ship)과 북극항로

러시아에 있어 '원자력 추진(propulsion)에 의한 러시아 영역인 북극해에서의 선박(상선)운행, 원자력 쇄빙선 운행 및 북극지역용 원자력 발전함(發電艦)은 기술적으로나 경제적으로 특히 중요하다.

왜냐하면 이는 전통적인 쇄빙선의 엔진 파워로는 그 북극 운행이 어렵고 특히 일반적인 쇄빙선으로서는 3m 두께의 얼음을 뚫을 길이 없기 때문이다(그런 의미에서 한국의 대우조선해양이 러시아의 북극항로(North Sea)용 쇄빙선 없이 자체 개발한 엔진만으로 LNG운반선 16척을 수주하여, 북극 Yamal 반도에서 생산한 LNG를 중국, 일본 및 캐나다 등지에 연간 200회 운항을 하여, LNG수출 시간단축을 가능케 하여, 운항시간을 스웨즈 운하를 통과하는 것의 소요시간을 3/4인 18시간으로 단축이 가능케 하고 연료비를 크게 절감케 하는 실적이 그 LNG 기술을 국제해운업계와 국제에너지업계로부터 크게 인정받은 것임).

그러한 때에 러시아가 개발한 '원전용 엔진'에 의한 아이스브레이커(다음의 사진모형)는 두꺼운 얼음을 깨고 연료의 중간 주입 없이, 북극해 루트(Northern Sea Route)를 운항할 수 있게 한다는 면에서 그 의미가 매우 크다(즉, 북극에서의 빙하가 녹아, 비록 원자력엔진에 의한 Icebraker에 의한 북극항로가 개설되었으나, 이는 지난 25년간 고온으로, 특히 206년에는 20℃ 이상의 고온을 기록하는 등으로 북극이 1/3 이상의 빙하가 녹아내린 것에 영향을 받았기 때문임).

그림 7.18 사이즈가 큰 3세대의 LK−60(project 22220) nuclear 쇄빙선(Arktika) 모형[17]

LK-60 icebreaker (Rosatom)   source: Nuclear Power in Russia, World Nuclear Association

Illustration by Malachite Design Bureau   the barents observer 04.11.20

---

17 2020년 5월, WORLD NUCLEAR ASSOCIATION 'Nuclear Power in Russia' p.20. LK−60 Icebreaker 인용.

이리하여 러시아의 Atomflot사가 Rosatom의 요청으로 세계 최대의 34m의 선폭(beam)의 원자력쇄빙선(Ural호)을 상트 페테르부르크 발틱조선소에서 건조하여 인도되었으며, 추가로 북극동쪽에서 사용할 2개의 RITM－400의 원자로로 가동되는 2개의 쇄빙선은 상트페테르부르크 조선소에서 건조하기에는 너무 커서, 북극 동부에 위치한 Zveda 조선소에서 건조케 된 것이다. (기존의 러시아의 원자력쇄빙선인 2만톤 급의 '레닌'호는 1970년에 새로운 원전 엔진으로 개채하여 아직도 활용하고 있다.) 이 새로운 쇄빙선이 러시아 북극연안의 연중 항해의 핵심이 될 것이라고 로스아톰 사장은 말하고 있다.

원래 러시아는 1975년에 원전쇄빙선을 시리즈로 건조하여, 6척의 23,500 dwt급－Arktikus－class선박을 건조하여 1977년에 최초로 북극에 진입시켰다. 그 후, 1989년에 러시아는 국제원자력 규격에 맞는 원자력선박을 핀란드에서 건조하여 얕은 바다에서 항해가 가능한 아이스브레이커(쇄빙선)를 취항시켰다.

러시아는 좀 더 사이즈가 큰 원전 쇄빙선을 LK－60(project 22220)이라는 프로젝트에 의하여 건조키로 하여, 배 바닥을 8.55～10.5m으로, 그리고 선폭을 34m로 하여 25,450～33,540dwt의 선박을 바라스트를 붙여 2.8m의 얼음을 깰 수 있게 하여, 서부 남극은 1년 내내 그리고 여름에는 동부 남극과 가을에 운항할 수 있게 하였다.

| 참고 |

Russia launches world's largest nuclear powered icebreaker to open up Arctic shipping routes(NSR)
2022년 Rosatom에 인도. 4.5m 얼음 쇄빙 가능;
2027년까지 운항속도: 14knots
－길이: 173m
－350MW: 2 RITM －200
  Nuclear reactors on Board. generating up to 350 MW combined.

그림 7.19 러시아의 북극의 부동식 원전 발전소 건설계획(Floating Nuclear Power Plants) 중인 5대기지[18]

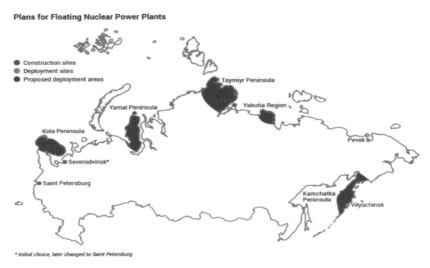

source: Nuclear Power in Russia, World Nuclear Association

그리고 나서 2013년에 Rosatom은 2019년과 2020년에 인도할 Universal icebreaker 2척의 원자력 쇄빙선을 각각 2020년(Arkitica호) 및 2021년(Sibir호)에 인도하는 조건의 2척의 원자력 쇄빙선의 추가 발주를 2019년 8월 체결하였다.

여기에 더하여 최근에는 4.5m 두께의 얼음을 깰 수 있는 LK－120의 프로젝트로서 폭은 길이 205m, 두께 넓이 50m, 폭까지 깰 수 있는 시속 14knot의 속력을 낼 수 있는 쇄빙선을 발주 중에 있다.

원자력쇄빙선의 발주자인 Rasatom(사장 불라디므르 류샤, 러시아 북극개발위원장)은 '이런 현재적인 원자력 쇄빙선이 없다면, 북극해 항로의 개발을 상상하는 것이 불가능하다. 이 선박에 뒤이어 네 번째, 다섯 번째 원자력 잠수함 건조 결정을 했다는 것이 중요하다. 우리는 새로운 쇄빙선의 건조시작을 기다리고 있다'고 원자력 잠수함까지 생산한다는 러시아의 구상을 이야기하고 있다.

---

18 2019년 6월, The Barents Observer 'Nuclear Reactors In Arctic Russia' p.4 인용.

그림 7.20 Murmask in the West to Kamchatka in the East[19]

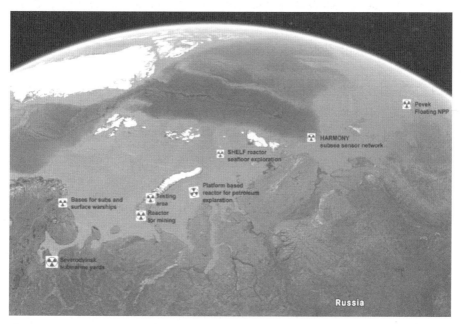

Source: The Barents Observer, 'Nuclear Reactors in Arctic Russia', 03.20.20

따라서 네 번째, 다섯 번째 원자력쇄빙선이 완성되어 이 쇄빙선들이 북극에서 활동하게 되면, 비로소 '북극항로의 연중항로가 가능할 것이다'라고 예고하고 있다(최근 러시아는 북극의 기지에 북극활주로건설에 박차를 가하고 있음, 따라서 5개의 북극기지는 북극항로만이 아니라 비행기 기지로도 활용이 가능케 될 것이라 함).

19 2020년 9월, WORLD NUCLEAR ASSOCIATION 'Plans for Floating Power Plants' p.21 인용.

(2) 러시아의 최초 제1호 부양식(floating) 원전 공장
  - 1st(Floating Nuclear Power Plant), Akademik Lomonosov, Pevek Chukuta Peninsula
  - 상세자료(바지); 길이: 144m, 폭: 30m, 높이: 10m, 수심: 5.6m

(i) 원래 러시아의 '부유식 프로팅 원자력 발전공장(배, Floating nuclear power plants)은 캄자카(Kamchatka) 반도의 Vilyuchinsk 지방에 위치한 러시아 해군기지에 끌고 와서 그 공장 배를 정착시키고 거기에서 생산된 전력과 난방을 동 해군기지에 공급하기 위해 제작하려 계약을 Rosatom사가 Baltijisky 조선소와 체결하였던 것이다.

이러한 '부유식 핵발전공장'(FNPP)은 2012~2013년에 인도될 예정이었으나, 이 건조 수주를 맡은 JSC Baltijsky Zavid 조선소(민영사)가 부도가 나서, FNPP의 건조와 인도는 실패로 돌아가게 되었고 이 '배 핵발전공장'의 건조자금으로 지불되었던 2억 루불은 사라지게 되었다. 이때 국영조선소인 United Shipbuilding Corporation이 이 부도난 조선소와 동 부유식 핵(核)발전공장선박의 건조 프로젝트를 인수하여 새로운 건조계약을, 명칭이 바뀐 Baltijski Zavod-Sudorousjeniye(BZS)조선소(United Shipbuilding의 자회사)가 Rosatom사(Northern Shipping Line의 독점적 관리자)와 FNPP의 건조계약을 인수받아, 76억 루불(248백만$)에 동 플랜트 선박의 건조계약을 체결하고 2007년에 Sermash 조선소에서 건조를 시작한 것이다.

(ii) 'Akademik Lomonosov'호로 명명된 이 FNPP는 북극의 Chukota 반도에서 건조하여 Pevek시의 발전사에서 발전·송전을 담당할 것으로 2019년 여름에 St. Petersberg 조선소에서 인양되어 Murmansk까지 2019년 말에 Pevek 발전사에 인도되었다. 그러면 그곳 육상에서 가동 중이던 원자력 열 병합발전소는 폐쇄케 된다. 한편 동 Chukuk 지역정부와 Rosatom은 Kamchaka 반도의 송전을 위한 제2의 FNPP의 건조를 고려 중에 있다 한다.

그림 7.21 러시아의 부유식 원자력 발전소 아카데믹 로모노소프호(Akademik Lomonosov)[20]

그림 7.22 북극의 패백항에 정박되어 전력을 생산하는 부유식 원전함(Akademik Lomonosov)
의 모습(상 동)[21]

(iii) 이 부동식 핵 원전공장인 배에 탑재할 KLT－40S 쇄빙선 원자로 버전은 낮
은 성분의 우라늄(〈20%)으로 가동시키는 것으로 3∼4.5년 간격으로 재충전시키

---

20 2019년 6월 11일, 조선일보 기사 통계치를 저자가 가공.
21 The Darents Obserrer 'Nuclear Reactors In Arctic Russia' p.30 Flooting Nuclear Power Plants.

는 방식으로, 2012년 완공되고 2013년부터 송전하는 계획이었다. 동 핵발전 공장의 가동기간은 40년으로 계획되어 있다. 결국 이 FNPP는 완공할 때까지 76.3 억루불이 투입된 끝에 인도된 것이다.

(iv) 러시아의 북극의 부유식 핵 원자력 발전공장 설치지역과 원전설치 지역예정지(계획 중, 혹은 예정)와 Pevek항

2015년 9월, 원자력 발전함의 선주인 Rosatom은 제2의 발전함공장을 계획하여, Chukota 자립정부(Chukotka-Autonomous District)의 전력발전계획의 제2의 핵발전 단지인 Pevek 지대에 있는 Chaun-Billbino 산업단지용 발전용으로 추코타 자립정부와의 합의로 동 계획상 육상의 시설은 2016년 9월에 착수하여 진행시키고 있어, 이 플랜트는 FPU(Floating Power Unit)로 칭하기로 하였다. 이 모든 비용을 계산하면, Pevek 단지에는 총 370억루불(740백만$)이 투입되는 것이다.

제3의 부유식 핵발전 단지는 Chaun 지역의 Yakutia 단지로서 동 단지에 35MWe의 부유식 핵발전선으로 Gazprom이 주(主)사용 기업으로 우라늄 광산과도 관련을 갖게 되어 있다. 이에 관하여 동 지역정부인 Sakha 공화국과는 2007년에 협력관계를 맺은 바 있다.

한편 그 후, 러시아 국방성과 산업성은 이 FNPP를 LNG가 많이 생산되는 북극의 Yamal 반도와 Sakha지역(해변)에 부유식 핵원전 공장 3호기 및 4호기를 계속 건설 설치할 계획으로 확대키로 하여, 현재 제작 중에 있다. 이로써 러시아 해군은 Murmansk의 북극의 최대 도시로서 30만 명의 거주민이 활동하게 한다는 것이고, 여기에 부양식 원전 발전함(FNPP)을 가동케 하여 전력을 공급한다는 것이다.

그 후 Rosatom은 부유식 핵발전공장(FNPP)를 발전시켜, Optimized Floating Power Unis(OF.PUs)로 개명하고 종전의 KLT 원자로보다 20%의 연료를 절약하면서도, 10년에 한 번 재충전하여도 되는 원자로를 개발한 것이다.

5 러시아가 중시하는 북극개발과 원전, 원전해상발전함, 북극항로개발(러·중 협력), 94개의 원자로 발전소, 31기의 원자력 잠수함, 핵 쇄빙선 4척 운영(얼음 전쟁)

(1) 다각적 사유로 중시하게 된 러시아의 북극

- 2035년 러시아의 북극에서의 원자력과 원자로와 핵미사일의 위치와 모습
- 뒤늦게 강화된 중국과 러시아의 북극에서 상호협조

(i) 북극에서의 러·중 원전산업 및 핵 잠수함에서의 협력

앞에서 본 핵 발전선으로 설치 중인 북극 함대기지에 전력공급 및 후술하는 핵잠수함과의 활동과 연관시키려는 계획과 병행 추진할 것으로 보인다.

이 북극의 개발과 북극해(NSR)와 원전선 계획과 확대 건조될 핵잠수함 활동 계획은, 뒤늦게 북극개발에 참여하는 중국과의 러시아와의 다각적(북극해 항행, 부유식 핵발전 공장 건조, 핵잠수함 건조와 활동 및 시베리아를 관통하는 가스 수입 등과 야말반도에서 생산되는 가스의 LNG Carrier로의 북해선 운송의 에너지 협력 등)·안보적·전략적 제휴(특히 북극지방에서의 공조)로 이루어지고 있다. 러시아와 중국이 원전 발전소 건설과 부유식 핵발전선 건조 활동 및 장기적으로 핵잠수함 건조 등에 있어, 장기적 전략적 협력관계가 이루어지고 있고, 강력한 추진방향이 결국 러시아와 중국의 원전에 대한 전략적, 산업적, 그리고 기후환경대책으로 추진되고 있음을 볼 수 있다(바로 이 점이 특히 미국을 자극하여 미국의 원전 플랜트 산업의 부흥을 도모하는 일련의 정책을 수립·시행케 한 요인이 됨. 후술).

(ii) 러·중의 끈끈하여진 북극자원협력에서의 러·중 자원, 군사 연합
　　　－러시아가 최강 가스 생산국이 될 수 있게 한, 생산 가스의 90%가 북극 산임
　　　－20년간 러시아산 가스를 장기 도입키로 한 중국과 러시아의 다각적 협력관계
　　　－중국이 원전을 포함한 북극개발에 적극성을 보이면서 러시아와 협력 강화

그림 7.23 북극 러시아의 원전(ships 포함)과 원자로 건설 중인 것과 설치 계획과 추이[22]

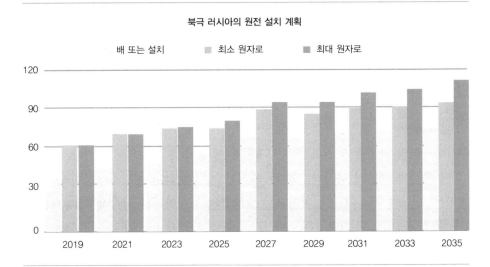

북극 러시아의 원전 설치 계획

배 또는 설치　　■ 최소 원자로　　■ 최대 원자로

출처; the Barents Observer Nuclear Reactors in Arctic Russia p3(Nuclear Power installations and reactors in Arctic Russia. 2019－2035).

　　2019년까지 러시아의 북극지방에는 총 39기의 원자로(31기의 원자잠수함, 1척 지상 전투함, 5척의 원자 쇄빙선, 2개의 원전)가 있어 러시아의 북극지방은 가장 원자력이 전력화된 지역이다. 북극의 원전잠수함은 평균 28년의 선령이다.

　　2035년까지 러시아는 북극에 74기의 원전을 건설하여 총 94기의 원전을 보유할 계획이다. 그러나 석유, 가스 채취기와 해군 전투함, 항공모함까지 합하면, 러시아의 총 원전(발전, 원자해군 전투함, 원전핵잠수함)은 통틀어 총 114기가 될 것이다(2019~2035년).

　　북극(Arctic) 지방의 절반은 러시아에 속한 것으로, 북극의 해안의 24,000km의 서쪽의 무르만스크에서 동쪽의 캄차카 반도가 북극에 속한다. 북극이 러시아

22 2019년 6월, The Barents Observer 'Nuclear Reactors in Arctic Russia' Scenario 2035 p.3 인용.

에서 특히 중요한 것은 러시아 가스의 90%가 북극에서 생산되기 때문이다. 여기에서 러시아의 해군 원자력 함대가 북극 해안 일대에 집중 배치되어 있는 이유이다. 북극함대의 미사일 원자력 잠수함이 바렌트해의 동족과 북극해를 순찰하고 있다. 원자력 미사일잠수함이 노르웨이 해와 베런트해를 감시하고 있다. 또 러시아의 최초의 '부유식 원자력 발전함'(FNPP)을 건조하여, Pevek 지방으로 인양하여 Pevek항에 정박하면서, 동 지방일대의 소요 전력을 현재의 육상원전에 추가하여 배전하게 되어 있다 함은 본 바이다.

(iii) 2019년, 39기의 러시아의 원전과 31기의 원자력 잠수함이 있게 된 북극의 Barents Sea

그림 7.24 Barents Sea 100km의 연안(Severomorsk에서 Zapadnaya)의 100km에 설치된 러시아의 북양함대(Northern Fleet)의 원전잠수함 기지[23]

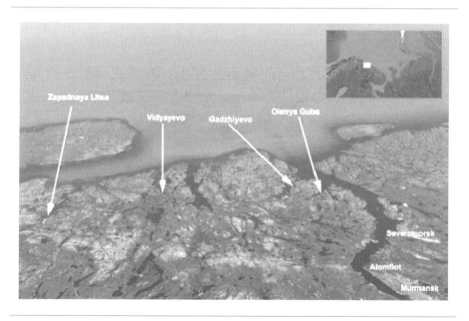

출처; 2019년 6월, The The Barents Observer 'Nuclear Reactors in Arctic Russia' Scenario 2035.

---

23 2019년 7월, The Barents Observer 'Nuclear Reactors in Arctic Russia' Scenario 2035 p.11. Nuclear Powered Submarines and Surface Vessel 인용.

또 2035년까지 원자력 함의 원자로는 74개가 증가하여 94개의 원자로가 설치될 것이다. 만일 여기에 신조되는 해군 폭격함(destroyer)의 원자로를 포함하면 원자로는 114개까지 확대될 것이다. 이 수치는 현재의 2배가 되는 것이다.

따라서 러시아의 북극지대는 현재까지 지구에서 가장 핵화(nuclearized)가 많이 된 수역이다.

또한 러시아의 모든 원전은 그 가동기간을 연장하고 있다. 여기에는 Kola지방의 원전공장, 원자력 아이스브레이커(쇄빙선), 원자력 잠수함을 포함한다.

핵화(核化)된 아이스브레이커는 현재의 5척에서 2035년까지는 10척으로 확대할 것이다. 또한 러시아는 현재 유일한 '민간 원전선박'을 갖고 있는 국가가 되었다.

러시아의 북극은 다양한 신규 원자로기술을 사용하는 지역이 되었으며, 원자로 추진 쿠르즈 미사일, 민간용 핵 잠수함과 빙상 강화된 소형 원자로 기지가 되었다.

이 모든 선언은 개발이 급진전되고 있는 북극에 러시아가 핵을 중심으로 가장 빨리 진출하고 있음을 과시하는, 보이지 않는 전쟁에 러시아가 최첨단에 서 있음을 선언하는 국제정치적 목적이 있음을 뜻한다.

(2) 러시아의 북극개발과 원전과 핵 관련 산업과 북극항로 개발과 러·중의 다각적 협력

　－북극개발, 원전산업, 자원탐사협력, 군사협력, 항로개척 및 영유권 분쟁에서의 중·러 협력

　－중국의 일대일로와 북극 실크로드(Polar Silk Road)와 러 북극해 항로의 연계

　－푸틴의 북극개발의 선도적 역할의 꿈 실현과 원자력 1등국이 되려는 Rosatom 만들기 추진

　－Rosatom사의 육상, 해상 원전산업과 원자력 쇄빙선, 원자력 잠수함 및 북극항로 운영을 맡은 거대한 러시아의 북극과 원전산업의 국내외 활동의 대국영 재벌이 되는 길

　－장기 원전산업과 북극에서 북극 일대일로 사업 확대와 북극에서 주도를 꿈꾸는 러·중 양국

　－무기 시장(원전 포함)의 80%를 점하는 중국시장과 중국의 '북극 일대일로' 확장전략과 러시아의 북극전략과의 일치

위 북극 해안 반도지도와 북극의 야말반도 내의 Yamal LNG 산지 개발에서

보는 바, 러시아는 북극개발에서 LNG 대산지를 개발하고, 신설의 북극항로 개설에서 중국과의 다각적 협력방안 수립·실시하고 있다.

(ⅰ) 지구 온난화로 빙하가 녹으면서, 더욱 활발하여진 북극항로(North Sea Route)의 러·중의 공동개발

(a) LNG와 북극항로의 중요도를 갖게 되는 엄청난 가스개발이 이루어지고 있는 Yamal 반도와 Kamchaka 반도를 개발하고, Yakutia 지방과 Kola 반도, Taymyr 반도를 개발하면서 전력생산에 핵심이 될 육상, 해상 원전 발전소를 건설하게 되었다. 여기에 건조에 성공한 프로팅 원자력 발전함(공장, FLPP)까지 투입설치하여 러시아는 북극의 전력문제를 해결하고 있다.

(b) 또 원전용 쇄빙선을 제조하여 LNG 운송(이를 위해 대우조선해양이 16척의 LNG 운반선을 제작·공급한 바 있음), 북극항로 개설, 북극개발, 부유식 원전공장 설치가동의 방대한 의욕적인 북극개발에 진출하게 되었다.

이것이 가능케 된 발단은 지구의 온난화로 북극의 빙하가 녹아내리고 북극항로가 열리며 북극의 Yamal 반도에서의 러시아의 LNG 대량생산이 이루어지면서, 푸틴의 북극을 향한 거대한 꿈을 착착 이루고 있다 하겠다.

최근 미국이 원전에 대한 미국의 옛날의 '세계 원전 리더십의 부활'을 꾀하면서 미국 원전의 대외진출을 모색하려는 국가적 결정은 러시아와 중국의 주로 개발도상국을 상대로 하는 방대한 원전 플랜트 수출계획과 이에 수반된 원전을 중심으로 하는 장기적 국제협력관계가 형성되는 상황에서, 미국이 결코 여기에서 밀릴 수 없다는 국제정치적 근거에서 나온 미국 트럼프 대통령의 결정의 배경임을 알 수 있다.

(ⅱ) Rosatom의 개편과 육상용 해상용(부유식) 원전개발, 제작, 운용과 신설되는 북극항로개발의 책임과 권한을 부여받아 Putin의 원대한 꿈을 실현할 Rosatom 신설 개편

(a) Rosatom의 Ministry of Atomic Energy에서 State Nuclear Energy Corporation (Rosatom)으로 러시아 국핵(核)정책 산업체로 비대화되는 과정
　－러시아 원전 플랜트의 <u>One stop shop approach</u> 방식의 수출

(ㄱ) 원래 러시아의 원자력에너지는 구소련시대부터 중국이나 북한 같은 여타 공산국가 같이 모든 산업은 중앙정부의 행정부서의 형태이었다. 그러나 공산체계가 변화하면서, 러시아의 핵원자력사업은 연방정부 핵 원자력부로 <u>바뀌고, 푸틴이 대통령에 취임하면서, 에너지를 러시아의 전략적 산업으로 소위 'National Champion'으로, 석유산업은 Roseneft를, 가스산업은 Gazprom으로 대형화하여 챔피언으로</u> 만들었다. 이때 <u>원자력과 핵산업은 이를 기업화하면서 Rosatom을 국유 기업형 기업으로 출범시켰다.</u> 이리하여 <u>Rosatom은 지상, 해상 원전 발전소를 국내 및 해외에 건설·수출케</u> 하면서, 수출국에는 러시아 수출입은행의 장기연불수출금융을 지원하면서, 2019년 말에는 위에서 본 바 러시아는 총 32개국에 원전 발전소를 판매, 제작, 협의 중에 있다.

(ㄴ) Rosatom의 원전의 대외 수출은 소위 '<u>One stop shop approach</u>' 방식으로 완전한 원자력 발전소의 모든 것, 즉 <u>A complete in－house fuel cycle, training, 유지, 수리작업 서비스, 그리고 광범위하고 선택적인 장기 금융, 강한 정책적 지원 등을 포함하는 융통적인 패키지로</u> 수출하고 있다.

　이 모든 <u>프로젝트의 추진은 국제원자력농축감시위원회인 IAEA(Int'l Uranium Enrichment Center)의 철저한 감시하에</u> 이루어지고 있다. 이에 대하여는 IAEA의 담당자도 Rosatom이 이 진행과 관계상황을 투명하게 보고하고 진행시키고 있음을 인정하고 있다.

　IAEA 담당자는 Rosatom이 프로젝트별로 군사부문과 민간부문을 분명하게 구분하여 실시함으로써, Rostom의 운영을 상업적 기업경영방식(businesslike)으로 운영하고 있다고 하면서 Rostom의 역할을 긍정적으로 평가하고 있다.

(iii) Rosatom의 원전수출의 성공을 인정하여, Rosatom을 북극항로 관리자로 지명한 푸틴 대통령

- '‘One stop shop’ 어프로치 방식의 Rosatom의 원전 플랜트 수출의 성공으로 2017년 원전수출 잔고: 1,330억$
- 12개국의 33개 원전 프로젝트 건설 등 페케지 수주 및 건설 진행 중(IAEA가 승인하는 원전용 발전소 프로젝트의 ‘business oriented profile’ 수출만을 추진하는 것이 가능하였기 때문)
- 수출 프로젝트의 성공으로 Rusatom의 러시아의 국내 원전프로젝트 감소 영향 상쇄

(a) 또 다른 러시아의 1330억$ 규모의 대외 원전 프로젝트 수출의 수주 성공의 요인으로는 Rosatom사의 민수용 발전과 군사용 핵 관계 원전에 대한 분명한 구분으로, 소위 ‘Integrated one stop shop solution’에 의한 발전용 원전 프로젝트식 기업운영방식에 치중하였기 때문에, 그 막대한 원전 프로젝트의 대외 수출(주로 개발도상국 및 중국의 일대일로 정책과 연계)이 가능하게 된 것이다.

또한 ‘러시아나 중국의 협동 원전 수출 프로젝트는 OECD(Organization for Economic Cooperation and Development)의 수출 금융 규정에도 적합한 것이다’라고 Rosatom은 역설한다.

(b) 현재 러시아 원전산업은, 발전된 디자인의 개발과 ‘One stop shop solution’ 방식 개발에 분주하다. 물론 원전 수출 프로젝트에는 기술전환과 로컬리제이션(localization) 문제가 따른다. 또한 ‘서플라이 체인’ 문제도 간단치 않다. 특히 러시아의 수세기 동안 내려 온 소련식 특유의 전래적 국내 서플라이 체인이 문제가 되고 있다. 그러나 푸틴 대통령은 이런 모든 복잡한 원전시장을 뚫고, 세계 톱 크라스의 원전시장을 개척한 Roastom의 그 실력과 실적을 인정하여 새로운 의미를 갖는 ‘북극항로의 관리’를 Rosatom에게 부여하였다.

(iv) 러시아의 로사톰은 중국 해상용 원자력에너지당국(China Atomic Energy Autonomy)에의 ‘부유식 핵발전 열병합 공장’(Floating nuclear cogeneration plants)도 수주하여 앞으로 건조, 수출할 예정이다.

(3) 북극항로개발과 러·중의 끈끈한 다각적인 북극협력에 초조해진 미국의 지난날의 원전산업에의 세계적 리더십의 복귀 노력(얼음 전쟁 시작)

  −러시아와의 자원쟁탈전에 뛰어든 미국연방정부의 황급한 국영 쇄빙선 3척 제작 착수
  −미국이 러시아와 중국 상대의 '얼음 전쟁'(ice war)에 뛰어듦
  −가동기간 잔존에도 원전의 조기폐쇄를 방지키 위해, 원전가동기간을 80년으로 연장 승인하는 미국(본서 제5장, 미국 원전산업 참조)
  −러시아와 중국의 개도국과 중동에의 원전 플랜트 수출 성공에 놀란 미국의 '원전 플랜트 수출에서의 리더십 회복'에 뒤늦게 뛰어든 미국(본서 제5장, 미국 원전산업 참조)
  −2020년 6월 '극지 쇄빙선 3척을 더 만들라'는 트럼프 대통령의 지시로 러·중·미의 북극에서의 '얼음전쟁'(ice war) 개입 시작, 본격화

| 참고 |

1200년 6월 중순, 시베리아 온도는 30도를 넘는 무더위로, 북극 근처 마을도 평균 0℃에 불과하였던 지역이 연일 26도 이상의 폭염으로, 그간 타이 누에나방 애벌레가 서식지를 북쪽으로 150km 이상 상향하며 옮기면서 침엽수림를 갉아 먹어 침엽수 수림이 급격히 줄어든데다가, 침엽수 삼림이 감소하면서 침엽수림의 감소가 지구 온난화를 유발하는 이산화탄소와 메탄을 억제하는 효과가 줄어들었다. 따라서 이 지역의 온도상승을 유발하였다는 것이다. 북극의 얼음이 녹아내리는 데에 상승작용을 할 수 있다고 볼 것이다. 얼음 전쟁시대에 돌입한 것으로 표현된다.

(ⅰ) 기후변화에 따른 미국과 중국·러시아 간의 '얼음전쟁' 예고

  미국의 극지(極地) 쇄빙선 3척을 포함한 극지쇄빙선단을 구성하라는 미국대트럼프 대통령의 각서가 2020년 6월 9일자로 하달되어, 미국의 국무부, 국방부, 상무부의 3개 부서가 동 각서의 이행을 준비하게 되었다. 이로써 미국은 2029년까지 사용성이 검증되고 성능이 좋은 극지쇄빙선을 만들어 러시아와 중국을 상대로 하는 극지에서의 쇄빙선을 통한 '얼음전쟁'을 하게 되었다. 이미 러시아가 세계 원전 플랜트 시장을 석권하면서, 미국이 세계의 원전 플랜트 시장에서 러시아와 중국에 밀리면서, 미국 원전산업의 수출시장에서의 리더십을 되찾기 위

한 기술산업의 우위성 확보와 그간 금지되었던 원전 수출선 국가에 대한 장기연불수출제도의 확대(금지해제)를 실시하고 원전의 기술에서의 미국의 우위성을 되찾겠다는 것이다.

(ⅱ) 러시아의 쇄빙선 46척 운행 중
−핵 쇄빙선 4척도 운행 중
−2019년 세계 최대형 '핵 쇄빙선 시속 41km의 Ural호 신조, 운항 중

아울러 지구 온난화로 얼음이 녹기 시작하면서 북극해엔 쇄빙선이 아닌 일반선박의 운행이 아직 북극해의 깊숙한 곳엔 불가능하기 때문에 쇄빙선이 아닌 일반선이나 구형 쇄빙선으로는 국지전쟁(얼음전쟁) 수행능력이 떨어진다.

이에 비해 러시아는 일반 쇄빙선 46척을 운행 중인데 이 중에는 일반 쇄빙선보다 더 오래 항해할 수 있는 핵 쇄빙선도 4척 운행 중에 있다. 최대 규모의 우랄(Ural)호는 2019년 신조하여 현재 운항 중에 있다. 우랄호는 세계 최대 핵 쇄빙선이다.

> **│ 참고 │**
>
> 미국의 쇄빙선 현황은 열악하다. 현재 미국은 30km 이상의 두께의 얼음을 깰 수 있는 대형 쇄빙선은 1척뿐으로 그나마 1970년도에 제작된 것인데 고장이 잦아 녹슨 양동이(rust buckle)이라 부른다.

(ⅲ) 중국의 북극에서 미국을 따돌리려는 노력

(a) 북극개발에 러시아와 다각적인 자원, 군사적 측면에서 협조하면서 북극개발에 적극 참가하고 있는 중국도 북극개발과 쇄빙선 분야에서 미국을 따돌리려 하고 있다.

2018년 중국 국무원이 발표한 '북극백서'에 의하면, 북극에서 3,000km나 떨어진 중국은 스스로 '근(近) 북극국가'로 칭하면서, 북극권을 일대일로(BRI, Bridge and Road Initiative)로 만들겠다는 취지로 '빙상(氷上) 실크로드' 구상을 발표한 바 있다. 그리하여 2012년 이래 중국은 매년 쇄빙선을 북극항로(Northern Sea Route)에 투입하고 있다.

중국은 쇄빙선 2척을 보유하고 있는데 그 1척은 우크라이나에서 사들인 '쉐룽'(雪龍)이고, 나머지 한 척은 자체 제작한 '쉐룽 2호'다(중국의 항공모함 1호는 우크라이나에서 수입한 것이고 항공모함 2호는 자체 제작한 것이다. 중국의 군사력 확충방향을 짐작케 함). 쉐룽 2호기는 세계에서 유일하게 뱃머리와 선미를 사용해 얼음을 부술 수 있는 기능을 가진 쇄빙선이라 한다. 중국은 이미 2025년 이전에 미국보다 더 많은 쇄빙능력을 보유하게 될 것이라고 미국 자체에서 경고한 바 있다

표 7.4 러·미·중의 대형 쇄빙선 규모 비교

	미국 Pollar Star	중국 쉐룽(雪龍)	러시아 우랄(Ural)
진수시기	1973년	1991년	2019년
길이	122m	167m	173.3m
선폭	25.45m	22.6m	34m
무게	1만 3842t	2만 1025t	3만 3530t

(4) 왜 러·미·중 각국은 북극개발에, 그리고 쇄빙선 개발에 앞서려고 경쟁하나?

(ⅰ) 미·중·러 3대국의 북극개발 진출 경쟁

(a) 강대국이 쇄빙선 개발에 나선 데에는 북극에서의 자원개발과 항로개설뿐 아니라, 북극 일대의 석유 약 900억 배럴로 석유(세계 석유량의 15% 추산) 등이 있는 북극의 영유권 주장을 위해서다. 이는 'UN해양법협약'을 따라 북극의 각국의 개별주권을 인정하지 않는 대신, 북극의 인접국가들에 대한 일반 해역처럼 200해리(약 370km)의 배타적경제수역을 인정하고 있기 때문이다.

(b) 그러나 200해리가 넘는 인접 국가들이 해저대륙붕이 자국 영토와 연결되어 있는 사실을 입증하면, 영유권을 인증받을 수 있는 예외조항이 있다. 따라서 이

에 UN이 인정치 않지만, 러시아, 덴마크, 캐나다 등이 이 조항을 이용해 북극해 대륙붕에 대한 영유권을 주장하고 있는데, 이러한 대륙붕에 대한 영유권조항의 증거확보에는 쇄빙선에 의한 자료 확보가 절대적이다. 그래서 쇄빙선에 의한 극지탐사경쟁을 벌이고 있는 것은 '냉전시기를 방불케 한다'라고 세계 언론은 각 분야의 전문가들의 평가를 보도하고 있다.

앞으로 미·중·러 3강의 북극에서의 자원전쟁, 해운전쟁, 원전전쟁과 기후·환경전쟁은 세계의 이목과 관심을 집중하기에 과열될 만큼 커다란 이슈가 될 것이다.

(ii) 기상관측 135년 만에 가장 뜨거워진 시베리아

그림 7.25 지구 온난화-북극의 급속한 해빙-녹으면서 탄소 2조t 내뿜어-북극의 영구 동토층 기온 상승(10년간 0.29℃ 상승)-온난화 가속

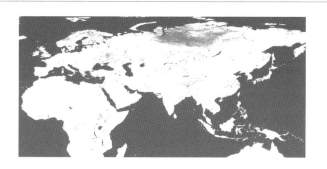

출처; 2020년 6월 26일, 조선일보.

(5) 기후변화가 가져온 더워진 러시아

그림 7.26 녹아내린 북극해를 항해하는 쇄빙선[24]

출처; the economist - a warmer russia.

(ⅰ) 뜨거워진 러시아의 시베리아는 레나강을 거의 가뭄을 갖고 와, 러시아 연방국의 최북단의 동토층(parmafost)이 주저 앉아 Yakuta 지역의 도로와 건물이 파손되었다.

아이러니하게도 북극의 해빙이 된 덕분에 1,000km의 북극의 해안의 얼음은 급속히 녹아, 1980년대에는 평방 7.9m의 두께의 얼음이 작년에는 평방 4.6m로 얇아지면서, 통행이 불가능했던 북극항로(NSR, Northern Sea Route)가 개설되게 되었고, 러시아 정부는 동 항로개설에 110억\$(7350억 루불)를 투입하기로 하였다.

(ⅱ) 동 북극항로가 개설되게 됨으로써 아시아와 유럽의 항로가 수에즈 운하를 통해 항해할 때에는 수 주간(40일)이 항해를 북극의 Tiski항을 돌아 운항 시에는 거의 2/3 기간으로 단축하여 운행할 수 있게 되었다. Tilski항의 개발에 러시아는 25억 루불을 투입하기로 하였다.

---

24 2019년 9월 21일, The Economist, Europe Climate Change 'A Warmer Russia' 인용.

그림 7.27 북극의 영구 동토층이 꺼지는 과정

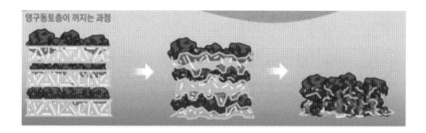

출처; 조선일보 재미있는 과학 200715 - 2.

(iii) 이를 두고 푸틴 대통령은 2017년 북극과 관련된 한 세미나에서, 세계에서 네 번째로 탄소를 많이 배출하는 러시아는 기후변화가 지구 온난화가 해빙되는 북극지방에 개발에 더욱 역주할 것임을 다짐하였다.

그림 7.28 2002년과 2017년 각 북극지방의 영구 동토층이 축소되는 현상[25]

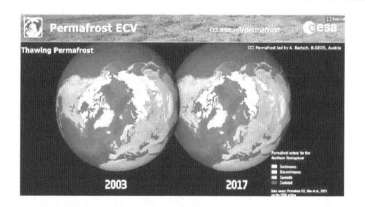

25 출처; 유럽우주국(ESA) 홈페이지

최근의 미국, 러시아, 중국 3강의 원전 국제정치

- 미국 원전산업의 국제적 리더십의 부침(浮沈)
- 미·러·중 3국의 최근의 원전산업 수출전략
- 3국의 원전산업 수출동기
- 미래 원전산업의 국제경쟁력의 변수

CHAPTER
08

최근의 미국, 러시아, 중국 3강의 원전 국제정치

– 미국 원전산업의 국제적 리더십의 부침(浮沈)
– 미 · 러 · 중 3국의 최근의 원전산업 수출전략
– 3국의 원전산업 수출동기
– 미래 원전산업의 국제경쟁력의 변수

본서 제5, 6, 7장의 미국, 중국 및 러시아의 원전산업을 보고, 본 8장에서는 3국의 원전산업의 수출추진 전략 및 그 배경과 국제경쟁력의 각도에서 따로 떼어서 본다. 미국 CSIS의 원전에너지 전문가인 Jane Nakano의 2020년 3월 '미국, 중국 및 러시아 3국의 원전의 국제정치의 변화'라는 보고서를 중심으로 보고자 한다.[1]

---

1 2020년 3월, CSIS, 'The Changing Geopolitics of Nuclear Energy'–A Look at the U.S., Russia and China. Author Jane Nakano 참조.

1 원전산업을 둘러싼 미·러·중의 원전산업의 경쟁적 수준에 이른 실태[2]

(i) 원전산업(NPP, Nuclear Power Plants)에 요구되는 높은 국제경쟁력 수준

(a) 원전산업에서 요구되는 선진국의 수준 높은 기술 수준과 산업의 국제경쟁력

(ㄱ) 새로운 원전산업의 시장 여건에서의 요구되는 국제경쟁력

원전을 설치하거나 전력시장에 원전운영을 고려하는 당국이나, 수요가나, 전력을 생산하는 모든 관계자는 원전건설의 막대한 투자자본과 원전 발전소의 장기운영에서의 전력생산의 비용과 생산된 전력의 판매가의 불확실성과 장기운용의 불가피성을 염두에 두어야 한다. 또한 후쿠시마 원전사고를 기억하고 사회적 수용성을 고려하며, 정치적, 경제적 요인과 함께 경영적 에너지 수요를 감안하는 등 원전 프로젝트(NPP)를 그 시설규모, 운영 및 폐쇄를 결정함에 있어 이 모든 점을 동시에 고려하여야 한다.

수요적 측면 외의 에너지 공급적 측면에서는 아직 증명되지 않은 원전의 기술을 감안하여 신기술의 수용 여부를 결정하여야 한다.

(ㄴ) 과거의 미국, 유럽, 일본은 전통적인 원전의 전력생산 기술을 활용하여 원전을 활용하였으나, 전통적인 원전기술은 사양화되면서 그 경쟁력을 잃어버리게 되었다.

그리하여 1970년대 중반 이후, 미국 원전산업이 사양화되고 있는 시기에 러시아가 새로운 원전산업을 일으키고 원전건설의 힘을 대외수출에도 신경을 쓰면서, 러시아는 오늘날 세계 원전건설의 2/3를 러시아가 맡게 되었다. 이런 여세는 러시아로 하여금 '원전의 안전과 원전의 비확산(non-proliferation) 기준'까지 설정하게 되는 경지에 이르렀다. 이 같이 원전의 발명체계를 러시아가 확립하면서, 러시아는 타국의 원전에 관하여 일정한 수준의 영향력까지 발휘할 수 있게 된 것이다.

(ㄷ) 이 같이 원전산업은 지구가 심각하게 고려하게 된 기후변화에 대처하는 각

---

2 2020년 3월, CSIS, Jane Nakano 'The Changing Geopolitics of uclear Energy' A Look at the Uited States, Russia, and China, p.4. Competitive Landsacape 참조.

종 탄소배출로 야기되는 온실가스에 대한 감소 전쟁이 확대되면서, 특히 미국에서는 원전에 대한 투입 비용과 이익에 대하여서도 서로 고려하게 되었다.

한편 최근에는 러시아와 중국이 원전에 대한 미국의 경쟁자로 부각되면서, 원전의 상업적 고려와 대외수출에 있어 러시아와 중국 양국의 커져 가는 경쟁력을 고려하게 되었고, 여기에서 2019년 이래 미국 연방정부는 대외정책에 있어 원전의 수출경쟁력 강화와 원전에 대한 왕년(往年)의 미국의 리더십을 되찾기 위한 일련의 정책을 수립, 실시하기 시작하였다(본서 제5장 미국의 대러, 대중 원전 플랜트의 수출경쟁력제고를 위한 정책을 참조).

(ㄹ) 원전(NPP) 수출의 특성상 원자로 건설의 수년간의 관계 정립 외에도, 원전연료의 공급관계 유지 및 원전의 정기적 체크 등 원자로 가동 유지관계 확립의 필요와 외교관계의 형성이 필요하게 되었다.

이 같이 원전의 원자로와 플랜트 수급의 상업적 관계에서 비롯되는 끈끈한 외교관계 확립 유지 초래가 필요하게 되면서, 세계는 원전에너지 수급을 둘러싼 확고한 국제정치외교적 관계 형성 및 유지가 필요하게 되었다(예 러시아와 터키의 Akuku 원전공급 체결 이후의 터키와 미국과의 관계 및 Nato 관계를 보면 그 중요성이 이해됨).

(ㅁ) 이에 러시아와 중국의 NPPs 프로젝트로 대외진출이 확대·부각되면서, 미국 국제시장에서의 원전의 리더십 회복의 필요성이 확대되었다. 이 같이 미국에서도 강력한 원전의 국제시장에서의 예전 같은 리더십의 회복의 필요성이 인정되어, 미국의 트럼프 대통령은 일련의 원전산업에 대한 정책적, 제도적 조치를 취하였다 함은 앞의 제5장에서 본 바이다. 이와 관련하여 미·러·중 3국의 원전의 국제정치적 변화에 대하여, CSIS의 J. Nakano가 발견한 최근 지정학의 변화의 핵심적 포인트는 다음과 같이 요약된다.

(ii) 미국, 러시아, 중국의 최근 원전산업에 대한 변화의 요점과 3국의 수출관계의 특성[3]

(a) 원전 플랜트 프로젝트(NPP)가 미국에서 순전히 상업적 관점에서만 검토된

---

3 2020년 3월, CSIS, Jane Nakano 'The Changing Geopolitics of Nuclear Energy' A Look at the Uited States, Russia, and China, p.2. 중간부문 Key findings 인용.

적은 한 번도 없다. 민영 원전이라도 순전한 상업적 각도에서만 플랜트의 수출입이 검토될 수는 없는 것이다. 즉, 미국에서의 원전의 수출은 외교정책의 일환으로, 그리고 경제적 인센티브와 더불어 검토되어 왔다. 미국의 원전사상, 원자력 발전설비의 수출문제는 정치적 지지와 미국정부의 발명과 상업적 경쟁의 차원에서 보다 공개적으로 원자력의 발전을 위해 논의되어 왔다.

(b) '국가가 리드하는 사회주의체제'(예 러시아와 중국)에서 지배하는 원전산업은, 제한된 공개성과 국유기업이 지배하는 특수한 산업구조로 인해 앞으로의 원전산업의 안전성과 핵무기의 비확산(nonproliferation) 문제가 위협받을 가능성이 있는 가운데 그 미래가 위협받고 있다.

즉, 내부적으로 감시체계가 취약하고 원칙이 잘 지켜지지 않는 사회주의 국가에서 규범이 취약한 국가로의 원전 플랜트의 수출에 있어서는 이 점이 더욱 불안해진다. 즉, 미국이나 기타 준법적인 국가의 개입이 없이 원전산업은 전반적으로 강력한 공개성(accountability)이 없거나 경쟁자로서의 위규(偉規)의 가능성이나 안전 기준 등에 대한 배려가 결여될 가능성이 특히 우려된다.

(c) 미국의 원전에서의 후퇴(retreat, 미국의 원전에서의 국제적 리더십의 상실)는 원전의 전력생산에 있어 정치적인 그리고 경제 시스템 면에서 두 갈래로 나뉘어질 가능성이 큰 바, 이는 국영기업이 주도하는 경제인 중국이나 러시아의 경우에 오래된 원자로의 교체의 경우에, 서구적인 체제의 경우와 종래의 사회주의의 국가의 경우로 원전의 방식과 기종의 선택 등 모든 면에서 확연하게 양분된다.

즉 원자로의 교체의 경우에 국가의 정치 체제에 따라 신규 원전의 교체의 경우에도 공급국가의 체제는 원전방식의 양분을 가져오게 될 것이다. 이런 관점에서 미국, 러시아, 중국 3국의 원전시스템의 경우를, 상업적 민영 원전의 수출의 기본적 제도적 차이점을 중심으로 비교한다.

(d) 원전산업 프로젝트의 거래는 그 성격상 국제정치적 색채를 강하게 나타내며, 원전수출국과 수입국간에는 수세기에 걸친 다양한 외교관계를 형성케 한다. 그러나 경우에 따라 원전이 상업적으로 외교관계의 효과적인 수단이 안 될 수도 있다. 원자로 기술의 수출, 공장건설과 이와 관련된 서비스의 제공은 원전 플랜트를

공급하는 국가의 정부와 도입하는 국가의 정부 간에 외교관계를 강화하거나, 끈끈한 외교관계를 유지하게 된다. 그러나 원전의 거래는 이에 앞서 여러 단계의 상호 신뢰가 형성되고 상호 기본적인 영향력하에 있음이 전제된다.

표 8.1 미국, 러시아, 중국의 원전의 수출현황 및 여건 비교(요약)[4]

국 가	국내 원자로 (가동 중)	국내 (건설 중)	설치된 용량	전력 중 원전비중(%)	장래 설치 용량	원전산업 구조	수출 (건설 중)	원저수출금융 방식
미국	96	2	98GW	19.32%	92GW	다수 민전	–	대출(OECD) only
러시아	38	4	28GW	17,87%	44GW	Rosatom 중심(종, 횡)	7(인도, 터키, 발글라데시)	대출 & 출자
중국	48	11	45GW	4.22%	120~ 150GW	3개의 국영원전	2(파키스탄)	대출 & 출자

2 원전을 둘러싼, 미·러·중의 3국 간의 경쟁적 여건
—미국의 리더십의 상실과 러시아의 부상과 중국의 러시아 추종

(1) 미국의 세계 원전시장에서의 리더십의 상실 과정

(i) 미국 전력산업의 취약화 과정과 원전의 경영적 위기 도래

(a) 미국 원전의 경쟁력 상실과 셰일 가스의 부상과 원전산업에의 미칠 영향

(ㄱ) 미국의 96개의 원전은 미국전력생산의 20%를 담당하고 있으나, 원전산업은 빠르게 노후화되었다. 즉, 미국의 상당히 많은 원자로는 가동을 시작한 지 40년에 가까이 가면서, 가장 가장 최근에 가동을 시작한 원전, 즉 2016년에 개설된 테네시주와 Watts Bar 2호기도 오래된 원전이 될 정도로 대부분의 원전이 노후화되었다. 즉, 이 두 AP 1,000 원자로는 유일한 iii세대 및 iii+세대 원자로

---

4 상 동. p.3. Table 1. Civilian Nuclear Power Sector Comparison. U.S., Russia, and China 인용.

가 될 정도로 미국의 원전산업은 노후화된 것이었다. 이들 e 원자로를 제외하면 나머지 원자로는 전부 ii세대 원전이 될 정도로 노후화되었다 하겠다.

(ㄴ) 여기에 더하여 마침 급격하게 미국에서 증산되는 셰일가스가격의 급락으로 가스 발전단가가 저렴해지면서, 원전업체는 가동허가기간의 잔존에도 불구하고 원전폐쇄를 당국에 신고할 정도(2017년까지 이미 9개 원자로가 폐쇄함)로 원전산업은 계속하여 폐쇄신고를 할 상태로 2025년까지 10개의 원전이 폐쇄(2020년에만 2기 폐쇄)할 계획이었음을 우리는 앞의 제5장에서 보았다. 따라서 미국의 원전의 기생은 셰일혁명 이후에는 오로지 천연가스가격의 귀추에 달려 있을 정도로 어렵게 되어 있었다.

이로써 2050년까지 가스와 석유값이 계속 하락하면서, 원전은 51GW까지 축소되고, '다행히 가스와 석유 값이 상승하면서, 미국의 원전은 6GW만 축소하는 것에 그친다'라는 전망하에 놓이게 되었다.[5]

(ㄷ) 다행히 본서의 전 제5장에서 본 바, 미국의 많은 주정부[6]의 노력과 RGGI의 가입으로 보조금 지급 등과 원자로의 가동허가 기간을 60년에서 80년으로 연장하는 조치와 ZEC(Zero Emission Credits)제도의 실시로 미국에서는 '2020년 이후에는 폐쇄한다는 원전'이 없게 되었다(본서 제5장 참조할 것).

그러나 Westinghouse의 도산으로 5년 늦게 실시하게 된 Vogtle 프로젝트(한국의 두산중공업의 건설에의 참여)와 V.C. Summer 프로젝트도 당초보다 예산이 2배가 소요되는 등 미국의 General Electric이나 Westinghouse가 지배하던 원전시장은 국제경쟁력 면에서 치고 올라오는 러시아와 중국 특유의 기술의 국제화로 경쟁력을 확보하고 있는 중국과, 특히 NPP(Nuclear Power Plant) 대외 수출에 있어서는 러시아와 중국이라는 새로운 경쟁자를 만나 힘겹게 경쟁하여야만 하게 된 미국의 자양하는 원전산업이 되었다.

---

5 상 동. p.5. Chapter 2. Competitive Landscape 'United States Industry Leader in Decline' 참조 인용.

6 어려운 때에 ZEV를 실시한 5개 주는 New York, Iiiinois, New Jersey, Connecticut주와 Ohio주이다.

(2) 러시아의 원전: 새로운 국제 원전시장 리더로 급부상

(i) 1986년의 Chernobyl 사고 이후, 절치부심 러시아, 세계원전시장 리더?

(a) 1986년의 Chernobyl 원전사고 이후, 모든 면에서의 하자의 교정에 몰두, 성공한 러시아

(ㄱ) 원전산업의 회생으로 다시 부상한 러시아

1986년의 Chernobyl 원전사고를 교훈 삼아 다시 부상한 러시아는 특히 석유, 가스의 에너지산업의 증산과 더불어 원전에 진력하여, 현재 38기의 원자로에서의 생산되는 원자력은 러시아의 전력의 18%를 담당하게 되었다.

(ㄴ) 거기에 더해, 2009년부터 2018년까지 31개 원전 프로젝트 중 23개를 완공하여 가동 중에 있는 데, 비록 이는 원자로의 수적으로는 미국이나 중국보다는 작으나, 러시아는 현재 53개의 원자로를 세계 도처에 건설 중에 있다. 현재 러시아가 원전 프로젝트(NPP)를 진행 중인 곳은 방글라데시, 벨라루스(기 완성, 가동 중), 필란드, 슬로바키아, 터키, 우크라이나를 포함하고 있다.

(ㄷ) 이 모든 활동은 2007년 설립된 Rosatom(Russian Atomic Energy Corporation)이 360여 개의 자회사를 만들어, 이 모든 것의 주관자가 Rosatom이 되어 해외 원전기술의 수출과 프로젝트의 건설과 관련된 구매와 가동 후의 일까지 수행하는 역할로, 2007년~2017년까지 10기의 원자로 수출 프로젝트를 맡아 진행(벨라루스 완공, 제6장 참조)하고 있다. 이는 1986년부터 2007년에는 겨우 4기의 원자로를 건설하였던 점을 감안하면 그 Rosatom의 업무의 성장 속도와 그 업무의 규모를 짐작할 수 있다.

(b) 푸틴대통령의 원전 외교의 최첨병으로서 Rosatom의 확대되는 대외활동과 주요 임무
－원전수출 대상국에 해외 주재원을 러시아 공관에 파결할 정도의 원전기술의 중요성

(ㄱ) Rosatom의 업무는 급격히 신장되어, 국유기업으로서 Rosatom은 푸틴 대통령의 대외정책 수행의 제1의 수행기관으로 북극항로의 개설도 추진하고 있다. Rosatom은 민영 원전뿐 아니라 군용 원전도 맡아 수행하고 있으며, 자회사로는

Rosenergoatom과 Atomflot(원전으로 가동되는 icebreakers 운영하는 북극항로의 운영 주체도 Rosatom이 지명됨)를 산하에 거느리고 있어(제6장을 참조), 2015년 발행된 'Energy Strategy of Russia up to 2035'를 실시하는 기관으로서, 러시아의 원전 NPPs 수출과 동 기술의 수출 확대를 실시하는 기관이 될 것이다.

이 같이 Rosatom은 산하의 Atomflot를 통해 미국과의 협상에서 러시아의 높은 전쟁물자의 우라늄 농축 Warhead를 미국의 상업용 원전용으로 전환하는 역할도 하는 국영기업이다.

(ㄴ) 흥미롭게도 러시아는 <u>원전의 세계 세일즈를 위해 전 세계 러시아 공관에 Rosatom의 관계관을 원전주재관으로 파견하고 있다.</u> 이는 <u>원전 NPPs의 기술의 수출뿐 아니라, 이에 따른 일체의 서비스를 제공하는 역할을 하는 직책으로,</u> 이들을 통한 원전의 수출과 관련 금융제공에 대하여는 Rosatom의 독자적 결정으로 이루어지고 있다.

이리하여 현재 Rosatom이 자체의 직원을 파견하고 있는 국가는 방글라데시, 벨라루스, 중국, 인도, 이란, 일본, 카자흐스탄 및 터키이며 러시아가 무역사절단으로 파견된 대사관은 아르헨티나, 체코 슬로바키아, 프랑스, 독일, 헝가리, 베트남 및 영국이 이에 속한다.

(3) 중국: 차기 원전 대국[7]

(ⅰ) 국내 원전의 대대적 건설과 차기 원전 수출 대국을 지향하고 있는 중국

(a) 중국의 국내 원전건설 확대로 미래의 원전수출 대국 지향
　　－2030년까지 연간 1~2기 원전수출 가능. 특히 RBI(일대일로) 회원국 대상으로
　　－2030년 이후, 신규 및 교체 원자로 포함, 연간 10기 이상 수출 목표.

(ㄱ) 대대적 원전 국내건설로 차기 원전수출대국 지향목표
1991년까지 원전에 대하여 전연 계획이 없었던 중국은, 대대적인 국내의 원전 건설을 실행하면서 원전을 기후대책의 한 수단으로 활용하게 되었다. 그리하

7　2019년 4월, Columbia/SIPA, 'TOWARD A REAL GREEN BELT AND ROAD' BY JONATHAN ELKIND 참조.

여 2011년부터 2019년까지 35기의 원자로를 건설하면서 여기에서 전기를 생산하게 되었는데 이는 앞서 본 러시아의 원전건설의 4배나 되는 대대적 건설로서, 중국 이외의 타국의 모든 신원전건설의 합계보다 10기나 많은 원전건설이 된 것이다.

(ㄴ) 이렇게 현재까지 45기의 원전의 신설로 중국은 프랑스(63 GW)와 미국(98GW)에 이어 원전생산 제3대국이 되었다. 여기에 추가하여 중국은 11기의 원전을 현재 건설하고 있으며, 18기의 원전건설을 계획하고 있다. 그리하여 중국에서는 일본의 후쿠시마 원전사고 이후, 중단하였던 원전을 재생하여 2025년까지 96GW를, 그리고 2030년까지 120~150GW로 생산을 확대하여 조만간 프랑스를 따라잡고, 2030년까지 미국을 추월하겠다는 계획으로 있다. 이렇게 되니 미국으로 하여금 옛날의 미국이 '세계 원전시장을 리드하던 때로 돌아가야 하겠다'라는 결정을 촉진하게 만들었다.

(ㄷ) 2014년, '세계 원전시장의 리더가 되겠다'는 결정을 하게 된 중국
-RBI 정책의 일환으로 '파키스탄 카라치'에 건설 중인 화룡 원전 1, 2호기의 2021년, 2022년 완공을 앞두고, 중국원전기술수준을 과시(특히 개발국)하는 계기를 삼으려는 중국

세계 원전시장의 리더로서 부상하고자 결정한 중국은 이미 2014년 아르헨티나, 브라질, 체크공화국, 케냐, 말레이시아, 태국, 터키, 남아연방과 사우디아라비아를 염두에 두고 2017년에 국내에 Chasma 원자로 4기를 건설하고, 파키스탄의 카라치에 건설 중인 화룡(華龍, Hualong) 원자로 1, 2호기를 2021년과 2022년에 각각 완공하기로 결정하면서, 본격적인 NPP의 대외수출을 추진하기 시작하였다. 이 같이 카라치의 화룡 프로젝트가 완성되면, 비로소 중국의 원전(LWR)의 건설 기술 수준이 세계적으로 인정이 되는 계기가 될 것으로 믿고, 이를 원전(소형, LWR) 수출확대의 전기로 삼으려 하고 있다.

(ㄹ) 중국의 원전을 담당하는 세 개의 대형 국유기업
-CNNC(China National Nuclear Corp.), CGN(China General Nuclear Corp.), SPIC(State Power Investment Corp.)

중국의 3개의 국유 원전기업은 원전의 디자인 및 실제 원전의 건설을 맡은 재벌식 기업구조이다. 1988년 종전의 원전산업부에서 떨어져 나온 CNNC는 원

자로기술개발의 핵심기구이다. 또한 우라늄 전환 농축과 연료를 제작하고 재처리하는 곳이며, CGN은 원자력 발전과 원전의 수출을 위해 만들어진 기구로 이는 중국 국내외의 우라늄 광산 활동에 관계하는 원전전문 국유기업이다.

따라서 원전에 관계하는 국내외의 영업활동에 있어, 중국의 CNNC와 CGN 양사(국유기업)는 원전시장 지배를 싸고 치열한 경쟁관계에 있다(대부분의 중국, 러시아 등의 사회주의 시장경제를 추구하는 국가의 국유기업은 2~3개의 복수의 국유기업간 경쟁관계의 구도로 경쟁 속에 효율을 거양케 한다. 그러면서도 국가가 국유기업 중 경우별로 지명하는 케이스가 허다함).

(ㅁ) 정부의 강력한 지원과 뒷받침받는 중국의 원전산업의 대외수출[8]
　　－2030년까지 최소 연간 1~2기 원전수출 가능성
　　－중국의 RBI 주변국 28개국, 1차 대상국으로 상정
　　－2030년 이후, 신규 및 교체 원자로 포함, 연간 10기 이상 수출 가능성 기대

러시아의 경우 같이, 중국의 원전산업도 그 대외수출에 관한 한, 정부의 강력한 정책적 지원을 받는다. 예컨대 제13차 5개년규획(2016~2020)상, 국내적 원전기술의 발전과 향상을 위하여 에너지구조의 개편을 계획하면서, 일대일로(BRI, Belt and Road Initiative)정책의 28개 관계국에의 원전을 통한 대외진출(Going out)정책과 긴밀하게 연관되어 있다. 이런 연유로 중국 원전은 파키스탄의 카라치에 원전을 RBI 정책의 일환으로 건설하면서, 또 한편으로는 영국의 원전에도 자본 투자에 참여하면서 영국의 원전건설에도 관계하고 있다. 여기에는 전통적으로 중국의 경쟁력 있는 화력발전건설과 운영에 있어서의 노하우가 크게 활용되고 있는 것이다.

중국의 원전의 대외 수출은 중국원전의 수준으로 보아, 2030년까지 연간 1~2기의 수출 여력이 있을 것으로 전망하는 가운데, 우선 동남아 국가와 중동의 국가들을 상정하고 있다. 이렇게 하면 신규 원전수출과 기존의 원전의 교체까지 합하여, '2030년 이후에는 10기 이상 수출할 수 있게 된다'고 전망한다.[9] 중국의 원전수출에 동원되는 대상은 중국 원전의 개발한 원전 디자인은 Hualong One 과 CPR－1000 디자인이다.

---

[8] 2019년 4월, Columbia/SIPA 'TOWARD A REAL GREEN BELT AND ROAD' p.4. Green Goals of BRI 인용.

[9] 2020년 3월, CSIS, Jane Nakano 'The Changing Geopolitics of Nuclear Energy' p.10. China; The Next Big Thing.&Chen&Zhang 'Going Global Strategy of China's Nuclear Power Industry' 인용.

3 미·러·중 3국의 원전 플랜트 수출 전략

(1) 민간의 원전 수출에 있어 Back seat에 앉아 있던 미국 정부

(ⅰ) 미국의 원전산업은 원칙적으로 민간사업 영역임

(a) 민간영역인 원전산업은 미국에서는 원전영업의 창설부터 수행과 해외수출까지 민간이 수행한다. 다만 정부는 정부 대 정부 간의 합의를 계약으로 체결할 때에 끝난다. 미국 정부는 원전에 관하여 관계되는 물자의 수입이나 수출할 때 이를 규제한다. 예컨대 원자력규제위원회(U.S. Nuclear Regulatory Commission)는 원전관계 물품의 수출입 시에 이를 감독하며, 원전기술의 발전, 생산, 설비 등에 대하여 규제하고 에너지에 관계될 때에는 에너지부와 공동으로 원전을 감독한다.

(b) 미국 정부는 원전의 해외수출 시에 이를 지원하며, 필요 시에 상대방 국가의 정부와도 협조한다. 미국 정부는 원칙적으로 미국 원전산업을 위하여 미 상무성 산하의 'Civil Nuclear Trade Advisory Committee'를 통하여 임무를 수행한다.
　　최근 러시아와 중국이 원전의 수출에 적극성을 보이고 개발국의 원전설치를 휩쓸게 되자, 미국이 사양화된 원전에서의 왕년의 미국의 리더십을 되찾고 미국 원전산업의 해외진출을 적극 돕고자 대대적 지원강화책을 수립, 실시하기 시작하였다 함은 이미 본서 제5장에서 본 바이다.

(c) 2019년, 미국 원전의 대외진출 강력화를 도모하기 위한 전략적 조치
─원전 플랜트의 장기연불수출금융과 지급보증의 길을 터놓는 경쟁력 제고

　　미 국무성은 Nuclear Cooperation Memoranda of Understanding(NCMOUS)를 도입하여 민간 원전업체의 대외진출을 지원하기 시작하였다. 이는 원전에서의 가장 강력한 라이벌인 러시아의 국영원전업체(Rosatom)을 견제하기 위한 목적이 최우선이다.
　　원전프로젝트의 수출지원의 가장 필요한 수단은 도입국에 대한 '좋은 조건의 장기연불 조건의 파이낸싱'인 바, 미국의 수출입은행(U.S. EXIM)에서는 그간 핵확산 방지를 위해 미 EXIM의 장기연불과 금융지급보증의 발급은 금지되고, 오로지 미국도 회원국인 'OECD 금융'만이 가능하였다. 그러나 이것만으로는 미국 원전수출의 러시아와 중국에 비해 수출경쟁력이 크게 떨어져, 미국의 상업원전 플랜트수출이 감소하고 그 틈을 러시아와 중국이 파고 들어오게 되자, 미국 정부는 2019년부터 '미국의 EXIM 은행의 공식적 원전 플랜트 수출금융을 승인' 될 수 있게 개정하였다. 또한 미국개발금융공사(USDFC, U.S Development Finance Corporation. 옛날 USAID)의 원전 플랜트 장기연불수출에 대한 정부의 지급보증서 발급을 가능하게 관련 규정을 개정하였다. 따라서 미국도 원전 플랜트 수출에 따라 이뤄지는 장기플랜트 수출금융에 부수하는 정부의 보증서 발급도 가능케 확대되었다(The sector Understanding on Export Credits for Nuclear Power Plants of Arrangement on Officially Supported Export Credits).[10]

(d) 또한 US Development Finance Corporation(USDFC)은 동 수출금융에 대한 미국 정부의 지급 보종서를 2019년 10월부터 발급케 하여, 원전(NPPs)의 연불수출을 지원하는 길을 터놓음으로써, 러시아나 중국의 국영원전기업의 국책은행의 장기연불과 공신력 있는 국책기관의 지급보증 등의 지원을 묶어 패키지로 원전 플랜트의 수출의 길을 경쟁력 있게 마련하는 것을 목적으로, 미국 원전업체에게 도 장기연불식 원전 플랜트의 장기 수출의 길을 터놓은 것이다.

이로써 가히 원전 플랜트 수출에 관한 한, 70년대 이래 미국원전의 콧대 높은 우월적 지배시장에서 러시아와 중국 원전국영기업의 수출시장에의 대두에 대비하여 미국원전업체에게도 수출의 경쟁력을 제고시키는 길을 터놓았다고 하겠다.

(2) 플랜트 수출과 장기연불금융의 패키지의 중요성
─ 미국보다 기술적으로 훨씬 후발주자인 러시아와 중국의 원전 플랜트 수출의 국영 연불금융의 성공과 미국의 옛 영광 만회를 위한 안간힘을 쓰는 추적

보통 경제개발도상국의 기술 플랜트 도입은 장기 파이낸싱의 조건의 유리성의 정도에 따라 좌우된다. 특히 러시아와 중국 같은 사회주의 국가에서는 국가

---

10 상 동. p.12. 중간부분 참조 인용.

가 직접 관장하는 국유기업이라도 국제정치적 의미를 띠게 되어 도입하는 국가에서 요구조건도 수출국에서도 쉽사리 결정키 어려워진다.

그리하여 시장경제에 익숙한 국가에서도 장기 플랜트수출이나 프로젝트의 제공에는 국유기업이나, 국유은행이 정부의 지원을 받아 금융조건이나 프로젝트 제공 조건을 결정하게 된다.

특히 원전산업은 비록 전력생산을 위한 비군사적 사업이지만, 모든 국가에서 경제적, 정치적 의미에서 필수적인 관계로 더욱 깊게 국가가 개입하고 지원하게 된다. 또한 이런 류의 프로젝트가 필요한 국가일수록 수입국에서의 심사하는 소위 '투자등급'(Investment Grade)에 열등하게 되어 있어, 제공하는 국가의 지원적 개입의 수준이 높을 수밖에 없다.

표 8.2 러시아와 중국의 '원전 플랜트 대외 수출'에 있어서의 딜의 조건과 그 내용[11]

수출국	수입국	프로젝트 위치	기수	금액 Bil $	금리	상환 기간	참여 지분	국가신용등급		
								Moody's	S&P	Fitch
러시아	방글라데시	Rooopu	2	$12.65	1.75%	28		Ba3	BB −	BB −
"	벨라루스		2	$10.00		25		B3	B	B
"	이집트	El Dabaa	4	$25,00	3.00%	22		B2	B	B =
"	핀란드	Manhaul	1	$2,20	2.20%		34%	Aa1	AA +	AA +
"	헝가리	Paks 2	2	$13.30	Var. 4	21.		Baa3	BBB	BBB
"	요르단	(취소)	2				49.9%	B1	B +	BB
"	터키	Akkyu	4				100%	B1	B +	BB +
"	베트남	Ninh Tanh 1.	2	59.00						BB
중국	아르헨티나	Ancha 3 & Unit V	2	Sea Noutes				Ca2	CCC −	CC
"	파키스탄	카라치	2	56.50				B3	B −	
"	영국	Hinkley Point C	2				33.5%	Aa2	AA	AA

출처; MuRPHEY, 'The Bear and the Dragon', CSIS.

---

11 2020년 3월, CSIS, Jane Nakano 'The Changing Geopolitics of Nuclear Energy' p.13 Table 2. 'The terms of Financing for Russian and Chinese Nuclear Export Deals' 인용.

위의 표는 러시아와 최근 수출을 강구하기 시작한 중국의 원전 플랜트 수출 계약을 체결할 때의 조건을 망라한 것이다. 통상의 플랜트 수출과는 확연히 차이가 크다. 차이의 폭이 크면 클수록 수출국과 수입국 간의 국제정치적 외교관계는 특수한 긴밀도의 의미를 띠게 된다는 점을 알 수 있다(최근 완공한 벨라루스의 러시아 원전은 러시아의 최초의 대외원전의 건설인 바, 장기집권의 대통령은 저항하는 데모가 일어난 즉후 러시아의 푸틴대통령을 방문하여 그의 지원을 과시하게 한 예가 이에 속함).

(3) 러시아와 중국의 원전 플랜트(NPPs) 수출방식의 특성
  ─러시아: <u>완전하게(perfecting) 적응력 있게 하는 모델</u>
  ─중국: <u>하면서 배운다(Learning by Doing)는 모델</u>

(i) 러시아의 Perfecting a Model[12]
  ─Single point of contract in Contractual Engagement
  ─Spent Fuel takebacks 조건 첨부; Optional

(a) 러시아의 완전한 원자로 기술의 공급능력은 시장여건 변화에 적응할 수 있는 <u>러시아의 융통성 있는 대처능력</u>에서 비롯된다. 여기에는 Rosatom의 횡적으로나 수직적으로나 완전하게 구성할 수 있는 능력에서 가능하여진다. 즉, Rosatom은 원자로 디자인 기술을 제공하는 데에서 EPC 계약에 따르는 원전공장건설에 이르기까지, 그리고 가동에 이르기까지(관계자 훈련 포함) 연료의 공급과 원전가동에 필요한 서비스, 후일 원전의 해체(decommissioning)와 재가동 및 프로젝트에 대한 유리한 조건의 장기 파이낸싱(차입 및 지분 투자 참여)에 이르기까지, 기존 시장과 신규 참여자를 가리지 않고 원전 플랜트 수출을 추진한다.

(b) 이리하여 예컨대 우라늄 농축서비스는 미국은 물론, 기타 원전 체계가 확립되어 있는 영국, 프랑스 및 일본까지도 그 시장을 활용한다. 이 같이 완전한 원전 시장 모델은 원전을 소위 '<u>Single point of contract in contractual engagements</u>'라는 구조로 이는 특히 원전(NPP)에 경험이 없는 신생국에 매우 유리한 것으로

---

12 2020년 3월, CSIS, Jane Nakano 'The Changing Geopolitics of Nuclear Energy p.14. Russia; Perfecting a Model' 인용.

러시아의 NPP수출 마케팅에 효과적이다. 여기에 러시아는 원전 신입 국가에 훈련을 제공하는 서비스가 탁월하다는 평가가 붙는다.

(c) 또한 러시아는 소위 'Spent fuel-takebacks' 조건을 도입국가가 원하면 <u>계약에 붙이기도 하여</u> 이 또한 원전운영 경험이 없는 신생국에는 하나의 장점이 되고 있다. 이 조항에 따라, 러시아는 이미 사용한 연료의 재(再)처리를 위해 해외에서 러시아로 도입함으로써, 한편으로는 원전 도입국가로 하여금 원전의 군사용으로 발전할 수도 없게 하는 비확산조항을 적용하여, 군사용으로 전환하는 길을 봉쇄하기도 한다(takebacks 조항은 필수조건은 아님).

현재 러시아는 수개의 NPP 수출계약을 추진중이거나 교섭 중이나, 이 모든 계류 중인 원전 수출계약이 동시에 이루어질 수는 없는 것으로, 그리고 금융 면에서나 필요 관련 부품을 동시에 공급할 수도 없는 것으로, 순차적으로 점진적으로 계약이 이루어질 것으로 보인다. 어쨌거나 <u>러시아의 원전 대국으로의 부상은 미국에 원전에 대한 국가적 지원과 적극적인 원전시장에서의 리더십의 부활 노력을 경주하게 하는 제1대 촉진 요인</u>이 되고 있다.

(ii) 중국: '하면서 배운다'(Learning by doing)[13]

(a) 중국의 원전수출에 관해서는 그 방법이나, 가는 과정과 전략과 방법과 성사된 경우에 수출금융방식에 대하여 일률적으로 정의할 수 없다. 다만 중국 원전수출의 그 규모와 방식에 있어서는, 영국의 경우와 아르헨티나의 경우로 나누어 보아야 한다. 이는 특히 영국과 아르헨티나의 두 원전 프로젝트의 파이낸싱에 관한 한, 제3국에서 보는 관점으로서는 도저히 매력적일 수 없기 때문이다.

---

13 2020년 3월, CSIS, Jane Nakano 'The Changing Geopolitics of Nuclear Energy' p.15. China; Learning by Doing 참조 인용.

(b) 중국이 33.5%를 투자한 영국의 Hinkley Point C 원전 프로젝트의 경우, 중국의 원대한 직접투자는 중국이 발명한 'Hualong 1호기 원자로'를 영국의 Bradwell 기지에 건설하는 것에 대한 영국민의 우려를 불식시키는 데에 큰 도움을 주었다.

동 프로젝트는 영국의 전수상인 David Cameron 수상 때(2016~2019)에 시작하여, 특히 영국이 EU에서 결별하려는 때에 성사된 것으로, 마침 영국이 2023년까지 16기의 원전을 셧다운하려는 축소되는 원전의 발전 감소에 대한 대체가 필요한 때이면서, 원전 플랜트의 파이낸싱이 필요한 때인, Theresa May 수상의 2016년에 이루어진 것으로, 마침 중국 시진핑 주석의 영국 방문 시기에 동 프로젝트에 대한 양국의 원전사 간 계약체결이 성사된 것이다.

(c) 한편 아르헨티나 프로젝트는 캐나다의 Candu 원자로의 가동을 인수받아, 2017년 중국의 Huarong 1호기의 부품과 관련 서비스를 아르헨티나의 원전사인 'Nucleoelctrica'사를 지원하는 형식으로 장기연불금융을 중국의 공상은행(ICBC)이 건설비의 85%를 장기연불로 지원하는 형식으로, 화룽 1호기 원전 플랜트수출이 이루어지게 된 것이다. 캐나다의 Candu 프로젝트가 중국의 Huarong 원전으로 대체된 것이다.

이를 위해 중국은 2017년 이래 아르헨티나에서 연수생을 받아, 칭화대학에 개설된 원전 전문의 석·박사 코스를 설치하고, 아르헨티나에서 35~40명의 원전 기술과 경영자 전문가 양성을 위한 강좌를 개설하여 아르헨티나에 제공하기도 하였다.

또한 아르헨티나의 경우, 중국의 금융조건과 원전 프로젝트의 건설의 열망을 실현할만한 매력 있는 프로젝트임을 확신시키기에 족한 조건이기도 하였다.

(4) 미·러·중 3강의 강력한 원전 플랜트 수출 동기(Motivations)

(i) 미국의 원전 수출 동기: 비즈니스만이 아닌 여타 동기; 국제정치(Geopolitics)

(a) 2019년, 미국 원전 플랜트 수출에 대한 정부의 전면적인 지원 동기
　－원전 플랜트 수출은 상업적 동기 외에 역사적 기술발전을 도모하는 정부 역할 가미

(ㄱ) 원전 플랜트의 대외수출에 대한 미국 정부의 전방위적 지원은 원전산업의 기술향상과 상업화의 도모라는 견지에서 그간 미국 정부의 강력한 지원을 받아 왔다. 따라서 순 민영 원전산업이 상업성이 결여되었을 때에도, 원전 과학자와 기술자와 정책 당국자들도 원전 분야에서 활동할 수 있도록 정부가 지원을 계속하여 왔다.

다만 그럼에도 그간의 이런 <u>정책은 민영 원전산업은 미국 공화당의 자유시장 경제원칙과 민주당의 보다 강력한 정부의 관여원칙의 주장으로, 미국의 원전은 석탄산업이나 가스산업보다 그 발전이 뒤처지게 되었다.</u> 그 결과로 미국의 초기의 <u>원전은 그 발전단가가 석탄화력보다 10배 이상 비용 면에서 열세(고가)이어서, 경쟁력이 상실되어 가동 허가기간의 잔존에도 자진 폐쇄하는 원전이 증가하였었다</u>(본서 제5장 미국의 원전 및 본서 6장 전반부를 참조할 것).

(ㄴ) 여기에 겹쳐 전반적인 미국 내의 전력수요의 감퇴는 원전의 경영악화를 가속시켜, <u>미국의 원전산업은 공급체인의 활로로서도 원전 플랜트(NPP)의 수출을 모색할 수밖에 없었다.</u> 따라서 미국의 원전 당국은 2012년까지 신규 원전건설을 허용치 아니하였으나, 최근의 <u>러시아와 중국의 원전 플랜트 수출시도와 성공은 미국에 커다란 경종을 울리는 자극을 주어,</u> 미국은 일련의 국제 원전시장에서의 리더십을 되찾는 노력을 하기 시작하였다. 이에 대하여는 후술한다.

(b) 미국 원전 플랜트 수출의 경우, 평화적 목적으로의 사용을 체크하는 역할 병행

또 하나의 원전 플랜트 수출시장에서의 특징은, 여타 산업에는 없는 소위 '비확산(비평화적 목적으로의 원전사용 금지약속과 그 이행 여부에 대한 미국의 체크 시의 참여 관례)방지'라는 점이다. 특히 이 '비확산조치'에 대한 체크는 미국 원전산업의 관련성이 없어

도 미국이 개입하도록 유도되고 있는 점이 '원전 플랜트 수출에만 해당된다'는 특징의 하나이다.

(c) 미국 원전산업에서 대 러시아와 대 중국 경쟁력 유지정책과 그 방향[14]
─2017년에 제정된 'National Security Strategy'에 원전산업을 포함해야
─US Exim의 원전 플랜트 대외수출 장기연불금융 및 지급보증 대상에 포함되어야

이리하여 미국도 원전에서의 경쟁력과 원전시장 리더십을 찾기 위한 일련의 강화조치를 취하기 시작한 바, 이를 보면 다음과 같다.

미국의 원전산업에서의 플랜트수출경쟁력 강화방안으로 3대 정책을 거론할 수 있는 바, 첫째, 이는 미국연방정부, 특히 에너지부(DOE)의 예산상 원전에 관한 발전된 기술 수준의 향상을 뒷받침할 수 있게 충분한 연구 활동지원 예산을 확보하는 길이며, 둘째, 오랜 기간 금지되어 온 미국 수출입은행의 원전 플랜트 수출의 경우에 미국수출입은행(EXIM)의 장기연불수출 금융의 제공과 미국개발금융공사의 장기플랜트 수출금융에 대한 정부의 지급보증서 발급 금지의 완화 조치와, 셋째, 새롭게 미국 원전 플랜트관련 기관에서 발명한 소형 모듈화된 원자로(SMR, Small Modular Reactors) 관련 수출에 있어서의 원전 플랜트 가동의 안전성과 '핵의 비확산'(nonproliferation) 조치와 관련하여 미국 원전 관련기관이 좀 더 적극적으로 원전 플랜트 수출을 리드하는 역할을 활동할 수 있게 하자는 제안이 있다(수출금융에 관련하여, 대상산업의 일부 주식지분 인수방식의 허용도 고려대상일 수 있게 하자는 의견도 있음). 넷째, 미국 원전산업이 세계 시장에서 좀 더 높은 수출경쟁력을 가지려면, 미국 내에서 우선 원전산업의 가치를 전략적 차원에서 인정하여야 할 것이고, 그런 의미에서 2017년에 제정된 'National Security Strategy'에 안보전략산업(Strategic Industry)으로 원전산업이 포함되도록 하여야 할 것이다.

---

14 2020년 3월, CSIS Jane Nakano 'The Changing Geopolitics of Nuclear Energy' p.32. Chapter 6. Conclusion의 미국편 활용.

(ⅱ) 러시아의 원전 플랜트 수출의 타당성 유지와 그 영향력
ㅡ러시아의 에너지 수출의 정당성 유지 노력과 그 영향력

(a) 러시아의 원전 플랜트 수출의 타당성 찾기[15]

(ㄱ) 러시아의 원전 플랜트 수출의 정당성 내세우기

특히 터키 Akkuyu 프로젝트는 미국과의 터키 간의 상호방위조약과도 연관된다.

러시아는 2003년 에너지 수출을 확대하면서 그 명분과 타당성을 내세우기 시작하였다. 특히 러시아는 이때부터의 에너지 수출을 단순한 상업적 목적 외에, 대외정책외교의 수단으로 푸틴 대통령의 종합적인 외교전략 수단으로 활용하였다 함은 잘 아는 바와 같다(홍인기 저. 미·중·러·OPEC 간의 에너지 국제정치 참조할 것)

이리하여 러시아는 특히 새로이 동구라파에서 독립된 헝가리를 포함하는 구 공산주의 국가들과의 국제정치적 외교관계 수립과정에서 에너지 수출과 원전 플랜트 수출의 외교 관계를 정립함에 활용하였다.

(ㄴ) 이런 관계는 헝가리에의 원전수출과 특히 터키와의 4기의 원전수출 프로젝트의 120억 유로의 방대성에서 NPP 수입을 러시아로부터 도입하기로 하는 결정의 근거(터키는 1955년에 미국과의 상호핵관련협조계약을 체결한 바 있음에도 불구)에, 그리고 터키를 관통하는 '사우스 스트림 가스 프로젝트'와 관련하여 한데 묶어서 추진되었다. 이같이 터키의 Akkuyu 프로젝트는 러시아와 터키와 그리고 특히 미국과의 관계에서 NATO 등 여러 오묘한 국제 외교관계와 연관하여 나타내는 프로젝트이다.

(ㄷ) 이러한 4기의 원자로 프로젝트인 터키의 Akkuyu 원전프로젝트는 'BOO (built-own-operate) 모델'로, 2008년 Rosatom사는 터키가 실시하는 입찰에 사전에 수립된 각본에 의해 단독 응찰하여 2010년 러시아와 터키 간에 계약을 맺고, 여기에서 더 나아가 2017년에는 러시아가 터키에 '러시아산 S-400 대공 미사일 배터리'를 공급하기까지 일관되게 진행되었다(이 프로젝트는 러시아 측의 220~250 억$의 투입 비용이 요구된다는 계산임).

---

15 2020년 3월, CSIS, 'The Changing Geopolitics of Nuclear Energy', Jane Nakano, pp.19-23. Russia; Preserving Relevance and Influence.

(ㄹ) 러시아의 원전 플랜트의 수출과 엮은 방대한 국제 외교정치

또 다른 원전 플랜트 수출과 관련하여 국제정치적 판도를 나타내는 경우가, 러시아의 가스의 대독일 수출 파이브 건설과 연관되어 있는 케이스이다. 원전의 연료(Northstream Gas-Pipeline)와 파이프라인 건설을 통한 천연가스의 유럽대륙에의 가스 거래량의 1/5 비중으로, 이는 러시아가 세계의 원전기술 수출 계약의 43%의 원전용 연료수출과 더불어 막중한 비율의 원전 연료의 공급계약으로서 이것이 갖는 국제정치적 의미와 비중이 매우 크다는 점이다(동프로젝트는 본서 제6장 '러시아의 원전'에서 상술하였음).

이와 관련하여, 미국은 우크라이나가 1990년대에 이란의 Busher 원전공장에서 소비에트산 WRE-1000 원자로용 연료로 공급받고 있는 가스터빈용 원전연료를, 미국 정부가 미국의 Westinghouse로 하여금 우크라이나에 'Ukraine Nuclear Fuel Qualification Project'하에, Westinghouse 제작 원전연료로 대체하게끔 한 경우도 미국, 러시아와 제3국 간의 원전을 둘러싼 복잡한 국제정치의 외교의 단면을 나타내고 있다.[16]

(ㅁ) 러시아의 NPP 수출이 갖는 경제적, 국제정치적 외교관계의 의미

이 같이 러시아의 원전 플랜트 수출과 대외정책상 경제적, 정치적 의미는 명백하다. 이는 특히 파이프라인을 통한 석유나 가스 수출(공급계약)과 비교되는데, 석유와 가스의 공급관계는 쇼크가 발생하여도 단기적인 것이라면, 원전 플랜트의 수출관계는 원전의 연료의 공급관계가 수반되므로 후자가 발생의 경우, 원전의 경우가 더 장기적 영향과 타격을 받을 수 있다는 점이 특징이다. 즉, 원전의

---

16 2020년 3월, CSIS, Jane Nakano 'The Changing Geopolitics of Nuclear Energy' pp.19-21. Russia; Preserving Relevance and Influence 참조 인용.

경우 2016년 현재 러시아가 그 연료공급은 43%의 비중인 데 비해 석유와 가스의 경우에는 국제거래에서 러시아의 비중은 1/5의 비중인 점이 이를 설명한다. 일사유사시에 석유나 가스의 경우보다 원전계약의 차질의 경우, 수입국에 미치는 악영향이 훨씬 크다는 것을 뜻한다고 하겠다.

(ㅂ) 국제금융위기 시, 경제적 어려움을 살려내는 원동력이 된 러시아 원전

2000년대 후반 국제금융위기를 맞은 러시아경제에 미친 타격은 상대적으로 컸으며, 이때 큰 버팀목 역할을 한 러시아의 원전 플랜트수출 프로젝트는 이란의 Bushehr NPP와 중국의 Tianwan NPP 프로젝트이었다. 이에 의해 러시아의 제조업에서 양 수출 프로젝트의 공급 비중이 70%를 점하면서, 러시아 경제에 큰 활성제 역할을 하였다. 특히 러시아의 원전연료 생산 공급이, Novoibisk 화학 콘크리트 공장(Novoibirsk Chemical Concretes Plant)에서의 생산되는 연료가 중국과 이란의 두 원전 플랜트에 공급하는 과정에서 침체된 러시아 경제의 활성화에 커다란 역할을 하였다. 그와 동시에 방글라데시, 벨라루스, 헝가리 및 이란의 원전 플랜트 건설의 시작이 또한 러시아 경제에의 부흥에 기여한 바 크다.

(ㅅ) 또 다른 러시아의 원전 플랜트 수출이 러시아 경제활성화에 기여한 것이 있다면, 푸틴 대통령이 적극적으로 추진한 북극개발과 북극용 부양식 원전 발전함(동 부양식 원전 발전선과 Rosatom이 주관하게 된 'North Sea Route'에 대하여는 본서 제6장 러시아의 원전을 참조)의 건조라 하겠다.

이 같이 러시아에서의 원전 플랜트의 수출은 지나치게 높은 석유와 가스의 수출에 대한 세수에 과다 의존(2018년: 59%, 2019년: 61% 추정)하는 러시아 경제를 다변화시키고 활성화하는 데에 크게 기여하였다고 하겠다.

(iii) 중국의 경제적 파워를 확대하는데 크게 기여하는 중국 원전[17]

(a) 중국의 청정에너지와 경제적 인센티브 결합 신장에 기여한 원전수출

(ㄱ) 중국의 확대되는 국제 경제적 파워와 그 과정에서 원전의 역할

최근 중국은 청정에너지의 경제적 인센티브와 국제사회에서의 국제적 우위성을 향유하기 위한 역할확대를 위해 원전수출 확대에 진력하면서, 원전산업을 우선순위에 놓고, 경제전략의 한 방안으로 원전기술의 발전과 발명을 추진하고 있다.

특히 중국 제조업이 2025년의 고도화(Made in China)를 표방하면서, 중국 제조업의 1단계 발전을 위한, 10개 하이텍 산업의 1단계 발전과 세계에서의 중국 제조업의 우수성을 달성키 위한 계획과 정부의 전략적 보조금 지원정책을 싸잡아 발표하면서, 국유기업(SOE)과 세계적인 지적 재산권의 취득에 열을 올리고 있다.

여기에서 비록 중국이 원전산업을 '10개 전략산업' 리스트에 직접 거명은 안했으나, 중국의 원전의 '서플라이 체인의 업그레이드'를 통한 원전산업의 비약을 목표로 하고 있다.

(ㄴ) 화룽1호 원전부품의 90%를 국산화하려는 목표를 실천하고 있는 중국

중국제조업발전 2025에는, 10년간에 300개의 연구기관의 참여와 활동으로 예컨대 화룽1호 원전 플랜트의 부품의 90%를 중국 국산품으로 충당하는 것'을 목표로 하고 있다. 이는 이론적으로도 85%까지 달성이 가능할 것으로 전망하고 있다. 그간 2019~2020년까지의 중국 내 원전 플랜트 부품의 국산화는 70억\$의 비즈니스 규모로 추정하면서, 전반적인 에너지 관련 수출은, 특히 일대일로(BRI) 정책과 원전수출을 주관하는 2개의 중국의 국유기업(CGN, CNNC)이 주동이 되어, 전력산업이 취약한 개도국에의 수출 확대의 성장을 기대하고 있다.

(ㄷ) 대표적인 NPP 1호 케이스인 China – Pakistan – Economic Corridor(CPEC) 의 원전산업수출과 성공적인 BRI의 첫 시범 케이스 시현

중국이 파키스탄과 BRI의 시범 케이스로 중국산 후룽(Hualong)원전 1호기를 파키스탄의 카라치에 설치하기로 한 것은 특히 파키스탄과 인도 양국 간의 라이

---

17 2020년 3월, CSIS, 'The Changing Geopolitics of Nuclear Energy', Jane Nakano, pp.23 – 25. China; Expandig Economic Power 인용.

벌 관계로 그 추진속도가 더욱 가속화되었다. 이 CPEC 프로젝트야말로 석유가 스파이프라인 외에 중국 국산기술에 의한 원전 플랜트를 해외에 건설하는 첫 케이스로서 <u>영국에서 진행되고 있는 영국의 Hinkley Points 발전소와 더불어 중국의 대표적 원전 플랜트의 대외진출을 상징하는 케이스이다</u>(이외에도 중국의 Huawei가 영국의 전화 네트워크에 그 장치를 공급하고 있는 점도, 중국의 원전기술과 중국 통신기술의 영국 진출의 상징적인 2개의 성공적인 대표적 플랜트 수출 케이스라 할 수 있음).

(5) 미·러·중 원전 3강국의 원전기술의 미래의 경쟁력과 변수

(i) 러시아의 국제석유가 하락과 원전에 대한 기술 및 재정 지원의 약화

(a) 국제유가하락으로 타격받은 러시아 원전에 대한 정부지원의 약화
-러시아의 석유수출 감소와 러시아의 원전기술 수출규모 감소

최근의 국제석유가의 하락으로 인한 러시아의 석유수입의 감소는 원전에 대한 국가재정지원규모의 감소를 수반한다.

그리하여 실제 2009년에는 원전프로젝트에 대한 국가의 지원 비중이 46%로 축소되고, 2015년에는 16%까지 감소하였다. 이는 특히 국제유가가 2014년에 대폭락을 가져온 결과로 러시아 세입감소로 나타난 타격을 의미한다. 특히 2014년의 러시아가 일으킨 Cremea 반도의 침공으로 러시아에 대한 해외투자는 급감하였고, 이에 따라 Rosatomdl 터키의 'Build-Own-Operate'(BOO) 원리에 따라 시범적으로 행하려 하였던 터키의 Akkuyu 원전 프로젝트에도 그 타격이 불가피하여졌다.

(b) 아울러 Rosatom의 국가재정의 뒷받침으로 유도하였던 원전 NPP 수출의 기대가 원활할 것인지의 전망도 불투명하게 되었다. 세계 석유시장의 침체는 특히 Rostam에 대한 국가지원의 축소가 불가피한 가운데 러시아의 대 핀란드 원전프로젝트 수출도 타격을 받게 되었다.

또한 어려워진 여건은 Rosatom의 첫 시도로 Breakthrough(돌관형) 프로젝트에서 <u>원전형 아이스브레이커 제작에 성공하여, 2019년부터 북극지방에 가동키로</u>

한 '부동식 SMR 엔진형 원전 발전함'인 Akademik Lomonosov호를 Munmansk 지방에 2020년 8월 설치하여, 동 원전 발전선에서 생산된 전력의 공급을 시작하였고 또 다른 형태의 새로운 Ural호 같은 원전 LMR 엔진을 부착한 Icebreaker식의 부동식 발전함을 2035년까지 9척을 생산하려는 계획도 추진 중이나, 다만 현시점에서는 이러한 프로젝트의 수출 전망을 어둡게 하고 있다(이 Rosatom의 Breakthrough NPP 프로젝트는 'Rosatom's Development Strategy 2030'이라 칭함).

(ii) 중국의 CNNC의 SMR 디자인(輕水用 및 非輕水用) 활용의 부동식 NPP 개발제작(LingLong One)과 CGN의 ACPR 디자인을 활용하여 개발한 해상용 ACPR 개발

중국의 CNNC와 CGN의 2개의 원전사들은 국가 주도하에 몇 개의 SMR을 활용하여, CNNC는 부양식 NPP(LingLong One)를 개발하였고, 또한 CGN은 ACPR 디자인을 개발하였는데 이 범위에는 ACPR 50S라는 디자인도 포함되었다. 이는 중국이 개발한 고온의 가스를 냉각시키는 단위도 포함되어 있다(오리지널 기술은 독일 것임). 이는 2020년 가동될 예정이라 한다. 이 방식은 소위 'Molton −salt 기술'이라 하는데, 이 기술개발을 위해 중국은 3억$를 사용하였다 한다. 중국은 이 기술의 상업적 활용은 2030년을 목표로 하고 있다.

(iii) 미국의 민간 기구에 의한 SMR 개발과 그 활용
−미국의 국제원전 플랜트 수출시장에의 재등장의 가능성 제고

(a) 러시아와 중국과 대조되는 미국 민영원전업계와 민간기구의 SMR 개발

(ㄱ) 민영이 중심이 되는 미국의 SMR 개발

미국의 원전개발과 운영은 전면적으로 민영기업과 민간연구기관이 앞서고 있는 바, 2019년 현재, 미국과 캐나다의 원전의 SMR 프로젝트로 총 64개의 원전 디자인 프로젝트가 진행되고 있다. 이 중 가장 선두는 미국 오리건주에 있는 NuScale사가 2017년 1월, NRC(Nuclear Regulatory Commission)에 동 기술의 상업화를 이루기 위하여 디자인 승인을 신청한 것이 그 효시를 이룬다. 이 신천서의 NRC의 검토는 <u>2019년 12월까지 4차 검토를 끝낼 예정</u>으로 있고, 최종승인은 2020년 말로 예정되어 있었는데 <u>2020년 11월 중에 미국 연방정부(NRC)는 NuScale사의 SMR을 최종승인한 바 있다</u>(본서 제5장 참조할 것).

(ㄴ) 한편 NRC는 2019년 12월에 NuScale이 신청한 <u>최초의 SMR 건설 사이트로, Tennesse Valley Authority's Clinch River Site를 승인하였다. 이 사이트의 승인은 미국 SMR의 미국 내 상업적 가동을 정부가 인정하는 것이기 때문에, 원전건설사상 매우 의미 있는 것</u>이다.

(ㄷ) 또한 이는 미국의 DOE가 2012년 이래, 452백만\$를 지원하여 실시한 Babcock & Wilcoks사와 NuScale사가 공동으로 추진한 'DOE's Advanced Research Projects Agency-Energy(ARPA-E)와 2015년에 설립된 'Gateway for Accererated Innovation in Nuclear(GAIN) Initiative'의 연구의 결과물이기 때문에 그 의미가 깊다. 또 이 프로젝트에는 세계적인 엔지니어링사인 우리에게도 잘 알려진 Flour사도 참여하였다 한다.

즉, GAIN Initiative가 미국 연방정부도 에너지 신기술, 특히 그중에서도 원전에 관한 기술 발명에 어떻게 기여할 수 있는가를 보여 준 증명이 되었기 때문에 그 의미가 크다.

(ㄹ) DOE는 NuScale사의 SMR의 디자인 허가 신청서를 승인하였다. 이는 DCA의 모든 절차를 거친 것으로써 미국 원전산업사상 동 허가신청이 의미 있는 마일스톤이 된 것이다.

또 다른 SMR에 대한 DOE의 인가는 원전산업의 기술개발에 대한 소위 PPP(Private-Public-Partnership)의 성공사례로 인정되기 때문이다.

동시에 여기까지 온 데에는 미국 특유의 양당의 의회의 뒷받침이 있었기 때문에 가능하다고 평가되기도 한다(미국 에너지부(DOE)의 SMR의 인가신청에 대한 기술 검토에는 115,000시간의 검토의 시간이 투입되었다는 후일담이다. 그만큼 원전안전성에 대한 감독 당국의 공신력 있는 검토의 과정이 있었음을 말해 줌).

(ㅁ) NuScale사는 승인된 첫 SMR 발전소를 Utah Associated Municipal Power Systems(UAMPS) 내의 발전소로서 Idaho의 National Laboratory 내에 건설하여

2029년부터 신발전소에 발전, 공급할 예정이라 한다. 새로운 SMR 원전시대가 미국에 개막되면서 미국도 적극적인 원전의 NPP 수출시대를 개막할 것 같다.

금반 NRC로부터 인가받은 SMR 디자인은 60megawatt 디자인(전통적인 원전은 1,000megawatt)으로, 65피트의 높이에 9피트의 지름을 갖는 원통형이다.

한편 미국 정부는 NuScale의 SMR을 승인하면서, 그러면서도 미국은 중국을 의식하여 2019년 11월 중국에 대하여는 SMR 원전의 수출을 금지하였다.

NuScale사 외에도 Bill Gates가 참여하고 있는 TerraPowerLLC가 있어 이는 액체 소듐을 냉각제로 사용하게 되어 있다.

또한 1.5megawatts의 용량을 가진 Oklo사의 원전은 집 안에도 설치가 가능한 소형 원자로로 1,200개의 가정에 송전할 수 있다고 한다. 앞으로 2년내에 정부의 허가를 득할 것으로 전망하고 있다.

이로써 미국 풍력 발전이 메가와트당 $44인 것에 비해, 원전은 $50까지 근접하게 되었다고 BloombergNEF사는 전망하고 있다. 이는 가정에서도 원전을 싸게 공급받을 수 있는 시대가 올 것을 예고하고 있다.[18]

이로써 미국 최초의 SMR 원전 건설과 그 수출이 가능케 되어, 이제 세계는 러시아의 Rostam사와 중국의 CGN 및 CNNC사와 더불어 세계 원전시장에서 원전 플랜트 수출을 둘러싸고 미·중·러 간에 치열하게 각축하게 되었다.

상업적 목적 외에 긴밀한 외교관계의 형성과 장기 연불 금융과 우라늄 등 장기 연료공급관계로 맺어지는 미래의 원전시장은 에너지국제정치의 원대한 구도를 갖는 시장이 됨에 미국이 드디어 '돌아온 장고'가 되기로 그 방향을 잡았다.

(ㅂ) 작은 모듈의 원자로(SMR, Small Modular Nuclear Reactor) 개발[19]

원전의 원자로를 신설할 때에 필요한 '자본투자의 방대성'에서, 자본조달이 여의치 않으므로, 새로운 소형 모듈의 원자로(SMR)의 기술개발과 발명이 활발해지고 성공하고 있다. 소형 모듈화된 원자로라 함은 300MW 이하의 전력을 생산하는 모듈식 원자로로, 필요에 따라 여러 개의 모듈화된 원자로를 제조하여 적합된 부지(공장 내 포함)로 운송하여 설치하는 고도의 기술이 개발이 성공적으로

---

18 2020년 9월 1일 Energy & Science 'Mini-Reactors Are Gaining Traction in the Push for Greener Grids. 참조.

19 2020.6. iea, Sustainable Recovery p.100. 2.7.3. Small modular nuclear reactors 참조 인용.

이루어졌다.

　여러 다른 타입의 경수로를 냉각시키는 SMR의 고도의 기술개발이 이미 성공하여, 몇 가지의 타입의 SMR은 특허를 제출할 경지에 이르렀다. 액화 금속냉각(Liquid Metal - Cooled) SMR과 Molten salt－cooled and gas－cooled SMR 디자인은 덜 발전된 디자인으로, 캐나다와 중국과 러시아에서 개발 중이다(SMR에 관하여 미국과 중국과 러시아의 원전 편을 참고).

(ㅅ) SMR의 장점은 저탄소배출 원자로를 낮은 초기 자본투자로 설립이 가능하며, 종래와 같은 넓은 소요 부지를 필요로 하지 않고, '원전의 공사기간도 모듈식이기 때문에 건설기간도 짧아 융통성(원자로는 1호기 이후 찍어 내기식)이 크다'는 장점을 갖고 있다. 따라서 SMR은 원전을 사용치 못하였던 원전의 무경험의 국가에서도 그 설치가 단기간 내에 작은 투자자금으로 설치가 가능하다는 장점으로 중국과 러시아가 특히 개발도상국이나 중국의 일대일로정책의 주변국에 SMR 원전 플랜트 수출을 추진하면서, 저리의 장기 연불금융을 붙여 적극적으로 추진 중에 있어 미국으로 하여금 과거의 원전수출 제1대국으로의 환원을 목표로 원전수출에 적극적으로 뛰어들게 하고 있다.

　프랑스와 캐나다도 SMR 제조능력이 있어 미, 프랑스, 캐나다의 구미 국가와 러시아 중국 및 인도까지 가세한 SMR 플랜트 수출과 자국 내 건설의 신시대가 열릴 것이 전망된다.

(ㅇ) SMR의 개발과 투자 장려를 위해 각국 정부는 파이로트 프로젝트에 자본출연, 대출보증, 개발자와의 장기계약 등을 체결하여 지원하고 있다. 또한 국제적 협조관계를 증진시키기 위해 비용분담(cost－sharing)계약 체결, R&D의 분담추진 계약체결, 국내외적인 특허(Licensing), 연구와 제조의 분담문제 등도 협의할 수 있게 하고 있다.

　SMR의 Proto 타입의 개발을 위해 표준화된 디자인을 개발하고 가치사슬(Value Chains)을 개발하며 표준형의 경제성을 개발하여 비용경감을 도모하게 되어 있다.

미국 NuScale사의 SMR와 관련하여, 한국의 두산중공업이 원자로 등의 핵심부품을 공급하기로 하고, 미국 원자력감독위원회(NRC)의 설계인증심사에서 통과되어, 내년부터 두산중공업의 소형 원자로 모듈의 부품의 수출이 가능케 되었다. 한국의 강력한 원전 플랜트 관련 Supply Chain 역할이 가능케 되었다.[20] 첫 원자로로 NuScale사가 미국 아이다호(Idaho) 주에 건설 예정인 원자로가 될 전망이라 한다. 두산중공업은 44백만불의 지분참여를 하면서, 1.5조원 규모의 기자재 납품을 할 수 있게 되었다 한다.

－2020년 8월 3일, 조선일보, 매일경제

(ㅈ) 새로운 미·러·중의 소형 원전 플랜트 수출 3강시대 도래 가능성[21]

이로써 원전의 소형 NPP 수출에 관한 3대 강국 시대가 열리게 되었다.

첫째, 2020년 8월, 금반 미국의 NuScale사가 연방정부의 SMR 디자인에 대한 정식 인가를 획득함으로써 현재 Georgia주에 건설 진행 중인 전통적인 2기의 Vogtile(한국 두산중공업의 제작 및 각종 부품 납품의 실력을 인정받아 건설 중)의 전통적인 원전 플랜트 외에 SMR(소형 모듈원전 플랜트의 국내 신설과 해외 플랜트 수출)의 수출의 길의 미국에 열렸다.

둘째, 중국의 CNNC는 2019년 Nimble Dragon 플랜트의 디자인을 125메가와트 SMR 버전으로 국제 원자력기구인 IAEA의 승인을 득하였다. 그리고 2019년, 전시용으로 'Nimble Dragon Plant'를 125메가와트용의 원전을 건설하고 있다(원래 중국은 2007년 미국의 Westinghouse의 원전 플랜트를 도입하여 사용하면서 대폭적인 국산화로 오늘날의 중국 화룡 1호기를 플랜트로 수출가능성을 추진하고 있음은 본 바임).

셋째, 러시아는 이미 'Akademic Lomonosov'라는 부양식 원전선을 제작하여 2020년 8월부터 Murmansk 지방으로 인양하여 발전을 시작하면서, 주변 주민에게 송전을 시작하였다 함은 이미 본 바이다.

따라서 구형 원전 비용의 방대함과 건설의 장기소요 등 많은 문제점에 비해

---

20 2020년 3월, The Changing Geopolitics of Nuclear Energy Jane Nakano, A Look at the U.S., Russia and China p.34. Chapter 6. Conclusion 인용.

21 2020년 9월 10일, POWER Fuel 'NRC Gives Final Approval to NuScale's SMR Design' 및 원전 플랜트.

이들 단점을 보완해 주는 SMR이 앞으로 <u>원전 NPP의 수출시장에서 미국, 러시아, 중국 3국의 국제정치적 색채를 강하게 나타날 프로젝트로 3국 간 치열한 각축이 일어날 것임을 전망한다.</u>

원전부활시대가 오고 있는 예고를 들 수 있다.

부록

(유첨 1) 속도 내는 한국정부의 저탄소 정책과 한국증권시장의 'KRX/ S&P 탄소효율 그린뉴딜지수' 채택

1 한국의 2050년으로 앞당긴 탄소중립(net zero)선언[1]

(i) 2050년으로 탄소중립(net zero) 앞당긴 한국
 −바이든 당선자 기후 정책에 대응
 −미국, EU의 탄소국경세 도입 추세에 대비
 −기후변화에 따른 국제무역환경변화에 순응

(a) 세계적 대세인 탄소중립(네트 제로) 달성을 2062년에서 2050년으로!

 −대외수출도가 높은 한국의 선제적, 능동적 기후변화대응
 −미, EU의 새로이 실시되는 탄소 국경세 체제에 대비
 −한국의 장기저탄소발전전략(LEDS)의 UN 파리기후협약에 제출, 실시
 −탄소중립위원회 설치
 −에너지 관련 세제와 에너지 관련 부담세제의 개편

---

1 2020년 11월 27일, 매일경제. "文, 저탄소속도전−에너지세제개편 추진" 및 2020년 11월 26일, 매일
 경제 '글로벌 그린 뉴딜 저자' 제러미 리프킨 인터뷰 "바이든 기후변화' 정책. 한국은 산업대변혁 맞
 을 준비됐다" 인용.

(b) 친환경적인 글로벌 기업과 금융사들의 육성과 거래와 친환경 투자 유도
　　－에너지 전환(저탄소배출)산업 혁신
　　－미래차(EV) 및 수소차 전환
　　－혁신 생태계 구축, 순환경제 실현.
　　－비중 제고(2030년: 65－80%), 석탄 비중 제고(2050년: 4.4% → 0%)
　　－외 수소 및 에너지 IT로 전환 유도

(c) 다만 네트 제로의 탄소 가능성과 탈원전 정책의 병존 가능성(?)
　　－원전의 육성 보완 없이 네트 제로(Net Zero) 달성 가능성?

(유첨 2) 한국증시의 'KRX/S&P 탄소효율 그린뉴딜지수' 채택과 동 지수 활용도 확대 전망과 구성기업들의 자발적 탄소배출 감축노력 유인 전망

(i) 한국증권거래소(KRX)의 그린 뉴 딜의 활성화를 위한 '탄소 효율 그린딜 지수' 개발과 동 거래를 2020년 11월 16일부터 실시[2]

(a) KRX/S&P '탄소효율 그린뉴딜지수' 결정과 발표

(ㄱ) 한국거래소는 '증시상장기업의 그린 뉴 딜 활성화를 위하여' 글로벌지수사 업체인 S&P DJI와 공동으로 'KRX/S&P 탄소효율 그린뉴딜지수'를 작성하고 이 를 2020년11월16일부터 동 지수를 발표하기 시작하였다.

(ㄴ) 동 KRX/S&P 탄소효율지수(이하 탄소효율지수라 칭함)는 S&P의 자회사인 Trucost Environmental Register사가 각 기업별 지속가능 경영보고서, 기업별 연차보고서, ESG 리포트 등을 기초로 국내기업이 공개한 자료를 근거로, 각 기 업의 매출액 대비 탄소배출량을 산출하여, 이 탄소배출량을 동일 산업 군내에서 기업별 탄소 배출량의 적은 기업에 높은 가중치를, 그리고 배출량이 많은 기업

---

2 2020년 11월 13일, 한국거래소 인덱스사업부, "한국거래소, 'KRX/S&P 탄소효율 그린 뉴딜지수 발 표'" 인용.

에게 낮은 가중치를 부여하여 지수 내에 편입 비중을 결정한다. 탄소효율지수에
는 가급적 많은 기업을 동참케 하고자, 탄소배출량의 정보가 있는 기업(시가총액
100만$ 이상 기업)을 최대한 지수에 편입케 한 결과, 한국에서는 <u>483개의 기업(코스
피 종목: 260개, 코스닥 종목: 223개)</u>이 선정되었다(유동성: 거래대금 30억 원 이상).

(b) 상장종목 중, KRX S&P BMI(탄소효율 그린뉴딜지수)에 불포함된 종목

(ㄱ) S&P Global Large Midcap에서 Green House Gas Scope 중, 탄소배출량
기준 100위 종목보다 많은 양의 탄소를 배출하거나, S&P의 자회사로서 세계 공
시기업의 탄소배출을 전문적으로 분석하는 Trucost사가 지정하는 '탄소배출이
높으면서도 탄소배출에 대한 정보공시가 충분히 않은 고(高) 탄소배출기업'(High
Non-Disclosing Carbon Emitters) 종목은 지수에서 포함될 수 없으며, RepRisk사에
의한 'RepRisk Index(RRI)가 75 이상인 기업'으로서 'ESG 이슈에 대한 투자의
기업 위험성이 있는 기업'을 제외하고, 유동성이 1백만$ 이상인 코스피나 코스
닥에 상장된 국내법인 중 선정하는 기업으로 2020년 11월 말 현재는 424개 국
내상장(Kospi 또는 Kosdaq)기업이 선정·포함되어 있다.

(ㄴ) KRX/S&P의 탄소효율 그린뉴딜지수의 산업별분류는 24개 산업군으로서, 에
너지, 소재, 자본재, 운송, 자동차와 부품, 유틸리티 등 전 산업이 망라되어 있다.

(ㄷ) 구성 종목의 탄소효율지수의 지수 내, 비중은 구성 종목별 유동시가 총액비
중×당해 종목 탄소효율 가중치, 동일종목이 지수 내 30% 이상의 비중을 초과
할 수 없다.

Constituent Weight in Carbon Efficient Index = Constituent Weight in
Carbon Efficient Industry Group X Underlying Index Industry Group
Weight

2 S&P/KRX 탄소효율지수 발표의 의미[3]

동일 산업군 내(현재, 24개 산업군 내)에서 상장기업의 '매출액 대비 탄소배출량'
이 적은 기업에 높은 가중치를, 탄소배출량이 많은 기업에게 낮은 가중치를 부
여하여 기업 내 편입비중을 결정한다.

동 지수는 5년간 코스피와의 연평균 상관관계가 0.97로서, 매우 유사한 추이
를 보이면서도 코스피 지수 대비 특히 최근 높은 수익률을 실현하고 있다.

이는 그만큼 한국증시에의 투자자가 국내외를 막론하고, 특히 기관투자가들
의 ESG(Environmental Socio Governance) 관련하여 탄소배출 정도에 따른 투자종
목 선정에 관심이 높다는 것을 의미하는 것으로, 한국에서도 기업경영자로서 '탄
소배출억제를 위한 경영방향'이 중대한 지표가 되었음을 의미한다.

기업의 경영방향에 이제는 ESG나 그린 뉴 딜 같은 사업과 탄소배출 규모 같
은 지표가 경영자와 투자자의 최대 관심사항이 되고 있으며, 그만큼 투자자들의
경영자에 대한 평가기준이 업그레이드되었음을 의미한다. 따라서 실시 초기단계
의 KRX 탄소효율지수의 행방과, 개별 포함종목의 주가의 등락이 당해기업에 대
한 투자자의 평가기준이 되어 가고 있음을 상장기업경영자는 경영 제1의 경영목
표로 염두에 두면서, 한국의 기업경영방향을 설정할 때가 이미 되었다 하겠다.

표 1 KPX/S&P 탄소효율 그린뉴딜지수 vs 코스피지수 연도별 수익률 (단위: %)

구분	'15*	'16	'17	'18	'19	'20*
코스피지수(a)	△3.76	3.32	21.64	△17.28	7.67	5.85
KRX/S&P 탄소효율 그린뉴딜지수(b)	△4.70	6.19	7.59	△18.48	12.67	8.79
비교(b-a)	−0.94	+2.87	+5.95	−1.20	+5.00	+2.94

* '15년은 3.20~12.30 사이의 수익률, '20년은 1.2~8.31 사이의 수익률
출처; 한국거래소 탄소효율 그린뉴딜지수 p.2. 인용.

---

3 2020년 11월, S&P Doe Jones Indices. S&P/KRX Carbon Efficient Capped Methodology p.3
  Introduction Index Objective and Highlights 인용.

그림 2 한국거래소 탄소효율 그린뉴딜지수와 KOSPI 지수 추이(2015. 3.~2020. 8. 31.)[4·5]

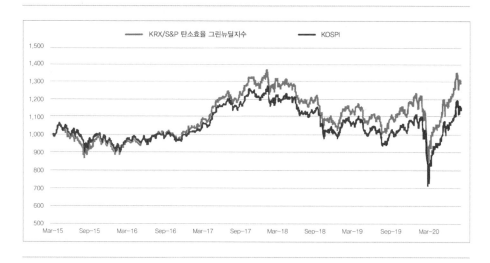

표 2 한국거래소 탄소효율 그린뉴딜지수 구성기업명단(p.2-2)

번호	종목명	시장	번호	종목명	시장	번호	종목명	시장
1	강스템바이오텍	코스닥	2	강원랜드	유가	3	게임빌	코스닥
4	경동나비엔	유가	5	경보제약	유가	6	경인양행	유가
7	고려아연	유가	8	고영	코스닥	9	국일제지	코스닥
10	금호산업	유가	11	금호석유	유가	12	금호타이어	유가
13	기아차	유가	14	기업은행	유가	15	남선알미늄	유가
16	네오위즈	코스닥	17	네이처셀	코스닥	18	네패스	코스닥
19	넥슨지티	코스닥	20	넷마블	유가	21	노바렉스	코스닥
22	녹십자	유가	23	녹십자랩셀	코스닥	24	녹십자셀	코스닥
25	녹십자홀딩스	유가	26	농심	유가	27	뉴지랩	코스닥
28	다나와	코스닥	29	다날	코스닥	30	다산네트웍스	코스닥
31	다우기술	유가	32	다원시스	코스닥	33	대덕	유가
34	대림산업	유가	35	대상	유가	36	대신증권	유가
37	대아티아이	코스닥	38	대우건설	유가	39	대우조선해양	유가
40	대웅제약	유가	41	대주전자재료	코스닥	42	대한광통신	코스닥

4 2020년 11월 13일, 한국거래소 인덱스사업부, "한국거래소, 'KRX/S&P 탄소효율 그린 뉴딜지수 발표'" p.2 'KRX/S&P 탄소효율지수 및 kospi 지수' 인용.

5 상 동. p.2 'KRX/S&P 탄소효율 그린뉴딜 지수, KOSPI' 인용.

43	대한뉴팜	코스닥	44	대한유화	유가	45	대한항공	유가
46	대한해운	유가	47	대화제약	코스닥	48	더블유게임즈	유가
49	더존비즈온	유가	50	덕산네오룩스	코스닥	51	덱스터	코스닥
52	덴티움	유가	53	동구바이오제약	코스닥	54	동국제강	유가
55	동서	유가	56	동성제약	유가	57	동아쏘시오홀딩스	유가
58	동아에스티	유가	59	동아지질	유가	60	동양	유가
61	동양철관	유가	62	동진쎄미켐	코스닥	63	두산	유가
64	두산밥캣	유가	65	두산솔루스	유가	66	두산인프라코어	유가
67	두산중공업	유가	68	두산퓨얼셀	유가	69	드림텍	유가
70	디오	코스닥	71	디피씨	유가	72	락앤락	유가
73	레고켐바이오	코스닥	74	레이	코스닥	75	롯데관광개발	유가
76	롯데쇼핑	유가	77	롯데정밀화학	유가	78	롯데지주	유가
79	롯데칠성	유가	80	롯데케미칼	유가	81	롯데푸드	유가
82	롯데하이마트	유가	83	루트로닉	코스닥	84	리노공업	코스닥
85	마크로젠	코스닥	86	만도	유가	87	메가스터디교육	코스닥
88	메디톡스	코스닥	89	메디포스트	코스닥	90	메디프론	코스닥
91	메리츠증권	유가	92	메리츠화재	유가	93	메지온	코스닥
94	모두투어	코스닥	95	미래에셋대우	유가	96	미래컴퍼니	코스닥
97	미코	코스닥	98	미투온	코스닥	99	민앤지	코스닥
100	바디텍메드	코스닥	101	바이넥스	코스닥	102	바이오니아	코스닥
103	바이오솔루션	코스닥	104	바텍	코스닥	105	보령제약	유가
106	부광약품	유가	107	뷰웍스	코스닥	108	브이티지엠피	코스닥
109	비덴트	코스닥	110	비아트론	코스닥	111	비에이치	코스닥
112	삼성SDI	유가	113	삼성물산	유가	114	삼성바이오로직스	유가
115	삼성생명	유가	116	삼성에스디에스	유가	117	삼성엔지니어링	유가
118	삼성전기	유가	119	삼성전자	유가	120	삼성제약	유가
121	삼성중공업	유가	122	삼성증권	유가	123	삼성카드	유가
124	삼성화재	유가	125	삼양식품	유가	126	삼양홀딩스	유가
127	삼천당제약	코스닥	128	삼화콘덴서	유가	129	상상인	코스닥
130	상아프론테크	코스닥	131	서울반도체	코스닥	132	서진시스템	코스닥
133	서희건설	코스닥	134	선데이토즈	코스닥	135	성신양회	유가
136	세경하이테크	코스닥	137	세틀뱅크	코스닥	138	셀리버리	코스닥
139	셀트리온	유가	140	셀트리온제약	코스닥	141	셀트리온헬스케어	코스닥
142	솔브레인	코스닥	143	솔브레인홀딩스	코스닥	144	송원산업	유가
145	슈프리마	코스닥	146	슈피겐코리아	코스닥	147	스튜디오드래곤	코스닥

148	시노펙스	코스닥	149	신성이엔지	유가	150	신세계	유가
151	신세계인터내셔날	유가	152	신일전자	유가	153	신풍제약	유가
154	신한지주	유가	155	실리콘웍스	코스닥	156	쌍방울	유가
157	쌍용양회	유가	158	쌍용차	유가	159	쏠리드	코스닥
160	씨아이에스	코스닥	161	씨젠	코스닥	162	씨티씨바이오	코스닥
163	아난티	코스닥	164	아남전자	유가	165	아모레G	유가
166	아모레퍼시픽	유가	167	아모텍	코스닥	168	아미코젠	코스닥
169	아스트	코스닥	170	아시아나항공	유가	171	아이센스	코스닥
172	아이씨디	코스닥	173	아이에스동서	유가	174	아프리카TV	코스닥
175	안랩	코스닥	176	안트로젠	코스닥	177	알에프텍	코스닥
178	알테오젠	코스닥	179	압타바이오	코스닥	180	애경산업	유가
181	애경유화	유가	182	앱클론	코스닥	183	에스맥	코스닥
184	에스에프에이	코스닥	185	에스엠	코스닥	186	에스엠코어	코스닥
187	에스원	유가	188	에스티아이	코스닥	189	에스티큐브	코스닥
190	에스티팜	코스닥	191	에이블씨엔씨	유가	192	에이비엘바이오	코스닥
193	에이스테크	코스닥	194	에이치엘비	코스닥	195	에이치엘비생명과학	코스닥
196	에이치엘사이언스	코스닥	197	에이프로젠 KIC	유가	198	에이프로젠제약	유가
199	에치에프알	코스닥	200	에코마케팅	코스닥	201	에코프로	코스닥
202	에코프로비엠	코스닥	203	엔씨소프트	유가	204	엔지켐생명과학	코스닥
205	엔케이맥스	코스닥	206	엘비세미콘	코스닥	207	엘앤씨바이오	코스닥
208	엘앤에프	코스닥	209	엠씨넥스	코스닥	210	영원무역	유가
211	영진약품	유가	212	오뚜기	유가	213	오리온	유가
214	오리온홀딩스	유가	215	오스코텍	코스닥	216	오스템임플란트	코스닥
217	오이솔루션	코스닥	218	오텍	코스닥	219	올릭스	코스닥
220	옵트론텍	코스닥	221	와이솔	코스닥	222	와이엠티	코스닥
223	와이지엔터테인먼트	코스닥	224	용평리조트	유가	225	우리금융지주	유가
226	우리기술투자	코스닥	227	우리산업	코스닥	228	원익IPS	코스닥
229	원익QnC	코스닥	230	원익홀딩스	코스닥	231	웹젠	코스닥
232	위닉스	코스닥	233	위메이드	코스닥	234	유나이티드제약	유가
235	유니셈	코스닥	236	유니테스트	코스닥	237	유비케어	코스닥
238	유비쿼스홀딩스	코스닥	239	유안타증권	유가	240	유진기업	코스닥
241	유진테크	코스닥	242	유진투자증권	유가	243	유틸렉스	코스닥
244	유한양행	유가	245	이노션	유가	246	이노와이어리스	코스닥
247	이녹스첨단소재	코스닥	248	이마트	유가	249	이수앱지스	코스닥
250	이수페타시스	유가	251	이엔에프테크놀로지	코스닥	252	이엔플러스	유가

253	이엠코리아	코스닥	254	이엠텍	코스닥	255	이오테크닉스	코스닥
256	이지홀딩스	코스닥	257	인바디	코스닥	258	인선이엔티	코스닥
259	인스코비	유가	260	인터플렉스	코스닥	261	인텔리안테크	코스닥
262	인트론바이오	코스닥	263	일신석재	유가	264	일양약품	유가
265	일진다이아	유가	266	일진머티리얼즈	유가	267	잇츠한불	유가
268	자화전자	유가	269	제넥신	코스닥	270	제이콘텐트리	유가
271	제일기획	유가	272	제일약품	유가	273	제주항공	유가
274	젬백스	코스닥	275	종근당	유가	276	종근당홀딩스	유가
277	좋은사람들	코스닥	278	주성엔지니어링	코스닥	279	지노믹트리	코스닥
280	지트리비앤티	코스닥	281	차바이오텍	코스닥	282	천보	코스닥
283	카카오	유가	284	카페24	코스닥	285	캠시스	코스닥
286	컴투스	코스닥	287	케이씨씨글라스	유가	288	케이엠더블유	코스닥
289	코리아나	코스닥	290	코미팜	코스닥	291	코스맥스	유가
292	코스맥스엔비티	코스닥	293	코스모신소재	유가	294	코스모화학	유가
295	코아스템	코스닥	296	코엔텍	코스닥	297	코오롱	유가
298	코오롱생명과학	코스닥	299	코오롱인더	유가	300	코웨이	유가
301	코원테크	코스닥	302	콜마비앤에이치	코스닥	303	쿠쿠홀딩스	유가
304	쿠쿠홈시스	유가	305	큐로컴	코스닥	306	큐리언트	코스닥
307	크리스탈지노믹스	코스닥	308	키움증권	유가	309	키이스트	코스닥
310	탑엔지니어링	코스닥	311	태영건설	유가	312	테고사이언스	코스닥
313	테라젠이텍스	코스닥	314	테스	코스닥	315	테스나	코스닥
316	테크윙	코스닥	317	텔콘RF제약	코스닥	318	토비스	코스닥
319	톱텍	코스닥	320	티씨케이	코스닥	321	티와이홀딩스	유가
322	파라다이스	코스닥	323	파마리서치프로덕트	코스닥	324	파멥신	코스닥
325	파미셀	유가	326	파워로직스	코스닥	327	파트론	코스닥
328	팬오션	유가	329	펄어비스	코스닥	330	펩트론	코스닥
331	포스코 ICT	코스닥	332	포스코인터내셔널	유가	333	포스코케미칼	유가
334	풍산	유가	335	프로스테믹스	코스닥	336	피앤이솔루션	코스닥
337	피에스케이	코스닥	338	필룩스	유가	339	하나금융지주	유가
340	하나머티리얼즈	코스닥	341	하나투어	유가	342	하림지주	코스닥
343	하이비젼시스템	코스닥	344	하이트진로	유가	345	한국가스공사	유가
346	한국금융지주	유가	347	한국알콜	코스닥	348	한국전력	유가
349	한국조선해양	유가	350	한국카본	유가	351	한국콜마	유가
352	한국콜마홀딩스	유가	353	한국타이어앤테크놀로지	유가	354	한국토지신탁	유가

355	한국항공우주	유가	356	한글과컴퓨터	코스닥	357	한독	유가
358	한라홀딩스	유가	359	한미반도체	유가	360	한미사이언스	유가
361	한미약품	유가	362	한샘	유가	363	한세실업	유가
364	한솔제지	유가	365	한솔케미칼	유가	366	한솔테크닉스	유가
367	한솔홀딩스	유가	368	한스바이오메드	코스닥	369	한온시스템	유가
370	한올바이오파마	유가	371	한전KPS	유가	372	한전기술	유가
373	한진	유가	374	한진칼	유가	375	한화	유가
376	한화생명	유가	377	한화솔루션	유가	378	한화에어로스페이스	유가
379	헬릭스미스	코스닥	380	현대건설	유가	381	현대건설기계	유가
382	현대그린푸드	유가	383	현대글로비스	유가	384	현대로템	유가
385	현대리바트	유가	386	현대모비스	유가	387	현대미포조선	유가
388	현대바이오	코스닥	389	현대바이오랜드	코스닥	390	현대백화점	유가
391	현대상사	유가	392	현대엘리베이	유가	393	현대위아	유가
394	현대일렉트릭	유가	395	현대제철	유가	396	현대중공업지주	유가
397	현대차	유가	398	현대해상	유가	399	현대홈쇼핑	유가
400	호텔신라	유가	401	홈캐스트	코스닥	402	화승엔터프라이즈	유가
403	화승인더	유가	404	효성	유가	405	후성	유가
406	휠라홀딩스	유가	407	휴메딕스	코스닥	408	휴온스	코스닥
409	휴온스글로벌	코스닥	410	휴젤	코스닥	411	AK홀딩스	유가
412	AP시스템	코스닥	413	BGF	유가	414	BGF리테일	유가
415	BNK금융지주	유가	416	CJ	유가	417	CJ CGV	유가
418	CJ ENM	코스닥	419	CJ대한통운	유가	420	CJ제일제당	유가
421	CMG제약	코스닥	422	DB손해보험	유가	423	DB하이텍	유가
424	DGB금융지주	유가	425	DMS	코스닥	426	EDGC	코스닥
427	F&F	유가	428	GKL	유가	429	GS	유가
430	GS건설	유가	431	GS리테일	유가	432	GS홈쇼핑	코스닥
433	HB테크놀러지	코스닥	434	HDC	유가	435	HDC현대산업개발	유가
436	HMM	유가	437	IHQ	유가	438	JW신약	코스닥
439	JW중외제약	유가	440	JYP Ent.	코스닥	441	KB금융	유가
442	KCC	유가	443	KG모빌리언스	코스닥	444	KG이니시스	코스닥
445	KG케미칼	유가	446	KH바텍	코스닥	447	KT&G	유가
448	KTB투자증권	유가	449	LG	유가	450	LG디스플레이	유가
451	LG상사	유가	452	LG생활건강	유가	453	LG유플러스	유가
454	LG이노텍	유가	455	LG전자	유가	456	LG하우시스	유가
457	LG화학	유가	458	LIG넥스원	유가	459	LS	유가

460	LS ELECTRIC	유가	461	NAVER	유가	462	NHN	유가
463	NHN한국 사이버결제	코스닥	464	NH투자증권	유가	465	NICE평가정보	코스닥
466	OCI	유가	467	PI첨단소재	코스닥	468	POSCO	유가
469	RFHIC	코스닥	470	S&T모티브	유가	471	SFA반도체	코스닥
472	SKC	유가	473	SK네트웍스	유가	474	SK디스커버리	유가
475	SK렌터카	유가	476	SK머티리얼즈	코스닥	477	SK이노베이션	유가
478	SK증권	유가	479	SK케미칼	유가	480	SK텔레콤	유가
481	SK하이닉스	유가	482	S-Oil	유가	483	SPC삼립	유가

<u>3</u> 동 'KRX/S&P 탄소효율지수의 활용도'(전망)와 투자자 반응

앞으로 이 KRX 탄소효율지수는 지수 기반의 운용자금규모가 커지면 커질수록(본서를 집필하고 있는 2020년 11월 말경, 이미 탄소효율뉴딜지수 기반은 KOSPI와 KOSDAQ과 더불어 매일 확대되고 있음) 기업들이 당해 기업들의 주식 선호도를 제고(提高)하고, 일반투자자들의 투자 비중을 높이기 위해, 결국 탄소배출량을 감축하여야 하는 경영상의 감축대상을 추적하는 등 노력을 경주할 것으로 보인다. 바로 이 점이 기후 당국이나 환경 당국이, 그리고 개별 국가나 국제기후 관련 기관이 추구하는 바이다.

따라서 한국에서도 ETF, 인덱스 펀드 등의 기초지수로 보다 광범위하게 활용될 전망으로서, 개별기업의 운용자금이 커지는 것과 병행하여 기업들의 탄소배출량의 감축 노력 유인 조건이 확대될 것으로 보인다.

따라서 정부가 추구하는 '그린 뉴 딜 종합계획'으로 2050년을 목표로 하는 '탄소중립'(net zero) 목표달성에, 그리고 <u>국내·외의 기관투자가들의 한국증시상장종목 중 ESG 관련 투자를 더욱 선호하는 경향으로 나타날 것으로 전망한다. 2020년 11월 현재, 이미 이런 투자성향과 관련 종목에 대한 수요 증가와 주가 등락</u>으로 나타나고 있다.

탄소 집약도(Carbon Intensity)란 회사의 온실가스배출량을 회사의 통합 매출액으로 나누어 계산한 것이다. 탄소집약도를 계산할 때, 매출액을 사용하는 이유는 온실가스배출이 회사의 직접 및 간접운영의 결과로 나뉘기 때문이다.

그림 3

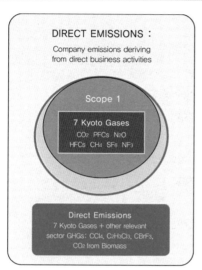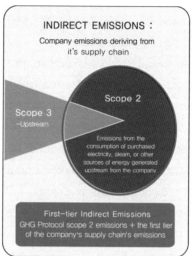

출처; https://www.jpx.co.jp/corporate/sustainability/esgknowledgehub/esg-rating/nlsgeu0000053wxn-att/Trucost_Environmental_Register_Methodology_FAQs.pdf

직접 배출(Scope 1)과 간접배출(Scope2)로 나누어지는데, 직접 배출은 회사가 직접 배출하는 것으로, 화물운송회사의 화물차 내연기관에서 배출하는 배출물이고, 간접 배출은 기업이 매입한 트랜스미션의 전기생산으로 배출되는 가스가 그 예이다.

- ARPAFE; Advanced Research Project Agency for Energy.
- BAU; Business as Usual.
- BEV; Battery Electric Vehicle.
- BIS; Bank for International Settlement
- BWR; Boiling Water Reactor.
- CAGR, Compounded Annual Growth Rate
- CCC Initiative; Carbon Cost Coalition Initiative.;
- CCUS Carbon Capture Utilization & Storage.
- CGNC; China Nuclear Power Corp.
- CNREC; China's National Renewable Energy Center.
- CNCC; China National Nuclear Corporation.
- DOE; U.S. Department of Energy.
- CARB; U.S. California Air Research Bureau.
- DOI; U.S. Department of Interior.
- EPA; Emission Purchasing Agreement.
 =EBITDA; Earning Before Interest, Tax, Depreciation, Amortization.
- EIA; U.S. Energy Interior Administration.
- EPA; U.S. Environment Protection Agency.
- EPS; Earning per Share.
- ESG; Environment, Social, Governance.
- ETS; Emission Trading System.
- EVI; Electric Vehicle Institute.
- GEF; Global Environment Facility.
- FERC; Federal Energy Regulatoty Commission.
- FNPP; Floating Nuclear Power Plant.
- HEV; Hybrid Electric Vehicles.
- HFL; Hydroflourcarbon.
- IAEA; International Atomic Energy Agencies.

- ICE; Internal Combustion Engine.

- IEA; International Energy Agency.

- IPCC; U.N. Intergovernmental Panel on Climate Change.

- INDC; Intended Nationally Determined Contribution.

- IRENA; International Renewable Energy Agency.

- IT; Interior Department.

- KAERI; Korea Atomic Energy Research Institute.

- LEV; Light Emission Vehicle.

- LDC; Least Develped Countries.

- NFWG; Nuclear Fuel Working Group.

- NGO; Nongovernmental Organization.

- NRC; U.S. Nuclear Regulation Commitee.

- NOAA; National Oceanic and Atmospheric Administration.

- NPP; Nuclear Power Plant.

- NSR; Northern Sea Route.

- PHEV; Plug-in-Hybrid Electric Vehicles.

- PLDV; Passenger Light Duty Vehicle.

- PPA; U.S. Power Purchase Agreement.

- MEFEC; Major Economic Forum on Energy & Climate.

- RBI; Road & Belt Initiative.

- RGGI; U.S. Regional Greenhouse Gas Initiative.

- RPS; Renewable Portfolio Standard.

- SASAC; China; State-Owned Assets Supervision Committee.

- SAFEV; U.S. Safe Affordable Fuel Efficiency Vehicles.

- SIDS; Small Islands Developing States.

- SMR; U.S. Small Modular Reactor.

- SOE; State-owned enterprise.

- TCFD; Task force on Climate related Financial Disclosure.(BIS)

- TCI; Climate & Climate Initiative.

- UNFCCC; U.N. Framework Climate Convention on Climate Change.

= USDFC; US Development Finance Corporation.

- USNFWG; U.S. Nuclear Fuel Working Group.

참고문헌

- A Bright Future; Joshua S. Goldstein. Staffan A. Qvist. How Some Countries Have Solved Climate Future. PublicAffairs New York.
- The Age of Sustainable Development; Jeffrey D. Sachs. Forword By BAN KI-MOON
- Columbia University Press New York.
- The End of Nature; Bill McKIBBEN; Random House Trade Paperbacks with A new introduction by the Auther.
- A New CLIMATE for Theology; Salle McFague. God, The World and Global Warming.
- Theology and Ethics; Fortess Press.
- Anointed with Oil; Darren Dochuk. How Christianity and Crude Made Modern America.
- 기후변화와 신학의 재구성. Salle McFague(셀리 멕피이그. 한국기독교 연구소)
- Climate Solution 'Mridula Ramesh' India's Climate-Change Crisis, and what We can do About it.
- Windfall; How Energy Abundances Upends Global Politics and Strenghths America Power. Meghan L. O'Sullivan
- China Inc. Ted C. Fisherman.
- How the Rise of Next Superpower challenges America and the World. - China's Reform in the Shadow of the Global Financial Crisis. ChiFulin.
- Foreign Langua - Age Press.
- Babarian of Oil; Sandy Franks, Sara Munally.
- The QUEST; Energy, Security, and Remaking of the Modern World' Daniel Yergin, New York Times Bestseller
- Energy Kingdom; Oil and Political Survival in Persian Gulf. JIM KRANE.
- TITANS OF THE CLIMATE; Kelly Sims Gallager and Xiami Xuan.
- Explaining policy process in the United States and China.

- The New Geopolitics of Natural Gas. Harvard. Agina Grigas. - A New Era of Gas.
- The Geopolitics of Energy; Achieving a Just and Sustainable Energy Distribution by 2040. Judith Wright James Conca.

- 지구의 기후변화; 과거와 미래; 윌리엄 F. 리더만 지음. 이준호, 김종규 옮김.
- 태양 길들이기; Taming the Sun; 비룬 사바함 지음. 김지현 옮김.
- 기후변화와 자본주의; 시장이 지구를 구할 수 있을까? 조너선 실 지음. 김종환 옮김.
- 미·중·러·OPEC 간의 에너지 국제정치; 4强의 에너지 국제정치, 홍인기 저.
- 에너지국제정치학. 석유와 셰일가스, 원자력과 신재생에너지. 이재호 저.
- 글로벌 그린 뉴 딜; The Global New Green New Deal. 제러미 리프킨 지음. 안진환 옮김. 2028년 화석연료 문명의 종말.
- 셰일혁명과 미국없는 세계; The Absent Superpower. 피터 자이한 지음. 홍지수 옮김.
- 에너지혁명 2030. 석유와 자동차시대의 종말. 전혀 새로운 에너지가 온다. 토니 세바 지음. 박명숙 옮김.
- A Climate Chronorogy; Sharon S. Tisher J.D. Univ. of Maine.
- International Policy, US Policy, and Science.
- 지구기후변화학설. 그 현황과 기후정책 년대기; 홍인기 옮김(2019. 12.)
- A Climate Chronorogy; Sharon S. Tisher J.D. Univ. of Maine. 번역.
- 부속자료; Economist; Briefing Climate Change. p.20(2019. 9. 21.)

연구기관, 언론기관의 기후 관련 국제기관 발행 단행본

AP(Associated Press)
- 2016. 12. 1. AP 'Ford, Industry blast Obama on EPA's greenhouse gas regs.
- 2019. 7. 28. 'Coal plant operators stick to closure plans despite Trump's changes to CO2. rules'

ADB
- 2018. 11, 50 Climate Solutions from Cities in the Peoples Rep. of China; Best Practices from cities Taking Actions on Climate Change.

Barents Obxerver(Norway)

−2019. 6. Nuclear Reactors in Arctic Russia.; Scenario 2035.

−Science studies on developments in the Euro−Arctic Region.

−2019. 6. Nuclear−power plants, small power reactors and civilian submarines.

BBC

−2012. 7. BBC 'Beijing chaos after record floods in China capital'

−2019. 1. 28. NASA's Jet Propulsion Labatory/California Inst. of Technology.

−3rd, 4rd National Climate Assessment Reports by US Global Change Research Program.

Bloomberg

−2019. 2. 25. Bloomberg Quicktake 'Why 'Green New Deal' Has Washington in Such a Lather' By Ari Natter

−2019. 9. 6. Bloomberg bergquint 'Trump Ups Ante in Feud With California Over Car Emissions'.

−2019. 6. oomberg.com/business/anti−trust−probe−opened−into−carmakers− carlifornia−emmisions−pact.

−2019. 9. 8. 'beta washingtonpost' Arnold Schwarzengger 'Trump can't erase a decade of clean air progress with a Sharpie'.

−BloombergNEF 'Electric Vehicle Outlook 2020' Executive Summary'

−2020. 6. 2. Bloomberg News China to Dominate Nuclear as Beijing Bets on Homegrown Reactors A vapor generator arrives Hongyane Nuclear Power Plant in Liaoning April 2018.

−bloomberg,com/2019.9.29. Why Vladimir Putin Sussenly elieves in Global Warming.

−news.bloombegglow.com./envionment and−energy/trump leaves unfinished Businss in Environmental Litigation

BROOKINGS PAPER

−2019. 1. The Climate and Energy Economics Project; 'Global Economic and Environmental Outcomes of the Paris Agreement'

−2019. 1. BROOKINGS PAPER 6. Howard Greensphect 'THE U.S. COAL SECTOR' Recent and continuing challenges' ii. EXECUTIVE SUMMARY

−2019. 3. 22 Brookings ' Where does US climate policy stand in 2019.? .
−2020. 11. 2. 'Tracking deregulation in Trump era'

Carbon brief
−2018. 6. Mapped 'The wold's coal power plants'
−Guest Post CICERO; Center for International Climate Research, Norway; A closer look at China's stalled emissions. Coal consumption
−Brief Interview; Prof. Qi Yi, Hong Kong Univ.
−2019. 3. 19. China's aiming to peak its carbon dioxide emissions 'around 2030' and make best efforts to peak early, its climate pledge to UN. Carbon Brief. (INDC)
−2015−tracking country−climates pledges, tracker INDC DATABASE

Carbon Bridge
−2019. 3. 18. 'Climate pledge puts China on course to peak emissions as early as 2017

Carbon Tracker
−2018. 7. 11. 'Why you should'nt obsess'
−2020. 1. Handbrake Turn; The Cost of falling to anticipate an Inevitable Policy Response to Climate Change.
−2020.3. How to waste over half a trillion dollars.
−The economic implications of deflationary renewables energy for coal power investments.
−Citi GPS;
−2013. 10. ENERGY DARWINISM; The Evolution of the Energy Industry.
−2020. 10. 6. Climatechangenews. Where are US emmissions after four years of President Trump?.

Columbia/SIPA.
−2017. 3. A Comparison of Advanced Nuclear Technologies. A, Kadak.
−2017. 3. The Role of in Reviving and expanding the U.S. Global Nuclear Leadership.
−2017. 6. 'The Geopolitics of Renewable Energy. Harvard Kennedy School, Meghan O'Sullivan. Indra Overland, David Sandalow.

- Why the United States sh3. ould remain engaged on Nuclear Power; Climate Change and Air Pollution.
- 2017. 3. The Geopolitics of Nuclear Power and Technology, Nicola de Blasio and Richard Nephew.
- 2019. 9. David Sandalow 'Guide to Chinese Climate Policy' 2019.
- 2020. 3. Columbia/Sipa(Center on Global Energy Policy) 'Reconsidering US Nuclear 및 Cooperation Agreements. Richards Nephew.
- 2020. 6. 'Why the United States should remain engaged on Nuclear Power; Climate Change and Air Pollution by Matt Bowen.
- 2020. 7. 28. energy policy. columbia.edu. 'Strengthening Nuclear Energy Cooperation between the Uniteed States and its Alies'.

CNN

- 2019. 8. 22. CNN(Opinion) 'Trump's failure to fight climate change is a crme against humanity.
- 2019. 9. 13. China's gambling 0n a nuclear future, but is it destined to lose?, Hong Kong (CNN Business) p.6/7 Climate crisis solution?
- 2019. 9. 14. EDITION CNN.COM. 'Trump was orange before light ulbs became efficient'
- 2015. 11. 12. 'White House Gets Behind Nuclear Power To Fight Climate Change'.
- 2015. 12. 15. 'Paris COP 21 and The Urgent Need For More Nuclear Energy'.
- 2019. 1. 13. 'U.S. CO2 Emissions Rise As Nuclear Power Plants Close'.
- 2019. 5. 21. Any Green New Deal is Dead Without Nuclear Power.

CSIS

- 2020. 3. The Changing Gepolitics of Nuclear Energy. A Look at the United States, Russia, and China, Jane Nakano.
- energypolicy.columbia.edu.
- 2020. 7. 28. Strenghening Nuclear Energy Coperation between U.S and its Allies. Energy Transmission Commission.
- 2017. 1. The future of fossil fuels. How to steer fossil fuel use in a transition to a low-carbon energy system. European Commission;
- 2020. 7. 8. 'Powering a climate-neutral economy; Commission sets out plans

for the energy system of the future and clean hydrogen'.

The Economist

− 2019. 9. 21. Economist. p.55 Climate change A warmer Russia. 북극의 해빙과 쇄빙선 사진.
− 2019. 10. 12 ~ 18. The Economist October p.61. Business 'Self−driving cars'.
− 2019. 9. 21. Economist. p.55. Europe Climate change. 'A warmer Russia' 'No bad thing, reckon some Russians especially in frozen Siberia'.
− Environmental Progress.
− 2018. 9. 11. With Nuclear Instead of Renewables, California.

Forbes

− 2019. 5. 21. Forbes James Conca 'Contributor Energy' Any Green Deal Is Dead Without Nuclear Power.
− 2019. 7. 29. Forbes 'Memo to The Auto Industry; Time to Join California Leaders Opposing Trump Clean Cars Rollback'.

Fortune

− 2019. 12. 2. Fortune. com 'China coal plants–renewable–Energy–funds − funds.
− 2020. 2. 4. Fortune.com. 'The US. may soon have world's oldest nuclear power plants'

Foreign Affairs

− 2017. 5. 22. FOREIGN AFFAIRS Harvard Kennedy School of Gov't Brian Deese 'Paris isn't Burning'.
− 2018. 6. 14. Foreign Affairs. 'Why Climate Change Matters More than anything else?'.
− 2018. 11. 18. 'How to Understand the Geopolitics of Climate Change'.
− 2019. 12. 10. oreignaffairs.com/articles/UnitedStates/2019−12−10/adaptor perish. MridUla Ramesh 'CLIMATE SOLUTION'
− F20; Foundation Platform F2O, A report to the G20.
− Aligning G20 Infrastructure Invwstment with Climate Goals&the 2030 Agenda.

Financial Times

− 2019. 1. 20. FT 'Trump seeks to boost coal with new rules for power plants'

EPA takes minimalist view of requirements to reduce carbon dioxide emissions.

- 2019. 5. 24. FT BIG READ; US REGULATION; 'TRUMP's the environmental lobby'.
- 2019. 6. 20. FT 'Trump seeks to boost coal with new rules for power plants'.
- 2019. 8. 29. FT 'US to ease rules on methane for oil groups'.
- 2019. 9. 10. FT 'Patrick Jankins Climate change risk, like 9/11, may prove too costly for insurers'.
- 2019. 10. 10. FT 'EU carbon border push seeks to dodge trade coach'.
- 2019. 12. 29. FT Opinion 'Forecasting 2020'; 'Will global carbon emissions fall?'.
- 2020. 1. 3. FT 'EU carbon border tax plan is risky but needed'.
- 2020. 1. 10. FT Gillian Tet 'Why America has less to fear from an oil shock'.
- 2020. 3. 5. FT 'Brussels draft climate law criticized by activist and MEPs'.
- 2020. 3. 5. FT editorial 'EU's climate law faces criticism on all fronts'.
- 2020. 4. 20. FT Tubine trouble Wind power sector 'Wind power sector hit by ripple effect'.
- 2019. 4. 22. FT 'Carmakers gear up for China sales recovery'; China passenger vehicle sales.
- 2019. 4. 29. FT Big Read 'THE BIG READ Moscow assets control over shipping route'.
- 2019. 4. 29. FT 'US investigate Ford over vehicle emissions testing Volkswagen'.
- 2019. 12. 3. FT 'China set to dominate Battery manufacturing despite Europe growing'.
- 2019. 6. 13. FT 'China's EV start − ups heading for a shakeout'.
- 2019. 12. 3. FT BIG READ EUROPE FIRST 'China set to dominate battery manufacturing despite Europe's growing role'.
- 2020. 3. 6. FT 'BMW and PSA pull ahead in drive to cut car emissions − Early winners and losers emerge as groups scramble to hit tough European CO2 targets'.
- 2020. 8. 23. Forbes 'After 48 Years, Democrats Endorse Nuclear Energy In Platform'.

Goldman Sachs

─2019. 4. 9. Goldman Sachs 'Equity Research' Americas Utilities;.

─2019. 8. Goldman Sachs 'European Renewables Utilities' 'The Climate Priority; Unprecedented growth rates ahead,

─2019. 9. Taking the Heat; Making cities resilent to climate change.

─2020. 7. 7. Goldman Sachs(Equity Research) 'The EU Green Deal Green Upside. Climate Champins' re─rating likely to continue.

─Goldman Sachs 'Covid 19 shifting the climate change debate'.

Guardian

─2011. 3. 30. Onagawa Jaapanese Town Where Nuclear Power Plant is the Safest Place.

─2015 3. Guardian James Hansen 'Nuclear Power Paves the Only Viable Path Forward on Climate Change'.

─2019. 7. 29. The Guardian 'All─time high temperature records tumble again as heatwave sears Europe'.

IAEA

─2001. 'China nuclear profile'.

IEA

─2019. World Energy 0utlook. 2019. Korean Translation.

─2019. CLEAN ENERGY 'Global EV Outlook 2019'.

─2019. 5. 'Nuclear Power in a clean Energy in a Clean Energy System'.

─2020. 8. 'Key World Energy Statistics 2020'.

─2019. 10. 25. 'Offshore wind to become a $1. trillion industry'.

─2020. Statistical report 'Renewables Information. Overview'.

─2020. iea, clean energy ministrial 'Global EV Outlook 2020.

─2020. 6. 'Sustainable Recovery; World Energy Outlook Special Report. in collaboration with IMF'.

─2020. 8. Statistics Report 'Electricity Information' Overview.

IISS

─2018. 11. 2. The Geopolitics of Nuclear Energy; New Dynamics of Supply and Demand. Moscow.

IMF

— 2019. 10. IMF Fscal Monitor; How to Mitigate Climate Change.

— 2018. IPCC; SPM p.33 — 39.

— Undesstanding Global Warming of 1.5℃.

— Projected Climate Change, Potential Impacts and Associated Risks.

— 2019. IRENA; G20 2019. Japan 'Climate Change and Renewable Energy, Natiomal pOlicies and Role of Cmmunities, cities and Regions'.

JURIST

— 2019. 1. 'Nuclear Energy Innovation and Modernization Act signed into law'

LA Times

— 2019. 7. 26. LA Times 'Editorial Even car companies aren't going along with Trump's rollback of mileage and emissions standards'.

McKinsey Global Institute

— 2020. 1. Climate risk and response. Physical hazards and socioeconomic impacts.

MIT(Energy Initiative)

— 2018. 'The Future of Nuclear Energy in a Carbon — Constrianed World' An Interdiaciplinary MIT study.

NEA

— 2015. Nuclear Energy; 'Combating Climate Change' pp.9 — 12 'The Future role of nuclear power in 2℃ scenario.

New York Times

— Nuclear power can save the world.

— 2018. 12. 18. NYT John Schwartz 'More Floods and More Droughts Climate Change Delivers Both'.

— 2019. 4. 9. Letters 'Should the U.S. Revive Nuclear Energy?'.

— 2019. 6. 28. 'As coal fades in U.S. natural gas becomes climate battleground'.

— 2019. 7. 26. NYT Editorial Board; 'When the Polluters Are Cleaner Than the Government'.

— 2019. 8. 12. 'Farmers live climate change'.

— 2019. 8. 15. 'Trump energy plan challenged' Law suit determine the federal government's power to reduce pollution.

− 2019. 8. 22. 'Carkmakers balk at emissions rollback'.

− 2019. 8. 31. 'Broad retreat in U.S. on climate change' 'The most significant of administration's deregulation efforts'.

− 2019. 9. 6. 'Whitehouse to relax Energy efficiency rules for Light Bulves'.

− 2019. 9. 10. 'Counting the storm's victims' 'A week later, bodies still uncollected in the Bahamas rubble'.

− 2019. 10. 23. 'Winemakers try to adapt to warming world'.

− 2020. Daniel Nepstad; 'How to help Brazilian farmers save the Amazon'.

− 2020. 3. 23. NYT Russia's nuclear reach 'Belarus first nuclear plant, in Atravets, built by Rosatom'.

− 2020. 4. 1. Meehan Crist(Columbia Univ. Biological Sciences Prof.) 'What the pandemic means for climate change'.

− 2020. 10. 15. 'The Trump Administaion Is Reversing Nearly 100 Environmental Rules. Here is the Full List'.

− 2020. 11. 7. 'Read Joe Biden's Elect Acceptance Speech; Full Transcript'.

− 2020. 11. 8. https: nytl.ms/32.qGROP. '9 Things the Biden Administration Could Do Quickly on the Environment'.

Reuter

− 2017. 4. 27. Reuters David Stanway; 'Annual Nuclear Power Investments of $80 Billion needed to Meet Climate Change Goals'.

− Rocky Mountain Initiative. Energy Institution.

− China 2050; A Fully Developed Rich zero−carbon Economy.

− 2019. 11. China 2050. A Fully Developed Rich Zero−Carbon

− 2020. 11. 11. Reuters com. 'BlackRock CEO backs mandatory climate reporting of corporate reporting, urges U.S. action'.

Springer Open

− Lecture Notes in Energy 73. Manfred Hafner.

− The Geopolitics of the Global Energy Transition.

TIME

− 2020. 10. 13. Joe Biden's Novel Approach to Climate Change Could Side−Step a Divided Congress.

UNEP

−2019 Report The Production Gap.

−The discrepancy between countries planned fossil fuel production and global production levels consistant with limiting warming to 1.5℃ or 2℃.

−UN United in Science. ipcc.

−High−level synthesis report of latest climate science information.

−Climate Summit 2019. A Race we can win.

US EIA

−2019. 9. 11. 'Keep eye for 7 highly anticipated rules'.

−2018. U.S. Energy Informational Administration 'Electric Power Monthly with Data for February 2018'.

−2020. 5. 미국 에너지부 '미국의 원전의 유리성 회복방안'(A Strategy to assure U.S. national security) p.24.

VOX

−2020. 1. 22. ING Vox 'EU 'Central banks and central banks and climate change', 'Internalizing climate risks in financial supervision'.

−2020. 2. 7. Vox.com. ENERGY−Related and environment.

−2020. 2. 7. Vox.com. Next President can force the financial sector to take climate change seriously'.

Washington Post

−2020. 7. 30. 'Biden calls for 100 percent clean electricity by 2035' Here's how far we have to go.

−2020. 11. 8. 'Biden plans immediate flurry of executive orders to reverse Trump policies'.

World Bank Group

−2019. 6. GROUP 'State and Trends of Carbon Pricing'.

World Nuclear Association

−WORLD NUCLEAR ASSOCIATION, Home/Information Library/Country Profiles O−S/Russia; Nuclear Power.

−2019. 3. WORLD NUCLEAR ASSOCIATION 'Emerging Nuclear Energy Countries'.

− 2019. 3. WORLD NUCLEAR ASSOCIATION 'Nuclear Power in Russia'.

− 2019. 3. 19. World Nuclear Association 'Nuclear Power in China'.

− 2019. 7. World Nuclear Association 'Greenhouse Gas emissions avoided through use of nuclear energy'.

World Nuclear News

− 2020. 5. 15. SFEN(French nuclear energy society) 'Nuclear essential to economic recovery'.

− 2020. 4. 27. world−nuclear−news./ Articles 'Next generation technologies boosted by US NFWG'.

− 2020. 2. 24. World nuclear news 'China's Nuclear power output jums 18% year on year'.

− 2019. 4. 1. 'US public opinion split on nuclear'.

매일경제

− 2020. 6. 19. '시베리아 벌써 30도 넘는 무더위. 올여름 전세계 후끈 달아오른다'.

− 2019. 11. 12. '중국 자동차시장, 후반전 시작되었는데−'.

− 2019. 12. 17. 정만기 기고, 글로벌 수소연료전지 업체들의 각축장된 중국'.

− 2020. 11. 26. 글로벌 그린 뉴딜 저자 제러미 리프킨 인터뷰 '바이든 기후변화' 정책.

− '삼성, SK의 ICT, 현대차 모빌리티, 한국은 산업대변혁 맞을 준비됐다'.

− 2020. 11. 27. '文, 저탄소 속도전−에너지 세제개편 추진'.

중앙일보

− 2019. 9. 9. '전기차처럼 작심하고 키운다., 중국의 수소굴기'.

− 2019. 11. 18. '세계는 미세먼지전쟁 6. 미국 LA.깨끗한 공기위해 트럼프와도 싸운다'.

− 2020. 1. 4. '한전 적자줄이기에, 전기차 충전 인프라 방전위기'

− 2020. 8. 3. '조 바이든의 대외정책' 제하에 칼럼니스트 배명복의 '중국·이스라엘 빼고 다 오바마시대로 회귀'.

− 2020. 11. 28. 중앙선데이 월스트리트; 리더쉽 래리핑크 '블랙록회장' '미정부 급할 때마다 SOS−위기관리 탁월 인용'.

조선일보

− 2018. 5. 27. '바다를 떠다니는 원전. 부유식 원자력발전소 아카데믹 로모노소프'.

− 2018. 5. 27. '쓰나미 피해 없고, 전력 단가 3분의 1… 원전, 바다로 떠나다'.

− 2019. 6. 11. '러시아, 신형원전 물량공세, 푸틴이 앞장서서 세일즈'.

- 2019. 9. 6. '인천서 330,m, 中 원전 3기 또 건설-동해 남해안에 58기'.
- 2019. 9. 27. '신흥국은 원전 건설 붐-러시아 싹쓸이 할 판'.
- 2019. 10. 24. 조선경제; '잽도 안 되던 CATL 순식간에 전기차 배터리 세계1위'.
- 2019. 11. 5. '중국환경장관 자랑만 듣고 온 조명래장관'.
- 2019. 11. 6. 한삼희위원의 '드디어 중국이 미세먼지 책임 인정한다는데'.
- 2020. 1. 3. 조선경제 Hot Issue; '당신은 나의 배터리'.
- 2020. 1. 3. 'CEO in News' '우리 아이들에게 분열되고 쇠약한 유럽을 물려 줄 수 없어요' 7남매의 엄마, 폰데어라이엔 EU집행위원장.
- 2020. 5. 15. '탈원전 34., 核강국, 미국의 굴욕-스스로 원전 짓지도 못한다'.
- 2020. 6. 11. '미국 쇄빙선이 '녹슨 양동이라니' 쇄빙선 46척 보유한 러시아 추격'.
- 2020. 7. 15. '재미있는 과학. 영구 동토층'.

기타(일부 중복)

- BP Statiscal Review of World Energy 2019 '2018 at a glance'.
- 2019. 11. 4. New Times. California Blocked on Climate.
- Guide to Chinese Climate Policy 2019.
- China's Energy Strategy(中海) By Gabriel Collins, A. Erickson.
- NDRC '13th Five-Year Plan for Renewable Energy' 및 NDRC IEA의 'Notice of First Batch 0f 2019. of non subsized'.
- 2010. Ding T.W. and Z.Yan 'Changes in hot days and heat waves in China during 1961-2007' Int'l Journal of Chinatalogy'.
- MRIDULA RAMESH 'CLIMATE SOLUTION'.
- 2020. 6. petroleum-economist.com. p.11 EU backs hydrogen as part of carbon strategy의 p.13 'Hydrogen to breathe new life into Dutch pipeline'.
- Fraumhofer 'Climate Analysis' 'Working Paper Sustainability and Innovation'.
- 2020. 1. 제러미 리프킨 지음. 안진환 옮김. 'THE GLOBAL GREEN NEW DEAL' p.239 '사회동원령; 지구의 생명체를 구하라'.
- 2016. 6. 6. Andrew Maykuft. Amaykuth@phillynews. 'America's nukes face an existential crisis, but not the kind you think'.
- 2019. 1. 16. James Conca. 'US CO2 Emissions Rise As Nuclear Power Plants Close'.
- 2018. 4. 16. Climate Change Nuclear Energy, Nuclar Weapons, A. Murphy, M.V. Ramana The Trump administration is eager to sell nuclear ractors to

Saudi Arabis. But why?.

- powermag.com/exelons peach bottom nuclear-plant licenced for 80-years.
- 2020. 5. Nuclear Restoring American Competitive Nuclear Energy Advantage-A Strategy to assure U.S. national security.
- 2020. 3. Reconsidering US Nuclear Cooperation Agreements. Export Financing by Selected Export Credit Agencies in 2017.
- Restoring Americas Competitive Nuclear Advantage How Uranium Fuel is made?.
- 2020. 8. 7. visualcapitalist.com/mapped-the world-nuclear-the world-reactor-landscape By Omri Wallach.
- 2017. 9. Xinhua Net; China Focus; 'China adopts nuclear safety laws'.
- 2013. 1. NREL; 'Life Cycle Assesment Harmonization'.
- 2014. 12. 24. '核電 不披誤解的清拮能源(Nuclear Power should not be misunderstood) Economic Daily.
- 2018. 3. Atlantic Council Global Energy Center; 'Dr. Robert Ichord 'US Nuclear-Power Leadership and the Chinese and Russian Challenge 및 2018. 4. 5. NEI 'Chinese, Russian, Nuclear Exports Threatens US Leaderships'.
- 'The Geopolitics of Nuclear Energy; New Dynamics of Supply and Demand' p.2-3. 'Russia's role as a nuclear supplier'.
- 2019. 6. 12. 영산대 북극물류 연구소(IAL YSU) '북극물류동향 특지' 'Arctic Cicle China Forum' 심포지엄 내용.
- 2018. 2. 6. proplica.org 'How VW, Piad $25B. for Dieselgate-and Got Off Easy.
- 2010. 1. 11. car and driver.com/news. Everything You need to know about the VW Diesel Emissions Scandal.
- 2019. 9. 9. Times Free Press. com. 'During Chittanoga visit, EPA chief says, stricter mileage standards hurt new car sales and safety'.
- 2019. 9. 10. state.com./news-andpolitics/2019/trump-doj-antitrust-ford-honda-volkswagen-bmw.htm.
- 2019. 1. 20. China Electric Vehicle Charging Infrastructure Promotion Alliance, Annual Report Anders Hove and David Shandalow.
- 2018. 1. China's New Energy Vehicle Mandate Policy(Final Rule) 'Int'l Council on Clean Transportatio'.

- 2018. 11. 2. Anders Hove and David Sandalow. 'EV charging in China and in US. NDRC NEA, MIIT'.
- 2019. 5. 19. cleantechnica.com/bnef, 'BNEF's Latest 'Embarassingly' Lowball EV Outlook.
- 2019. 2. seatletimes./com./nation−world/nation/84 environmental rules on the way−out−under T RUMP 및 2019. 8. 29. cnbc.com.Critica rail against Trump's methane proposal as 'unconcionable assault on environment'.
- 2020. 3. CSIS The Changing Geopolitics of Nuclear Energy.
- 2020. 11. joebiden.com./climate−plan. 'The Biden Plan for Clean Energy Revolution and Environmental Justice'.
- 2020. 10. 6. www.climatechange news.com/ Where are US emissions after four years 'lowest carbon' is false by most measures.
- 2020. 11. 13. htts;//bloomberglaw. Biden SEC likely to Push More Climate, Diversity Disclosures.
- 2020. 11. 5. www.sec,gov./news/speech/lee−playing-long−game.

―――― 저자약력

학력 및 연수
1956. 3. 서울고등학교 졸업(8회)
1960. 3. 서울대학교 법과대학 행정학과 졸업
1959. 11. 고등고시 행정과 1부 합격
1963. 6. 스위스 상 갈렌(St. Gallen) 상과대학 1년 청강, 스위스은행제도연수(1년)
1968. 3. IMF Institute, Financial Analysis & Fin'l Policy 과정 이수
1970. 3. 중앙대학교 대학원 경제학석사
1973. 4. U.S AID Program 'Harvard Univ. Eco. Development' 과정 청강(6개월)
1986. 8. 미국 Harvard Business School AMP 과정 수료
2010. 7. 10. ~ 23. 인도금융시장 연구차 인도 I.I.M. Bangalore, Mumbai 방문

경력
1960. 3. ~ 69. 3. 재무부 이재국 이재과 사무관, 보험과장, 이재2과장 역임
1969. 4. ~ 73. 3. 재무부 증권보험국장
1974. 4. 한국화약주식회사 전무, 부사장(기획조사실장 3년)
1977. 4. 동양증권주식회사 사장(현 대우증권 1.6년)
1978. 4. 대우조선해양주식회사(DSME) 사장(6.5년)
1986. 3. 대우아메리카 사장(뉴욕, 워싱턴 주재 3년)
1989. 3. 동서증권주식회사 사장(3년)
1991. 3 한국산업증권주식회사 사장(2년)
1993. 3. 한국증권거래소 이사장(연임, 6년)
1999. 3. ~ 2007. 3. 서강대, 한양대, 중앙대 경영대학 및 동 대학원 겸임교수
2007. 3. ~ 2016. 12. KAIST 경영대학 초빙교수(중국경제, 미·중의 에너지 국제정치)
서울 소망교회 장로(은퇴)

저서
중국의 사회주의 시장경제, 2003. 4. 博英社
최근 중국경제와 세계화·정보화, 2004. 4. 博英社
중국의 IT산업·주요 (상장)IT기업, 2004. 4. 博英社
최신 중국의 금융시장론, 2006. 6. 博英社
인도경제 인도금융, 2011. 12. 기피랑
미·중·러·OPEC 간의 에너지 국제정치, 2018. 12. 博英社
미·EU·중·러의 기후변화와 원전, 2021. 1. 博英社

E―mail: hongik1938@naver.com

미·EU·중·러의
기후변화와 원전

초판발행   2021년 1월 28일

지은이   홍인기
펴낸이   안종만·안상준

편 집   윤혜경
기획/마케팅   조성호
표지디자인   박현정
제 작   고철민·조영환

펴낸곳   (주) **박영사**
             서울특별시 금천구 가산디지털2로 53, 210호(가산동, 한라시그마밸리)
             등록 1959. 3. 11. 제300-1959-1호(倫)
전 화   02)733-6771
f a x   02)736-4818
e-mail   pys@pybook.co.kr
homepage   www.pybook.co.kr
ISBN   979-11-303-1130-2   93340

* 파본은 구입하신 곳에서 교환해 드립니다. 본서의 무단복제행위를 금합니다.
* 저자와 협의하여 인지첨부를 생략합니다.

정 가   29,000원